第三届全国馆际互借与文献传递研讨会论文集

刘庆财　主编

国家图书馆出版社

图书在版编目(CIP)数据

第三届全国馆际互借与文献传递研讨会论文集/刘庆财主编. —北京:国家图书馆出版社,2011.11

ISBN 978-7-5013-4691-2

Ⅰ.①第… Ⅱ.①刘… Ⅲ.①馆际互借—中国—学术会议—文集 ②图书馆工作—情报服务—中国—学术会议—文集 Ⅳ.①G259.2-53

中国版本图书馆 CIP 数据核字(2011)第 215142 号

责任编辑:高爽

书名 第三届全国馆际互借与文献传递研讨会论文集

著者 刘庆财 主编

出版 国家图书馆出版社(原北京图书馆出版社)

(100034 北京市西城区文津街 7 号)

发行 010-66139745 66151313 66175620 66126153

66174391(传真) 66126156(门市部)

E-mail btsfxb@nlc.gov.cn(邮购)

Website www.nlcpress.com→投稿中心

经销 新华书店

印刷 北京科信印刷有限公司

开本 787×1092(毫米) 1/16

印张 15.75

版次 2011 年 11 月第 1 版 2011 年 11 月第 1 次印刷

字数 400(千字)

书号 ISBN 978-7-5013-4691-2

定价 88.00 元

本 书 编 委 会

主　　编：刘庆财

论文评审：

初审人员：贾　萍　唐　晶

终审专家：汪东波　王子舟　刘细文

论文编辑：王广生

目　录

联合参考咨询与文献传递网服务系统(UCDRS)研究

谢朝晖(广东省立中山图书馆)

1 UCDRS 系统概况

联合参考咨询与文献传递网(Unite Collaborate Digital Reference Service,UCDRS)是全国文化信息资源共享工程的一个子项目,融合实时和非实时的交互技术为一体,通过异构跨库检索平台与参考咨询平台实现无缝链接,咨询员和读者都能够使用该系统进行网上数据库检索、索取原文,是一个具有实际的联合参考服务能力的可持续发展的分布式联合虚拟参考咨询服务平台。该系统的前身是2005年由广东省立中山图书馆牵头,联合全国16个省市的40多家公共图书馆合作建立的文献远程传递系统——联合参考咨询网,2008年将系统进行升级,对实时咨询模块功能进行了完善,升级后的系统即是联合参考咨询与文献传递网系统。该系统依托各图书馆的参考咨询专家资源和电子馆藏资源,为广大读者提供专业、方便、快捷、免费的网上参考咨询和文献远程传递服务,每天咨询数量都保持在1000以上,深受用户的好评,是文化部实现全国文化信息资源共享的手段之一,2007年荣获我国政府文化服务类最高奖项——文化部"群星奖"。

目前正在研究建立中国图书馆参考咨询服务联盟门户网站,整合公共图书馆、高校图书馆和科技图书情报机构的数字资源,建立跨系统共建共享机制,实施全国数字参考咨询联盟,建立起全国最大规模的数字图书馆网络联盟,并通过创新型图书馆公共服务体系为全社会提供文献保障服务。

2 UCDRS 系统结构

UCDRS系统是由一个管理中心、若干加盟成员系统组成,形成多层次、多种组合方式联合的网状结构,如下图1所示。该结构的优点在于:(1)实现加盟成员系统之间数据共享、信息交换和数据同步等功能,达到分布式资源共享、协作服务的目的;(2)实现多级联合,每个联合系统分布式运算,减轻管理中心服务器的负载,提高整体性能;(3)实现数据多地备份,确保数据安全;(4)数据同步可靠性增强。

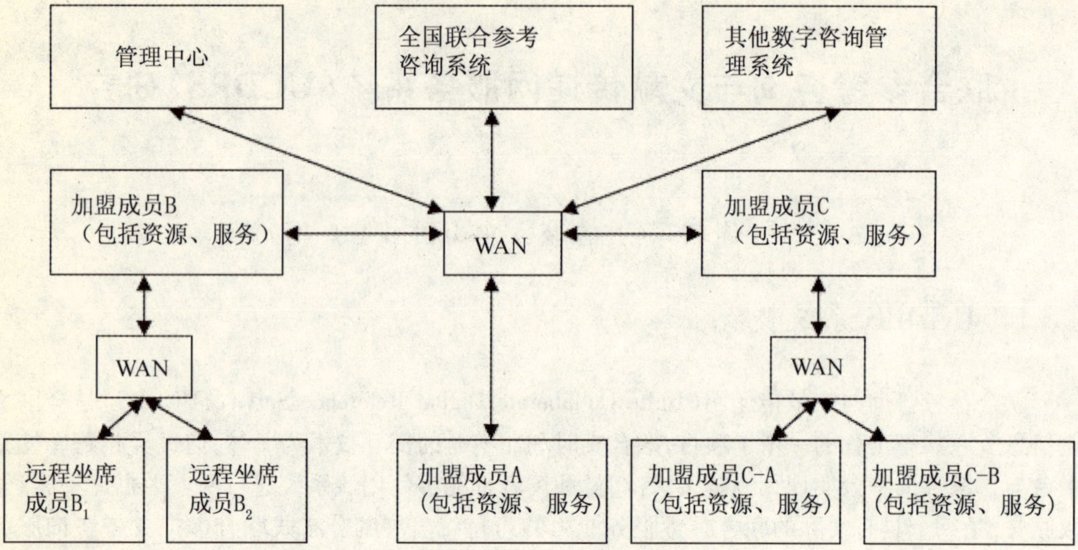

图1　UCDRS 网络架构图

3　UCDRS 系统功能

系统功能从服务层、资源层、技术层、加工层四个层次上实现，具体功能由用户档案中心、用户信息中心、数字资源共享系统、咨询调度与文献传递服务系统、数字资源服务统计中心、联合目录系统、信息发布与管理系统、资源统一认证、门户网站发布、网管中心 10 大模块(100 多个功能)组成。系统功能架构如下图 2 所示。

• 用户档案中心包括的功能有：读者注册、读者类型管理、读者授权、升级审核、费用管理。

• 用户信息中心包括的功能有：邮件系统、手机短信、即时信息、留言管理、公告发布、投诉管理、网上调查。

• 数字资源共享系统包括的功能有：资源配置、资源自建、资源协作共享、远程传递、资源使用统计、资源授权管理、优先定义。

• 咨询调度与文献传递服务系统包括的功能有：专题服务、外文服务、表单咨询服务、行业咨询服务、科技咨询、课题咨询、咨询转移、咨询调度、咨询跟踪、咨询知识库、咨询排行、质量考核、实时咨询、短信咨询、FAQ。

• 数字资源服务统计中心包括的功能有：资源自动统计、服务器统计、网站统计、服务统计、统计数据发布、统计结果查询、成果排行。

• 联合目录系统包括的功能有：联合目录成员馆管理、联机订购、馆藏挂接、原文传递服务。

• 信息发布与管理系统包括的功能有：信息类别定义、信息发布、信息审核、信息共享、信息综合管理。

• 资源统一认证系统包括的功能有：资源管理、IP 定义、授权认证、角色管理、单点登录。

• 门户网站发布系统包括的功能有：读者个性化、公共首页编辑、门户发布、控件定义、定制管理。

• 系统管理中心包括的功能有：加盟成员管理、专家共享、远程坐席、权限管理、收费审核、行为跟踪、性能参数、分布参数、文件管理、数据备份、数据恢复。

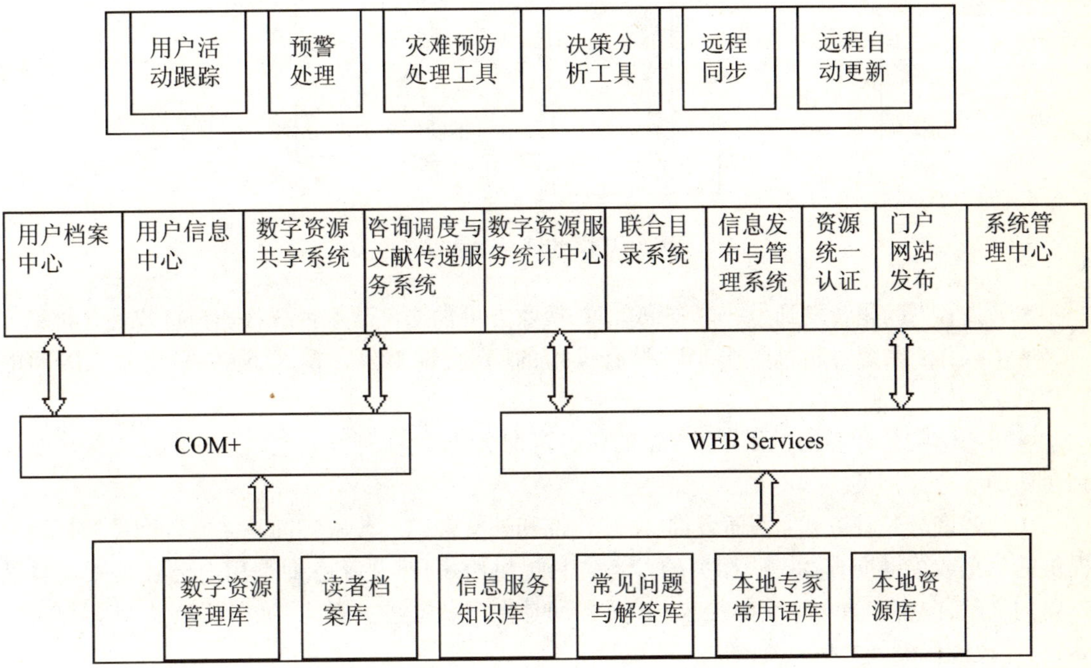

图 2　UCDRS 系统功能架构图

4　UCDRS 服务模式

UCDRS 采取了合作馆之间平行的服务模式，用户通过统一的咨询服务平台向值班的任一合作馆提出问题，问题可以指定某一参考咨询员回答，如果问题由指定的咨询员解答不了，可以调用转发机制，将问题转发给更专业的其他咨询员；如果没有操作，咨询系统也会在一定时间之后转到中心咨询馆的公开咨询，由在线的任一咨询员抢答，一直没有解答的问题，由中心咨询的咨询员给出指引或回答不能解答的原因，其服务过程如下图 3 所示。

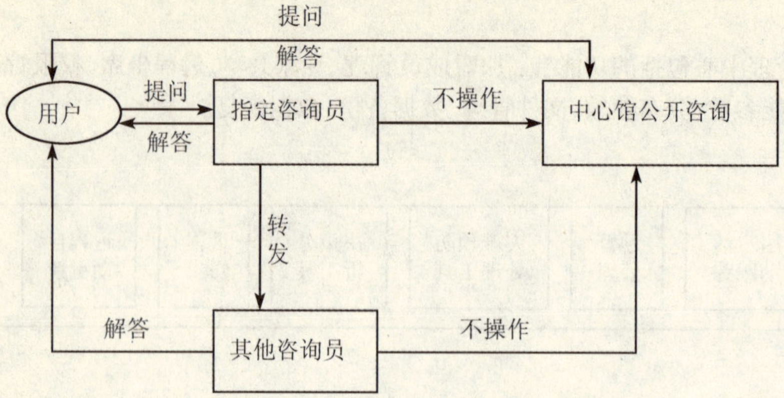

图3 UCDRS 服务流程图

• 转发：当问题转发到另一个咨询员时，接收方可根据自己能否解答选择接收还是拒绝。

• 不操作：系统对超过半个小时没有操作的问题，转为公开模式，避免了用户长时间的等待。

• 中心馆的公开咨询：面向合作馆的所有咨询员开放，这种方式能以最快的速度为用户找到合适的参考咨询员。

用户咨询分三种方式：普通咨询、文献咨询和外文咨询。普通咨询是需要咨询员根据用户提供的信息或关键词查找一些相关的参考资料提供给用户；文献咨询是用户已经检索到自己需要的文献，向咨询员申请文献传递；外文咨询是专门解答外文需求的，外文咨询员大都来自高校，比较能保障外文信息资源。

5 UCDRS 开展情况

UCDRS 系统从建立到现在经历了 3 个版本，每一个版本都是被更合理、更先进的新系统所代替，接待的咨询用户也明显增多，从 2010 年 1 月更新的第 3 个版本统计（统计范围 2010 - 01 - 01 至 2010 - 03 - 11），咨询数量201 938 人次，传递文献607 786篇，满意率 96%（满意 96%，不满意 4%），平均每天咨询数量 2800 多人次。

为了能从用户需求的角度完善 UCDRS 的服务功能，笔者通过用户提供的电子邮箱，对 2 月份访问 UCDRS 网站的用户进行问卷调查，调查表包括用户的年龄、学历、专业、曾经使用过的其他参考咨询系统、了解过的参考咨询中同步和异步咨询的模块功能、提出对该网站的改进意见，调查问卷中对参考咨询中各模块功能进行了详细的说明。共发出问卷 100 份，目前回复 46 份（回复各项信息不一定完整，合计人数不一定等于总回复数）。

从统计结果可以看出，UCDRS 是一个在全国影响很大的一个合作数字参考咨询系统，平均每天 2000 多的咨询量和 8000 多篇的文献传递量为社会提供大量、优质、高效的文献信息资源服务。如何才能够使 UCDRS 的服务达到更高的水平、逐步提高我国合作数字参考咨询的可持续发展能力，是我们需要考虑的一个问题。

从表 1 的用户调查情况可以看出：我国目前的参考咨询用户群学历集中在本科以上，提出的改进意见集中在外文文献和专业资料的需求上，对数字参考咨询的服务功能的了解不多，对实时咨询的音视频功能有了解的调查用户人数为0，对整个咨询过程只有对电子邮件/表单咨询和实时咨询的文字交谈比较熟悉，这也是导致用户提出的改进意见大都体现在文献资源的丰富程度上，对提供服务的辅助功能表现出不是很热心的态度的原因。系统功能的完善程度也影响着用户的使用意见，有用户提出“在启动实时咨询后经常没有应答，建议增加在线客服”的意见，这就跟该系统功能的不完善有关，可能是咨询员在处理表单咨询无法及时收到用户的实时咨询，也有可能是系统运行不稳定，偶尔出现访问不正常的现象。

表1 用户意见调查表

调查项目	调查结果
性别	男性22人，女性17人
学历	大专1人，本科22人，博、硕19人
是否使用过其他参考咨询服务系统	没使用过的22人，使用过的21人(主要的有上海研发公共服务平台、天津科技文献共享服务平台、广东科技图书馆虚拟参考咨询系统、科学网、CNKI、万方和维普)
对异步参考咨询模块功能的了解情况	了解电子邮件/表单咨询35人、FAQ/知识库11人、BBS/留言板11人
对实时参考咨询模块功能的了解情况	了解文字交谈38人、网页推送20人、同步浏览14人、文件传递38人、远程控制4人、音视频交流1人、状态显示12人、咨询日志发送8人(其中一人对实时咨询一点都不了解)
提出的改进意见	在改进意见中有如下几项：(1)提到最多的是增加外文数据库，提高外文文献的服务能力11人；(2)提出与更多的信息机构合作增加博硕论文、专业类电子书、标准数据库等，丰富文献信息资源9人；(3)提高服务质量，回答问题更加详细有效、提供文献直接下载、及时更新数据库、取消文献传递篇数限制、缩短回复时间、延长有效的文献下载时间、增加在线客服8人；(4)对服务平台功能模块提出了改进的有同步浏览3人、网页推送2人、远程控制1人、音视频功能2人、咨询日志发送3人；(5)已经非常满意的有3人

6 UCDRS的发展对策

6.1 加强合作、挖掘网络开放存取及免费信息源，丰富文献信息资源

前面的用户调查表明，UCDRS目前的最大发展障碍是文献信息资源不能很好地满足用户的需求，要在现有的资金支持下最大限度地开展好数字参考咨询服务，我们要从以下几点努力：(1)实现跨公共、高校、科技三大系统的合作，通过整合公共图书馆、高校图书馆和科技图书情报机构的数字资源，实现全国公共、高校、科技三大系统图书馆资源的共建共享，建立起全国最大规模的数字图书馆网络联盟，避免电子资源的重复建设。(2)引进一些使用率较高的外文数据库。(3)及时更新文献信息资源。(4)充分利用开放存取信息资源和其他免费信息资源，特别是外文文献，例如，香港大学论文在线(Hong Kong University Theses Online)网站可检索香港大学1941年以来的学位论文；麻省理工大学论文网(DSpace@ MIT：MIT Theses)可以查询麻省理工大学各院系的学位论文；Open J-gate网站目前可查询7532种OA期刊，涵盖各个学科

领域，如信息技术、工程、电子、通信、材料、基础科学、生命科学、医学、人文社会科学、农业等。（5）加强跨地域的合作，将合作发展到全国的每一个图书馆，乃至走出国门，更能使各个地方的特色文献得到充分的利用。

6.2 加强合作，提高服务质量，缩短用户的等待时间

通过加强合作可以使UCDRS成为我国参与服务机构和咨询馆员人数最多、服务功能最全、开放时间最长、服务范围最广的合作数字参考咨询系统；定期对参考咨询员进行培训可以不断提高参考咨询服务的质量，进一步满足广大用户对参考咨询服务的需求；制定相关的质量控制机制可以使服务质量得到保障，将参考咨询服务水平提升到一个更高的水平，从而提高我国合作数字参考咨询的可持续发展能力；借鉴QP知识库的建立规则，建立统一规范的标准化知识库，注重知识库信息的客观、真实，并注意知识库资料的及时更新，从而提供用户方便、快捷地获取所需信息，能够减少用户的重复提问和用户等待回复的时间。

6.3 完善软件服务功能

对服务平台的功能进一步完善，UCDRS系统目前运行还不是很稳定，偶尔会有访问不正常的现象，在系统功能上还存在一些不足，需要做进一步的改进，比如：实时咨询没有音视频、远程控制、页面推送等功能，还需要进一步增强实时咨询软件功能，更加方便地服务广大的用户群体。

系统完善后应该达到的主要功能有：（1）本地咨询员自动登录到中心平台，可使用"专家咨询平台"、"文献检索"、"咨询档案查询"、"咨询回复查询"、"表单咨询"、"文献附件传递"等操作，解答来自全国乃至国外用户的参考咨询和文献传递请求；（2）本馆咨询员不能解答的咨询或文献传递请求，可转移、调度给合作的其他成员馆，由拥有资源或有条件解答该问题的成员馆来解答和提供服务；（3）本馆咨询员解答的所有咨询和文献传递档案，自动上传至中心平台的数据库，并在中心网站公布服务成绩；（4）用户可以匿名和本地咨询员进行实时咨询，也可以通过中心网站选择与其他图书馆的咨询专家对话交谈。实时咨询还要能为不善与使用键盘的用户提供音视频服务，在用户在操作上的问题得不到解决时，能够接受咨询员的远程帮助；（5）本地咨询员和用户可获得管理中心提供的其他服务；（6）实现数字图书馆元数据检索和全文检索在内的深度文献检索，超大附件传送等服务。

参考文献

[1]莫少强. 将联合参考咨询网建设成为文化信息资源共享工程的重要服务窗口和阵地. 图书馆建设,2008(2)

[2]许异兴. 联合参考咨询网建设实践与探索. 图书馆工作与研究,2009(3)

[3]http：//sunzi1. lib. hku. hk/hkuto/index. jsp

[4]http：//dspace. mit. edu/handle/1721. 1/7582

[5]http：//www. openj－gate. com/Search/QuickSearch. aspx

[6]联合参考咨询与文献传递网技术白皮书,2008

[7]http：//www. ucdrs. net

低利用率文献合作储存与资源共享的构想

巩　梅(北京大学图书馆)

近年来,随着数字图书馆的发展和电子资源的急剧增长,低利用率纸本文献的储存与利用问题越来越受到国内图书馆界关注。国外储存图书馆的发展证明,低利用率文献的合作储存是解决这一问题的最佳方式。合作储存不仅可以节省成员馆的书库空间,降低不断建设新馆或者新书库的费用。同时,作为合作馆,将低利用率纸本文献搬迁到储存馆后,一方面可以优化书库空间,合理布局读者常用书籍,形成国内图书馆界一直以来提倡的“三线藏书制度”;另一方面,把节省的空间留给读者,用于建设 LC(Learning Commons)或者 IC(Information Commons),提升图书馆的服务水平。

最近几年,国内图书馆界资源共建共享的合作发展迅速,我国建立储存馆的研究与实践探索证明,区域性或者系统性的合作储存将是未来发展趋势。清华大学的远程书库、北京大学昌平储存馆、中科院程度双流储存库的建设证明单个图书馆建设的储存馆运行良好,为合作储存积累了经验。未来的合作储存与资源共享的发展是图书馆解决地利用率文献储存的有效途径。

1　合作储存的主要模式与基于国内现实的构想

1.1　合作储存的主要模式分析

考察国外特别是美国储存图书馆的发展历史,合作储存库的模式主要有:按照地区分为全国性的、区域性的或者系统性的;按照管理模式分为分藏分管文献资源独用模式、分藏分管文献资源共享模式、合藏共管文献资源共享模式、协藏协管文献资源共享模式;按照合作储存的空间布局分为分散式(每个成员馆负责某一类或者某几类)和集中式(所有文献集中在一起)。根据各国、各地区发展的不平衡和行业系统的特点来看,区域性的系统内首先开展合作储存是比较合理科学且有可操作性。因为各馆空间都有限且馆与馆之间低利用率文献的判断没有统一标准,因此,集中式合藏共管或者协藏共管资源共享的模式比较适合国内目前图书馆的发展。在管理模式上是由各馆派人组成管理机构还是各成员馆共同聘任管理机构。

1.2　基于国内现实的构想

就目前国内的研究和探索而言已有成果,例如,北京地区的“BALIS”合作体正在进行合作储存的调研;上海师大蔡迎春的论文《“共享理念”下低利用价值文献合作馆藏体系的构建——以上海地区高校合作馆藏中心的构想为例》等。除全国性的信息资源共建共享机构,如 CALIS、CASHL 外,区域性的共建机构也有 30 多家、天津(TALIS)、江苏(JALIS)等省的文献保障体系的发展都为我国的区域性、系统性合作储存打下基础。因此,从整个图书馆界的科学发展、良性循环和共同节约出发,打破传统的本位主义和狭隘的思想,建立互利互惠共赢的地区性合作储存,具体如下。

以我国已经运行成熟的图书馆联盟为基础，国家（或者地区的上级行政主管）出资建设集中式合作储存馆（库），地点可以设置在较大城市或者地区中心的郊区，联盟内成员馆制订共同协议，规定成员馆的权利与义务，共同出人组成管理机构或者共同委托第三方作为管理机构。相信，多年来图书馆联盟的发展和彼此的合作基础能够为合作储存提供有利条件。

合作储存除了观念上的提高外，第一需要解决的是资金和地点，这必须由政府部门上升到国家战略的高度，由国家或者地方政府投资。北京、上海、天津、南京等大城市可以首先作为示范。这些城市经济发达、科研、文化和教育机构林立，图书馆众多且已经有了一定的合作基础。尽管第一次投资成本较大，但是从节约整个图书馆行业的资源，节约城市中心的空间，节约更多的人力资源来看，这项投资是功在当代，利在未来的大计。

2 合作储存条件下的资源共建、共享方式

2.1 合作储存，统一管理

合作储存后，为便于未来服务，所有纸本文献采用统一的管理模式。目前国外的合作储存馆基本上采用的是自动储存和检索系统（ASRS），这一系统具有高效使用储存空间和快速检索的功能。我国的合作储存应该借鉴国外最先进的技术高起点开始，为未来都一直处于国际前沿打下基础。合作单位可以根据各自的馆藏情况申请一定的储存空间，独立存放各自的文献，由管理机构统一管理。

2.2 统一的检索平台、合作目录、期刊目次库建设

为了给成员馆读者更好地提供服务，合作储存中心需要将所有收到的文献进行编目，并注明馆藏，同时打造统一检索平台。目前，我国共享机构中天津的 TALIS 中各高校一直使用共同的 Unicorn 系统，合作储存库的统一检索平台可以以此为基础。除此之外，对于较早期纸本期刊应该逐渐建立目次库，为以后的文献传递服务打好基础。

2.3 依托物流的馆际互借图书服务

合作储存后作为合作图书馆的纸本书刊的保障基础，为成员馆提供馆际互借服务。目前，清华大学昌平远程书库没有一次为读者提取书刊，北京大学昌平储存馆每周二次为读者提取书刊，运行成本均来自馆内的经费，而提取量都比较小。合作储存可以依托在大城市已经比较成熟的物流系统来运行，不仅可以节省成本，更重要的是，依托物流的方式可以使读者更快地拿到自己需要的文献。

2.4 期刊论文、报纸原文的文献传递服务

合作储存服务中心为所有读者提供文献传递服务非常有前景。美国和欧洲等国家的合作储存馆的文献传递服务都是目前开展的主要业务，且数量逐渐增加。同时，因为合作储存聚合了更多的文献与需求，与普通图书馆相比，服务的满足率与效率都有所提升。目前国内的 CASHL 文献传递已经使用自己的集中式门户平台和分布式服务相结合的方式，读者能够在网上轻松填写需求完成提交，这为合作储存的文献传递工作提供了借鉴的经验，在此基础上，合作储存的文献传递工作也会起点高、效果好。

2.5 稀缺、早期文献的收集、补缺与保护

随着合作储存的管理、服务的发展，为更好地保护文献同时为读者提供更加全面的服务，在各馆已有馆藏的基础上，有针对性的收集稀缺或者早期文献，并对这些进行保护也是合作储存为共建共享提供的服务。合作储存的保护文献功能主要来源于储存库在建设时的书库环境设置。国外的储存库一般都采用对温度和湿度等一系列的控制措施来保证对文献的良好的保护环境。

2.6 文献的数字化和元数据加工

在保护稀缺、早期文献的同时，制订数字化加工的方案与规划，由管理中心统一将文献数字化并对元数据进行加工。这一举措一方面可以保护这些纸本资源，同时也为数字图书馆建设提供资源，同时在读者服务中，更好地进行文献传递。目前，各馆都非常重视自建数据库的建设，数字化过程中的重复建设、自建系统不仅从经济上增加投资，在使用上有所障碍。因此，文献数字化和元数据加工的工作非常有意义。

3 与合作储存、资源共享有关的几个问题

3.1 低利用率文献的界定与复本量

首先是低利用率文献的界定。北京大学昌平储存馆在界定时考虑了文献的使用量、年代、文种等。但是从运行一年的情况来看，文献的使用量是一个不断变化的过程。对于有的学科而言，一个学校低使用量的文献未必在另外一个学校也使用量低。因此低利用率文献的界定是以各成员馆的情况而定的。合作储存的管理机构需要制定文献收集标准，特别是品种和复本量，并非成员馆提交的文献都要收集。各馆可以把合作储存的品种作为自己的文献保障，有选择性的剔除本馆文献。

3.2 文献的所有权与版权

合作储存文献的所有权归属问题需要明确，从国有财产的所有权上看，交给合作储存的文献的所有权归提交的图书馆所有，并且原来的图书馆有权随时将文献从合作储存库调回各自图书馆。关于版权，因为合作储存提供的服务有返还式的外借服务和文献传递，在保护知识产权和版权的前提下，更多的提供读者服务是首先应该考虑和遵循的原则。

3.3 服务成本与收费标准

合作储存投入使用后，为保证其良性发展，本着谁受益谁出资的原则，有偿使用空间和资源。这包括有偿使用储存空间，有偿使用资源等。对于读者而言，获得服务的同时也应该缴纳一定的费用。北京大学昌平储存馆目前是免费提供服务，但是在实践中发现，有的读者提交了请求后长时间不来取书或者说不再需要。如果是依赖物流的运送方式读者就必须提供这个费用。因此产生的问题是，因为收费可能使得有的文献的使用量更低。

结语

国外储存图书馆的发展经历了从单个图书馆独自建立到多馆合作储存的过程。为了更好

地让各馆低利用率的文献有一个更为科学、合理的解决办法，并让这部分文献发挥最大的效益，建立合作储存是未来发展的可行之路。

国家图书馆文献提供服务存在的问题及对策

赵　星　李　艳　张秉辉　（国家图书馆）

1　国家图书馆文献提供服务现状

1.1　国家图书馆文献提供服务发展现状

国家图书馆文献提供中心（以下简称中心）成立于1997年，主要承担文献检索、文献传递、信息咨询和馆际互借等职能。随着国家图书馆科技咨询和社科咨询的发展，中心的职能进一步细化为文献传递和馆际互借服务。中心拥有一支老、中、青结合且具备多年文献查询经验的馆员队伍，以国家图书馆宏富的馆藏资源和各类数据库为基础，以其他图书馆和各个情报机构的资源为外延，凭借先进的互联网技术及文献传递系统，将传统咨询手段与现代化技术有机结合，为国家重点教育科研生产单位、广大图书馆界及个人用户提供多层次、全方位的服务。中心的服务网络覆盖了国内各个地区，并已与63个国家的500多家图书馆建立了业务联系，是全球最大的中文文献保障基地及国内最大的外文文献查询中心。从1997年到2010年国家图书馆文献提供业务蓬勃发展，如图1所示，文献提供业务的用户请求数量逐年攀升，特别是2009年国家图书馆馆际互借和文献传递系统启用，文献提供工作效率大幅提升，中心的用户申请量创历史新高。

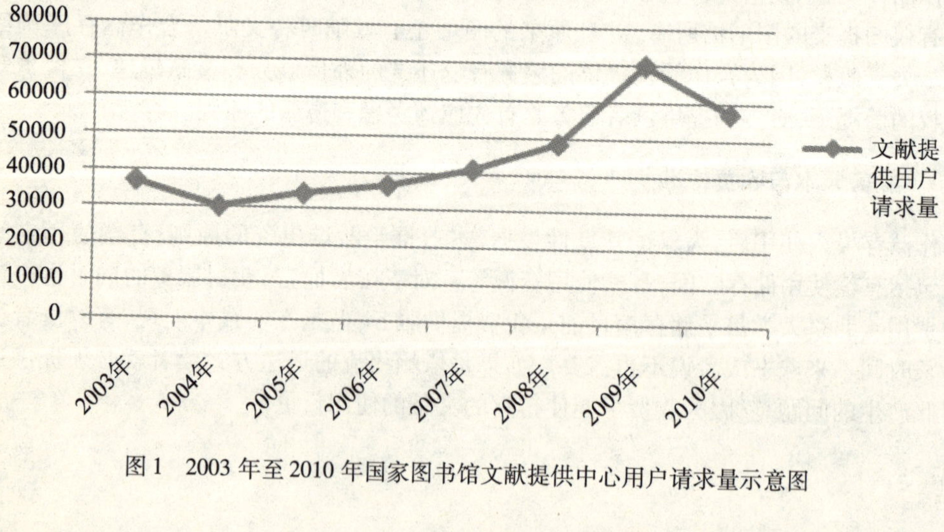

图1　2003年至2010年国家图书馆文献提供中心用户请求量示意图

1.2 国家图书馆文献提供服务管理系统的发展

1997年,国家图书馆文献提供中心成立之初,文献提供业务的管理主要以手工登记的方式进行。2003年中心自行研发"委托服务管理系统",使文献提供业务管理迈出了电子化的第一步。该系统针对文献提供业务的后台管理设计了数据录入、数据查询、数据报表和数据维护与打印四个模块,实现了数据管理与统计的电子化。该系统的使用虽然比以往人工统计有了长足进步,但统计功能仍局限于对现有数据的收集、分类、汇总等简单的平面式统计,没有涉及对用户信息的分析。而且用户的请求数据没有实现与系统自动对接,只能依靠手工录入,从文献提供业务的管理流程来看,只能说实现了半电子化。

2009年国家图书馆"馆际互借与文献传递系统"启用,从而实现了从用户提交请求到服务完成全流程的电子化管理。用户可以通过登陆国家图书馆主页"科研参考"栏目下"文献提供"项,点击进入"国家图书馆馆际互借与文献传递事务信息管理系统"(http://202.96.31.83/gateway/index.jsf)直接提交网上申请或注册账户。用户从读者网关提交注册表后,中心工作人员即可从后台管理界面进行账户确认,并通过系统以邮件方式告知申请的用户名和密码。此系统的工作人员管理界面由用户管理、账户管理、事务管理、结算管理、数据查询、统计分析和系统管理等模块组成,从申请的处理到费用结算都可以通过此系统完成。系统提供包括账户统计、业务统计、工作量统计等多种统计项,即实现了对文献提供业务数据的精准电子化统计,又为科组考核管理提供了依据。该系统还与网银支付系统连接,用户可以直接实现网银支付和结算。

1.3 国家图书馆文献提供服务的特点

1.3.1 服务对象以科研用户为主

相对于阅览、外借等图书馆基础服务主要面对普通读者来说,文献提供的服务对象主要以科研用户为主,从图2可以看出,在国家图书馆文献提供的服务对象中,大专院校和科研院所

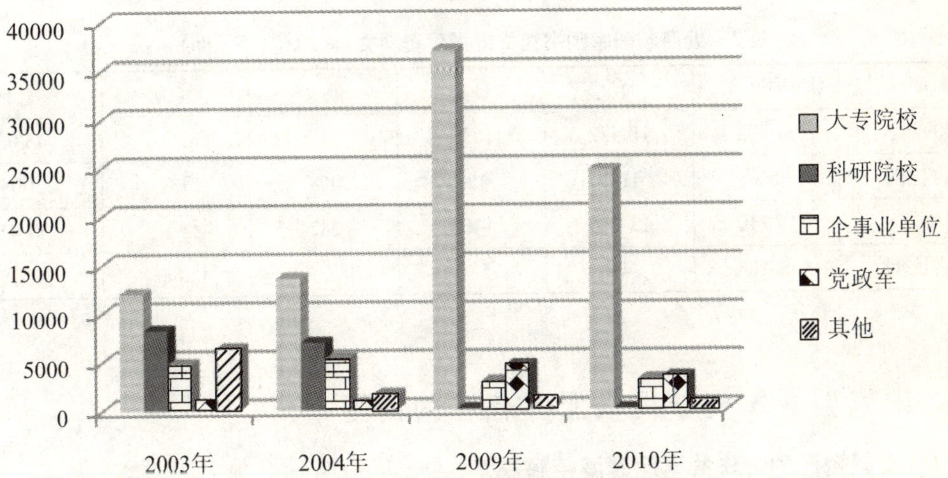

图2 国家图书馆文献提供服务对象分类示意图

的文献请求量占业务总量的一半以上。由于每年国家的重点科研项目,如国家自然科学基金项目、国家社科基金项目等大部分由大专院校和科研院所主持,北京大学、清华大学、中国人民大学等高校还建立了国家大学科技园,科研工作者在项目研究和教学过程中需要查阅大量资料,虽然部分高校和科研院所有自己的文献保障机构或者图书馆,但由于经费限制和资料专业性的局限性,科研人员的一些文献需求在本单位的文献系统无法得到满足。而国家图书馆在文献资源的丰富性方面有明显优势,特别对外文文献的保障性强,因此大部分科研工作者都选择国家图书馆的文献提供服务。

1.3.2 文献提供资料的类型以书刊为主

从表1可以看出,2009年和2010年国家图书馆文献提供资料的类型主要以图书和期刊为主,占文献提供资料总量的95%左右。虽然图书馆电子资源的使用量不断增多,但在文献提供服务领域,书、刊的需求量仍占主导。笔者认为,主要原因是由于大部分电子资源用户可以自行获取,而年代久远的中文书刊和外文原版书刊还没有实现电子化,只能申请原文传递。

表1 近两年国家图书馆文献提供资料类型(单位:册/件)

时间	图书	期刊	硕博论文	其他	总计
2009年	20 931	22 295	589	1250	45 065
所占比例	46%	49%	1%	4%	100%
2010年	15 008	13 967	842	1593	31 410
所占比例	48%	44%	3%	5%	100%

1.3.3 文献提供资料的文种以中文和西文为主

从表2可以看出,2009年和2010年国家图书馆文献提供资料的文种以中文和西文为主,两者合计占文献提供资料总量的96%左右,中文和西文资料的比例相当,2009年为55%和41%,2010年为50%和44%,西文资料的请求与中文资料基本持平,这凸现了国家图书馆文献提供中心作为国内最大的外文文献查询中心的重要作用。

表2 近两年国家图书馆文献提供资料文种(单位:册/件)

时间	中文	西文	日文	俄文	其他	合计
2009年	24 702	18 577	1630	117	39	45 065
所占比例	55%	41%	4%	0%	0%	100%
2010年	15 740	13 916	1463	242	49	31 410
所占比例	50%	44%	5%	0.2%	0.8%	100%

2 国家图书馆文献提供服务存在的问题

2.1 文献资源的合作共享问题亟待解决

目前国内公益性的文献保障机构除国家图书馆文献提供中心外,主要还有NSTL(国家科技图书文献中心,National Science and Technology Library)、CALIS(中国高等教育文献保障系统,China Academic Library & Information System)。

BALIS(北京地区高校图书馆文献资源保障体系,Beijing Academic Library & Information System)和CASHL(中国高校人文社会科学文献中心,China Academic Humanities and Social Sciences Library)。这四个文献保障机构的资源建设,在科技和社科方面各有侧重,对用户的服务也是各自为政,无法实现资源互补,严重影响了满足用户需求的效率和质量。如何实现各文献保障机构的资源共享,结合各自的服务优势,联手为用户提供高效率、高质量的服务已经成为文献提供业务发展中亟待解决的问题。

2.2 对用户信息的管理和分析亟待加强

目前国家图书馆文献提供中心用户信息的管理局限于对用户信息的收集、统计和自上而下的分析,缺乏对用户生命周期的关注和对用户满意度的评价,没有建立有效的双向互动式的用户反馈途径。事实上,对于图书馆的文献提供服务,用户总会做出有意识或无意识,主动或被动的反应,这种反应就是一种反馈。通过对用户反馈信息的管理和分析,图书馆能够及时发现服务过程中存在的问题。同时可以将不同馆员在解决用户咨询问题时的一系列宝贵方案和经验进行总结和共享。只有建立用户信息管理的综合分析系统,对来自不同渠道的用户信息,特别是用户反馈信息进行系统分析,才能使文献提供服务走上"想读者之所想"的主动服务之路。

2.3 文献提供需求的区域发展不平衡

从国家图书馆馆际互借与文献传递系统的统计数据分析,2009年国家图书馆文献提供中心全年的用户请求量为70 092件(图5),其中华北地区包括北京、河北、天津三省市的请求量占54%,其中北京占50%;西北地区包括甘肃、内蒙古、宁夏、青海、山西、陕西和新疆七个省的请求量仅占总量的4%,西南地区包括重庆、贵州、四川、西藏和云南五省占总量的2%;2010年的用户请求量中(图6),华北占54%,西北和西南各占4%和5%。北京的用户请求量基本达到全国文献提供服务总量的一半,而西部地区的请求数量还不到5%,导致这种明显的地区差异的因素包括我国各地区经济文化发展不平衡,高校和科研院所分布不平衡等,但从文献提供中心的角度来分析,也存在宣传力度不够,外地特别是西部地区对中心的服务了解不深入等原因。

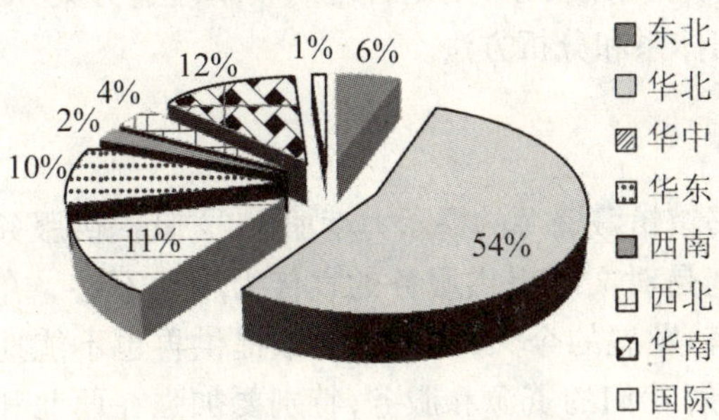

图5 国家图书馆2009年文献提供请求量按地理区域划分

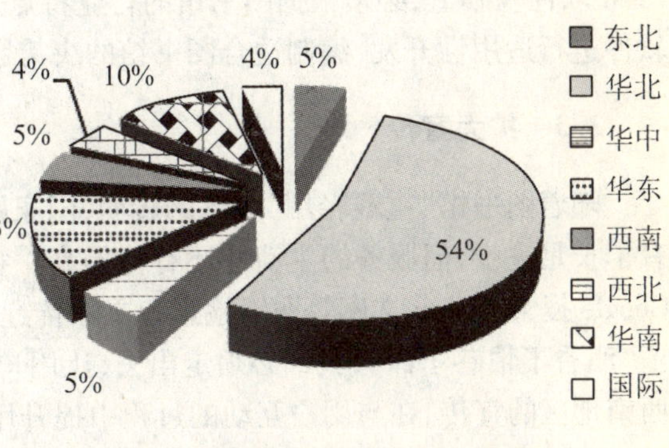

图6 国家图书馆2010年文献提供请求量按地理区域划分

3 对策

3.1 加快国家图书馆文献提供协作网建设，增进与其他文献保障机构的合作交流

2007 年 10 月，首届“全国馆际互借与文献传递研讨会”在国家图书馆举行，与会代表提议建立全国文献提供协作网。2007 年 11 月由国家图书馆发起，文献提供协作网建立，协作网设计了跨库检索、业界动态、标准规范、学校园地、业务交流等功能模块。目前国家图书馆、中国科学院图书馆、上海图书馆、清华大学图书馆和北京大学图书馆作为该系统跨库检索模块的试点数据库，跨库检索为文献提供服务工作者提供了一个文献检索的聚合入口，以实现资源共享。目前文献提供协作网还存在许多需要完善的地方，在资源共享方面需要逐步突破机构和地域的限制，尽可能将更多的图书馆和文献保障机构纳入协作网，建设高效、有序的文献共享平台，实现文献提供服务机构之间的资源和能力互补。

文献提供服务的可持续发展，不仅依赖于网络、资源等硬件环境的建设，同时还必须注重咨询馆员的培养，提高软实力。由于不同文献保障机构的资源和服务特点各有差异，为实现软实力的合作，咨询馆员之间的交流培训尤为重要。2010 年国家图书馆文献提供中心开始与 BALIS 合作，2011 年双方建立交换馆员制度，从而为 BALIS 各成员馆更好地使用国家图书馆馆藏资源，履行国家图书馆为全国各级图书馆提供辅导与专业培训的职责，推动文献提供服务的合作发展作出了积极努力。

3.2 将 CRM 应用于国家图书馆文献提供用户信息管理

无论是企业还是图书馆，都在实施着为用户服务的全过程，而对于在这一过程中产生的用户信息的整合与管理正是 CRM 的管理内容。CRM 的功能是实现“以用户为中心”的信息整合，将散落在不同部门、业务环节的用户静态信息动态整合到用户信息管理部门或信息中心。在整合过程中，研究各业务部门流程的优化和协同，在图书馆内部实现“以用户为中心”的精细化业务流程管理。同时 CRM 可以采用数据库分析系统记录下用户各种需求的原始数据，以供图书馆管理系统准确全面地统计分析馆藏文献的利用率，CRM 也可以通过统计分析和数据挖掘模块，对各种用户信息进行立体全方位的分析，为图书馆领导决策和事业发展提供可靠的依据。CRM 应用系统目前还没有出现针对图书馆行业的 CRM 软件版本，因此图书馆在选择现有 CRM 软件基础上，必须根据图书馆的行业特点和具体应用需求，制定合理的技术改造方案，对软件进行适用性开发，编制适合图书馆的决策数据体系和分析方法。

3.3 扩大宣传

随着图书馆“重藏轻用”观念的转变，国家图书馆馆藏资源的揭示力度加大，文献提供服务有了长足进步，但服务的主动性还有待提高。特别是对文献提供服务的宣传力度还不够。在 Google 搜索、Baidu 文库等网络检索和文献传递蓬勃发展的今天，图书馆文献提供再也不能期望“酒香不怕巷子深”，我们必须走出去，让用户了解我们的资源和服务，特别要加强在西北和西南地区的宣传，在与用户互动的过程中提升用户对文献提供服务的满意度。

参考文献

[1]唐晶. 合作 共享 发展——图书馆文献提供服务. 北京：国家图书馆出版社,2009

[2]余姝. 先求己 再求人——图书馆馆际互借与文献传递的三大焦点. 图书馆专利,2007 - 11 - 05(C03)

[3]高凡,徐引篪. 图书馆联盟的社会网络资源配置. 中国图书馆学报,2006(3)

[4] Jean Bradford, Jenny Brine. Interlending and Document Supply in Britain Today. Oxford, England：Chandos publishing,2006

日本国立国会图书馆的文献提供业务

孙 婠 戴佩玉 李雁英(国家图书馆)

国内图书馆学界对于文献提供理论及实践的讨论业已很多,但与国内其他领域的学界言必称欧美的状况类似,我们的视野大多集中在对于大英图书馆文献提供中心(The British Library Document Supply Center)的关注上,在全球化的大背景下,我们应该立足于自身,博采众长,以多元化的视角,在欧美之外参考更多的发展模式,在这样的考量下,本文就日本国立国会图书馆的文献提供,从其概况、法律依据、主要业务和流程及主要特征和比较这四个方面进行论述,以期从中获取一些启示和新的认知。

一、日本国立国会图书馆

(一)概况

国立国会图书馆,是隶属于日本国会的国家机关,是以协助国会的立法活动为首要目的的议会图书馆。同时,作为日本唯一执行呈缴本制度的国立图书馆,兼有为行政·司法各机关以及日本国民提供服务的功能。该图书馆的具体下属机构,有被视为"中央图书馆"的东京本馆(东京都千代田区永田町)和关西分馆(京都府相乐郡精华町精华台),另有作为"分支图书馆"的国际儿童图书馆(东京都台东区上野公园)和东洋文库(东京都文京区本驹込)和设立在各行政·司法机关内的26个图书馆。

它具有三大职能:为国会服务,为行政、司法机关服务,为公众服务。其中文献提供的业务大体从属于为公众的服务。该主要在东京本馆的复制课和关西馆的文献提供中心负责。

(二)法律依据

《国立国会图书馆法》①在其序言中,明确指出"国立国会图书馆秉持'真理使我们自由'的

---

① 二战后,日本仿效美国图书馆建制,于1948年制定了《国立国会图书馆法》(昭和二十三年法律第5号)。将原议会图书馆定位为议会图书馆的同时,也确立了其国立图书馆(国立中央图书馆)的地位,并规定了全国各级图书馆的法定呈缴本制度。

信念，背负为宪法承诺的日本民主化和世界和平作出贡献的使命，根据本法设立”。序言中的“真理使我们自由”一段，明确提出，图书馆通过公平提供各类资料来保障国民的知情权，并以成为健全的民主社会的基础为国立国会图书馆的基本理念。

（三）主要业务和流程

1. 远程文献提供服务①

在日本，所谓的远程文献提供即是远程复写提供服务之意，其定义为：可以满足已经确定复制资料和复制具体出处和页码的情况下的非来馆者的文献复制申请。不到馆可以提交复制的申请、通过邮寄或者宅急送方式获取所需文献。若在馆外提交远程复制申请而到馆获取文献，则被禁止。读者所需费用包括：复制费、打包费和邮寄费以及汇款时产生的手续费。

（1）申请条件

复制资料必须是国立国会图书馆所藏。复制资料和复制出处和页码必须准确。

（2）申请方法②

①网络申请

首先，读者均须使用利用者登录系统提交申请。利用者登录系统是日本国立国会图书馆的一个读者检索兼文献申请系统，读者需要利用如国民健康保险号码等证明身份的真实信息登陆后使用。这样也就对读者产生了一定的约束性。③

进入日本国立国会图书馆的 OPAC 页面，输入利用者 ID 和密码，点击一般检索或者杂志记事索引栏。OPCA 检索之外的资料申请，如果利用者是图书馆，可以使用传真或者邮寄；个人则可以邮寄的方式，填写专用的申请单，寄送到关西馆，其后，由关西馆的工作人员代行输入填写提交申请。一次至多 30 条文献申请。如果申请复制条目超过 30 条，只可以先提交前 30 条，复制邮寄完成之后，再次申请。如此限定，一方面是考虑到实际完成的可能性，一方面也是考虑到对于其他客户的公平。

②从最近的图书馆申请

来自图书馆的申请，除了网络系统申请之外，还可以邮寄、传真的方式进行。邮寄或传真的申请，《图书馆协力小手册》一书上刊载有“资料复制申请单”样表，可供参考。邮寄和传真的申请，一次限定为 20 条申请条目。邮寄或传真的申请，如遇到各种原因不能给予满足，将通过传真或者邮寄的方式告知。

③邮寄申请

不通过利用者登陆系统的个人、不能使用电脑的读者、OPCA 检索系统没有检索出来的资料的情况，个人直接通过信件提交申请。在所规定的用纸上填写“资料复制申请单”，然后邮寄到关西馆复制借出系。此种情况，如果不能满足文献需求，拒绝方式采用邮件或者传真告知。

④海外的申请

与国内同样，网络（系统）提交、图书馆代行提交、邮件寄送等方式提交申请。邮件和传真的申请，可以参考国立国会图书馆主页记载的申请格式。发送方法采用航空信或者 EMS。推

---

① http://www.ndl.go.jp/jp/service/copy3.html

② http://www.ndl.go.jp/jp/service/use_copy.html#remote

③ 依据自身的定位对于读者正确的引导，这也是我国各级图书馆文献提供服务今后所要关注的地方。

荐之用后者。打包费300日元。支付方法：信用卡、国际邮政汇款、银行汇款。推荐使用手续费较低的信用卡。

(3)申请的取消(更改)

原则上不接受申请后的取消要求。错误申请或者不得已的情况下可以予以考虑。但是，如果复制作业已经开始进行中，则取消和更改要求不予受理。

(4)复制后的发送

邮件或者宅急送。只有国内的发送可以指定普通或者快递。海外邮寄仅限航空邮寄。通常使用EMS。网络提交的申请：需要填写发送地址，且代理申请不可。经由当地图书馆申请：寄送到申请图书馆。信件方式提交的申请：寄送到书信所注地址。

不指定复制发送和达到日期。不接受由传真提交、而到馆来取复制资料的申请。发送日期，尽量做到接收到申请之后的5个工作日内完成。如果申请资料(所藏或类型)分散，各处复制点各自完成，然后复制点各自寄送。

(5)费用的支付①

复制费用、打包费(国内157.5日元，国外300日元)、邮寄费(实际发生费用)以上三部分的合计。费用采取后支付的方式。收到含有复制件和付款通知单的信件，确认复制无误之后，在20日内到金融机关汇款，手续费自理。

①付款通知单

付款通知单由单位统一制作，与复制资料统一寄送。公费可能的情况仅限于国立机关。

②支付的方法

邮政汇款或者银行汇入(国内)。信用卡、国际邮政汇款、银行汇入(海外)。来馆读者，如果要交付远程复制的费用金，需要到复制委托中心的事务所而非复制中心。

③统一结算

统一结算仅限于大学图书馆的场合，产生的文献提供费用，每月结算一次。该项服务自2008年8月开始。此事项需要事先去复制委托中心咨询登记备注。

(6)复制前检查作业②

文献出库作业者将文献资料(开架资料除外)发送、出库到指定复制检查室，在此检查资料保存状况、著作权等事项，如果没有问题再运送至下一个环节即复制室进行复制实际作业。如果出现特定困难如著作权没有解决、纸张损坏等情况，则在此拒绝。

该作业，具体而言有以下职责：申请资料文献的状态、破损状态的确认；给复制操作者相关指示如复制注意事项等；出现未找到等情况的确认和检查；与利用者的联络、咨询内容的确认、利用和利用费用的咨询和介绍。

(7)拒绝

拒绝的申请，将在申请单上填写拒绝理由并在系统上记录拒绝理由。谢绝理由在系统内有备注选项。如著作权不允许；该卷号没有所藏；无该论文、著者文献；制本中；该卷号尚未到馆；已经取消；利用中，请填写“前回利用中”，重新提交申请；申请事项与所藏不一致；本馆最新

---

① 料金に関する件(昭和六十一年八月二十八日国立国会図書館告示第一号).[2010-02-08]. http://www.ndl.go.jp/jp/aboutus/data/a5232.pdf

② 著作権にかかわる注意事項.[2010-02-08]. http://www.ndl.go.jp/jp/service/copy/copyright.html

卷不能复制;其他等17个备注选项。

2. 到馆文献的提供[①]

相比复杂的远程文献提供服务,到馆服务则较为简单,主要流程如下:到馆读者利用登录系统登录,提取原文(包括电子阅览)在规定地点阅览,需要文献复制请求填写复制单,由复制前检查的负责人检查著作权等事项,没有问题可以提交复制作业,具体负责复制作业的复制室在本馆一共四处,复制全部外包,实际作业人员100余人。由读者自己持文献去复制点,复制点人员复制完毕后归还原文献,读者到复制出缴费提取文献。文献索取的范围与远程文献提供稍有差别,远程文献提供的外文电子数据,目前只有CNKI一种,而到馆读者则可以获取打印的电子资源较多一些。

就其复制的方式而言,到馆读者还可以选择自助复印,这样费用比工作人员复制费用便宜,设有自动复制设备,投币即可。

二、中国国家图书馆

(一)概况

中国国家图书馆的前身是1909年建于清代的京师图书馆。期间几经更改,1998年12月12日经国务院批准,由北京图书馆更名为国家图书馆,对外称中国国家图书馆。中国国家图书馆是综合性研究图书馆,是国家总书库,履行搜集、加工、存储、研究、利用和传播知识信息的职责;担负着为中央国家机关立法决策服务的重要职能。同时,其又是全国书目中心、图书馆信息网络中心,负责全国图书馆业务辅导,开展图书馆学研究,代表国家执行有关对外文化协议,开展与国内外图书馆界的交流与合作。

(二)法律依据

中国一直没有专门的图书馆立法,2001年开始启动立法工作,随后完成了法律草案修订稿、第三稿和审批稿。2009年,《公共图书馆法》进入立法程序,目前仍在进行中。但在此期间,国家图书馆积极推动立法研究,并相继制定和出台了一系列行业自律规范。如2002年的《中国图书馆员职业道德准则(试行)》,2005年参与国家信息网络传播权保护立法,发布《关于著作权问题的声明》,2005年受文化部委托主编《公共图书馆建设标准》,2007年学会专项资金资助"图书馆法"立法建议研究项目,2008年发布《图书馆服务宣言》等,为营造和完善图书馆法治环境作出了积极贡献。

(三)国家图书馆文献提供服务

文献提供中心是国家图书馆重要的信息服务窗口,承担检索、咨询、传播等信息服务职能。中心以国家图书馆丰富的文献资源为依托,通过文献提供、馆际互借、国际互借等多种方式为国家机关、重点教育、科研生产单位以及社会公众提供全方位、多层次、多渠道的信息服务。

1. 非到馆读者文献提供

非到馆读者指不能到图书馆来亲自查询文献资料的读者。目前越来越多的读者选择非到

---

① 複写サービス.[2010-02-08]. http://www.ndl.go.jp/jp/service/copy.html

馆服务,即通过馆际互借、文献传递等方式利用国家图书馆馆藏。同时,国家图书馆则通过国图文献传递系统向国内外的读者提供非到馆服务,一般在当天作出回复,并可以按照读者的要求对其所需文献进行跟踪更新。本文只讨论文献提供的一个方面——文献传递。

(1)文献传递

在此,即相当于日本国会图书馆的远程文献提供,是文献拥有者将用户需要的文献直接传递给用户的一种服务,是不提供原件,只提供复制件的文献外借服务,是一种非返还式的馆际互借。在中国国家图书馆,由参考咨询部下属的文献提供中心负责处理文献传递业务。

(2)业务流程

从1997年到2007年,国家图书馆的文献传递一直是手工操作,方式多样,读者申请提交文献途径有:电话、E-mail、到馆等,没有统一界面供读者使用,对于读者提交的每一条申请,费用情况和处理进度都要与读者通过各种通讯方式进行沟通。2008年启用文献传递系统,用以处理读者的远程文献需求。

①读者申请条件

读者必须首先同意如下的版权声明:国家图书馆文献提供中心提供的原文复制件只能用于个人学习、研究或者学校课堂教学、科学研究的目的。如果用户超出著作权法规定的合理使用的范围使用文献,要为发生的版权侵权行为承担侵权责任。申请数量和申请条件没有严格限制,只要身份真实有效、查询费用交付及时即可。

②申请方法

读者如果通过网上申请,须上此网址:http://202.96.31.83/gateway/index.jsf,临时读者可以匿名登录,长期用户需使用各自的账号、密码,进入系统。也可通过传统方式,如电话、传真、电子邮件或信件申请。

③申请的取消

原则上允许申请自行取消,但实际操作中一般很少发生,如有也大多是错发的情况。

④申请的处理

处理读者申请的工作人员20余人,按地域分片管理,各地有专人负责。工作人员拿到申请后,首先会查询本馆馆藏,如有,就即刻通过OPAC向本馆典藏系统发出预约,半小时左右即可送去复制,有专门复制人员负责印好,再扫描后发送给读者。如本馆缺藏,可向外馆(与本馆建有馆际互借关系的图书馆)求助,一般2—3日可以解决。

⑤国外申请

由国际片负责,申请方式有网上系统登录、电话、电子邮件、传真、信件;处理方式同国内一样,唯一不同的是,在涉及版权著作权时更加慎重一些。

⑥发送方式

申请经处理后,完成复制或其他方式的查询,即可按读者要求的方式发送,基本上,凡由文献传递系统提交的,就制作成PDF格式电子版文档从系统发送;如以其他方式发来的申请,则按读者要求,由电子邮箱发送扫描件,或发邮件,国内邮件又分平寄挂号和快递,平寄挂号送达时间较长是一周至10天,快递则2日。

⑦费用支付

费用由三部分构成:查询费、复制费和邮寄费,查询费2—10元/条文献,复制费用0.2元/页(为保护著者权利,一般只许复制全书三分之一),如果文献从电脑发送0.5元/页,则没有邮寄费用;需要邮寄的话还需加上邮寄费。如读者有特别需求,则单独商定。国际文献传递收费起点50元,视各国图书馆收费情况再酌情增加。

国内一般是邮局汇款或银行转账两种,对图书馆工作人员而言,前者便于查询和办理余额退款,后者则只能收进而无法退款,余额只能留待下次文献查询使用。近来文献传递系统正在酝酿网上支付平台,届时用户可通过云网付费,非常便利。国外付费可以通过银行转账或邮寄支票。

如果是长期用户,须在账户上存500元以上的预付款,每次查询费用由系统随时扣除,用户可以使用自己的账号密码随时查询账目及申请的处理进度。允许一定数额的透支,仅限集体用户,超过限额,管理员会提醒用户及时续费。

(3)复制前的检查

文献复制前,工作人员会检查文献著作权有无争议和文献破损情况,如无问题,则正常复制;如有问题,当时返送原库处理并通知读者另行查询。

(4)申请拒绝

如果读者申请被拒绝,须在处理请求中注明原因,如:出借/使用中、无馆藏、信息有误、需付费、缺乏版权许可、所需卷期未到等26项未完成条件。通知读者后存档。

2. 到馆读者文献提供

(1)读者自助

入馆后读者需到办证处办外借证,再预约文献资料,在阅览室大多都有专门的复制人员为读者服务,仅在南区外文期刊阅览室及北区一、二层备有读者刷卡自助的复印设备,费用与工作人员复制相同。

(2)读者委托

读者如果需要委托文献服务,则需找当时值班的文献提供中心的工作人员,帮助处理相关文献查询,比自助的读者多交一个委托手续费,当时能取走的则手续简单;如需邮寄,则需留一定押金,其余程序和远程服务相同。

三、主要特征和比较

1. 从整体上考量,可以看出日本国会馆的文献提供的范围和方式比较狭窄,对可利用资源的限定比较严格。这需要我们从两个方面来看待:一方面日本国会馆对于可提供的资源进行了严格的限定,包括著作权问题的重视等,虽限制了文献提供的业务的发展,但长期看来,这是出于国家图书馆应对所藏文献的保护和保存以及作为国家图书馆的公益性的角度考虑,无疑具有长远性;也体现出了发达国家对知识产权和著作权的认知水平。

而我们文献提供的范围较大,方式灵活多样,这也是基于目前我国国情以及图书馆馆整体发展不平衡的格局,国家图书馆承担了部分公共图书馆的职能而呈现出以上的特点。因此,具备上述特点的文献提供服务,对于目前处于发展中阶段的我国科技研究和文化普及,尤其是远程文献提供服务在满足全国科研需求、消除资源格局差,达到资源共享的目标等方面,都具有重大现实意义。

2. 从法律依据上考量,日本法律明确健全,有效保障了各方面权益。使得国会图书馆运作高效有序。中国由于相关法律的缺失,以致由于无法可依,已经直接限制了公共图书馆事业的发展。首先政府对公共图书馆建设的投入，整个图书馆的建设标准、用地情况缺乏法律依据。其次，在‘十一五’期间，虽然馆舍建设有了一定基础，运行也有所改善，但整体来说，购书和运行经费依然不足，这些问题都需要法律来规范和确定。

3. 从业务流程上对比（见图1与图2）。

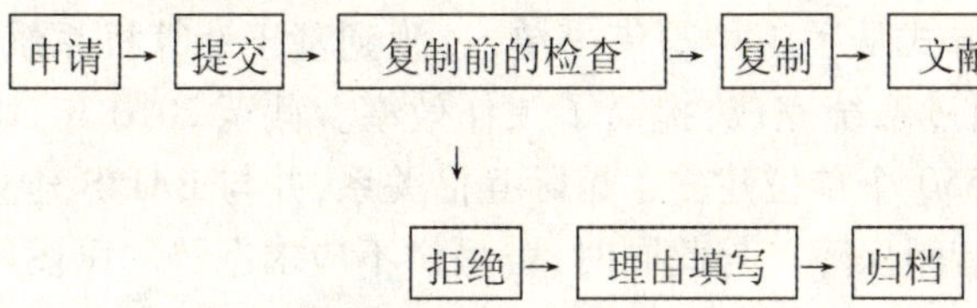

图1　日本国立国会图书馆远程文献提供业务流程

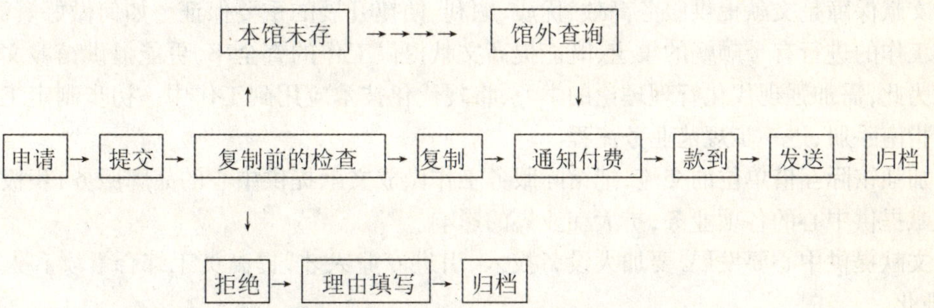

图2　中国国家图书馆文献传递业务流程

由以上两图可清晰地看到，两馆的工作流程大体是一致的，但在两个方面有些区别：

（1）日本国立国会图书馆只对读者提供本馆文献资料的复制，服务范围限定严格，长处是尊重法律（如作者的著作权益得到保护），缺点在于读者需求受到限制；中国国家图书馆则以最大限度满足读者需求为目标，服务范围较广，读者满意，但因相关法制不健全，著者的权益缺乏有效的维护。

（2）日本国立国会图书馆对读者是先发送资料，后收取费用；但中国国家图书馆则是先付费，后发送文献。这个结果应归因于国情不同，有一些中国读者先得到文献资料后，就不再如约付费，迫使国图文献提供中心只能出此“下策”，以防止检索成本流失，同时有效保证了创收任务的完成。

但是我们也应该看到：日本国立国会图书馆文献提供的条例清晰，可操作性强，分工精细；对所藏文献的利用，虽然2006年国图业务处出台了《国家图书馆文献利用暂行条例》，但缺少可操作性成文规定，增加了其随意性和人为性，这也导致了问题产生的可能。

日本国立国会图书馆文献提供条例对于读者有一定约束性，如提交申请原则上不能取消和更改，使用能确认身份的证件登陆申请等，这样就达到一种平衡，在图书馆员受到工作条例的约束同时，也产生对于读者的约束机制，如可避免重复申请造成的工作人员的工作量增大、重复复制造成的资源和人力的浪费等。

四、中国国家图书馆文献传递合作的设想

20世纪90年代末期，国图先后与清华、北大、中科院、中央国家机关以及各大部委建立了协作关系，外借中外文图书。近年来，图书的供与求迅猛增长，购书经费日益短缺，国图以开放的姿态大力发展馆际互借用户，服务方式从手工填写借书单，过渡到基于计算机系统的服务，使提交请求、到书处理、续借和还书通过系统完成，提高了工作效率。截至2010年，国图已与国内560家图书馆以及64个国家的550个单位建立了馆际互借关系，并与BALIS建立了长期合作关系，为馆际用户提供了可靠的借阅保障。与此同时，曾呈供不应求态势的国图原文传递服务自作为全球最大的中文文献提供中心和全国最大的外文文献提供中心，国图具有协调和促进国内图书馆各体系文献传递合作发展的优势，国图寻求与三大系统图书馆文献传递系统合作的有效途径，拓宽服务领域。具体体现在以下几点：

1. 文献保障是文献提供服务高效、优质、顺利、便捷开展的重要保证。如何做好资源共享，使各项工作的进行有个顺畅的渠道，既能提高文献提供工作的查全率，更能提供馆藏文献的利用率。为此，需加强现代化管理理论的学习，将现代化技术应用到工作中。初步制定工作规范和服务指南手册，进一步规范业务流程。

2. 加强馆际互借单位的交流，把馆际服务工作做成文献提供中心的品牌服务，积极宣传和开展文献提供中心的各项业务，扩大在业界的影响。

3. 文献提供中心要发展，要加大设备投入、引进专业人才，提高员工综合素质和人员年轻化、专业化。

4. 加快完善文献提供协作网的改版工作，使其成为业界同仁交流的平台，为文献提供服务给予更多的支持。

基于文献提供成本效益分析的文献资源配置研究

范艳芬（辽宁大学图书馆）

图书馆以用户需求为依据进行文献资源的配置，并根据文献资源配置的效率和效果，调整当前的文献资源分布和分配预期。由于社会的不断发展，用户对文献资源的需求不断变化，因此文献资源的配置是一个动态过程。近年来，随着文献资源价格的持续上涨以及馆际互借、文献传递工作的迅速发展，各图书馆有必要在文献提供成本效益分析的基础上，重新审视馆际互借、文献传递与文献资源引进的关系，以达到优化图书馆文献资源配置的目标。

1　图书馆文献提供成本效益分析

1.1　馆际互借成本核算

早在20世纪70年代，国外学者就对馆际互借成本开始进行研究。1992年，美国研究图书

馆协会 ARL(Association of Research Libraries)对北美 80 家研究图书馆的馆际互借成本进行调查分析,主要从传递费、服务费、网络通讯费、工资以及设备和软件折旧费等项目进行成本核算,测出北美研究图书馆的实际借出成本为每册 \$5.82,借入成本是 \$7.61;1999 年,周建中(Jian-Zhong Joe Zhou)又将边际成本即版权费加入到实际成本计算类目中,使馆际互借的成本核算更为准确;Ted E Naylor 则利用 Stephen Dickson 和 Virginia Boucher 给出的馆际互借成本计算公式,测定出该馆馆际互借成本,其计算公式如下:

$$F = C/(f + 0.55u)$$

F——每笔请求的成本;C——文献传递总费用;f——已完成的请求数;u——未完成的请求数。u 还可分为处理中的请求数(u_1)和无法完成的请求数(u_2),因此,馆际互借成本的计算公式转变为:

$$F = C/(f + 0.55u_1 + 0.55u_2)$$

1.2 文献传递成本核算

文献传递服务工作作为馆际互借服务的一部分,其研究方法和内容都极为相似,因此涂文波和陆敏借鉴馆际互借公式 $F = C/(f + 0.55u_1 + 0.55u_2)$ 来对文献传递进行成本核算,得出武汉大学图书馆 2002 年文献传递的成本:本馆向外馆请示的每笔文献传递成本 F 本为 58.62 元人民币,包含人员工资、网络通讯费、设备和软件折旧费等本馆支出费用;外馆向本馆请示的每笔文献传递成本 F 外为 24.40 元人民币,包括复制费、服务费、版税、传递费等提供方文献传递费用。除此之外,Kingma 将用户等待的机会成本等其他成本因素也加入到文献传递成本中来,使文献传递成本的核算更加准确。机会成本即用户等待文献传递所用时间的价值,纽约州立图书馆估算读者机会成本为每篇文献 \$2.55。

1.3 文献资源引进成本核算

图书馆文献资源提供的主体方式为文献资源引进,包括纯纸本(Paper-only)、纸本加电子(Paper + Electronic)以及纯电子(Electronic-only)等多种形式的文献资源。引进文献资源的成本效益分析相对简单,只需要核算引进文献资源的单次使用成本,引进文献资源的单次使用成本与文献资源的引进总费用以及文献资源的使用频率有关,计算公式为:

$$F = C/f$$

F——引进文献资源的单次使用成本;C——文献资源引进总费用;f——引进文献资源的使用次数。

不同文献资源的成本效益各不相同,通常来说由于利用的便利性电子文献使用频率比纸本文献的使用频率要高得多,单次文献资源的使用成本与纸本文献相比也低得多,如大连理工大学 2008 年 Elsevier 出版集团的 Science Direct 数据库的单次使用的成本仅为 0.80 元人民币。而有些价格昂贵的纸本外期刊全年使用次数仅为几十次,十几次,几次甚至无人问津的状况在许多高校图书馆十分普遍。另外,由于文献资源引进对于本馆用户在使用上具有极大的便捷性,因此在进行文献资源引进成本效益分析时,应将文献资源获取的便捷性作为引进文献资源成本核算的参考项目。

2 文献资源引进与文献资源共享的平衡

文献资源引进与以馆际互借、文献传递为主要手段的文献资源共享是图书馆文献资源提供的主要方式，再者相互依存，文献资源引进是文献资源共享的基础，文献资源共享是对文献资源引进的价值提升。通过开展馆际互借与文献传递服务，不仅缓解了图书馆经费、资源不足与读者日益增长的文献需求之间的矛盾，也对科学研究起到了很好的支撑作用。近年来，文献传递的快速发展，使一些图书馆开始盲目追求文献传递获取文献的经济效果，从而忽略了本馆核心文献资源体系的建设，这种做法是错误的。因为一馆文献资源的引进正是它馆文献资源共享的前提。如果一个文献资源共享体系中文献资源引进持续下降，文献资源共享也将最终失去依托，而被破坏的文献资源体系也很难在一朝一夕中得到修复，因此图书馆必须保证本馆核心文献资源的引进。故文献资源共享无法取代文献资源引进，两者都是现代图书馆馆藏建设不可或缺的角色，共同构成图书馆赖以存在的资源基础。运用文献提供成本效益分析法可理性地确定文献资源引进与文献资源共享的平衡点，为图书馆文献资源的合理配置提供科学依据。

3 基于文献提供成本效益分析的文献资源配置策略

3.1 保证本馆核心文献资源的引进

在确定馆藏发展方针时，要充分考虑图书馆的性质、特点、规模、基础等实际情况和文献的自身价值，确定本馆的核心馆藏，保证本馆核心文献资源体系的完善。文献资源引进成本核算数据和馆际互借、文献传递成本核算数据在一定程度上反映本馆用户的文献需求，成为文献资源的引进或停订依据。文献资源的引进原则应为：第一，重点收藏本馆的特色馆藏；第二，保证利用率高且核心期刊的引进；第三，对利用率不高，但获取困难的文献要加以引进；第四，对于利用率不高，但获取费用接近引进成本的资源要加以引进；第五，有责任保障在文献资源保障体系中属于本馆收藏范围的资源引进。

3.2 馆际互借、文献传递取代部分文献资源引进

在当前文献价格持续上涨的形势下，任何图书馆都面临着资金不足的重大压力。合理分配有限经费，优化配置文献资源是图书馆解决供需矛盾的重要保障，利用馆际互借、文献传递取代部分文献资源引进是优化图书馆资源配置的重要方法之一。尤其是近年来馆际互借、文献传递请求量迅速增长以及保持高水平满足率的现状，更说明利用馆际互借、文献传递取代部分文献资源引进是一种有效的资源配置方法。

从馆际互借、文献传递请求数据中了解本馆用户的文献需求及本馆文献收藏的不足，对馆际互借、文献传递成本效益加以分析，为选择文献提供方式提供依据。如采用馆际互借、文献传递方式所付出的成本大大低于文献资源引进成本，且完全可以满足用户需求，就应实施馆际互借、文献传递，而取代文献资源引进。因此根据成本效益分析，核算每笔馆际互借、文献传递请求的平均成本，精确了解某一种文献的成本支出，为文献资源引进或馆际互借、文献传递提供定量依据。

3.3 馆际互借、文献传递成本效益分析数据引导文献资源合理配置

馆际互借、文献传递成本核算数据中的文献需求信息,包括需求文献类型、语种和文献来源等对完善本馆文献收藏具有重要意义。第一,文献需求信息反映本馆文献的缺藏情况,如对本馆已订购但不完整,并且需求大的文献,可以补订;对已订购的电子资源中各别文献缺失现象,可及时反映数据库商,进行补全,以完善本馆馆藏。第二,统计分析年度文献申请情况,对申请频次高的文献,提供给文献采访参考。

馆际互借、文献传递成本核算数据中的文献来源数据,可引导文献获取渠道的优化。文献来源即文献提供机构或图书馆。分析这项数据,扩大文献获取渠道,在多个文献获取渠道中为用户选择最高效的方式获取文献,避免因未建立联系而无法满足需求的情况发生,提高文献满足率。如国内可与国家图书馆、中国高校文献资源保障体系(CALIS)、中国人文社会科学文献中心(CASHL)、国家科技文献中心(NSTL)以及其他各级、各类文献保障体系建立文献共享关系,同时还应积极拓展国外文献获取渠道,开展多层次的馆际互借、文献传递业务,以保障文献申请的高满足率。

3.4 以文献提供成本效益分析为依据,实施馆际互借、文献传递服务补贴政策

馆际互借、文献传递作为文献提供的方式之一,是对馆藏资源的一种补充,支出经费等同为文献购置费,因此应实施馆际互借、文献传递服务补贴政策。补贴经费过高或免费提供,会导致用户需求过度,需求失真而造成浪费,从而降低馆际互借、文献传递效益。补贴经费过低又起不到鼓励作用,所以馆际互借、文献传递补贴比例要有科学依据。文献提供成本效益分析清晰的展示了文献资源引进和开展馆际互借、文献传递的成本及相关数据,为实施馆际互借、文献传递服务补贴政策提供了科学依据。

结语

对于用户而言,便捷高效地获取所需文献资源是最终目标,用户并不关心文献的提供方式有何不同,因此图书馆的文献资源配置目标就是便捷高效地满足用户的文献资源获取需求。文献提供成本效益分析,为文献资源的优化配置提供了科学的依据,必将引导图书馆建设起科学合理的文献资源保障体系。

参考文献

[1]霍国庆.我国信息资源配置的模式分析(一).图书情报工作,2000(5):32-37

[2]馆际互借.[2010-10-12].http://baike.baidu.com/view/180941.htm

[3]Joan Chambers. Determing the Cost of An Interlibrary Lian in North American Research Libraries: Initial Study

[4]Marilyn M. Roche. ABL/RLG Interlibrary Loan Cost Study. Washington: Association of Research Libraries, 1993

[5]Jian-Zhong (Joe) Zhou. Interlibrary Loan Cost Studies and Copyright Fees. Journal of Interlibrary Loan, Document Delivery &Information Supply, 1999, 9(4): 29-38

[6]Ted E. Naylor. the Cost of Interlibrary Loan Services in a Medium-Sized Academic Library. Journal of Interlibrary Loan, Document Delivery &Information Supply, 1997, 8(2): 51-61

[7]Sephen P. Dickson, Virginia Boucher A Methodology for Determining costs of Interlibrary Lending. In: Mary E.

Jackson. Research Access through New Technology, New York：AMS Press, 1989. 137 – 159
[8]文献传递. [2010 – 10 – 12]. http：//baike. baidu. com/view/2533672. htm
[9]涂文波,陆敏. 文献传递成本核算方法及案例研究. 大学图书馆学报,2004(2)：29 – 33
[10]Bruce R. Kingma, Suzanne Irving. the Economics of Access versus Ownership. New York：Haworth Press, 1996
[11][12]张馨. 试论高校图书馆文献建设——基于馆际互借与文献传递的视角. 图书情报工作,2009(19)：88 – 91
[13][14]鄢珞青,李云华. 拓展文献传递优化文献资源配置. 图书馆杂志,2006(8)：30 – 32,45

建设陕西省图书馆联盟实现资源共享构想*

高云燕(西安科技大学图书馆)

陕西省位于中国中西部地区,是一个文化大省,这里坐落着 64 所高校,其中"211 工程"的大学有 8 所,985 大学有 2 所,高校数量和排名上仅此北京、上海、和江苏,是国家重要的人才培养基地。不仅如此,陕西还拥有 20 多所科研机构,是国家重要的科研创新研发基地。但同时陕西又是一个经济欠发达的省份,大量偏远地区的民众文化生活极其困乏,文献资源的需求远远得不到满足。尤其是偏远地区公共图书馆的发展面临着很多的困难。据 2009 年统计,陕西省现有公共图书馆 111 所(含少儿图书馆 4 所),省级馆 1 所,地、市级馆 6 所,县级馆 104 所,公共房屋建筑面积 18.6 万平方米,从业人员共计 1805 人,图书总藏量为 1002.2 万册;人均阅读图书为 0.3 册。目前,在陕西省县级图书馆中,虽然有部分图书馆发展情况较好,大多数县级公共图书馆普遍存在馆舍破旧、场地有限、设备落后、人员结构不合理、经费紧张等问题。有些馆多年没有购进新书,图书馆人员服务水平与服务意识都相当落后。与地方公共图书馆相比,陕西高校图书馆和科研院所图书馆的发展速度非常迅速,目前陕西各高校都拥有图书馆,馆舍建筑总面积达 113.42 万平方米,平均每馆面积为 1.92 万平方米,从业人员 2483 人,其中 85% 为大专及以上学历,文献资源的累积量达10 368.30万册。从以上数据不难看出,陕西省城乡之间、行业之间存在着文化信息发展严重失衡的问题。虽然陕西高校与科研院所图书馆拥有庞大的信息资源量,但文献信息资源并没有为区域经济的发展带来多少福音,目前可用的共享资源平台是在陕西省图工委倡导下建立的高校图书馆馆际互借,业务限于陕西省 42 所高校图书馆。而区域性的文献资源共建共享平台还是空白。因此建立以高校和科技馆为核心的陕西省图书馆联盟十分必要,它一方面可以为全省各区域经济发展提供文献资源的共享服务,加大全省的文献利用的覆盖率,提升文献资源利用率,为广大贫困地区的民众改变生活提供科学的理论指导,另一方面也可以充分发挥科研高校馆文献信息资源的社会价值。

* 本文为西安科技大学人文社科重点基金项目成果,项目名称《构建陕西省区域图书馆联盟研究》,项目编号 11JK0352

1　陕西图书馆联盟的建设模式

1.1　组织结构的建设模式

要保障组织日后的运作正常，在组织成立之初就必须建立与完善组织结构，而从我国目前图书馆联盟运作的成功例证来看，较为成功的区域性图书馆联盟都离不开政府的参与和持续政策与资金的支持，事实证明政府倡导与直接领导下的图书馆联盟组织，由于有政府在各联盟馆之间起协调作用，联盟的规模不断扩大，能够得到充足的发展资金，各馆之间在分工协作上都较为理想。因此陕西省图书馆联盟组织形式应借鉴其他省市的成功经验，纳入政府参与，有固定项目资金投入，建立以高校图书馆、公共图书馆、科研馆为核心的联盟中心馆，以区域地方馆为支撑的图书馆联盟分支机构。联盟建立委员会，委员会负责联盟内活动，联盟委员会在政府和的指导下开展工作。虽然国外的图书馆联盟很多采用自主结盟，费用从民间筹措，但这种形式在现阶段很难在中国进行，这是由于中国没有完善的民间捐赠体制，如果采用以自主联盟的形式，组织活动随意性大，缺乏必要的监督，资金链将会短缺，联盟就不会发挥有效的功能。事实证明在现行体制下政府有着相对健全的领导机制、完善的监督系统，联盟在政府的支持与监督之下，尤其目前政府正在向文化事业方面加大投资，如开办农村书屋，支持图书下乡，以提高农村人口的文化素质。陕西省应利用这个良好的契机尽快建立起陕西省图书馆联盟体系，加强区域文献资源共享。提高整个陕西省全民文化素质。联盟组织结构图如图1所示。

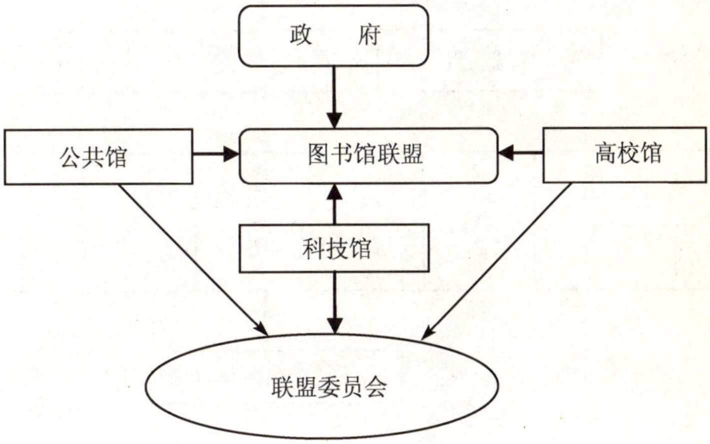

图1　图书馆联盟结构示意图

1.2　联盟基地的建设模式

陕西省按自然地理从北到南分为陕北高原、关中平原、秦巴山区三大自然区域。截至2009年，全省设西安、铜川、宝鸡、咸阳、渭南、延安、汉中、榆林、安康、商洛10个省辖市和杨陵农业高新技术产业示范区，总辖3个县级市、80个县和24个市辖区，共1581个乡镇，西安市为陕西省会，80%的高校和科研机构集中在西安，西安也是西北地区最大的城市，科技水平较高。因此陕西省图书馆联盟应将建设基地放在基础条件较好的西安，以西安为核心向全省各区域辐射。建设模式采用由省到市，由上到下，以层层辐射的方法，将全省地、市、县、乡、镇图书馆纳入到图书馆公共服务体系之中。图书馆联盟应以科技与影响力较大的省图和西安交通大学图书馆为中心馆，全省“211工程”高校图书馆为主要核心馆，带动全省其他高校科研图书馆共同组成第一层图书馆联盟，第二层联盟形式以地区的地、市级馆纳入到联盟成员馆中，第三层将联盟成员馆将扩大到县、乡、镇级图书馆，以此类推，点点相连，层层覆盖，不断扩大成员馆的规模，实现资源的最大价值利用，最大限度的改变陕西省文献不足现状。以下为陕西省图书馆联盟基地构成图。

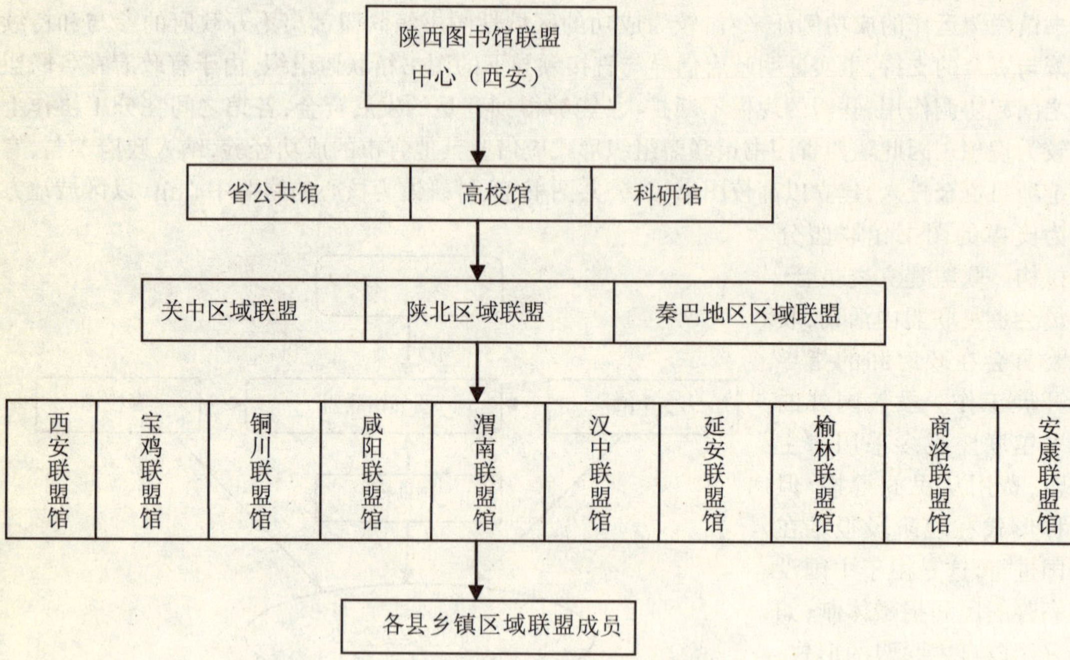

图2　陕西地区图书联盟结构图

1.3　文献资源建设的模式

陕西省图书馆联盟在文献资源的建设模式上，从形式上主要应采用集中与分布相结合的形式，在文献系统保障上应有两套系统。一种为虚拟电子文献保障系统，这套系统可以依托国家文献保障系统，整合陕西省现有的各联盟内的数字资源。从网上各高校图书馆购买的数据库资源调查发现，几乎陕西省所有的高校都购买几个大的数据库，如 CNKI、万方、维普。电子书有书生、超星等大型数据库，如果联盟内采用集中采购的方式来购买这些数据库，然后根据各成员馆的用户使用数据量的大小来收取相应的费用，这些费用远远低于整个数据库的购买。这样不仅可以达到资源共享的效果，还可以节约资金，提高数据库的利用价值。达到电子文献由上到下的开放式传递方式，实现资源的共享共建。另一种为纸制文献的资源建设服务模式，联盟可采用集中购买纸制文献的方式，纸制文献的购买要具有针对性，避免大而全的收藏模式，在每年的集中采购中，给下属名成员馆发放购买清单调查表，各馆将需要采购的图书报中心，中心审查后进行购买。由于购买图书要有严格的规划与制度，保证文献的实用性。而在馆示互借方面，目前陕西省。有高校馆际互借制度，提供陕西省 42 所高校的读者使用，陕西省联盟可以在此基础上将服务对象发展为整个联盟的成员，整合图书馆文献资源，将其纳入了公共文化服务体系，以上为文献资源的共享模式。而在共建上，由于陕西省从区域上分为关中、陕北、和秦巴地区，不同的区域有不同的气候特点、人文特点和风俗习惯，因此联盟依此可利用区域馆的特色资源建设地方特色文献数据库，加强陕西传统人文科学文献的管理收藏，使联盟拥有本地区自己的文献资源数据库。扩大地方区域联盟图书馆的作用。

1.4 联盟内文献的传递模式

陕西省图书馆联盟也可称之为陕西省区域联盟，由于联盟组建相对于发达省市较晚，在文献传递方面可借鉴的经验很多。在2010年第3期的《大学图书馆学报》中，杨薇发表的《区域性文献传递服务模式探讨》一文对区域图书馆服务模式进行了综述，他将文献传递的模式按服务方式分为中介模式和非中介模式，按后台运作方式分为纯手工模式、半自动模式和全自动模式，按组织管理模式进行分为集中式、分散式和集中与分散相结合的管理模式。笔者认为陕西省图书馆联盟在文献传递方面可借鉴以上方式。

(1)电子文献的传递：陕西省图书馆联盟中心可采用集中－分布的资源传递的方式，将电子资源放在网上，中心分配指定的登录名、口令给下属地区联盟中心馆，下属成员馆的用户可按照登录名和密码登录到地区联盟中心，请求浏览和下载一定量的文献电子资源。这是一种较为普遍的文献传递服务模式。在区域性文献传递网中，只有区域闻联盟中心馆有文献传递、数据维护的权力。区域成员馆只能提出申请和使用传递文献，而不能有数据传递与数据维护的权力。这主要考虑到区域成员馆的业务能力和使用权限。

(2)在纸制文献的传递上：联盟将采用一卡通的借阅证作为联盟成员馆纸制文献的借阅凭证，传递文献的方式采用由下到上进行，联盟内成员所需文献在本地区成员馆借阅，如遇到地区成员馆无法满足用户的使用需求时，可向上一层联盟馆申请，层层推进，运送方式可采用邮寄和快递的方式进行，费用由联盟经费支出。

(3)馆际互借：馆际互借的历史发展已有一个多世纪了，陕西省高校馆之间的馆际互借制度发展较好，陕西省图书馆联盟可以在联盟馆之间继续进行实施馆际互借，各联盟馆之间达成共识对联盟内成员馆读者采用相同的借阅要求，互相利用各馆的文献资源，达到互惠互利，资源共享，方便读者，节省读者时间。

2 图书馆联盟的建设作用

2.1 开放合作，强化图书馆间横向，纵向联盟

图书馆联盟倡导图书馆间横向、纵向联合，优势互补，有助于图书馆打破条块分割，实现跨部门、跨行业、跨地区的联合。陕西省图书馆联盟的建立将打破陕西省各个图书馆之间缺乏交流，各自为政的局面，为各区域间文献资源的共享共建提供交流与发展的平台，带动陕西区域图书馆建设走向规范型，进而整体提高整个陕西作为文化大省的形象。

2.2 提升基层图书馆员业务能力

基层图书馆员在服务意识上与当今图书馆服务理念有着很大的差距，主要表现在主动服务能力差，有些图书馆由于人员多年没有培训，对图书馆知识欠缺，基础理论水平较低，没有能力为读者提供主动服务，加之不能掌握图书馆的发展动向，服务理念陈旧，多数图书馆还停留在重视馆藏，轻视服务的陈旧观念中，图书馆联盟的建立不仅可以为陕西省区域读者提供知识

的需求，也能为推动陕西省基层图书馆的服务水平。因此联盟要承担起培训的任务，包括对基层图书馆馆员的培训，提高图书人员的业务能力；举办知识讲座，提高图书馆人员的知识水平。鼓励图书馆员参加继续教育活动，提高人员的整体素质。

2.3 构建共建共享的全省城乡一体化图书馆服务体系

陕西省图书馆联盟立足于陕西省图书馆的整体化资源的共建共享，并最终形成一个相互联系的完整的图书馆服务体系。联盟的成立将打破了省内公共图书馆、高校图书馆、科研院所图书馆在信息资源使用方面的壁垒，整合省内信息资源与专家资源优势，建立了全省范围内的信息服务、知识服务、文化服务的中心与平台，面向全省各阶层民众提供服务，最大范围地实现共享。逐步实现全省内文献资源的通阅通借，完成省内图书馆馆藏书目数据库建设，通过馆际互借系统提供馆际互借服务和文献传递服务。最后，通过虚拟网络实现全省的联合参考咨询，引进数字资源，开发建设具有本地特色的特色资源数据库和学科文献中心，实现网络资源的共建共享等，并最终实现陕西省范围内的知识共享，使各个图书馆、信息机构在管理制度、服务流程、服务理念、科学研究、发展模式等多个维度进行合作，分享联盟内各馆的制度知识、经验知识、管理知识、智力知识等资源，促进全省图书馆事业的发展

结语

在信息技术条件下的今天，一个单独的图书馆无法拥有用户需要的所有资源，资源的重复建设造成社会公共资源的浪费。因而，资源共建共享成为图书馆建设的必然趋势，图书馆融进资源合作的潮流是图书馆发展的必然选择。建立陕西省图书馆联盟，可以形成资源共建共享，这是图书馆联盟存在的基础，陕西图书馆联盟将给陕西图书馆界带来了深刻的影响，促使传统图书馆向现代图书馆转变，从共享图书馆现存的信息资源到共同建设文献信息资源，合作领域从主要在读者服务部门拓展到数据部门，从应对共同的读者到应对共同的供应商，从以图书馆本体个性为基础到以图书馆共性为合作基础，从强调各馆馆藏的差异性到强调联盟资源的趋同性。文献信息资源的共享共建必将是未来图书馆信息服务的发展方向。

参考文献

[1]王宇. 吉林省图书馆联盟建设与思考. 图书馆学研究，2010(8)：27－30

[2]叶宏. 论图书馆联盟的运行机制. 图书馆，2007(2)：56－58，123

[3]国家图书馆. 中国图书馆年鉴 2009 年. 北京：国家图书馆出版社，2010

[4]陈传夫. 信息资源公共获取与知识产权保护. 北京：北京图书馆出版社，2007：68－79

[5]曹雅霞. 陕西高校图书馆联盟建设关键问题研究. 图书馆学刊，2010(3)：19－21

[6]杨薇. 区域性文献传递服务模式探讨. 大学图书馆学报，2010(3)：91－94

[7]中国图书馆学会，国家图书馆编. 中国图书馆事业发展报告 2008. 北京：国家图书馆出版社，2008

[8]中国图书馆学会，国家图书馆编. 中国图书馆事业发展报告 2007. 北京：国家图书馆出版社，2007

浅析我国文献传递工作的提升与发展

鲁　玥　张　森(国家图书馆)

现代社会科学技术迅猛发展,各学科间的渗透交融与日俱增,知识更新频繁,信息总量以惊人的速度增长,人们对信息的需求越来越强烈。在需求增长的同时,单一图书馆由于出版物与专业数据库价格的飙升以及馆藏资源的有限,其文献供给能力相对下滑。另外,现代科学技术实现了数据快速、有效、安全和相对廉价的传递,使文献传递脱离了传统、漫长的邮局邮寄过程,大大提高了文献传递的效率,使之进入到主流的文献提供方式中。由以上的供需矛盾、技术进步两方面可以看出,文献传递在未来的提升与发展将有着很强的动力。

有机遇但也要清楚地认识到所面临的挑战,挑战主要有四个方面:首先,需求的多样化,既包括国内文献资源,也包括国外文献资源;即有对印刷体文献的需求,又有对电子资源的需求;文献内容不仅包括书籍、期刊、报纸、论文,还包括标准、专利甚至古籍、图谱等。其次,需求的紧迫性,对文献传递的时效性也提出了更高的要求。以国家图书馆文献提供中心为例,对其所提交的文献申请,绝大多数要在48个小时内保证完成。再次,文献传递费用较高。文献传递费用对文献传递量的影响十分明显。快捷、便利的服务往往伴随着高于读者期望的价格,使一部分有需求的读者望而却步。最后,网络搜索引擎的发展与免费信息的可获得性,使得传统文献传递业务面临较大的下行压力。面对着种种机遇与挑战,服务的提升与发展是文献传递工作的必然选择。

1　服务评价标准与提升关键

Eleanor Mitchell 和 Sheila A. Walters 在研究中提到,对读者需求的满足度是评价文献传递工作质量的决定因素。在某种程度上来讲,文献供应方的工作评价指标也是基于读者需求与期望的。显然,在期望文献传递工作得以提升之前,发现并确定哪些因素影响着文献使用者满意度,是十分关键的。国外的许多学者对这一问题阐述了自己的观点,例如:上文提到的 Eleanor Mitchell 和 Sheila A. Walters, Anne Morris,还有 Elizabeth Finnie。但这些因素国内显然还没有引起我国图书馆界的足够重视。以下列出的各因素结合了上述学者的普遍观点。

(1)响应时间。响应时间指的是从文献传递申请开始到该申请结束所花费的时间。它是文献需求者判断并选择是否需要文献传递服务的一个重要标准。一位需求者以一种非常宽泛的方法测量这一时间,从申请的提交开始,到最终得到该文献为止,甚至还包括周末以及节假日的时间。而文献提供者则将响应时间定义为该文献申请被登记或被接受到最终完成并已将资料发出的这一段时间,这其中包括与读者沟通并确认的时间。

(2)满足率。即指被满足的申请量与被提交的申请量之比。从另一个角度来讲,我们可以这样描述满足率:文献提供部门自己认定的对外所能传递的文献资源,与其在实际工作中真正能够提供的文献资源的差异。如果文献提供者能够保证一个较高的文献满足率,文献需求者会对该文献传递部门表示认可,其满意度会增加。另外,也有学者研究发现,了解"一条申请不能被满足”的原因，比完成“一条可以完成的申请”更为重要。

(3)费用。文献传递所需要的费用是每位文献需求者所要考虑的基本问题。通常来讲，文献传递费主要包含检索费、复印费、传递费、邮寄费、服务费等。

(4)文献质量。文献质量是指所传递的文献是否有良好的可读性和清晰性。缺页、破损以及内容不清晰等问题是每一个文献提供部门所要避免的。同时要知道，文字资源、图片资源或者其他符号资源的质量判断标准有所不同，对于质量的判断标准，用户与读者的信息反馈非常重要。另外，传递的技术手段也对文献质量产生十分大的影响。

(5)技术能力。技术的进步改变了文献传递的方法和途径。是否在实际工作中尝试使用新的技术手段是每个文献提供部门所要思考的问题。

(6)传递方式。文献需求者希望能够用对自己而言较为简单便捷的方式获得文献资源。而图书馆在选择文献传递方式的时候却要同时考虑技术能力。可供选择的文献传递方式应该包括：传真、电子邮件、邮寄、在线传送等。

(7)易用性。这通常包括两个方面，一是提交文献申请请求时，页面是否简单易懂，便于操作；二是该文献传递系统是否与其他常用系统相连通，如是否支持网上银行缴费。

(8)工作人员素质。包括专业知识、业务水平、服务态度与沟通技巧等。

以上八项共同影响着用户的满意度，同时也是文献传递工作需要提升的关键指标。于是在现有的工作评价体系下，我国文献传递服务的提升可归结为五种能力的增强：即有形性提升(服务设施的建设、系统的开发与新技术的采用)；可靠性提升(准确快速的操作，按照读者预期的执行)；应答性提升(帮助读者与用户的意愿，提供适当的服务)；保证性提升(员工的知识水平、专业技能以及表现出的自信、可靠)；情感性提升(基于用户照顾、关心，给予需求者尊重)。

2 文献传递未来的发展策略

2.1 资源整合共享与文献保障体系的建设

传统的文献传递服务受到了时间、空间尤其是资源获取能力的客观限制。但是，资源共享为打破这些限制和阻碍提供了可能，而文献资源保障体系的建立则为资源共享提供了物质基础与技术保障。目前我国国家和区域性的资源共享联盟正逐步繁荣，这些联盟动员内部的图书馆整合各自资源、统一系统平台以及服务机制，并得到了政府的大力支持。许多文献保障体系也在服务中形成了自己特有的资源。国家级实现资源共享的文献资源保障体系有 CSDL、CASHL 以及 NSTL 等。下表说明了我国文献保障体系的发展，数据来源于“The Development of Document Supply Services in China”。

	2006			2007			2008			2009		
	CSDL	CASHL	NSTL	CSDL	CASHL	NSTL	CSDL	CASHL	NSTL	CSDL	CASHL	NSTL
成员馆	100	164	9	128	275	9	131	358	9	135	500	9
注册用户	3945	12 094	14 954	6157	16 310	17 297	8512	23 394	19 799	9886	34 000	23 399
文献传递量	36 787	69 305	152 157	53 156	67 171	259 156	63 973	79 970	337 285	70 666	100 000	371 405
增长率				44.5%	-3.1%	70.6%	20.3%	19.1%	30%	10.5%	25%	10.1%

从以上数据可以看出,我国的文献资源保障体系发展十分迅猛。但有研究表明,图书馆业界的资源共建仍然存在很大问题。其中最突出的是我国图书馆多年来实行各自为政和分散的馆藏发展策略,各大图书馆资源重复建设现象严重,目前的文献资源保障体系,还不能完全满足各图书馆资源建设的"互补"要求,资源的构建难以体现共享的优势。

为应对此问题,未来的文献资源建设可实现分级制,即各系统或各地方文献保障体系保障某些利用率低、价格高的文献的同时,再由全国中心统一领导,分担一些资源共享共建任务。这样不仅会降低各图书馆馆藏资源的重复率、降低资源建设经费,也扩大了文献资源的覆盖率。另外,为了解各馆馆藏及总体文献分布情况同时方便查找,还必须加强联机公共目录的建设。使用户在统一的目录下,获得有关书目的全部信息和馆藏,并可直接在网上申请文献传递,不仅方便读者,也将促进文献传递服务的长久发展。

2.2 文献传递与参考咨询的结合

通常意义上讲,文献传递与参考咨询是两种性质截然不同的服务。文献传递可以被简单地理解为按需服务、指定服务,是被动式服务。而参考咨询却是一种主动服务,用户所提出的需求模糊而不确定,图书馆员需利用自身的知识与信息检索手段为其提供解决方案。也就是说资源需求者的需求是否清晰而确定,是图书馆提供不同服务的依据。然而,在新时期读者的需求有了很大变化,正如陈力在研究中提到的那样,"开放存取"的存在,使读者一般性的需求往往可以通过搜索引擎或在一些免费网站上得到满足。因此读者的需求已经不仅仅是书刊复印件,而是信息与知识。所以文献传递部门应该在未来被定义为信息的集散地,知识的发现、组织与传播中心。由此,将文献传递与参考咨询相结合这一思想出露端倪。

无独有偶,2009 年 10 月 20 日至 23 日,由国际图联主办的第 11 届馆际互借与文献传递会议在德国汉诺威举行。在谈到图书馆文献传递的未来时,诸多参会代表认为参考咨询与文献传递的上下游界限正逐渐模糊,参考咨询所提供的最终解决方案往往是一种特殊的文献形式。文献传递正是资源提供者与资源需求者之间的纽带和桥梁,所以将参考咨询与文献传递相结合是一种有益的尝试。另一位参会代表张晓林也对此提议表现出积极的态度。他认为文献传递工作正在经历范式的改变,即由文献传递转变为知识传递,并对此提出了一个文献传递未来发展的三维模型(如图 1 所示)。三条坐标轴分别代表着信息内容范围、信息渠道类型以及发现、获取与处理流程。由于文献传递工作中对于知识的发现、选择与处理的程度不断加深,使得文献传递越来越贴近参考咨询。这可能意味着工作流程的重组,也意味着在不久的未来,文献传递与参考咨询可能会逐

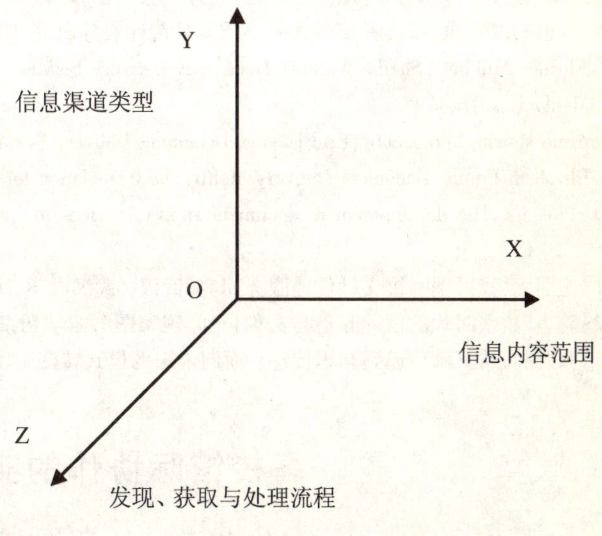

图 1　文献传递三维模型

步的融合。

3 结束语

我国文献传递工作需要不断提升服务质量，以提高工作效率、增加用户的满意度，是每一位图书馆从业人员的共识。现代文献传递工作是基于需求者为中心，而非服务为中心的。从信息需求者角度来看，他们普遍关注的是响应时间、满足率、费用、文献质量、技术能力、传递方式、易用性以及工作人员的素质等几个方面。而对于文献资源提供的一方，为应对各种挑战，必须重视有形性、可靠性、应答性、保证性以及情感性等五种能力的提升，并将这五种能力落实到实际工作中。

更加值得注意的是，随着技术环境与用户需求的改变，仅仅依靠文献传递服务工作本身的提升可能并不足以应对新时期的各种挑战。近些年来，国外众多的"文献传递发展的最佳实践"案例表明：通过进一步加强资源整合共享与文献保障体系的建设，促进文献传递与参考咨询工作的有机结合等方式转变发展思路、创新工作流程才是我国图书馆文献传递工作未来合理的发展策略。

参考文献

[1]刘巧英. 新时期我国文献传递服务的发展现状及路向分析. 图书馆建设,2010(5)：36－42

[2]钟萍，翁淳光，肖廷超. 图书馆文献传递障碍论析. 现代情报,2006(11)：118－122

[3]彭伟. 整合资源 融合服务. 图书馆杂志,2010(5)：12－15

[4]董敏红. 对图书馆文献传递服务的探讨. 大学图书馆学刊,2009(4)：70－72

[5]陈涛，顾红. 国外文献传递研究综述. 国外社会科学,2008(6)：96－102

[6]吕晓妍，夏雪雁. 以读者需求为中心的文献传递服务研究. 图书馆学研究,2006(7)：67－69

[7]Eleanor Mitchell, Sheila Walters. Document Delivery Services：Issue and Answers. Learned Information, Inc. Medford, N. J. ,1995

[8]Anne Morris, Neil Jacobs, Eric Davies. Document Delivery Beyond 2000. Taylor Graham Publishing, London, 1999

[9]Elizabeth Finnie. Document Delivery. Aslib, The Association for Information Management, London, 1998

[10]Ping Jia. The development of document supply services in China. Interlending & Document Supply, 2010(3)：152－157

[11]范丽莉. 我国图书馆文献传递服务研究. 武汉：武汉大学,2004

[12]陈力. 数字时代的馆际互借与文献传递. 国家图书馆学刊,2008(3)：54－79

[13]张晓林. 从文献传递到知识传递：面向未来的模式转变？图书馆杂志,2010(2)：2－26

高校馆际协作的实践探析

——针对上海地区各图书馆的调研分析

卜 彤（云南大学图书馆）

随着网络技术的普及、文献信息资源量的剧增且分散、部分出版物价格升幅过大等技术及环境因素的影响，图书馆及信息服务机构越来越意识到以一己之力想力求完美最终只能是无能为力，但可通过馆际互借/文献传递方式对文献资源的调度来满足用户对文献信息的需求确是一条切实可行之路。

1 关于“上海模式”

从我国宏观层面来看，资源共享活动有几个比较明显的活跃时期。出现在20世纪50年代的“全国图书协调方案”的图书馆界大协作为标志作为开始阶段，其后逐渐发展，并建立起在苏联图书馆学理论基础上的80年代的馆际互借理论，其核心就是建立一个正式的、有组织的网络，对图书馆事业进行统一管理，加强图书馆之间的协调，尤其在藏书建设、统一编目、编制联合目录、开展馆际互借等方面。但在实践上碍于当时国内的实际文献拥有规模无法提到“文献保障率”的层次。

20世纪80年代至90年代中期阶段则是我国资源共建共享理论研究与实践都较活跃时期，以肖自力主持国家社会科学基金重点项目“全国文献资源调查与布局研究”为龙头，其后形成了一次文献资源建设理论研究的高潮。这一时期在理论上提出我国文献资源布局的三级文献保障体系，即：一级为国家级布局，由当时的北京图书馆牵头，联合一些有很好收藏基础的大型图书馆，建立相对完备的收藏。二级布局是省（市）、自治区布局，其任务是建立核心收藏，主要是满足本地区最常用的需要。三级布局是系统布局，其任务是保障本专业文献的完备收藏。实践上产生了1992年如国家教委建立的以文科图书专款为基础的全国高校学科文献中心计划。上海则很快出现了国内成立的第一个区域性馆际互借与文献传递协作组织“上海地区文献资源共享协作网”，只是这种模式与原来的二级布局模式已在指导思想和实践上有一定的差别。

1999年前后以上海的范并思力主的“以文献信息资源的可获知能力和文献信息资源的可获得能力”及以广东的肖自力为代表所提出的“宏观文献资源建设理论的文献资源保障率”的“范肖之争”为标志，推动着上海地区文献资源协作的进一步发展，以上海市图书馆为龙头推出了上海市中心图书馆计划。随着2001年9月，上海交通大学图书馆作为上海图书馆的中心馆，开创国内公共图书馆与高校图书馆联合的先例。2002年7月，上海图书馆与上海生命科学研究院共建生命科学图书馆，开创了地方图书馆和国家级科研机构图书馆、专业图书馆与公共图书馆在理事会体制下馆长负责制合作的新模式，被国内学者称之为“上海模式”——上海的图书馆界建立在互利互惠基础上而非行政协调上的、横跨三大文献信息服务系统的信息资源共享模式。

“上海模式”在实践中一路走来，高校图书馆的作用不容小觑，但要想使馆际互借与文献传递服务工作在深度和广度上继续发展，仍需对现实中的问题进行必要的剖析。

2 调查的目的与方法

目前，国内针对上海地区资源共享与文献保障系统的研究内容主要针对共享活动宏观层面和用户调查展开，因此，本文将调查重点放在了上海主要图书馆在文献获取途径和采用的具体措施方面。

上海市现有各类大中专院校59所，其中专科29所，本科30所，从对学校在开展馆际互借/文献传递的实际活跃程度初步了解的基础上，调查目标选择为30所本科院校，其中“985”4所院校图书馆采用直接与相关工作人员面谈收集相关信息，另外5所非“985”的“211”高校部分面谈，部分E-mail获取信息，其他本科院校则通过主页获取相关信息。公共图书馆选择了以上海图书馆为了解对象，而科学院系统则走访了科学院上海生命科学信息中心。文中所涉及的“馆际互借”是指返还式借阅方式，“文献传递”则指非返还式文献提供与获取。

3 上海地区在馆际互借/文献传递方面的开展情况

3.1 图书馆调查范围

上海现有30所本科院校图书馆，分别是“985”院校复旦大学、同济大学、上海交通大学、华东师范大学，“211”非“985”院校华东理工大学、东华大学、上海外国语大学、上海财经大学、上海大学，及其他普通本科院校上海理工大学等。

本次调查走访了4所“985”和2所“211”院校图书馆，E-mail填表方式回收了3所“211”图书馆信息。其余21所院校图书馆的信息通过图书馆主页获取。上海地区的公共图书馆和科研机构图书馆走访了上海图书馆和上海生命科学研究院信息中心。

3.2 馆际互借/文献传递开展概况

在所调查的30所院校图书馆中，网页上未提供相关内容的有6所，占所调查学校的20%，仅开展文献传递的图书馆有4所，仅开展馆际互借的图书馆有2所，有18所图书馆同时提供两种服务方式，占调查总数的60%。

在24所提供馆际互借或文献传递服务的图书馆中，开展服务工作的各图书馆都或多或少地加入到各种国家的或地区的文献资源保障或服务网，主要是：CALIS、CASHL、NSTL、上海市文献资源共建共享协作网、上海“东北片”高校文献传递系统、上海研发公共服务平台等。

从用户提交申请的渠道来看，可直接提交申请的有11家，其中包括为用户提供的CASHL，CALIS和NSTL账号使用方式及自开发本馆文献提交系统，通过E-mail方式可提交申请的有12家，二者兼有的有3家，需要用户上门提交的有4家。

各图书馆与国外文献服务机构有业务往来的有3家，不通过CASHL、CALIS或其他集团与上海地区以外的高校图书馆有直接文献传递业务最多的是清华大学图书馆，但没有一所高校图书馆开展有地区以外的高校间的馆际互借业务，地区外馆际互借业务多与国家图书馆进行。

从近年几个主要高校图书馆在业务量上的反映上来看，排名靠前的是带有各种“中心”头衔的单位，如：CASHL全国中心复旦图书馆年申请量20 000份以上，CASHL教育学学科中心华东师大图书馆申请量在10 000—13 000份，CALIS华东南地区中心上海交通大学图书馆申请量在7000—8000份，这也充分体现了各中心在发挥文献保障与获取方面所起到的骨干作用。而另一现象为华东理工大学图书馆，单在参与“上海研发公共服务平台”上开展的文献传递工作，每年所完成的文献传递量在10 000篇以上，且工作人员在该项服务上投入了极大的热情。

从各图书馆针对馆际互借与文献传递采用的补贴政策来看，有4家图书馆采用的是全免费方式，文献传递免费的有3家，对馆际互借/文献传递实施补贴的有7家，不补贴的有4家，未做说明的有6家。但全免费的图书馆近年的业务量有两家有数据，均在1000份以内。

在走访和 E-mail 了解到的 9 家图书馆在限制提供的文献类型中，本校学位论文居首，“严格不提供”的有 3 家，“近两年的不提供”的有 2 家，“不授权的不提供”的有 1 家，无限制的 2 家，1 家不确定。另外在受限的文献类型中还有古籍文献。

上海图书馆的馆际互借已有近 20 年历史，目前，其文献提供中心正计划将其馆际互借和文献传递的业务工作整合在其自行开发的 ShLib-iLL 平台上，用户可通过一站式服务获取来自国内外的馆际互借与文献传递的服务。其馆际互借的方式是引入物流作为传送手段，并乐于成为上海市的文献转换中心，即许多高校都将要借出、还回的馆际互借文献集中交由上图处理。从用户对服务收费的评价来看，上图馆际互借的收费属全国较低的。

上海生命科学研究院信息中心隶属中科院系统，其主要加入的是 CSDL 文献服务系统，但作为上海图书馆的生命科学中心图书馆及上海地区文献资源共享协作网成员，其也在上海地区的馆际互借与文献传递中发挥着较好的作用。就此，整个上海地区的三大信息服务系统通过国家、地区、单位之间不同层次的网际联系在了一起，共同完成上海地区的文献保障服务工作。

4 结果分析与存在的问题

4.1 图书馆馆际互借/文献传递工作分析

4.1.1 图书馆内部工作

对于用免费政策对用户申请量的影响各校的效果不同，如中心馆中就有全免费的，也有不补贴的，但从实际工作的反应来看，认为对用户进行适当补贴做法的认同是基本一致的。

从用户提交申请的渠道来看，大都认为用户提交的申请最好能直接到本馆相关工作人员的工作平台，不论是本地系统还是 E-mail 方式，由工作人员进行预处理，既不影响响应速度，又可减少不必要的费用产生。

4.1.2 图书馆馆际工作

馆与馆间的业务联系明显呈现出“抓大放小”的现象，本地区主要工作围绕着上图和几个中心馆进行，且同类相吸，如：理工类院校与上海交大图书馆联系紧密，用 NSTL 系统更频繁，上海海事大学图书馆与上海海洋大学图书馆单独另有馆际互借协议；跨地区的馆际合作则主要是与国家图书馆和清华大学图书馆进行。

学位论文作为一类重要的文献资源类型，各高校图书馆都极其重视收藏与建特色库，但出于对未公开发表的研究型文献的版权顾忌，却又成为很多图书馆的提供禁区，从而使一类颇具参考价值的学术性文献获取极其不易。甚至出现了本校学位论文要通过其他文献传递途径提供给本校用户的怪异现象。

在“上海模式”的影响下，上海高校图书馆的馆际活动开展的较为广泛，但到目前为止，除了在 CASHL 外文图书的范围内对外地开展馆际互借工作外，没有一家图书馆与上海地区以外的高校图书馆开展馆际互借工作。

4.2 存在的问题

4.2.1 馆藏数据的准确性与否对工作的影响日益突出

对于用户申请量较大的馆而言，馆藏数据的准确性直接影响到事务工作的满足率与工作效率，馆藏记录的修改与维护涉及更深的图书馆业务工作，但不对其进行校正，最终的结果就会是“误人害己”。

4.2.2　国内高校的馆际互借开放度不够

正如前面结果分析中所提到的，跨地区、省际的高校馆际互借仅在 CASHL 外文图书的范围内开展，除此而外的馆际互借在高校间却没有现成的案例，在上海没有，与高校文献传递开展较广的清华大学图书馆也不提供该项服务。毕竟一本书的三分之一的内容是否能满足用户需要暂且不论，有的文献传递费用过高的门槛也使得用户对书的馆际互借报有更高期望。在这方面，高校图书馆可以多学习公共图书馆的开放服务精神。

4.2.3　资源建设对小语种及部分会议文献获取困难

部分院校图书馆认为资源建设更多的投向使用效率更高的学科方面固然不错，但在文献来源上还应再兼顾部分小语种资源，同时部分会议文献的收集与获取是文献获取中较为困难的类型。

4.2.4　对业务工作宣传不够、不能持续宣传

馆际互借与文献传递会有一定的成本产生，在经济杠杆的作用下，免费或优惠活动会引起需求的增长，同时也起到宣传和推广的作用，但高校用户的流动性和新旧更迭需要阶段性持续的宣传工作。各图书馆领导对宣传工作的持续性与力度的态度成为推广业务工作重要的影响因素。

综上所述，通过注重自身馆藏系统建设、增强开放意识、加强对版权问题的研究等方面的工作，高校图书馆在馆际互借与文献传递工作方面仍有较大的发展潜力。

参考文献

[1]刘磊，罗秀娟. 网络环境下四地高校图书馆资源共享系统需求满足情况调研比较. 图书馆理论与实践，2008(5)：90－93

[2]王琏嘉，李小梅. 给馆际互借以重视和投入. 图书馆杂志，1999(8)：21－22

[3]冯玲，黄文镝，韩继章. 全国文献资源调查与布局期间图书馆协同协作活动特征研究. 图书馆理论与实践，2010(6)：1－8

[4]李小梅. 上海七校图书馆合作：成绩、问题与建议. 上海高校图书情报学刊，1996(1)：31－32

[5]范并思. 文献信息资源共享理论的新视野——兼评《上海地区文献信息资源共享问题研究》. 情报资料工作，1999(4)：1－3

[6]李倩. 高校图书馆馆际互借现状的调查与分析——以湖北地区为例. 高校图书馆工作，2005(5)：11－13

[7]黎晓晖. 文献信息资源建设中几个问题的思考. 图书馆工作与研究，2010(7)：51－55

[8]杨坚红. 高校图书馆利用 CALIS 和 CASHL 及 NSTL 三大文献传递系统服务比较——基于浙江省高校的实证研究. 科技情报开发与经济，2010(23)：37－41

[9]褚金涛，汪宗怡，赵晓梅. CALIS 馆际互借与文献传递服务网在区域性图书馆联盟中的发展与创新. 图书馆工作与研究，2009(1)：98－100

[10]张秀梅. 高校图书馆外文文献原文传递补贴政策初探. 图书馆工作与研究，2006(2)：100－103

天津区域性跨系统图书馆馆际互借构想

马　骊（天津图书馆）

1　天津区域性跨系统图书馆馆际互借的必要性

天津市图书馆事业发展不均衡。公共图书馆发展缓慢，甚至滞后，高校图书馆处于全国领先地位。数据显示（见表）：区县级以上公共图书馆19所，除天津图书馆藏书超过300万册，和平区图书馆31万册、河东区图书馆30万册，其他馆都在30万册以下，按照各区县常住人口（以表中数据为准，红桥、塘沽区图书馆因拆迁待建，数据暂且不计。天津市常住人口2009年统计为1176万人）858.84万计算，平均45万人有一个藏书万册的图书馆，人均藏书不足1册；高校图书馆拥有100万册以上馆藏的图书馆11所，2330.21万册藏书服务25.71万人，人均90余册。公共图书馆藏书总量是高校图书馆的25.7%，服务人群却是他的33.4倍。再有，以南开大学为例，319万册馆藏图书服务于2.2万师生，人均图书拥有量145册。按规定本科生每人可借阅5册、研究生10册、博士生10册、博士后15册、教师10册、高级教师15册，全校师生满负荷借阅，只需要20余万册图书，尚有290多万册图书闲置，闲置率90%多。这种现象在天津高校图书馆普遍存在。公共图书馆馆藏资源贫乏，无法满足读者需要；高校图书馆馆藏资源富闲，得不到充分利用。有必要把高校图书馆海量馆藏释放出来，缓解公共图书馆读者需求压力。藏书分布不对称性，彰显出图书馆馆际互借的必要性。

藏书信息不对称性也是图书馆馆际互借必要性之一。天津地区高校种类繁多，综合类、理工类、师范类及医学、农、音乐、美术、体育等专业偏向性院校多样化。单一图书馆读者仅仅依靠一所图书馆馆藏满足不了信息需求。……鉴于多种原因，天津公共图书馆、高校图书馆、科研图书馆以区域性跨系统联盟形式开展馆际互借，将其他馆藏作为本馆馆藏的延伸，弥补藏书资源不足。

馆际互借打破了读者利用图书馆藏书的行业、地域限制，在资源利用方面走上“资源共享、互惠互利、共同发展、服务读者”之路。通过馆际合作，整体提高了天津市文献资源保障能力，推进了文化共享工程建设，促进了全市经济、科技、文化、教育全面协调发展。

天津市公共图书馆和高校图书馆资源调查表（约数）

天津市公共图书馆名称	馆舍面积（平方米）	馆藏图书（万册）	常住人口（万）	天津市高校图书馆名称	馆舍面积（平方米）	馆藏图书（万册）	在校人数（万）
天津图书馆	32 000	321		南开大学图书馆	34 100	319	2.2
和平区图书馆	6000	31	39.05	天津大学图书馆	25 691	240.93	3.1
河东区图书馆	4147	30	71.06	工业大学图书馆	10 800	80.8	2.5
河西区图书馆	5000	25	77.08	科技大学图书馆	29 300	160	1.5
南开区图书馆	3020	24	82.98	理工大学图书馆	15 800	148.48	2

续表

天津市公共图书馆名称	馆舍面积（平方米）	馆藏图书（万册）	常住人口（万）	天津市高校图书馆名称	馆舍面积（平方米）	馆藏图书（万册）	在校人数（万）
河北区图书馆	2100	26	63.44	师范大学图书馆	24 784	273	2.2
红桥区图书馆	拆迁待建,数据不计			商业大学图书馆	33 621	179	1.3
塘沽区图书馆				财经大学图书馆	17 734	120	1.4
汉沽区图书馆	3216	25	17.32	医科大学图书馆	12 200	121	0.85
大港区图书馆	4570	6	38.30	中医药学院图书馆	12 658	62	0.9
东丽区图书馆	4005	16	33.82	外语学院图书馆	4642	100	0.97
西青区图书馆	2100	12	34.60	城建学院图书馆	13 860	70	1.1
津南区图书馆	6300	13	40.50	农业学院图书馆	9275	67	1.1
北辰区图书馆	5040	12	35.37	音乐学院图书馆	10 300	29	0.29
武清区图书馆	2300	12	83.66	体育学院图书馆	8000	34	0.4
宝坻区图书馆	3754	17	66.64	美术学院图书馆	5000	20	0.3
宁河县图书馆	741	2	37.63	工程师范图书馆	16 466	146	1.3
静海县图书馆	5700	17	54.55	职业大学图书馆	6000	60	1
蓟县图书馆	3216	11	82.84	民航学院图书馆	15 000	100	1.3
总计	93 209	600	858.84	总计	305 231	2330.21	25.71

2 天津区域性跨系统图书馆馆际互借的可行性

馆际互借需要功能强大的自动化管理技术支持。图书馆自动化、网络化、数字化的发展为馆际互借服务提供了便捷条件。“天津高等教育文献信息中心”(简称 TALIS)成立后,在 TALIS 组织协调下,天津 19 所高校馆际互借等资源共建共享工作逐步开展起来。高校图书馆统一使用美国 SirsiDynix 公司开发的图书馆自动化管理系统 Unicorn Consortia。共同使用一台数据服务器和统一的 Web 联合目录检索服务器,即软件和硬件都使用一套图书馆自动化系统。通过该系统实现网上联合编目,共建一个数据库。读者也可以通过该系统 Web 服务器 ilink 访问公共目录检索(OPAC),在线检索藏书并获得多种个性化服务,如检索其他馆藏信息,包括借阅状态,还可以通过 Web 上网预约和续借图书。利用该系统馆际互借服务与本馆流通服务除藏书异地借还外无差别运行。高校图书馆做到了人员、设备、制度落实到位,为馆际互借服务提供了可靠的保障。

天津高校图书馆藏资源共建共享走上统一规划发展之路,为在天津市范围内开展藏书资源共建共享积累了经验,起到了示范和先导作用。天津市公共图书馆、天津市科学技术信息研究所等科研图书馆加盟到 TALIS 组织,借力发力。目前,公共图书馆已经建立了全国文化信息资源工程中心,在全国高校建立了基层网点。天津图书馆、区县级以上公共图书馆有自己公共目录检索(OPAC)系统,使用统一的图书馆管理软件 ILAS 系统,与 CALIS 编目中心实现了联机编目业务。

“天津高等教育文献信息中心”只是一个联盟网站，与公共图书馆尚未建立共建共享平台，也没有和读者形成互动服务机制，实现天津区域性跨系统图书馆馆际互借任重道远。

3　天津区域性跨系统图书馆馆际互借运行现状

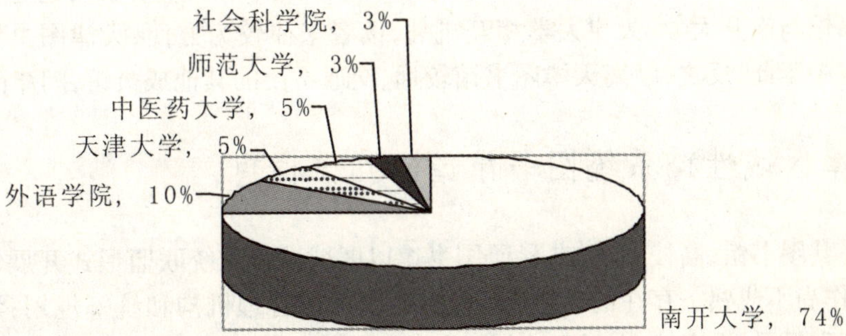

天津图书馆馆际互借证借阅统计

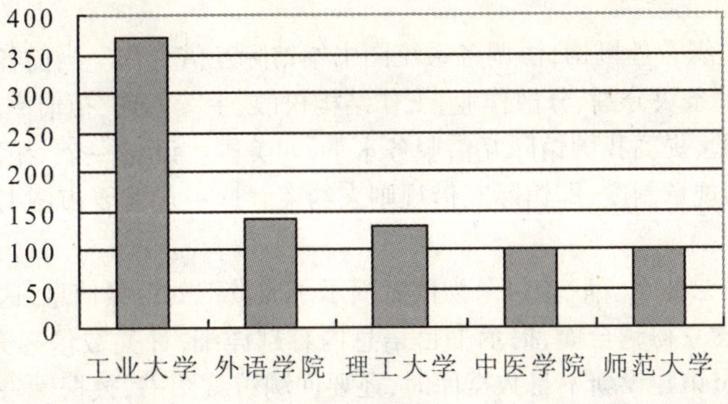

资料来源：李静，李秋实，夏志峰. 基于 Unicorn 系统的天津市高校联合图书馆馆际互借. 图书馆工作与研究，2009(2)

天津高校图书馆馆际互借证借阅统计

天津市文化、教育、科研三大系统图书馆以区域性跨系统联盟形式开展馆际互借已经三年，取得一定成绩。但当前只停留在图书借阅或复印上，技术操作也是各馆工作人员手工单独完成。影响馆际互借深入开展的主要原因有：

(1)服务理念。图书馆工作中心是读者，“为人找书”，满足读者阅读需要是图书馆一贯秉承的原则。尽管利用馆际互借读者量有限，我们也应该把图书资源共享作为图书馆服务重要理念之一重视起来。统一思想、提高认识、树立创新观念、大局意识和大资源观，以便让更多读者获得满意服务。

(2)宣传力度。我们应通过多种方式、多种途径广泛地宣传图书馆开展馆际互借的重要性。向每一位读者宣传，提高他们利用馆际互借意识；宣传各馆馆藏资源、服务项目、馆际互借方式方法及各种注意事项，让读者，尤其是公共图书馆读者了解并真正体会到馆际互借的好处。

(3)读者认知度。图书质量、种类和数量是影响馆际互借的一个重要因素。如南开大学图书馆占领着学科优势,馆藏规模、文献种类保持领先,这些有利条件使读者有更大地选择性,赢得了读者信赖和口碑。社科类、文艺类图书,南开大学图书馆有优势;工业技术类图书,天津大学图书馆有优势,这是其他成员馆望尘莫及的。天津图书馆近80%读者在馆际互借中首选南开大学图书馆。

(4)地理位置。馆际互借由读者亲自到成员馆借书、还书,所以时间、交通也影响着读者热情。天津图书馆与南开大学、天津大学相互毗邻,读者来往较为方便,天津图书馆读者馆际互借活动较为集中于此,反之,距离天津图书馆较远、交通不便的其他成员馆,问津的读者不多。

4 天津区域性跨系统图书馆馆际互借构想

天津市公共图书馆、高校图书馆、科研图书馆以区域性跨系统联盟形式开展馆际互借服务起步较晚,工作尚不成熟。存在的问题有:没有专门组织管理机构和统筹规划;没有一部完整的公共联机检索目录;没有统一的网上传输系统。馆际互借服务有限:馆际限制,只有签约馆方可彼此互借;馆藏限制,馆藏图书没有全部纳入互借范围,如天津图书馆仅限于中文普通书。为了将这项工作深入持久地开展下去,无论规章制度、基础建设,还是自动化管理、服务方式都有必要进一步规范和完善。

(1)设立专门组织管理机构,协调各系统图书馆馆际互借合作。当前各系统图书馆馆际互借服务处于现状是:条块分割、分散作业、工作结构松散、手续繁琐、拒借率高、读者群单一。不妨借鉴国外先进经验,提高我国馆际互借服务水平,如美国。设立一个专门组织管理机构来统筹管理,制定严格的规章制度,即馆际互借规则来约束。这一点需要市图书馆工作委员会支持和帮助。

(2)完善联合目录体系。联合目录为读者揭示了成员馆的馆藏信息,这是馆际互借的基础和前提。联合目录建立得越全面,揭示书目信息内容越详细,种类数量越充分,馆际互借工作越能取得实效。成员馆建设新书目数据库时,还要回溯馆藏图书,数据库一定要按照统一规则做。高校CALIS完善的联合目录数据库是成功的典范,其他馆有待提高。

(3)完善技术设备。这包括信息接口、作业流程设备。制定统一信息查阅系统,便于不同空间读者进行查阅;制定统一作业流程,便于馆际之间相互了解和互动;统一软件、硬件标准,便于工作整体发展。

(4)扩大馆际互借队伍和馆藏范围。根据读者需要,把天津地区所有图书馆都联合起来,建立健全全市馆际互借服务网络。放宽并规范馆际互借馆藏类型,通过OPAC检索到的馆藏图书都要列入馆际互借范围。

还有,定期寻访读者,及时公布馆际互借利用情况和读者需求满意率,用具体事实和数据推动馆际互借工作。

结语

建议以天津高等教育文献信息中心网站为基础,以Lib2.0为技术,以强大数字资源作保证,搭建网络服务平台。吸纳天津地区图书馆,建立可以与用户充分互动的天津图书馆联盟网站。为了让读者随时、随地得到联盟的优质服务,为了实现图书馆"以用户为中心,图书馆无处不在"的承诺,图书馆人要树立共知共建共享理念,在资源共享大环境下,共同做好全市图书资源馆际互借服务。

参考文献

[1]黄雪梅,王英枝.天津市高校图书馆馆际互借自动化管理的实现.图书馆建设,2008(8)

[2]穆瑞生.天津市图书馆资源现状调查与对策研究.科技信息,2009 (18)

[3]符瑞锐.海南省高校图书馆馆际互借服务的实践与思考.图书馆学刊,2009 (4)

[4]刘军.浅谈公共图书馆与高校图书馆信息资源的共建共享.高校图书馆工作,2009 (4)

[5]天津年鉴2009.天津:天津年鉴社编辑出版,2009

国家图书馆国际互借之状况及问题

吴京生　王喜民(国家图书馆)

国家图书馆的国际互借历经50多年,在不大为人所知的境况下逐步成长起来。随着经济的发展和技术的进步其业务量显著增大,为全球资源共享履行着国家图书馆应有的职能。国际互借工作主要分为两部分:一是借进,即从国外包括港澳台地区借进或复制文献;一是向国外包括港澳台地区借出或复制文献。本文拟从第一部分进行论述。

1　对借进工作的认识

笔者于国家图书馆从事国际互借工作近20年,深感借进工作的重要性。任何一个国家的进步都离不开向其他国家的学习和借鉴,而各类出版物正是这种学习和借鉴的重要媒介,而且任何一个国家的图书馆也无法满足本国读者对国外文献的所有需求。凡申请国际互借的读者,都是因为文献需求无法在国内得到满足,而且往往是对个人学习、研究或单位科研项目较为重要,甚至是不可或缺的文献。读者群基本上是研究生、博士生、大专院校的教授、科研院所的研究人员以及从事国防研究项目的军事部门。可以说对大多数读者来讲,借进服务是这些读者的最后选择。时常会有读者说,不管多少钱都要把文献搞到。

随着我国改革开放的进程,在实现全球经济一体化的同时,国人已更为不可避免、更为迫切也更有能力地去索取国外的文献资源。这种索取体现了国家的进步和国力的增强,这不仅从我们借进请求量增加中可以证明,也可以从我们借出服务中大量请求来自于发达国家得到佐证。另外,在对大学图书馆工作调研中我们也了解到,在大学中凡是对馆际互借服务和对国外文献需求量大的院系其科研活动都较为活跃。

综上所述不难看到国际互借的借进服务作为资源共享的一个末端环节关系到国内读者一份请求的最终成败与否。由此也可以看出对从业人员要有更高的要求,需要有很强的责任心和能力去把好这一关。

2 借进服务的需求潜力

上海图书馆彭伟参加了国际图联第11届馆际互借与文献传递大会,并在其后撰文中指出“近10年来,主要发达地区,如北美、欧洲、日本、澳洲等,文献传递业务量下降了50%,其中大英图书馆情况尤为突出,目前的文献传递业务量相比2000年下降了60%,已经回落到1990年之前的水平。全球其他一些文献传递机构,如加拿大的CISTI、法国的NSTI以及德国的SUBITO的业务都遭遇了持续的下滑。但中国和印度是个例外……”。作为新兴的经济发展大国,其对于各类文献的需求也如同对各种能源和资源的需求一样日益增大。文献保障对于科学研究起到了重要的辅助作用,借进服务应顺应潮流,水涨船高,其潜力是客观存在的。根据笔者对北京地区主要从事国际互借单位的调查可以一窥借进服务的需求潜力。

2010年	外文文献请求量	满足率%	未满足量	借进请求量
国家图书馆	53 000	89	5830	610
中科院图书馆	70 000	87	9100	100
清华大学图书馆	30 000	75	7500	1800
北京大学图书馆	26 000	85	3900	350
中国科技情报所	4500	75	1125	20
未满足与借进总量			27 455	2880

通过此表不难看出,未满足总量与借进请求总量之比约为10:1。而这只是少数几家图书馆和情报机构国际互借的情况,尚有大量的图书情报机构未开展国际互借或开展不够,所以读者要么放弃所需的文献,要么付出更多的时间去另辟蹊径。目前虽有少量与国家图书馆有关系的高校和研究院所的图书馆会通过国家图书馆国际互借向国外及港澳台请求文献,但数量很少,还有待于我们去做更多的用户开发工作。

3 国家图书馆的服务优势

从国际互借借出服务的请求来源可以看到,发达国家的请求很少来自其本国的国家图书馆,而大多来自高校和公共图书馆,盖因其具有完备的高校和公共图书馆系统得以满足师生和公众的服务需求。而根据目前我国的情况,尚不具备这样的条件,除少数图书馆外,大多资源不足,服务欠缺。而中国国家图书馆作为国家馆首先具有资源上的优势,由此吸引了众多的用户。其次国家图书馆很早就开展了国际互借服务,与国外图书馆和文献提供机构有着较为长时间的合作,我们还可以更好地依托国际互借良好的借出服务(一直以来,我们的借出服务量都大大高于借进服务量,且提供了非常深入的服务),以便联系更广泛的文献提供者来满足国内读者的需要。

另外我们可以利用馆内拥有的大量馆藏和数据库作为有利的检索手段,对于有些难以确定文献出处的请求,在正确发出请求之前有利的检索工具是很必要的,我们可以利用这些检索工具查证文献的确切出处。作为国家图书馆其对外交流活动众多,与世界上更多的图书馆建有长期合作的关系,这些无疑也是国家图书馆进行国际互借的有利因素。

4 面临的问题

上面已经提及国际互借的借进潜力很大,但是要挖掘这些潜力我们还面临着一些问题。

首先是费用问题,费用过高是导致请求量少的一个重要因素。除了一些科研经费充裕的用户对费用不大在意外,多数用户都要掂量一下借进的费用,尤其是借书服务。目前国家图书馆的返还型(图书借进)服务价格一般在每册480元(根据书的重量不同,有的甚至达到每册800元),非返还型(文献复制)服务价格一般在每篇150元。国家图图书馆的国际互借价格过去一直是参照英国国家图书馆文献提供中心的价格,对于在借进服务上是否适用于我国的用户状况上缺少考量,从实际工作中看这种价格对借进需求有着过大的制约性,特别是近年增加了还书费,使图书借进费用大增,其中的原因也涉及国图文献提供中心作为创收部门的一种无奈,增收与降低成本关系到部门和个人的收入,因此也造成了借进服务的一个瓶颈。

其次,国家图书馆国际互借的知名度甚小也影响了借进的请求量。国际互借服务不要说读者,即使是国家图书馆内的工作人员不知其存在的也大有人在。在接待读者时我很关注读者是如何知道我们的服务的,以及读者是如何查找国内找不到的文献的。我们接待过的许多读者都感叹道不知道国图有这样的服务,有些读者是从朋友或同学那里知道的。有些读者通过国外的亲朋好友去获取文献,有些通过网上查找,有些直接联系作者。有时这些方法是行之有效的,但不便之处是要去托人情,费时,且保障性低。

从国际互借借进用户的总数量说,其在整个国家图书馆的服务对象中所占的比例是微不足道的,所以它所受到的关注度也是极低的,基本上也提不到有多大的宣传,其鲜为人知也是很自然的,但其重要性也是不言而喻的。

再有,国外文献获取渠道还有待完善。既然是要从国外或其他地区获取文献最好是要有较多的可供使用的文献源。虽然我们已经与国外一些较大的文献提供者建立了固定的客户服务关系,比如英国图书馆文献提供中心、德国SUBITO、OCLC等,已经可以通过这些机构获取大多数借进请求的文献,但是每年我们尚有一定数量的文献无法通过这些文献源获得,即使有些文献通过多种努力从个别的收藏单位获得,但较为费时费力,难以保证读者使用的时限,馆员也很辛苦。

5 以服务读者为本应对不足

综上所述国家图书馆国际互借借进服务要获得更好的发展,急需对以下两方面进行改进。

(1)制定合理的价格,摆脱创收的干扰。目前国际互借依然被纳入国家图书馆的创收范围内,要制定新的、非营利的、鼓励读者使用的借进收费标准,必须解除创收的制约。新的收费标准应该是大大低于目前收费标准的,而即使是在没有国家或馆方专门补贴的情况下,国家图书馆国际互借(包括借进和借出)也是可以消化掉部分成本,达到降低收费,讲出平衡的。另外,扩大与国外及港澳台图书馆的文献提供互惠服务,积极发掘利用网络免费资源,也会促进降低成本。

(2)利用各种途径扩大认知度。国家图书馆的国际互借经过数十年的发展,与国外许多图书馆和文献提供机构有着长期的联系,并配有专门的国际互借工作人员,其服务已得到了部分读者和同行的认可。目前国内许多图书馆郁于自身的情况没有开展国际互借或开展得不好,因此读者需要直接或间接地利用我们的服务,而当读者和国内图书馆对我们缺少认知的时候,这种服务就无从谈起。除了国家图书馆工作人员日常工作中对读者主动介绍国际互借服务外,根据国际互借用户的特性,应该积极地与高校及科研院所联络、宣传国际互借服务。还可以利用各种会议和活动广而告之。

(3)全方位建立海外文献提供网络。为了更好地保证以高效、低价满足读者的文献需求,我们应当拓展更多的文献提供机构,与国外更多的文献传递组织建立互惠的服务关系。例如与世界上国家图书馆建立正式的、畅通的文献提供关系,在这一方面可以借助我馆与这些图书馆官方交往的时机进行接洽。笔者曾在俄罗斯国家图书馆参观访问我馆之际与其部门负责人交谈,很快恢复了我们与该馆文献提供的电子邮件联系,并注意到了其服务速度大大提高。除了国家图书馆级的文献提供关系的建立,我们还应注意发现国外一些互惠性文献提供组织并根据情况与其建立关系,抑或主动建立区域性的文献提供联合体。

国际互借借进服务的发展需要国家图书馆决策者的扶持,将这一为小众服务的项目尽量做大,以便更好地发挥国家图书馆的作用,惠及国人的学习研究和国家的发展。

面向最终用户的网络文献传递服务实践

韦艳芳　李宏荣(广东省科技图书馆)

网络环境下,文献传递的来源、方式和作用都发生了很大的变化:用于传递的文献来源不再限于本馆缺藏的文献,即通过馆际互借途径为使用者提供本馆缺藏的文献,也包括利用本馆(本机构)自身的资源,以适当的方式为不方便到馆获取文献的使用者提供传递服务;文献传递的方式由传统的邮寄、传真等方式,发展成以网络传递方式为主;文献传递的作用不再限于实现馆际资源的共享,还包括:通过网络文献传递实现全球化、全国性、系统内部或跨系统、区域性文献资源保障,网络文献传递可作为延伸图书馆服务范围、提升服务水平的重要手段,还可应用于商业性信息服务机构、数据库商拓展信息服务市场的过程。

1　网络环境下文献传递服务发展现状

1.1　网络文献传递正在变革着图书馆服务和资源建设与共享的模式

网络时代,用户对图书馆信息服务的需求发生了很大变化,要求不受时间和空间的限制,随时随地获得图书馆的即时服务,在这种环境下,图书馆的文献服务从为到馆读者提供印刷型文献服务为主向为不到馆的用户提供网络文献传递服务为主转变;网络文献传递服务引发了文献资源建设和共享模式上的变化,越来越多的图书馆研究利用文献传递取代部分订购文献,将文献传递作为馆藏资源建设的有效补充和重要组成部分;网络文献传递服务丰富了过去以馆际互借为主要内容的资源共享，许多出版商、数据库生产商、服务商和信息服务机构都加入到文献资源提供者的队伍中，使得文献资源共享的社会化程度大大提高，资源共享和文献传递网络正越来越迈向国际化、全球化。

1.2 面向最终用户的网络文献传递成为文献传递服务的发展趋势

网络环境下，用户越来越追求从内容发现到文献的即时获取，而不关心信息来源何处。技术的进步也实现了用户自助信息检索和提供一站式的文献资源获取。传统的基于馆际资源共享的，将图书馆作为文献传递中介的服务模式，无论在传递效率、易用性，还是在符合用户使用习惯方面都无法与直接面向最终用户的网络文献传递服务相比。面向最终用户的、自助的、不受时空限制的、一站式地申请和获取文献传递服务，已成为当前文献传递服务的发展趋势。

1.3 全球性、全国性、跨系统、区域性的文献提供和传递网络已经形成

近年来国内外文献传递活动得到了极大的发展：在单个图书馆面向最终用户提供文献传递服务的基础上，许多地方政府建立了地区性的文献传递服务系统作为地区范围内的文献保障平台，开展区域性的馆际互借和文献传递服务；国家的层面上，也建立了国家级的文献提供中心，为整个国家提供文献资源保障；国际上出现了一些非营利性的机构，开展全球性文献提供；还有一些专业性数据库提供商、服务商，以及大型搜索引擎、专业网站等各类文献提供和文献传递机构形成了纵横交错，互为补充，相互依存的服务网络，使得读者的文献需求得到更好、更快的满足。

2 网络环境下面向最终用户的文献传递服务机构

商业性文献传递机构：如美国CARL公司的UnCover系统是当前世界上规模最大、内容更新最快的期刊文献提供机构之一，它向全球提供免费的包括18 000多种期刊的联机检索和文献提供服务。

各级文献提供和保障中心：如英国图书馆文献供应中心（BLDSC）、中国国家科技图书文献中心（NSTL）等国家级文献保障机构，中国高校人文社会科学文献中心（CASHL）、国家科学数字图书馆（CSDL）等系统性的文献保障机构，以及“北京地区高校图书馆文献资源保障体系”（BALIS）、上海市文献资源共建共享协作网等区域性文献保障中心，都面向注册用户提供文献传递服务。

图书馆及图书馆联盟：国内外许多图书馆都为用户提供网络文献传递服务，如中国国家图书馆、中国科学院国家科学图书馆、清华大学图书馆都是国内较早提供文献传递服务的图书馆；广东省立中山图书馆建立的联合参考咨询网，通过参考咨询平台为注册用户提供文献传递服务。

数据库出版机构：出版社主要提供自己出版的期刊的网络传递服务，如Springer Verlang、IEEE、Elsevier Science等，这些数据库商提供的文献服务各有侧重，但一个共同的特点是拥有大量的期刊文献资源及先进的网络技术，能够提供高质量的服务，服务内容丰富，服务对象广泛，服务快速、高效、方便。

3 广东省科技图书馆网络文献传递服务实践

3.1 概况

广东省科技图书馆是一个公共性科学专业图书馆，为解决用户在馆外合理利用文献资源的问题，基于 J2EE 架构自主研发虚拟参考咨询与原文传递系统，开通了虚拟参考咨询与原文传递服务平台，通过原文咨询服务的方式把文献传递给有需要的用户。自 2007 年年底系统开通服务以来，该平台发展非常迅速，已发展成为国内颇具特色和影响力的免费原文传递平台。

3.2 主要技术特点

与国内图书馆同类原文传递平台相比，广东省科技图书馆虚拟参考咨询与原文传递平台具有如下一些主要特色：①基于采用 J2EE 的 SSH 架构对系统功能进行开发，便于在使用过程中不断改进和完善相关功能。②根据本馆应用环境，设计个性化的工作流程，保证每一篇原文请求都有人负责到底。③与图书馆统一资源检索系统、期刊导航系统实现无缝衔接：用户可将从其他途径查找到的文献题录粘贴到表单中提交原文申请，也可以在该馆统一检索或期刊导航系统中查找到所需文献后，直接提交原文申请。④支持用户协同服务：用户在平台上获得文献的同时，也可以参与原文传递，为其他用户提供帮助。

3.3 激励和质量控制机制

①用户激励机制：引进互联网问答平台积分激励机制，用户注册时先赠送一定量的免费积分，注册后提供一系列增加积分的途径；制订原文请求和原文应助规则，规定申请和下载每种类型文献所需积分，下载文献并采纳为答案后按规定扣取相应的积分，并对违规的应助行为进行积分处罚；通过积分限制用户申请原文的数量，并激励用户参与文献应助；每月对上传量最多的若干名用户给予积分奖励，年终给予上传量最多的若干名用户给予实物奖励，并颁发荣誉证书。②专家激励机制：制订每个专家最低工作量指标，年终对超额传递的咨询专家给予奖励，并通报表扬。③质量控制机制：制订平台工作规范，对已上传原文的申请由用户进行审核，对未上传原文的申请由指定的专家负责审核，确保每条原文请求有专人跟踪负责到底；建立用户反馈、处罚制度，对违规应助行为、上传错漏的情况进行提醒或处罚；通过全馆或部门集中培训、个别辅导等形式对咨询专家进行检索技能培训，提高专家服务质量和服务水平。

3.4 推广措施

系统研发完成后，通过网站链接推广、向重点服务对象（如研究院所科研人员）宣传、开发有利于系统推广的功能（如邀请注册功能：每成功邀请一个注册用户，系统给予一定的积分奖励）等方式进行宣传和推广。其中邀请注册功能使用户可以通过自己的亲身体验为平台做宣传和推广，比图书馆自己去推广更有说服力，更有成效。

3.5 实践体会

笔者参与了该原文传递平台系统设计、推广应用、文献传递、管理和维护等各个环节的工作，作为一个图书馆开展网络文献传递的服务平台，在两年多的推广应用中取得了显著的成效,笔者认为主要基于如下几个原因:①用户群体定位准确,主要面向无法到馆利用文献资源的用户,满足其随时随地获取文献的需求,基于公益性服务原则,采用原文咨询形式,将文献免费传递到有需求的用户手里;②服务流程方便,满足了用户自助检索、浏览、定位、请求、获取等流畅服务和一站式服务的需求;③管理机制科学有效,建立了有效的激励机制、规范的管理机制、严格的质量控制机制,保障了文献传递的高效率和高满足率,这两个指标是衡量一个原文传递平台服务成效最重要的指标,也是一个原文传递平台吸引用户和保持用户忠诚度的最主要因素;④服务功能方便实用,不盲目追求最先进的技术、最完备的功能,采取边建设边服务的策略,根据用户需求不断改进和完善服务平台功能;⑤推广措施得当,推广措施符合网络环境下用户的行为习惯;⑥重视并自觉遵守知识产权保护条例,为保持原文传递平台可持续发展,该馆在平台开通之初,就高度重视并认真研究图书馆开展原文传递服务涉及的知识产权问题,认真研究和借鉴了国内外主要原文传递系统的服务模式和运行机制,坚持合理利用文献和免费开展服务的原则,确保在尊重知识产权的框架内开展文献传递服务。

结语

网络文献传递服务作为馆际资源共享的重要手段,作为面向最终用户提供文献服务的有效模式,大有可为;各级文献情报机构应根据自身的实际情况,在遵守现有知识产权相关保护条例框架下,找准服务定位和用户群体,充分利用先进的计算机、网络技术手段,利用国际、国内各级文献保障中心和文献提供网络的资源及文献获取途径,提高自身的服务能力和水平。不同类型、不同性质的服务机构满足读者不同的需求,一起构成整个社会的文献信息服务体系。

参考文献

[1]胡述兆. 图书馆学与资讯科学大辞典. 台北: 汉美图书有限公司,1995: 109 - 110

[2]范丽莉. 我国文献传递服务研究. 武汉: 武汉大学,2004

[3]姜爱蓉. 网络环境下的馆际互借服务. 现代图书情报技术,1997(5): 3 - 12,17

[4]许桂菊. 网络文献传递服务: 面向最终用户的资源共享. 大学图书馆学报,2006(5): 16 - 19

[5]陈涛,顾红. 国外文献传递研究综述. 国外社会科学,2008(6): 96 - 102

[6]贾苹. CSDL 文献传递问题分析与发展对策. 图书情报工作,2006(10): 19 - 22

[7]姚丹丹. 专业图书馆集团资源的虚拟集中与实体分享——中国科学院系统多馆联盟式文献传递服务系统解析. 图书馆建设,2010(10): 68 - 71

[8]http: //www. dlrp. proxy. stlib. cn/dlrp

[9]陈力. 数字时代的馆际互借与文献传递. 国家图书馆学刊,2008(3): 54 - 58,79

原文传递业务流程中的影响因素及应对策略分析

刘　丽(北京语言大学图书馆)

受馆舍和经费的制约,任何一个图书馆都无法满足其读者的全部要求,资源共享成为图书馆可持续发展的必然选择。原文传递是网络环境下实现资源共享的主要手段之一,这项工作已在众多图书馆中广泛开展。其业务流程包括用户提交需求,馆员处理,发送与接收原文,读者管理,费用结算,原文管理等。我馆先后加入了 CASHL 和 BALIS 原文传递系统,有效地弥补了馆藏资源的不足。文献传递服务在为广大师生接受和使用的同时,也存在着一些有待改进的地方,面临着一系列因素的制约。基于原文传递的工作经验,笔者试图分析一下影响原文传递业务顺利进行的因素及应对策略。

1 用户提交需求的准确性

目前,馆际之间的原文传递系统不止一种,比较有代表性的如全国性的 CALIS、NSTL、CASHL,地区性的如北京地区的 BALIS、江苏地区的 JALIS 等,好多高校图书馆都同时加入两个甚至多个系统,每使用一个系统都要单独注册、登录。有的馆还购买了一些带有原文传递功能的数据库,如读秀知识库等。对用户而言,要熟悉不同的系统,各个系统的成员单位、服务模式、资源范围、操作界面、服务承诺与费用都有不同之处。用户提交需求时出现的问题主要有:有的用户向文献传递系统提交的需求是自己所在馆已有的资源,有的用户需求信息描述得不够准确,有的用户对原文传递申请单上的专用字段名理解有误,这无疑会影响原文传递的顺利进行。各图书馆要对原文传递服务的目的、意义、操作流程、注意事项、收费标准、各系统之间的区别等作广泛的宣传和培训。还要对用户进行广泛的信息素养培养,使其熟悉馆藏,掌握各种数据库的检索技巧。

2 网上联合目录的完备性

网上联合目录是开展原文传递的工具,共知才容易共享,用户通过联合目录能快速地确定所需文献资料的收藏单位。而我国全国性和地区性的联合目录还没有形成标准化、规范化和权威性,联合目录的覆盖面还不够广泛。即使是 CALIS 与 NSTL 这样大型的公共目录检索系统,资源数量也远远不够。有的原文传递系统还要依赖各馆的 OPAC,对于 OPAC 只提供本馆馆藏普通纸质文献的馆,查其数字资源还要通过该馆网站,在不同界面中切换和重复操作大大降低了效率。理想的联合目录,既是各种类型、不同载体、多学科、多语种资源的揭示与整合,也是图书馆联盟中不同图书馆资源的整合,提供规范、准确、详细的目次信息,如图书提供内容提要页、目录页、试读页等信息,期刊提供目录、篇名、作者、年卷期、摘要等详细信息。纸本文献还应提供流通情况、装订状态、缺失卷期等。如期刊正在装订途中,可能不能马上对原文进行扫描和传递。可以对各成员馆的特色资源、灰色资源进行重点揭示,方便用户选择,为文献传递工作进一步开展创造有利的条件。在此基础上,将二次文献检索与原文传递集成为一站式服务平台,用户在文献检索后即可直接点击申请原文,无需再输入相关文献信息。各馆要重视对本馆数据库进行定期或不定期的维护和更新,确保数据库数据的准确、完整,有条件的馆要加强各种资源的整合工作,提高检索的便利性。

3 文献传递员的素质

文献传递是一项繁琐的工作,涉及环节较多。文献传递员的重要职责是处理用户的请求,查看用户的申请信息,并作检查与修正,通过查找本馆馆藏下载电子全文或扫描纸质文献,将原文发给用户。有的还担负着读者管理、财务管理、统计分析、参数管理等工作。文献传递员的素质在很大程度上影响着原文传递的工作效率。作为文献传递员,应该熟悉本馆的各种资源和网上的免费资源,熟练掌握文献信息检索的各种知识和技巧,如专业检索方式、检索期刊条目著录规则、外文文献的缩写问题、DOI 检索。如果用户给出的已知信息不全或有误,如要求传递文献的题名、刊名、卷期、文献类型未经核实,就会给文献传递员查找全文带来困难,通常要花大量时间核对。文献传递员要对文献申请信息进行判断,可以先根据用户提供的信息利用馆藏目录、相应的数据库或搜索引擎进行初检,有可能获得更多的文献线索。对于信息不全的,可以尝试使用截词检索,如某读者想找一本名为《给 * 的信》的书,笔者在馆藏目录检索系统中输入“的信”作为检索词,选择“后方一致”,从检出的结果中找到了读者想要的那本书。

4 原文传递的内容与形式

对原文传递服务来讲,可利用的资源是否丰富是读者优先考虑的因素之一。馆际传递的文献内容可以扩展到可获取的各类文献,不仅限于图书、期刊,还包括学位论文、会议论文、科技报告、专利文献以及搜索引擎无法检索到的深层次资源(Deep Web)等,既包括纸本资源,又包括数字资源。张晓林提出了从文献传递到知识传递转变的设想,他指出,科研需求已经远远超过传统图书馆所收藏的(数字或纸本)文献,如何在用户需要的时候和时间快捷经济地向用户提供所需要的信息(而不仅是文献),已经成为(作为知识提供者的)图书馆员的内在责任,我们每个人都得考虑如何帮助用户获得所需要的信息内容,无论这个内容是馆藏出版文献还是网络上的灰色文献,无论这个内容是文献还是非文献的其他类型信息。

原文传递方式包括 E-mail、Ariel、QQ、MSN、FTP、FAX、普通邮寄、特快专递或者自取等,网络首当其冲的担任了原文传递的主要媒介,它能提供更及时、更高效和更经济的文献传递服务。若网络通道窄,传输速率低,某些软件的缺乏,硬件配置低以及各种网络黑客的恶意攻击,都会影响文献传递效率和服务质量。图书馆要建立良好的网络及高度自动化的工作环境,以便能快速、高效、简便地开展文献传递工作。界面友好且使用方便的原文传递系统软件,可以完成用户远程提交管理、用户账号管理、用户费用管理、发送原文管理、处理状态管理、统计分析等功能,能使原文传递业务更加便利。

5 费用的高低

文献传递的费用对文献传递服务工作的开展有很大的制约作用。主要包括两个方面:一是用户的费用负担问题,二是成员馆的利益博弈问题。

广大读者从图书馆获取信息资源的时候习惯了接受无偿服务,或许没想过获取文章要花钱。向用户收取的文献传递费用主要用于提供馆的原文处理,主要指复印和扫描,基本上是每页0.3元左右。如果加急的话,每篇另外收取10元。委托系统外查询的话,视文献提供馆而定,费用会高些。对于大多在校生和科研经费少的用户来说,费用是制约文献传递发展的一大障碍,他们对费用比较敏感,在提交请求时会控制费用甚至会选择放弃。图书馆的收费体系应该是统一、透明的。有的系统或图书馆会给用户一定的费用补贴,有时也会有优惠活动,免费服务期内提交请求的数量一般会大大增加。

从成本角度来看,文献传递要考虑交通、通讯、人工等费用,如果文献传递服务的成本支出不能大大低于购置这些文献费用,就无必要共享获得。关于文献传递的经费补贴,在不同的地区、不同的图书馆也是不一样的。随着馆际文献传输量的不断增加,文献富有馆与贫乏馆之间不平衡利益补偿问题越来越突出,由于缺乏利益驱动机制,使得文献传递请求回复率低、回复不及时,影响文献传递的质量。调动成员馆的积极性,是提高原文传递服务效率的必要条件。

6 知识产权

知识产权问题是当今电子文献传递发展的重要障碍之一。网络的发展为文献传递提供了可能,也给知识产权的保护提出了新的挑战。一些国家对图书馆的文献传递进行了保护版权方面的限制。在英国,商业用户使用文献传递必须支付版税,不再享有图书馆优先权。德国规定仅在图书馆之间可以传递电子文档,对最终用户只能传递纸件。面对文献传递的知识产权问题,片面地强调版权保护,使读者的合理要求得不到满足,或无视法律法规以及著者的利益,任意侵害著作权人的利益都是比较极端的行为。各图书馆在原文传递服务过程中要尊重知识产权,合理合法的使用资源,并对用户履行告知义务。BALIS从量上规定了保护知识产权的做法:如果读者请求文献传递的内容是图书,则只能传递整本图书的1/3;如果请求文献传递的内容是期刊,则同一本期刊的论文传递数量不能超过4篇。

7 原文的管理

原文传递的文献除为文献请求者单独使用外,多数图书馆未对其进行二次开发,使其成为不能流动的死资源,不能为更多的用户利用。对于发送请求的馆,可以将这些文献保存建库,方便其他读者使用。对于满足请求的馆,可以将由纸本资源扫描加工成的原文资源进行保存建库。文献传递应该与参考咨询相结合,在参考咨询服务过程中尽可能为用户提供最终的信息。

参考文献

[1]张晓林.从文献传递到知识传递:面向未来的模式转变?——参加ILDS2009会议有感.图书馆杂志,2010(2):2-5,26

[2]钟萍,翁淳光,肖廷超.图书馆文献传递障碍论析.现代情报,2006(11):118-119,122

[3]张馨.试论高校图书馆文献建设——基于馆际互借与文献传递的视角.图书情报工作,2009(19):88-91

[4]刘巧英.新时期我国文献传递服务的发展现状及路向分析.图书馆建设,2010(5):36-39,42

[5]彭伟.整合资源 融合服务——国际图联第11届馆际互借与文献传递大会综述.图书馆杂志,2010(5):12-15

[6]邵利勤. 文献传递：高校图书馆资源共享的有效途径. 浙江工业大学学报，2010(1)：40－43，48
[7]丁永玲，黄智武. BALIS原文传递服务的发展与管理. 图书馆建设，2010(6)：76－78，82

济南市图书馆文献提供服务发展与对策

郭旭光　张咏梅(济南市图书馆)

完整意义上的图书馆文献提供服务在国内发展也有十几年了，有传统文本方式，更有今天发展如火如荼的电子文献传递。网络为今天的文献传递提供了前所未有的便利，也带来了图书馆服务发展的新契机，对资源较匮乏的中小型图书馆来说尤为如此。济南市图书馆就在这种大环境下找到了自己的契机和出路，摸索着发展起自己的文献提供服务。

1　济南市图书馆文献提供服务情况

1.1　专题咨询服务

专题咨询服务又称课题跟踪服务，济南市图书馆作为公共图书馆，主要是针对一些社会上的科研单位和人员提供服务，如山东社会科学院、济南市社科联等单位研究人员。服务内容就是以提供文献全文为主，因为他们大都是专业研究人员，对本专业所需资料了如指掌，不需再向图书馆员咨询，图书馆员只需按照他们的目录需求，提供文献即可。这项服务济南市图书馆已做了很多年，服务人员也很固定。只不过文献提供的方式近几年发生了变化，由原来的纸质原文或复印件变为电子文档。

1.2　剪报服务

剪报服务也已在济南市图书馆发展了很多年。早在1985年，就有针对性地为历城县仲宫镇农民搜集资料并提供文献指导，还编印了一本《葡萄草莓管理技术100题》，在当时确实帮助农民解决了大问题，广受欢迎。以后又陆续地出了一些类似的小册子，如《家庭生活知识集锦》《技术市场信息》《禽蛋加工保鲜技术》《瘦型猪饲养法》等。这一时期的信息主要是从报纸和杂志剪贴复印所得，属最原味的文献提供。

近几年来，剪报服务的信息渐渐以电子信息为主，剪报也名副其实地成为了电子剪报。而剪报所提供的文献服务内容也更广阔。分三部分：一是为政府决策提供的决策参考，如《城市管理动态》《信息摘编》《WTO信息参考》等；二是为本系统本行业分管领导提供的参考文献《文化信息快报》，这也是近几年延续最为成功的一份剪报，因其及时(每周一期)、全面(包涵文化体制改革、文化产业、文化事业几大方面内容)、针对性强(二次加工后，只留下一些有实际借鉴意义的内容)，颇受好评；三是为社会单位提供的《房地产专题剪报》《汽车信息汇编》等，属剪报当中的创收项目。

1.3　“两会”专题服务

自2005年起，济南市图书馆开始为济南市“人大”、“政协”两会代表有针对性地提供一些文献服务，内容也都是针对当前时政的要点，如今年“两会”专题有《公共文化服务体系专辑》《低碳经济专辑》《城市建设专辑》《新农村建设专辑》《2009 民生热点回顾》等。由于服务对象的特殊性，影响力也很大。这项服务也慢慢成为济南市图书馆文献提供服务的一个亮点。

1.4 联合参考咨询服务

完整意义上讲，参考咨询和文献传递是两种不同性质的服务。参考咨询服务主要是根据读者的模糊需求，利用图书馆员本身的专业知识和技能，为读者提供相关的服务和解决方案；而文献提供服务则是读者本身有明确的需求，图书馆员只需按要求提供所需文献服务。

但在广东中山图书馆“联合参考咨询与文献传递网”，这两种功能合二为一，这个国内公共图书馆中的虚拟参考咨询系统的领头羊，所提供的大都只是文献提供和传递服务。这也可能与公共图书馆所面对服务对象的复杂性有关。由于馆藏经费等限制，济南市图书馆无力建设自己的网上参考咨询系统，只能加入大馆，随波逐流，充当文献传递的一分子。

2 文献提供服务遇到的问题

2.1 协作问题

要想利用别馆的文献资源，收费是个很关键的问题。公共图书馆应当提供免费的公共服务，“而文献复制、专题咨询以及文献传递等服务受益对象明确、服务成本可以核算、带有可以计算的资源消耗的服务，则具有一些私人物品的性质，因此，图书馆应该本着谁受益谁付费的原则提供非营利的服务。”[1]虽如此，但收费的多少又是个问题。曾有读者索取一篇文章，求助于济南市图书馆，济南馆转而求助于国家图书馆，国家馆求助于 OCLC，OCLC 按检索次数收费，却没有检索到所要的文献，但费用已产生。这真是个难以协商的问题：读者没有查到资料却要负担费用。需要图书馆之间互相协商协作事宜，并作出详细的书面协议。

另一个协作问题就是各文献提供服务系统的协作问题。目前国内还没有一个共同的统一的馆际互借系统，高校之间的协作有中国高等教育文献保障系统 CALIS，而公共图书馆在这方面尤其薄弱。

2.2 技术问题

CALIS、国家科技图书文献中心以及部分地区的资源共享网络开发了各自的馆际互借信息系统，但根据其使用情况来看，系统设计标准不统一，成员馆的范围有限，与国外馆际互借系统相比功能不完善，不能适应馆际互借和文献传递的需要。总之，我国目前缺少一个权威的、统一的、标准的、大规模的联合系统，各自为政，工作人员在系统之间频繁转换，很是费事费力。

2.3 知识产权问题

有人提出文献复制中的“三分之一”原则，即复制馆藏书刊，不接受全书复制，复制超过全书三分之二时，要收取底本费（不低于复制费的三分之一）。在这方面，几大文献提供服务机构的负责人给出了比较统一的答复，认为“三分之一”原则是符合世贸组织有关知识产权保护的精神的，也是我们在文献提供服务中应当遵守的，希望在法律上获得更确切的解释。

3 对今后开展文献提供服务的对策和建议

3.1 选取最适合自己、最有发展空间的网络平台

发展文献提供和馆际互借,离不开强大的网络服务平台,唯有不断提升自己的网络服务功能,才能在以后的服务中拓展一方天地。目前各系统和地区也都建立了一些文献资源共享协作网,但总体来说,仍然缺少一个跨行业、跨系统,权威、统一的综合性信息中枢系统。济南市图书馆目前加入了广东中山图书馆联合参考咨询系统,应当是适合目前公共图书馆身份特点,但也不能说是没有缺陷。资源少、服务面狭窄等制约着它的发展。

3.2 馆藏文献资源数字化

当前文献传递重点当然是以非返还式的电子文献为主。因此,本馆馆藏的电子化是首当其冲应完成的任务,即便暂时不能一下子提供全文的电子版,也应提供一个全部馆藏的目录。目录数字化济南市馆早已在2000年以前完成,但全文仍有很大差距。就济南市馆来说,地方文献应当是数字化的重点。这也是同类公共图书馆的优势。也可根据实际需求,建立特色数据库和专用数据库。

3.3 培养自己的专业人才

开发文献资源,提供文献服务,要有一批服务意识强,熟悉各种文献检索方法,能熟练使用各种现代信息工具的专职、专业化人才从事文献提供服务工作。这是提高文献提供服务的速度、查准率、查全率的基本保证。这里可以借鉴中国社会科学院岗位培训和学科馆员制度。

3.4 改变传统观念,加强绩效评估

最主要的是调整图书馆评估标准,完善图书馆评估指标体系。改变以往仅仅以"日均借书量"、"馆藏量"等单一的评估指标来衡量工作水平。评估指标体系应对馆藏量的概念予以延伸,应将"读者满意度"、"成本效益"、"资源共享工作"列为评价图书馆工作质量的重要指标。同时,还要及时总结、公布已经开展馆际互借的图书馆活动的统计数据与读者文献需求的满足率等,用具体事实和数据推动资源共建、馆际互借活动的开展,从而转变图书馆工作人员的观念,提高馆际互借与文献传递等资源共享的意识。

3.5 加大宣传力度,抓住用户需求市场和发展需要

加强馆际互借文献传递的宣传工作,提升读者意识,努力提高服务质量,是文献传递服务健康发展的必由之路。只有通过不断拓展信息获取的途径、提升信息获取的能力和效率,不断创新服务的模式,馆际互借文献传递服务的满足率才能得以有效提高,图书馆的服务才能得到学校的认可,图书馆服务的价值才会得以充分体现。

说到宣传和抓住用户需求市场,不得不提及文献提供中的"推送"服务。传统的图书馆服务模式是咨询员坐等用户上门,按部就班地解决用户提出的问题,这么样的服务理念导致了服务的被动性。大量的信息资源处于慢慢地被贬值、浪费的状态,而与此同时,许多潜在的用户却处于信息饥渴状态。为了更好地利用网络这个便捷快速且超越时空的技术,国外的图书情

报机构发明了一种“推送”服务，就是在长期跟踪用户需求的情况下主动进行知识挖掘，找出用户信息需求的规律性和兴趣所在，从而有针对性地对一些特定用户开展个性化的信息推荐和文献提供。

参考文献

[1]陈力. 数字时代的馆际互借与文献传递. 国家图书馆学刊，2008(3)

[2]吴慰慈. 网络时代文献资源共享的新模式：电子文献传递. 中国信息导报，1996(9)

智商、情商、灵商、健商：文献提供工作人员必备的综合素质

胡海燕（杭州电子科技大学图书馆）

文献提供其实是图书馆的一项传统的向读者提供文献资源或事实型、数值型资源等的服务，近年由于信息技术的发展，文献提供的内容、方式和手段更加多样化，特别是文献传递和馆际互借服务在全世界范围内都红红火火地开展着，逐渐成为了图书馆各项服务中举足轻重的服务内容，这不仅为文献提供服务增添了新鲜的血液，也使得各地区、全国以及全世界的文献信息资源实现了共建共享，大大提高了各馆馆藏资源的利用率，提升了图书馆的服务层次。文献提供应当成为当代图书馆的核心业务这一点已经为越来越多的中国图书馆界同行所认识，这一在世界发达国家已发展了近40年的图书馆业务充分适应了网络环境下用户服务的需求和当代图书馆业务拓展的特点，已经并将越来越展示出它的强大的生命力。因此，本文所述的文献提供服务是指依托本馆的电子和纸本馆藏，利用网络免费获取文献、开放存取文献、灰色文献等，通过一般性的复印、借阅、扫描，以及文献传递和馆际互借等方式，向馆内外用户提供免费或付费的文献信息资源的一种服务方式。

1 文献提供工作人员的工作定位

资源有限，服务无限。在信息化背景下，文献提供工作人员的工作内容除了传统的一般性的借阅、复印、扫描服务外，馆际互借和文献传递活动仍将活跃并且贯穿整个文献提供活动，是目前文献提供服务最重要的服务方式。通过文献传递和馆际互借服务，可以检索国内外很多图书馆的馆藏，基本上可以为用户提供所有能提供详细文献线索的文献资源，通过无限的服务，弥补本馆资源的不足。

在服务方式上，传统的文献提供服务主要针对用户提出的已经确知文献出处的申请，帮助用户获取，是一种被动、形式单一的服务，目前文献提供服务越来越改变以前的被动性，转向主动服务，服务内容的深度、频度与广度等都更深入一步，如定题跟踪式的文献传递服务，期刊目次信息的推送，以及针对用户需求代查代检，扩大服务的范围等。另外，文献提供的传递方式也越发多种多样，如邮寄、传真、网上下载、E-mail 发送等，可以满足用户个性化的传递需求。

在文献提供服务的深度上，张晓林教授认为文献提供服务要从文献传递到知识传递的演

变。他认为[1]：随着科研信息环境的发展和科学研究形态的变化，科研需求已经远远超过传统图书馆所收藏的（数字或纸本）文献了。如何在用户需要的时候和时间快捷经济地向用户提供所需要的信息（而不仅是文献），已经成为（作为知识提供者的）图书馆员的内在责任。我们不能因为历史上文献传递就局限于文献，或者目前分工不同，而将用户的需求局限在文献传递系统之内，我们每个人都得考虑如何帮助用户获得所需要的信息内容，无论这个内容是馆藏出版文献还是网络上的灰色文献，无论这个内容是文献还是非文献的其他类型信息。

用户培训。文献提供服务中用户的培训往往是被忽视的一个环节，于是经常性地会出现复制性文献传递的请求，也就是对本馆已有的资源重复提出文献传递的请求。在信息环境下，图书馆对用户的信息素质也有越来越高的要求。为了保证文献提供服务的顺利开展，真正减少馆员的介入和指导，提高工作效率，节省馆员时间，减少复制性文献申请，很有必要对用户进行全面、详细的培训，使得他们了解本馆的馆藏情况，学会如何利用本馆已有的数据库，以及各种常用软件，如阅读软件的安装和使用等。可以采用个别辅导、各类型讲座、上机实习、编写读者使用指南等方式，有针对性地指导读者掌握最新的信息检索技术，帮助读者更好地使用数据库或检索网络资源，使用户了解有关专业的各类文献分布情况，注重对读者进行信息检索方法的训练，便于他们提高信息检索能力，主动获取信息。[2]

服务宣传。为了文献提供服务能够为用户所知，得到广泛使用，可以采用分发宣传单、发送 E-mail 通知、在校报和 BBS 上及图书馆主页发布通告等方式，向本馆用户进行宣传，使得他们可以了解、接受和使用该服务，并在须自费的情况下愿意支付一定比例的费用等。

参与文献资源建设。一般来说图书馆在文献资源建设过程中，均会努力在有限的经费与用户个性化的文献需求之间达到最佳的平衡，而文献提供工作人员由于长期接触各类型用户，详细了解其文献信息需求，对用户常用的书刊、数据库及其他资源非常熟悉，可以在图书馆文献资源建设工作中发挥重要作用。另外，文献提供人员也可根据长期练就的网络信息资源检索与获取能力，可以密切关注网络信息资源的收集、分类、整理，组织学科网络信息导航，并及时更新、补充。

2 文献提供工作人员的素质一定程度上决定了图书馆文献提供能力

文献提供服务的质量和效率不仅依赖计算机技术、网络技术及数据库技术等外部环境，更依赖工作人员的素质。因此，文献提供服务中起着至关重要作用的要素是人——文献提供工作人员，他们是文献提供服务中最活跃、最有生气的要素，是图书馆最具生命力的物质力量和精神力量的源泉，决定着图书馆的文献提供能力和工作力量，影响着文献提供的工作效率，是评价服务质量的重要依据，更加影响了图书馆在用户心目中的地位与形象。

文献提供工作的内容和方式充分体现了它的专业性。不同的检索工具具有不同的特点和检索技巧，必须具备相应的专业知识才能有效进行检索，利用各类专业检索工具对用户申请进行资源定位，是文献提供的重点，也是一项专业性很强的工作。文献提供工作人员应该科学定位文献提供服务的性质，文献提供服务不是普通意义上的服务，不能将文献提供服务混同于一般意义上的服务行业提供的服务，它是 种个性化的服务，能满足用户多元化、层次化的文献信息需求，它提供知识产品，属于知识服务的范围，文献提供工作人员不是第三产业的服务员，而是从事专业工作的专业人员，必须要以一个专业工作者的心态从事文献传递服务，不断钻研业务，提高专业技能和服务水平。

完成文献提供服务的过程是一个不断积累经验，不断探索新方法，不断学习和进步的过程，文献提供工作人员只有明确文献提供工作对自身素质的要求，明确努力方向，才能在实践中不断成熟，成为一名合格的文献提供工作人员。[3]对文献提供工作人员的素质要求主要考察文献提供服务人员的知识水平、业务能力、服务态度等，此外还要看是否具有高度敬业精神与热诚服务的工作态度，具体而言就是文献提供工作人员应该具备智商、情智、灵商及健商。

3 智商、情商、灵商、健商：文献传递工作人员必备的综合素质

3.1 文献提供工作人员综合素质构成要素

文献提供的工作性质及工作人员的素质对文献提供服务的重要性决定了文献提供工作者必须具备相当高的综合素质才能胜任这份专业性非常强、对工作人员责任心要求非常高的工作，理想的状态下文献提供工作人员的综合素质的构成要素主要包括智商、情商、灵商与健商。[4]详细的指标体系如下表所示。

表1 文献提供工作人员综合素质构成要素

智商	基础知识	方法论知识
		图书馆学、情报学专业知识
		信息政策和知识产权知识
		相关专业基础知识
		……
	业务技能	信息检索、信息分析及综合能力
		信息技术及其操作能力
		科研能力
		主动学习能力
		组织和管理能力
		外语能力
		教学能力
		……
情商		职业道德
		人际交流、营销和公关能力
		自我控制的能力
		应变能力
		协调、合作能力
		……
灵商		开拓、创新能力
		主动进取的精神
		自信、顽强的心理素质
		……
健商		身体健康
		心理健康
		有幸福感
		积极的人生态度
		较强的社会适应能力
		……

3.2 文献提供工作人员综合素质主要内容

3.2.1 智商：完成工作的前提

智商（Intelligence Quotient，简称为IQ），是测量个体智力发展水平的一种指数，是一个人得以生存的基础和前提，智商低下，很难独立生存，当然更难完成专业性较强的工作，在当今知识经济时代，更是如此。在人类智慧活动中，智力的诸基本因素承担着信息的接收、加工、处理任务，是智慧活动的操作系统。智力并不是一个个别能力，基本要素包括观察能力、记忆能力、想象能力、思维能力等，其中核心是抽象思维能力。[5]

文献提供工作人员必须具备较高的智商，因为文献提供工作的内容和方式充分体现了它的专业性，要求工作人员在知识水平、信息能力、业务能力等诸方面都要达到一定的层次，否则难以胜任文献提供工作。一般而言，具备较高智商的文献提供工作人员会具备以下的知识和技能。一、深厚的图情专业知识和广博的基础科学知识；二、敏锐的信息意识和较强的信息能力；三、较强的计算机与网络运用能力；四、创新能力；五、一定的科研能力；六、较好的语言和文字表达能力；七、与时俱进的学习意识与自学能力；八、较强的应变能力；九、资源宣传与教学能力；十、其他。

3.2.2 情商：相辅相成的力量

情商（Emotional Intelligence Quotient，简称为EQ），是“情感智力商数”的简称。它是相对于智商“IQ”而提出的，是衡量情感智力水平高低的一项指标。智商，主要表现为个人的智慧力、聪明力，而情商，则是与他人的沟通力、协调力与合作力，更体现为一种团队精神和团队力量。21世纪的人才必须具有情绪稳定、调控适度、愉悦平和的健全情感。通过情感交流使人生丰富多彩，事业获得成功。拥有情商可以提升5个方面的能力：认识自身情绪的能力；妥善管理情绪的能力；自我激励的能力；认识他人情绪的能力以及人际关系的管理能力，从而提升生活的质量，保持工作的热情。情商是一种基本需要，是一种生存能力，是一种生活智慧，是人的一种涵养和社会智力，是一种与智商相辅相成的人生力量。[7]

现代图书馆的发展对馆员的素质提出了更高的要求，不仅要求具有较高的智商，更要求具备较高的情商，文献提供服务中对工作人员的要求也是如此。情商在文献提供服务工作中具有非常重要的作用，它可以使文献提供人员具有：一、图书馆员的职业素养良好的职业道德与服务意识。职业素养主要体现在接待读者过程中的种种表现，如语言表述是否清晰、语气是否礼貌、解答疑问是否耐心、处理违规时是否公正、控制个人情感是否得当等等。不端正的职业态度很容易在馆员与读者之间形成隔阂，阻碍他们之间的交流。只有具有了崇高的职业道德素质，才能想读者所想，急读者所急，千方百计满足读者的各种需求，真正实现读者至上的服务宗旨。二、较强的团队协作精神。图书馆分工很精细，文献提供工作中就有复印、扫描、邮寄等简单的工作，也有对智商要求较高的信息检索、教学、宣传推广等工作，这要求文献提供工作人员必须以团队作战的形式合力完成工作。三、良好的人际沟通能力。文献提供服务中，工作人员必须与读者进行及时、有效沟通，顺利完成读者的申请，在与用户交流过程中始终保持良好的亲和力，有耐心、有热心，另外文献传递与馆际互借工作中还要加强与CALIS管理中心、其他全国中心、地区中心及各成员馆之间的沟通与联系，建立良好的合作关系。四、其他能力。

3.2.3 灵商：锦上添花的智慧

灵商（Spiritual Intelligence Quotient，简称为SQ），是英国达纳·左哈和伊恩·马歇尔夫妇合著的《灵商：人的终极智力》一书中首次提出的一个崭新的概念，他们认为[8]：灵商，即心灵智力，也就是灵魂智力，是一种能够治疗我们自己和创造我们自己整体的智力，是一种能创造性地发现新价值的智力。灵商是人通向成功的奇特、独到、无形的超现实力量，是常处于“冬眠”状态下超智慧的附着力。智商是人类的第一只眼睛，情商是第二只，而灵商是我们的第三只眼睛，也就是古人所说的神仙具备的天眼。智商是抓住机会，情商是利用机会，而灵商则是创造机会。灵商允许我们去完善内心活动和人际关系，去超越自我和他人之间的隔阂，那些我们同他人分享或用来同他人相处的情感，但是仅仅靠智商是不能弥补隔阂的。灵商使我们成为充满理智的和情感的高尚的动物，使我们人类区别于动物的根本所在，是对事物本质的灵感、顿悟能力和直觉思维能力。灵商是一种高层次的智力，是人的终极智力，也是一个人生命价值的意义之所在。

《2008 中国职场人士工作倦怠现状调查报告》[9]调查数据表明，有 74.6% 的被调查者表现为轻度的工作倦怠；有近 43.2% 的被调查者出现中度的工作倦怠；有 10.8% 的被调查者出现严重工作倦怠，其中高级专业人员的工作倦怠程度位居前茅，占 21%。有些人处处碰壁，做任何事都不顺畅，而有些人盯紧一个目标，百折不挠，最终一定能在那个领域成功。百折而不挠，韧性十足，从不向困难低头，这是很多人最后走向成功的秘诀。[10]这个理论同样适用于那些在平凡的文献提供岗位上兢兢业业工作着的人们，拥有灵商，就能使我们拥有自信、顽强的心理素质，拥有主动进取的精神，拥有开拓、创新的能力等，而这些品质使得工作人员在文献提供服务中游刃有余，并体会到工作的乐趣、付出辛劳的价值以及人生的意义。

3.2.4　健商：生存和事业成功的保障

健商是指一个人的健康商数（简称 HQ），是由世界人类健康专家、哈佛大学博士、加拿大籍华人谢华真教授创立的，它同智商（IQ）、情商（EQ）一样，它是健康的商数、可用 100 问卷测试出来。健商测试包含：躯体、心理、精神、社会、环境五个方面。健商由自我保健、健康知识、生活方式、健康心理、生活技能五个要素组成，是一个以现代科学和健康知识为基础，全面综合的、内容广博的健康概念。联合国世界卫生组织赋予健康更现代的定义：“人的健康不仅是躯体没有疾病，还要具备心理健康、道德健康和社会适应能力。”世界心理联合会指出人的心理健康指标是：“①身体、智力、情绪十分协调。②适应环境，人际关系中彼此能谦让。③有幸福感。④在学习和工作中能充分发挥自己的能力，过着有效率的生活。”这些都说明人们已经开始注重心态和社会环境对健康的影响。谢华真认为：正确的观念，积极的人生态度，以及明确的人生目标，对身心健康起着至关重要的作用。[11]

文献提供的职业特点就是长期的伏案工作，以致造成视力下降，颈椎劳损，肩背疼痛、血压高等职业病缠身。同时，图书馆的社会地位低下又常常导致工作倦怠等负面情绪的出现，影响了文献提供工作人员的身体健康，甚至导致亚健康状态的出现。文献提供工作人员必须要注重自身身体上、心理上的健康，才能以更好的精神状态投入到工作中去。

4　金无足赤，人无完人

智商可以量化，与智力因数有关，反映一个人的聪明程度，是一个人的生存基础；情商难以量化，与非智力因数有关，反映一个人的生存能力，是一种生活智慧；灵商不能量化，也与非智力因数有关，反映一个人创造能力的高低，是一个人的生命意义；而健商，是这所有一切的基本保障。当然,金无足赤,人无完人。上述文献提供工作人员综合素质要素里提到的各项素质和能力并不是每个馆员都能达到,那是我们所设想的一个理想的状态。实际上,现实工作中会有些工作人员拥有的智商情商和灵商健商的程度不一致,导致工作人员的素质参差不齐,从而影响文献提供服务的质量和工作效率。何况文献提供工作中涉及的环节众多,既要熟悉馆藏,了解各类信息源的特点,能够熟练检索国内外各种数据库,访问国内外的各类信息资源,又要能使用传真机、扫描仪、复印机、打印设备、各类下载上传工具等文献提供软硬件工具,要求有较好的外语水平和沟通协调能力。同时,也有收发、邮寄、拆包、通知、汇款、结算等要求较低的工作。因此在文献提供服务中,在条件允许的情况下,我们不妨采取配置不同档次的工作人员的措施,以文献提供工作人员相互间的默契配合来达到文献提供服务工作的完满。

参考文献

[1]张晓林.从文献传递到知识传递——面向未来的模式转变——参加 ILDS2009 会议有感.图书馆杂志,2010(2):2-5,26

[2]宫小凤.高校图书馆员与读者有效沟通的策略研究.绍兴文理学院学报,2010(7):105-107

[3]赵冬梅.网络环境中高校图书馆文献提供能力的优化.晋图学刊,2009(2):18-21

[4]王运显.我国学科馆员素质指标体系构建问题探讨.图书馆学研究 2010(应用版)(2):91-94,24

[5]蒋洪池.智商·情商·灵商.哈尔滨学院学报,2003(12):35-38

[6]吴维库.情商与影响力.北京:机械工业出版社,2004:11-22

[7]赵蕴.情商——编辑的另一种智慧形式.武汉体育学院学报,1999(6):115-118

[8]达纳·佐哈,伊恩·马歇尔著;王毅,兆平译.灵商:人的终极智力.上海:上海人民出版社,2001:2-18

[9]2008 中国职场人士工作倦怠现状调查.http://www.chinahrd.net/news/info/34714

[10]梁勤.灵商——人类成功与幸福的缔造力.决策咨询通讯,2007(3):58-61

[11]赵长红.提高学生健商,改善学习效率.科教文汇,2009(8):88-89

[12]张洁.学科馆员素质中的非智力因素.情报理论与实践,2009(2):91-94

浅谈珠海区域内的馆际合作构想及实现

王丽灵(珠海图书馆)

馆际合作不能简单理解为“馆馆合作”,它是包括各种图书资料部门在内的部门间的合作。不论图书馆、图书室、情报室,都是馆际合作的题中之意,他们的工作有众多相似之处,所以,它们的馆际合作成为可能,最终成为图书资料行业的共识和追求。馆际合作最终是为了图书资料部门的发展,服务的提升,以及效能的更大发挥。但就具体工作来说,馆际合作的目标是实现资源和人才特别是资源的共享。只有在工作中实现资源和人才的共享,才谈得上图书资料部门的进一步发展,继而谈其效能的发挥。

1 珠海区域内馆际合作的构想

1.1 珠海区域内馆际合作的可行性

由于珠海区域在珠三角中经济发展水平较低,经费投入不足,致使珠海区域内图书馆、档案馆、博物馆及下属区域的各部门的图书资料室远远落后于珠三角如深圳、东莞等区域内图书资料部门。就珠海区域的大多数区/镇图书馆、展览馆、档案馆、博物馆而言,他们的经费比较紧缺,硬件设施和技术水平不能适应珠三角的发展。然而,在处于同一珠海区域的高校图书馆、公共图书馆、档案馆、展览馆、博物馆及下属区、镇、街道、社区等之间开展馆际合作则是可行的。因为,他们处于同一区域,距离近,交通便利,可节约经费开支;同一城市有利于协调和解决合作中出现的困难和问题;短距离有利于数据的传输和读者馆际互借;他们属于不同的行业,都有自己的馆藏特色,这更有利于互通有无、互惠互利;由此可见,在珠海的同一区域内多"部门"之间开展合作,不仅必要,而且可行,这有利于珠海区域内图书资料馆(室)、展览馆(室)等多部门实现跨越式发展。

1.2 珠海区域内馆际合作的内容

1.2.1 学术研究方面的合作

学术交流和科研合作是推动图书馆(室)、档案馆(室)等各部门科研工作的一条捷径,它不仅能增进各馆人员之间的交流和合作,锻炼和培养人才,而且还具有投资小、见效快,一举多得的功效。公共图书馆、少儿图书馆、档案馆、博物馆接待社会读者多,到农村、到社区、到基层多,他们获得的第一手资料也较多;高校图书馆接待教师和大学生较多,理论水平、技术力量、科研能力总的来说较强。高校图书馆、公共图书馆、少儿图书馆、档案馆、博物馆之间开展学术交流和科研合作,他们可以在利用各自的技术力量和资源方面进行优势互补,共同开展某一项目或产品的研究和开发。这样,不仅能够提高研究工作的速度和成效,又可以通过合作,取长补短,增强自身的能力,还可以使任何一方由于技术、资金、资料、或资源的原因无法单独从事的研究工作成为可能。

1.2.2 馆际之间合作采购

合作采购的根本目的在于避免重复收藏,尽量少投入,多产出,而不是以前各自为政的"麻雀虽小,肝胆俱全"的模式。各合作部门均可突出特色,抓住重点,形成优势,共同研究、协调成员馆之间的分工,保障本馆重点文献和地方文献齐全,在相当大的范围内实现文献订购前的查重,进而减少不必要的重复,达到文献信息资源的合理分布与经费的合理使用,形成联合文献保障体系。

1.2.3 馆际之间建立统一检索平台

检索平台是实现文献信息资源共享的重要媒体。通过检索平台,任何读者可了解各馆(室)的文献收藏情况,也可为读者就近借阅文献提供指引。检索平台要实现两个功能:一是书目检索功能,二是数据库检索功能,书目检索以书目数据库为基础。因此,馆际合作最主要的任务是编目数据共享,在合作范围内,各部门的书刊著录可联机进行的。从目前的情况看,珠海区域内好多部门都已实行计算机编目、借阅和管理。但由于财力所限,下属区镇的有些部门,有的已实行计算机编目、借阅和管理,有的仍是传统的手工编目、借阅和管理。因此,珠海区域的馆际合作可在各馆之间都实行联机编目、网上借阅，因而，建立文献资源书目数据库并搭建一个统一检索平台是切实可行的。建立这样的检索平台后，读者可在网上查询就可查出哪个馆（室）有自己需要的资料，也就能更快捷地找到自己需要的资料。

1.2.4 实行馆际互借

这种情况分两种。一种是在实行计算机管理的馆（室）与馆（室）之间可以进行网上馆际互借，读者甚至可以根据需要以复印、邮寄、电子邮件、网络传递等方式，获得本馆（室）或本馆（室）外的图书、期刊等传统文献和电子图书、电子文献、多媒体资料等数字资源。另一种是目前还没有实行计算机管理的馆（室）与其他馆（室）之间仍可以进行馆际互借，但不是网上进行的，而是需要办理借阅证才可以进行借阅的。但无论用哪种方式互借，都更有利于读者的查阅。

1.2.5 馆际之间人员交流

人才是区域图书馆合作的关键，人员交流可以培养和锻炼人才。人员交流可利用工作人员互访、交叉上班、学术研讨会、科研合作等方式，借助双方的优势，互相影响，互相渗透。多种形式的人员交流，必然会产生融合式的人才，塑造新型信息工作者的形象。他们能更好地分析和理顺读者的需求，了解和熟悉网络资源的分布，掌握和探索网上获取资源的路径，筛选和梳理繁杂的信息，组织和下载有用的信息。

2 珠海区域内馆际合作的实现

2.1 珠海公共图书馆与少儿图书馆、展览馆合并成一大馆

2002年3月，珠海市改革，珠海市图书馆与展览馆合并，重新组建"珠海市图书馆"，加挂"珠海市展览馆"的牌子。同年，经珠海市委市政府批准，位于珠海香洲凤凰南路的馆舍，在新馆落成后，改名为珠海市少年儿童图书馆，成为市图书馆的一个分馆，从而达到人才、技术和场地等多方面的全面合作。

2.2 珠海区域内学术方面的合作

2008年12月，珠海市图书馆为珠海市香洲区社区图书馆管理人员在珠海市香洲区文化局举行了培训班。来自全区建设和运作较好的湾仔、梅华、九州等16个社区负责人和图书馆（室）管理人员参加了培训班学习。学员们通过认真学习，充分认识了建设社区图书馆的重要性，基本掌握了社区图书馆的管理以及服务等方面的知识。为今后社区图书馆的发展壮大，更深层次的服务打下良好的基础。珠海类似这种馆际之间的学术合作一直在进行。

2.3 珠海区域内公共图书馆与社区图书室的合作

珠海市图书馆与珠海区域内社区合作，建立馆外图书流动站是珠海市图书馆走出馆门的馆际合作，延伸服务，扩大服务覆盖面的重要举措，从2008年1月开始至今，珠海市图书馆已在条件成熟的劳教所、学校、银行、社区等逐步建立了多个图书流动站。为了不断拓展服务领域，让健康的文化资源走进社区，让居民在家门口享受图书馆的优质便民服务。例如：2008年6月，"珠海市图书馆远大美域图书流动站"在远大美域会所正式挂牌成立，珠海市图书馆与远大美域会所签订了集体借书协议，首期向该图书流动站提供了图书500册。这是图书馆与社

区的馆际合作，受到广大居民的欢迎。

2.4 珠海区域内图书馆与经济功能区的合作

2010 年 1 月，珠海市图书馆高栏港分馆正式揭牌对外服务。从此，市民办理借阅卡后，便可在珠海市图书馆、珠海市少儿图书馆及高栏港分馆通借通还所有书目，并有望实现在高栏分馆实时收看珠海文化大讲堂等珠海市图书馆举行的大型讲座。珠海高栏港分馆是珠海市图书馆系统采用总分管制运作的首个区级协作馆。珠海高栏港分馆是以市图书馆为中心馆，与高栏港经济区文化服务中心合作建立的协作馆，实行专用网络、系统联动、通借通还，图书馆管理系统专线网络化管理，实现市、区公共图书的书目数据统一检索，广大读者只要办理一张借阅卡就可以在珠海高栏港分馆与市图书馆及市少儿图书馆之间借阅或归还任何一本图书。

此外，在珠海区域内，展览方面的合作更加频繁和广泛。通过馆际合作，馆员之间的交流互访，两馆馆员积累了丰富的合作经验。同时可以发现和拓展新的合作领域。没有馆际合作、对外交流，我们就无从了解工作人员具有怎样的潜能，所以通过馆际合作，珠海市图书馆锻炼了一批人才，他们在资料收集、信息咨询、国际交流、资料研究，甚至人际交往、文物复制、出境等领域得到全方位的锻炼，成为一批踏实肯干、积极向上的人才，为未来更多馆际合作的实现提供了保障。同时具备良好素质的馆员队伍也提升了珠海市图书馆服务社会、服务读者的能力。

结语

珠海区域内高校图书馆、公共图书馆、少儿图书馆、档案馆、博物馆、各社区及经济功能区等的合作既有利于各馆（室）的发展和更好地为读者服务，也有利于该区域的精神文明建设和广大市民文化素质的提高，从而促进该区域的文化建设和经济建设。但这项工作涉及不同的行业，所以，当地政府及参与合作的这些馆（室）的上级主管单位都要充分认识到这项工作的重要意义，大力支持这项工作，从而满足广大市民的精神文化需求，进而带动珠海经济发展和文化水平的提高。

参考文献

[1]赵丽辉. 网络环境下我国图书馆资源共享发展研究. 华东师范大学，2007

[2]毕艳娜，杨思洛. 网络环境下区域图书馆联盟探析. 科技情报开发与经济，2007(4)

[3]于湖滨，张军. 对新形势下馆际合作若干问题的探究. 图书馆理论与实践，2003(2)

[4]莫泽瑞. 运用利益平衡机制促进图书馆联盟资源共享. 新世纪图书馆，2006(6)

[5]郭彦新. 我国图书馆实现资源共享的对策. 中国图书学报，2002(2)

[6]马费成. 信息资源共享的经济效率——以书刊为例的分析. 中国书馆学报，2003(4)

馆际合作的构想及实现

——图书馆 博物馆 档案馆合作的必要性

王　红(天津市塘沽区图书馆)

1　馆际合作优势

1.1　可以使读者花费更少的时间精力得到更多的资料、信息

馆际合作可以使读者轻而易举地将所需资料查全,从多角度发现线索,更深刻理解问题,解决问题。从这个层面上说,馆际合作更好地服务于来馆者,更好的履行了义务。

1.2　明确分工,避免资源的重复收藏或缺漏

在图书馆、档案馆、博物馆三馆分立的状态下,三馆没有良好的信息交流机会,不能频繁的互通有无,知己知彼,这很可能使一些信息资源情报漏掉。同时,由于都在致力于将本馆的工作做的全面细致,这也造成资源的重复收录,使得人力物力大量浪费,不能做到高效率。

1.3　在工作与职能上,互相支持,互相补充

馆际合作,可以使图书馆、档案馆、博物馆各馆各司其职,分工更加明确,具体,避免了资源的疏漏或重复。从社会主义精神文明建设上来讲,馆际合作是目前来说最好的工作形式。

2　馆际合作的可行性

首先是图书情报档案等都是以文献信息为基础而形成的产物,都具有同从同源的历史渊源且三者之间相互交叉,渗透及转化,密不可分,不会有形式、内容上的差异。

其次,图书馆、档案馆、博物馆工作的服务对象和目的相同,都是兼具专业性和服务性的工作。宏观上,为社会的经济、政治、文化、教育等发展提供文献信息保障;微观上,根据不同的读者或者用户的需求提供各种类型的服务。所以,不会面临工作职能上的冲突及服务对象需求的不同。

最后,由于网络化编目、虚拟展览及网上全文文献的不断发展,使得数据库的整合变得相对容易,从而使读者在查找资料时可以显示出不同出处的相关资料。

3　馆际合作存在的问题

3.1　缺乏统一的政策标准

图书、情报的价值在于它的再生性,而档案的利用价值则取决于它的真实性,完整性和系

统性。档案多属于国家秘密、机密甚至绝密。因此,图书、情报、档案的保密性和安全性必须有所界定,需要有关部门制定一个统一的标准来规范它们如何在国家情报不受损失的情况下,实施网络化服务。

3.2 网络结构不能统一

由于档案资料的内容和来源较之图书情报有很大的不同。档案的信息资源内容比较专指、明确,其信息资源构成的主体是党政机关及各种组织和个人形成的文件、档案信息,以及具有档案性质的资料等。目前,档案管理实行在线归档,其安全性、保密性、相当严格。而电子文档处理中心病毒防治、密匙加密、身份认证、数字签名,则具有更高的要求。所以,网络系统各自独立不能有效合一,只能靠网页链接,提供用户浏览查询。

3.3 尚未建立信息集成系统

尽管图书情报、档案相互依存、相互吸引,但网络平台的联合共建目前存在困难。若采用原有的图书馆档案馆各自开发的网络系统,独立为用户服务,就会缺乏允许内容共享与传递要求的系统平台,给信息的查全制造了人为阻碍。此外,不同的技术环境形成多重链接,不同系统的信息交互常常难以进行,以及不同的描述方式阻碍了信息的导航。图书馆倾向于对书刊文献的个体逐一描述,而档案馆使用多级别,多途径的馆藏描述方法,种类各异的描述方法给信息的导航、揭示及内容的选择造成了阻碍。不能形成统一的数据交换格式。因此,同一系统平台基础上经过加工、整合后的数学信息资源体系——图书、情报、信息大联网,尚未形成,还需构建信息集成系统平台。

3.4 相关管理系统不健全

既然是馆际合作,就不应该出现一家独大的现象。所以,不可能由某一馆来统领,必须从重新确立管理系统,组建领导班子,凌驾于三馆之上,统筹规划三馆的相关工作。

综上,图书馆、博物馆、档案馆一体化管理是建立一个图书、情报、档案等文献信息资源综合开发、利用、服务于一体的新型信息服务体系,以实现图书、情报、档案的资源共享。

参考文献

[1]季晓林. 图书、情报、档案一体化管理的初探和思考. 情报资料工作,2005(5)

[2]李农. 欧美图书馆、博物馆、档案馆馆际合作趋势. 图书馆杂志,2008(8)

[3]刘家真. 我国图书馆、档案馆与博物馆资源整合初探. 中国图书馆学报,2003(3)

[4]徐丽. 浅议图书、情报、档案一体化. 武汉交通职业学院学报,2004(6)

网络环境下县级公共图书馆馆际互借与文献传递服务探析

童　辛(安徽省望江县图书馆)

1　我国文献资源共享建设的发展过程

1957年国务院颁布《全国图书协调方案》,全国进入大规模的、全局的和有组织的实施建设中心图书馆委员会和编制全国书刊联合目录两项计划。1998年11月,由教育部组织建设的高等教育文献保障系统(CALIS)正式启动。深化资源的有效开发利用,为高等教育和科学研究提供有力的文献信息保障。1999年1月15日,全国122个图书情报单位在北京图书馆共同签署了《全国文献信息资源共建共享倡议书》,这标志着网络环境下,国内的文献信息资源建设已经进入了一个共建共享发展阶段。2000年12月26日,国家科技图书文献中心网络服务系统正式开通,标志着国家科技文献资源基础建设进入了实质性的发展阶段。2002年,文化部、财政部共同启动了全国文化信息资源共享工程建设,该工程旨在利用现代信息技术将文献资源转变为数字化信息,以实现网络环境下的公共图书馆系统文献信息查询、检索、联合编目、馆际互借等,创造一个深入基层的、良好的信息服务平台。

2　县级公共图书馆馆际互借与文献传递服务现状及存在问题

随着技术的进步,国家信息基础设施建设取得巨大进步,我国公共图书馆的馆际互借工作处于不断发展完善之中。2006年,全国文化信息资源共享工程建设先后列入《2006—2010年国家信息化发展战略》和《国家"十一五"时期文化发展规划纲要》,2007年,文化共享工程县支中心项目依托县级公共图书馆在全国开始建设进程,2008年年底,全国文化、教育、科技系统在长春市召开"资源共享、服务基层"工作经验交流会,确定了三大系统图书资源"互通有无,贡献社会"的奋斗目标。但是,图书馆三大支柱系统各自为政、条块分割的局面在短期内难以消除,特别是县级公共图书馆数字化建设还是以零散、局部、不规范、缓慢、重复方式进行,受传统观念、管理体制、经费保障、技术应用和人才配备等多方面因素的限制,县级支中心真正实现文献资源馆际互借和有效利用,为地方经济建设服务,仍然存在许多障碍。

2.1　整体规划、合理布局的工作阻力重重

首先,文献资源建设和数据库建设存在分散作业、各自为政的低水平的重复建设,形不成大范围的文献信息资源共享的大局。在现实生活中,县级图书馆满足于长期形成的封闭状态,没有把参与和支持资源共享当做自己应有的权利和义务。其次,封闭式管理模式导致县级支中心建设缺乏全局观念,没有处理好图书馆事业眼前利益和长远利益的关系,读者个人需求和社会整体需求的关系。在藏书建设方面,各级图书馆之间文献信息资源的重复率很高,无法实现资源共享中的优势互补目的。其三,法律监督机制对地方政府主管部门约束力不够。在图

书馆法规和行政规章制定上，内容偏重于管理，忽视对图书馆相关权利的保障，条款规定得过于原则和笼统，可操作性较差。

2.2 管理体制的协调统筹能力差

分级管理的分散管理体制使得县级支中心难以成为区域性文献信息中心，由于共享工程县、乡镇、村三级网络体系建设各自隶属于不同的管理机构，导致经费、人员、物资管理出现分灶吃饭的格局。而且，在县域经济不发达的地区文献资源建设缺乏统筹规划、统一管理，宏观调控薄弱，协调性差，缺乏县、乡镇、村三级网络服务体系协作和资源共享的动力机制，客观上使推进统一规划、分工合作工作增加了难度，造成了文献信息资源建设的分散平行和重复浪费。

2.3 资金投入缺乏有效保障

据统计，截至2006年年底，我国人均公共图书馆图书藏量仅为0.39册，全国人均购书费0.5元，全国县级公共图书馆每馆平均购书费为6.7万元。我国的地域经济发展不平衡，各地政府对地区图书馆建设的支持力度有所不同，特别是贫困地区县级图书馆的发展明显滞后，由于受地方财力的限制，文化共享工程地方配套缺乏相应的专项资金投入，县级财政预算对图书馆文献传递服务消费尚没有统一的预算科目，许多县级财政的图书馆事业经费预算几乎就是年初人员工资的预算，相关文献资源购置费、附加设备购置费、局域网运营费、软件升级更新费、设备维护费和人员培训费等，列入县级财政预算没有执行依据和标准，而且地方政府主管部门占用国家文化建设专项资金现象时有发生，严重制约了我国图书馆事业的和谐、有序发展。从表面上看是经费问题，投入不足，其实最根本的问题是无法可依。

2.4 技术应用平台尚未形成统一规范

在集成管理系统的应用上缺乏有力的组织管理和统筹规划，县级公共图书馆系统平台与区域内各类图书室不相兼容，大多数乡镇村图书室自动化建设尚未起步，客观上给共建共享的推进带来了难度。县级公共图书馆虽建有规模不等的电子阅览室，但区域性虚拟局域网却没有形成。部分县级图书馆是以提供场地的方式与社会机构合作建立的，虽然实现了宽带连接，但却没有固定的公网IP，网站建设几乎是空白，无法在线实现书目检索，由于自动化、网络化起步不一致，目前尚缺乏一个权威性的综合协调机构来统一规划，统一布置，使资源共享网络的现代化水平难以提高，也限制了馆际互借与文献资源传递服务的展开。

2.5 人才配备整体素质不能适应网络环境工作需求

专业技术人员的素质和创新能力，是实现我国建设创新型国家的宏伟目标的关键。根据2008年中国科协发布的《中国科技人力资源发展研究报告》显示，中国当前科技人力资源总量已经达到4246万人，是世界上科技人力资源第一大国。但是，我国每万人口中的研究人员只有9.3人，不及日本的1/6，论文的相对引用影响率（RCI）是0.58，排世界第十位。然而，我国县级公共图书馆系统专业技术人才培养相对滞后，一方面，现行人事管理往往注重人的"安排"，而忽视队伍的"建设"，在人才分配上，懂计算机、熟悉网络的人员和各领域专业人员，频频流向大中城市和地区经济发达的图书馆。另一方面，县级公共图书馆在职人员创新能力不高，其突出表现在人浮于事、工作效率低，而且在职培训实用性效果差，经验感受式管理使得职工对待工作漫不经心、自由散漫。因此，有专家认为：人才匮乏和队伍建设失调问题不仅阻碍文献资源共享，更是我国图书情报事业发展的最大障碍。

因此，县级公共图书馆宜在全国文化信息资源共享工程的宏观规划下，首先实现并逐步完善地区性文献资源共建共享，在馆藏建设、联合编目、数据库建设、网络建设等方面进行统一规划、分工负责、资源共享、优势互补，提高区域内文献信息资源的保障能力，更好地服务于城市文明建设的发展。

3 县级公共图书馆开展馆际互借与文献传递服务的基础条件

3.1 加强馆际协作，构建区域性基础互借平台

全国文化信息共享工程五级网络体系的形成，有赖于市（县）支中心互借平台的规范和完善。它既是文献资源传递服务的关键区域，也是技术支持相对弱势的群体，具有承上启下的作用。因此，按行政区划架构起来的市（县）图书馆首先应打破“围墙”。其次是制定具有现实意义的馆际互借制度、协议、办法和收费标准，通过联机方式开展互惠借阅。此外，还应将其业务活动不断向外延伸，与省分中心和其他信息机构协作，使之成为大图书馆虚拟局域网络中的一员，把本中心的业务活动与整个网络系统联系起来。

3.2 重视特色资源库建设，适应县级数字图书馆发展环境

数字图书馆是网络环境和数字环境下图书馆新的发展形态，是利用高新技术拓展公共文化服务能力和传播范围的重要途径。国家图书馆提出的县级数字图书馆推广计划将为公共图书馆传统的文献传递服务消除人们在信息获取方面的不平等，实现对人类知识的普遍存取。因此，县级公共图书馆在建设数字图书馆选择、决策之前，应进行深入调查、研究，切实搞好馆藏的研究论证工作，找好本馆文献资料特色的突破口，做好本馆的数据准备工作，选择、制订出开展文献数字化转换的技术和有效措施及方法。在网络环境下县级图书馆的馆藏特色与特色发展将更加重要，各县级图书馆应以现有馆藏为基础，遵循标准化、规范化、质量第一的原则，有计划、有步骤地建立起本馆馆藏检索系统和特色数据库，并将其汇入大图书馆虚拟局域网络环境中，才能真正实现具有现代化意义的馆级互借与文献传递服务。

3.3 提高馆际互借意识，改变技术落后、无法可依的局面

加快馆际互借系统网络化平台建设，使之成为县级公共图书馆的常规服务项目；完善现行网络应用软件的技术规范和标准，使之成为具备法律效力的调控机制；建立健全政府监督机制，有效保障县级公共图书馆在地方财政供给体系中基本权益；积极推进人事制度改革，推行据能施聘、量才为用的用人机制。

总之，县级公共图书馆利用文化共享工程网络开展馆际互借与文献资源传递服务，实现了图书馆之间的资源共享，成为面向基层群众提供数字阅读服务的重要阵地，使得县级公共图书馆向数字化发展方向迈出重要的一步。同时，通过县级公共图书馆进一步向基层辐射，使乡镇村基层文化设施都能够方便快捷地利用图书馆网络联盟建设成果提供优秀文化服务，从而搭建起覆盖全社会的数字图书馆服务网络，以切实推进文化创新，激发文化发展活力。

参考文献

[1]吴润珍,网络环境下我国信息资源共建共享现状、障碍及对策.图书馆建设,2002(3)
[2]张永忠.数字图书馆操作与实务.上海:复旦大学出版社,2005
[3]共享工程国家管理中心.全国文化教育科技系统资源共享服务基层经验交流会议在长春召开.工作简报,2009(1)
[4]白礼春.创新能力建设:专业技术人员创新案例.北京:中国人事出版社,2009
[5]吴建中.21世纪图书馆新论.上海:上海科学技术文献出版,1998
[6]吴娜.国图馆长周和平:让每个县都有数字图书馆.光明日报,2010-05-04(02)

安徽工程大学图书馆的三大文献传递系统服务比较

胡媛媛　秦丽萍　章靖平(安徽工程大学图书馆)

1　我校图书馆文献传递服务的三大系统

为有效地补充馆藏外文文献资源的不足,我校图书馆已与中国高校人文社会科学文献中心(CASHL)、国家科技图书文献中心(NSTL)、中国科学技术大学图书馆建立了文献传递与馆际互借的合作关系,可以通过这些文献系统获取馆外各种外文文献。CASHL是教育部根据高校人文社会科学的发展和文献资源建设的需要引进专项经费建立的。其宗旨是系统地引进国外人文社会科学期刊,借助现代化的服务手段,为全国高校的人文社会科学教学和科研提供高水平的文献保障。收藏9148多种人文社会科学外文期刊,核心期刊3326种。

NSTL是由国家科技部牵头组织,于2000年6月12日组建的一个虚拟的科技文献信息服务机构。2000年12月正式开通了NSTL网络服务系统。其目标是根据国家科技发展需要,采集、收藏和开发理、工、农、医各学科领域的科技文献资源,面向全国开展科技文献信息服务。NSTL文献传递系统采用集中式的文献传递模式,通过网络向读者提供科技文献资源检索和全文提供服务,为国内的科技创新提供文献信息保障。我校读者可查询科大图书馆的外文电子期刊,并将所需文献委托本馆馆际互借处进行文献传递;可凭本馆介绍信委托科大图书馆进行定题检索、查收查引服务;可凭本馆介绍信到科大图书馆查阅资料,科大图书馆将为我校教师提供方便,并且不再收取除资料复印以外的其他费用。

2 三大文献传递系统利用情况统计

表1 CASHL 利用情况

用户	管理学院	人文学院	艺术学院	体育学院	外语学院	校长	图书馆	合计
请求数	89	229	45	76	179	12	49	679

注:利用 CASHL 的馆际互借事物信息管理系统里的统计分析功能模块里的用户费用统计,设定时间为 2009-03-01 至 2010-11-01。

表2 NSTL 的利用情况

用户(以学院为单位)	请求数
总计	42

注:国家科技图书文献中心(NSTL)系统不提供集团用户的统计权限,所以统计结果是拨打 400 客服电话,客服人员根据用户提供的统计设定时间给出的一个总的数量,而且 NSTL 也不提供各个子用户的详细统计数据。

表3 科大外文数据库的利用情况(统计时间:2010-03-01 到 2010-11-30)

	文献传递申请人	篇数
电气学院	5	28
数理学院	16	116
生化学院	5	17
纺织服装学院	1	2
总计	27	163

从表1可以看出,人文学院和外语学院相对而言使用 CASHL 频率较高,但是从整体的数字来看,从 CASHL 开通使用以来的 20 个月的时间里总计文献传递请求次数 679,说明文献传递的效率不高。表2的统计数字里就更加反映文献传递的效率问题,从 NSTL 开通以来的一年多的时间里只进行了 46 篇的文献传递。表3的数据明显看出科大外文数据库的使用频率在数理学院相对比较高。

3 完善高校图书馆文献传递服务的对策

3.1 加强宣传和读者培训力度

通过以上的统计分析我们发现,文献传递利用率很低,从我们工作的自身方面找原因就是文献传递服务项目宣传力度不够,导致很多读者都不知道有文献传递服务项目的开通,更不知其具体的服务流程,这就极大地影响了文献传递服务工作的推广和利用率。高校图书馆文献传递工作服务意识仍有待加强。解决方案之一是图书馆派专门的文献传递员到各个院系组织文献传递服务的培训。同时,还可利用图书馆主页告诉读者申请文献传递的具体细节和程序,以利于用户快速准确查检、传递文献。方案二是组织文献传递做得比较好的像数理学院、人文学院、外语学院的有关人员给全校的用户做讲座,讲述他们在文献传递过程中积累的经验以及技巧,宣传文献传递服务的种种好处和优势。

3.2 CASHL 和 NSTL 以及科大外文数据库要进一步提高信息资源数字化的深度和检索的易用性

文献传递服务利用率不高除了我们自身宣传力度不足的原因之外,这三大文献传递系统还有其自身的因素。目前 CASHL 系统目次库对信息的揭示仅停留在篇名、刊名、作者、中心馆藏、页码等字段,CASHL 服务系统的目次库无摘要,用户在使用过程中无法获取较为详细的信息,因而导致文献请求取舍上的不便。同时,偶尔也有发生缺卷、缺期的现象。CASHL 服务中心应尽快补齐各文献的文摘和一些期刊所缺卷、期,更好地为读者服务。另外,由于没有用户馆本地馆藏链接,在通过个人用户模式提交文献传递申请的过程中,多数用户不经过本地信息查重就直接提交申请,导致人力、物力的浪费。虽然 CASHL 中心及成员单位在信息数字化的研究和开发方面都有一定的技术和人才储备,但尚未充分整合在一起,需要在引进新技术、新资源和利用成员馆力量合作开发信息资源、对各种数据深入加工和关联等方面做大量工作。NSTL 的成立时间较短,故可供用户检索的期刊题录库的回溯年代也比较短。用户有时从期刊检索中明明查到了所需要的期刊的名称,却因查不到所需年代(多数期刊无法查到 1995 年以前的),或因题录库数据不全不能查到所需的文献而深感失望,这就影响了他们使用 NSTL 系统获取文献的兴趣。虽然 NSTL 通过建立成员单位馆藏期刊联合目录,部分解决 1995 年以前的期刊原文的获取问题,但检索结果不能直接与文献传递功能相连接,用户使用起来也不是很方便。如果能把检索结果直接与文献传递功能相连接,用户能够登录并自主填写文献申请单,逐一输入篇名、页码等信息,就能在一定程度上弥补题录数据不全的问题,给用户带来更多的方便。科大外文数据库只提供刊名检索、ISSN 号检索,检索项设置得太少,用户检索极为不便,这也是造成文献传递利用率低下一个重要原因。

结语

通过比较可以看出,三大系统在资源上各具优势与特色,在服务与管理模式方面也各有千秋,若能加强三个系统之间互通与联系,实现资源协调和共享,服务集成,发挥各自的长处,实现优势互补,必定会为高校用户提供更加全面的人文和科技文献支撑,使用户得到更多的实惠。

比照闭架书,思考馆际互借

包金耀　包鑫萍　朱群芳(北京物资学院图书馆)

一、闭架书概况

我校图书馆近几年新进图书开架借阅,其余数年前的图书作为旧书藏在闭架书库,约占总藏书量一半，近40万册，实行闭架借阅。在传统的重藏轻用思想影响下设计建造的图书馆，其书库的功能主要满足藏书，虽然书库空间紧凑，整齐划一，但设计时没考虑开架功能，楼梯和过道窄小，从安全和管理角度考虑，书库不具备向读者开放的基本条件只适合闭架。从现在使用要求角度看，闭架借书有两大缺点

1. 借阅量很低，分摊成本高

我图书馆2009年统计显示：我院2005年10月起图书馆进行改造，将近几年新书实行开架，闭架书借阅量迅速下降。近几年开架书借阅量和浏览量均在20万册/年和30万册/年以上，平均使用率在60%；而占总藏书量半壁江山的闭架书借阅量不及开架书的2%，使用率仅有1%。开架是闭架的60倍以上。

闭架书借阅量大幅减少，而维持闭架库运转的固定资产损耗和各项其他使用费用以及人工费用等成本基本不变，使得均摊到每本书的借阅成本陡然增加达84元。[1]每本书的一年出借成本竟是图书标价的几倍。

2. 读者不了解图书内容，使用成本高

读者借阅图书要花费一定的时间进行图书的查找挑选、办理借阅手续及还书手续，特别是闭架书，仅凭计算机检索显示的信息，并不能完全确定是否自己要找的书，图书管理员上楼下楼辛苦找来的书往往让读者为难：借出，但不是自己想要的书，不仅占用借书份额，不能再借其他想借的书，而且按规定要等3天以后才能还回；不借的话，图书管理员不仅白跑书库，图书还要再上架，读者也不好意思下回再麻烦图书管理员。读者往往要花费好长时间，个别读者花费半天时间也没有借到想借的图书。

闭架借阅不仅让读者常常借不到想借的书，读者花费在借书上的时间成本也是不容忽略的问题。图书馆借给读者的图书虽是免费的，但读者借还图书以及阅览图书是要花时间的，“时间即金钱”，读者花在闭架书的成本太高，现代读者往往更愿意选择便捷的互联网信息，甚至自费买书，许多读者认为使用图书馆的机会成本（Opportunity Cost）[2]太高，使图书馆特别是闭架书备受冷落。为了对读者借阅闭架书有个定量了解，我和勤工助学学生分头调查了解。大家比较一致的看法是：读者借阅闭架书比开架多花1小时以上，如果按照北京市最低工资标准5.5元[3]计算，大学生借阅闭架书平均每本成本在8元以上（读者借闭架书平均在1.5小时以上），教师借一本书要花几十元的机会成本，难怪很多教师宁愿自费买书也不愿到图书馆“免费”借书，因为还没加上阅读不满意老旧图书的时间成本。

二、馆际互借书与闭架书对比及改进意见

在信息爆炸、文献购置费用又节节升高的年代，没有任何图书馆有足够的空间和经费能为读者提供完整的资料服务，因此在互通有无、资源共享的理念下，文献传递服务可以协助高校师生获取本校图书馆所欠缺的资料。馆际互借中心馆的藏书对于中小图书馆是非常丰富诱人的，能基本满足高校教学科研对文献资料的需求（如国家图书馆可用于馆际互借的基本藏书库藏书量达千万册以上，是我馆全馆藏书量的20倍），如果各高校图书馆能充分利用馆际互借，将是高校图书馆界的重大改革和发展方向，各个图书馆既能提高图书利用率也能大大缓解自

身书库紧张的压力,各高校图书馆许多旧书将失去存在意义,在网络时代日益昌盛的年代,可减少纸本书库的盲目扩张。

但馆际互借工作存在一些不足之处,再加之其他各种原因,对读者来说,是更加"闭架"的大闭架书库。闭架借书的缺点,馆际互借基本全有,如读者只能通过借书目录了解图书大概内容,不能开架自选;图书过期罚款;获取时间更长。另外,收费也成为加大读者成本,减少借阅量的重要原因。

馆际互借方式因其固有特性决定了它同闭架书有相似的缺点,但有针对性地采取措施是可以把馆际互借搞好的。

1. 激励职工,特别注重专家

各级领导要真正认识到图书馆三要素中人是最重要的决定因素,毫不例外,要搞好馆际互借同样要先真正调动人的工作积极性。在加强职工思想觉悟教育、公平公正对待职工、关爱职工尽力满足职工需求,对职工业务能力培训教育的前提下,全面提升服务水平,包括责任心,服务态度和服务能力,并给职工尽可能创造和谐舒畅的工作环境,加强干群沟通了解。要激励职工的积极性,特别要重视激励高级馆员的积极性。在高校,教学科研靠教授学者,而搞好第三支柱的图书馆工作要靠图书馆专家,即正副研究馆员。目前大部分高校并不重视高校图书馆专家,从收入分配上就能体现出来:占个人收入很大比例的校内岗位津贴,高级馆员只获得和中级馆员一样的待遇,这样就大大挫伤了图书馆高级人才的工作积极性。

2. 要克服职业倦怠

克服图书馆人员的职业倦怠[4]也是搞好图书馆工作的重要措施之一。由于高校图书馆稳定安逸的工作环境,缺乏竞争机制,干好干坏没太大区别,实际管理工作在低水平徘徊,见怪不怪。要克服职业倦怠,外界给图书馆各级人员以工作压力是十分必要有效的,比如定期全员竞聘上岗。在部分高校,十分重视处级(正负馆长)领导的竞聘工作,而对科级(部门主任)却是终身制,基本不搞竞聘,这是失策。现在不少高校图书馆招聘的知名教授担任馆长并不熟悉图书馆业务,下面主任的工作就更加重要。竞聘上岗不仅看竞聘者说得如何,还要看具体行动,实在不行下回就不聘用。因此全员竞聘上岗是克服职业怠倦的好办法。

3. 降低读者使用成本

馆际互借要想真正打开工作局面,就应从降低读者使用成本入手。现代读者为什么越来越愿意使用互联网,最主要原因是"方便、快捷",馆际互借要想真正开展起业务就应从"方便、快捷"上改进工作。而闭架书非常受冷落的原因就是"不方便、不快捷、内容旧"。另外人们应认识到,图书馆是公益事业,教学科研是应该得到全社会支持的,他们的辛劳工作似乎主观为个人,但客观是为了社会;读者似乎得到免费的馆际互借资料,但他们的付出往往比馆际互借费高许多,他们付出宝贵时间阅读使用,这些劳动常常是廉价的,有时是无回报的。

降低读者使用成本,建议注意以下几方面:

(1)方便检索。首先应加快读者计算机检索回应速度。笔者曾试图使用某些著名馆际互借,如同浏览某些官网一样,计算机运行速度十分缓慢,甚至难以接受,相比百度文库、谷歌学术、CNKI 等知名网站,其回应速度有天壤之别。其次,协助读者查找,包括简单查找和专题深入检索,变单纯读者找书为读者找书与图书馆学科馆员荐书相结合。这样在一定程度上,使馆际互借“闭架”变为“开架”,降低了读者盲目借书,节约了读者的宝贵时间。为了降低速递成本,在馆际互借红红火火开展起来后,有了规模,相应成本分摊后,可大大降低。

(2)加大电子资源比重。现代读者非常看重获取文献资源的便利程度,电子文献资源+网络+计算机是降低读者使用成本,方便读者使用的发展方向。馆际互借应加大电子图书的比重,适当考虑从纸书向电子书的转变,发挥网络时代的特点,更方便读者。

(3)提供高质量图书资料。笔者曾专门调查统计某高校图书馆图书馆使用情况:90%以上的教师不到图书馆借书,但其中的年轻教师每年要自费1000—3000元买书用于工作。图书文献质量是馆际互借赖以生存的根基,提高质量应从几方面着手:a.展示借出馆的紧俏书、常用书,可以通过列出高借阅率的图书清单,便于借阅方查找借阅。提供方实际上不会增加太大的工作量,比如我校检索目录中可检索到1日、3日、1周、1月、3月、1年等时间段的热门图书,遗憾的是只能显示50条,如能显示数万册(5%—20%),并能分类检索,而且内容简介再略多些,就能大大方便外校借阅读者查找图书,估计应用计算机解决这个问题并不困难。b.加强图书采选。加强图书馆和读者共同选书;加强图书馆图书采购中的反腐倡廉教育;真正组建由广大师生推荐的教师和学生占主要比重的校级图书馆管理委员会,对图书馆工作进行监督;改书商供书的唯一办法为辅助手段。

(4)降低人工成本 减少高成本的正式工(不少正式工靠关系进入图书馆,眼高手低,还难于管理)尽量用合同工、勤工助学大学生等劳动力。

参考文献

[1]包金耀.高校图书馆旧书使用成本实证研究.中国电力教育,2009(2):193-194

[2]机会成本.[2010-11-22].http://baike.baidu.com/view/26400.htm

[3]北京市人力资源和社会保障局.京人社劳发〔2010〕139号.[2010-06-04].http://www.btophr.com/s_law/law12420.shtml

[4]李立新.试论图书馆工作者职业倦怠的文化成因及对策.图书馆,2008(4):109,112

低碳时代图书馆的低碳新管理

丁珊珊(浙江省天台中学)

随着全球气温增高,气候变化反复无常,地震、雪灾、水灾、旱灾、沙尘暴等接踵而至,严重威胁全球人民的生活。因此,遏制全球气候变暖,拯救地球家园,已成为全球公民的共同责任。2009年举行的哥本哈根世界气候峰会把我们推进了“低碳时代”,低碳经济在全球掀起,低碳生活成为一种时尚,我校图书馆也积极投身低碳革命,从图书馆的环境层面、文献资源的搜集管理层面、学生的阅读层面着手,采用多种方法实行低碳管理,减少碳的排放,倡导师生低碳阅读,养成低碳的阅读习惯,做一个低碳读者。

1 树立低碳意识，创建低碳环境

保护环境人人有责，创建一个优雅整洁、和谐文明而又有浓郁文化气息的绿色环境能熏陶人、愉悦人、感染人。我校图书馆为响应学校创建节约型校园的号召，制定了《图书馆卫生制度》《读者借阅规则》等一系列管理制度，发放《读者倡议书》，要求全校师生共同行动起来，文明阅读，创建低碳图书馆，自觉遵守图书馆的规章制度，尊重图书馆工作人员的劳动成果，不在图书馆内吃零食、乱扔垃圾、保持环境整洁，鼓励学生收集可乐瓶、废纸等可再利用资源，将它们变废为宝，循环利用，既经济又环保。倡导学生从节约一滴水、一度电、一张纸做起，从生活点滴做起、从身边小事做起、从我做起。在白天尽量做到采用自然光，在夏天尽量做到少开空调，多用自然风或电扇。节约使用图书馆电梯，平时，除运送图书外，尽量减少使用电梯次数或采取上楼用，下楼不用的办法来减少用电量。培养学生爱书、惜书的阅读习惯，在挑书时要做到轻拿轻翻，不在书上做题也不污损、剪裁、撕毁，要保持书刊的美好容颜，延长书刊使用寿命。在图书馆墙壁上张贴环保标语，如："今天你低碳了吗?"、"低碳生活，从我做起"、"绿色之行，始于足下"等鼓动性宣传标语，引导学生树立低碳意识，养成你丢我检护家园的良好生活习惯。在图书馆的角落专门设立"绿色书架"，上面陈列有关环保与健康的书籍，供师生阅览，培养学生环保与健康意识。开展"过低碳生活，做阳光学子"的教育活动，让每一个学生都来关心校园、爱护校园，减少个人的"碳足迹"，做低碳生活的倡导者、宣传者、践行者，共同营造一个和谐、文明、低碳的绿色校园。

2 合理配置书刊，开发二次文献

在文献的采购上，我馆总是进行合理的成本预决算，把选书权交给广大师生，发放《读者调查表》，深入了解师生阅读需求，结合教育教学信息动态以及学校人数、规模及课程等因素，侧重重点学科和专业学科书刊的采购，尽量做到品种多、复本少；平装本多，精装本少，使有限的资金买尽可能多的书，做到合理又经济。适当采购一些电子文献，因为电子文献不但价格低廉，传递信息快、容量大、空间省、操作方便，而且可以节省资源、保护生态平衡、起到环保作用。及时做好文献的分类编目，编制专题性的二次文献，建立一个具有连续性和系统性的二次文献资料库。我校图书馆共有图书18.3万册，阅览室共有教育教学期刊500多种，学习类报纸几十种，我校图书管理员对新到的每本书每一种期刊进行仔细审阅、筛选、取其精华部分，进行复印、整理、分类，按照教育类和学科类将其装订成专题资料汇编，如：教育类有《教学理论》《教学交流》《班主任》《研究性学习》等，刊登了新课改的信息动态、学校的教育大事、教学活动、各兄弟学校的教学管理经验介绍以及教师的论文等，印发给每个教师和各学科教研组，为教育教学提供信息服务。学科类有语文、数学、英语、文综、理综，注重介绍当前学科的热门话题和最新动态，以及各种比较典型的题型和解题技巧与方法等。还为学生编制了一份校刊叫《语林拾贝》，刊登经典美文，阅读心得、学生发表的文章等；校报《天中报》，刊登学校教育大事，教学活动、教学交流传递以及有关课改的新信息、教师推荐的论文等，印发给教师和学科教研组。我校二次文献的开发，既方便师生又使文献资源得到充分利用，并且低碳又经济。

3　开发地方文献，建立网上资源库

网上资源内容丰富、形式多样并且传播速度快、时效性强，建立网上资源信息库，无论是对于教师的教育教学科研还是对于学生的学习都将是一笔很好的财富。因此，我校图书馆充分利用这一片沃土，根据教育教学动态，结合师生的资料需求，利用多种渠道下载一些有价值、品位高、能为教师的教育教学科研服务、对学生的学习很有帮助的网上资源，如：教育教学信息动态、备课资料、优秀教学课件以及一些比较典型、含金量比较高的各学科试题等，有针对性地将它们进行整合、加工、分门别类地进行组织、存储，将对应的资料添加到语、数、英、文综、理综、学科竞赛、素材资源、优秀案例、精品课件等各类专题数据库中，方便师生查找，节约师生上网检索时间。我馆还搜集一些对教学科研有参考价值的精品网站、网页、如：中国教育网、蓝之韵、悠扬教案网、班主任之友、中学语文网等，组成一个网络虚拟资源系统，为它们建立快照索引，并归到本馆的检索系统中的各类，与原有的相关资源建立有机联系，便于读者快速准确查找某一学科、某一领域的相关信息。另外，学校因开展研究性学习的需要，我馆依托本馆自身特色，本着“人无我有，人有我优”的宗旨，每年根据师生上报的课题，实行跟踪服务，通过各种途径帮助学生搜集资料，并进行整理加工，组成一个具有专供师生研究课题用的数据库——研究性学习数据库，结题后将师生的论文、研究性成果进行收集整理，形成一个具有本校特色的课题资源数据库。除此之外，我馆还着力开发地方文献，如：我县是国家级风景名胜区，是浙江省重点文物保护对象，佛国仙山，人灵地杰，学生经常对我县的风土人情展开研究，因此我馆大量收集相关文献，建立一个“爱我天台”的数据库，对教师的教学科研和学生的研究性学习都有一定的参考价值。各种数据库的建设，不仅方便师生的利用与检索，而且运行成本低廉，既节能又环保。

4　倡导文献互助，开展图书漂流

据统计，生产 1 吨纸，需要砍伐 17 棵树木，全国年造纸消耗木材 1000 万立方米，纸张的大量消费不仅造成森林毁球，而且因生产纸浆排放污水使江河湖泊受到严重污染。我校为了节约购书经费，提高图书利用率，有效弥补藏书的不足；也为了减少纸张浪费，降低碳的排放量，全校师生行动起来，倡导校园文献互助分享，号召师生读旧书、借书读、换书读，组织开展图书漂流活动。漂流图书一部分来自图书馆剔除书籍，从剔除书籍中挑选出具有再利用价值的图书，或因复本较多而剔除的复本书；一部分是因学生使用不当而损坏的图书，经过重新修补后，继续使用；另一部分是学生捐赠图书，因为有些学生有买书、藏书、看书习惯，大量书看过后就束之高阁，因此，号召大家将阅后闲置的图书捐赠出来，与大家共享；还有一小部分图书是学生相互交换所得图书；最后一部分图书是高三毕业生捐献的书，他们在每年高考结束后的 6 月 10 日，由学生会组织，学校图书馆配合，开展“图书再利用，节约又分享”的捐书活动，他们将自己不再用但又比较有价值的参考书贡献给图书馆，留给学弟学妹使用。学校图书馆将这些书籍经过整理、登记并贴上“漂”字标签，分别投放到了 13 个书箱，每幢楼一个书箱，每个书箱安排两名学生管理员负责发放、回收、整理图书、记载图书漂流记录、借阅情况、回归情况等。学生阅后，在“漂流书”上签上自己的名字和 20 字以内的阅读心得，再传递给下一位。倡导文献互助，开展图书漂流，减少了碳的排放量，提高了图书利用率，培养了学生团结互助、无私奉献精神，何乐而不为？

5 加强馆际协作，实现资源共享

近年来，由于新书不断出版、种类增多、价格猛涨，大多数的中小学图书馆都是望书兴叹，造成图书馆藏书严重不足，无法满足每个读者的各种需求。因此，加强图书馆的馆际合作，实现资源共享，是图书馆充分利用资源、提高图书利用率的有效途径之一，也是进行节能减排的一项有效举措。各中小学图书馆要全面实行计算机管理，实行"校校通，馆馆连"工程，建设一个具有本馆特色的、比较专业的藏书体系。开辟图书馆网站，开拓服务空间，在网站上设立"图书查询、新闻报道、馆藏资源、新书推荐、阅读指导"等栏目，让本校及其他兄弟学校的师生了解本馆的馆藏资源，各种信息动态，在互通有无、平等互利的基础上开展多种渠道的馆际互借服务，加强读者与读者、读者与馆、馆与馆之间的交流互动，使每本书有读者，每个读者有其书，达到资源共享之目的。

总之，绿色之行，始于你我他，图书管理员们应身先士卒、带头行动、广泛宣传，让低碳理念每时每刻在每一位读者心中扎根，使他们付诸行动，投身到低碳革命潮流中，共创节约型校园，共建低碳图书馆，争做低碳读者，为社会尽一份绵薄之力。

发挥优势，服务区域，实现校地多赢

——加强地方高校地方文献共建、共享的思考

丁玉玲（佛山科学技术学院馆员）

1 地方高校加强地方文献建设与提供的历史责任

加强地方文献建设与提供，不仅是地方公共图书馆的重任，也是地方高校加强地方学科研究、建设地方特色馆藏的需要。首先，高等教育体制的改革，大大增强了高校的地方色彩。而地方高校，行政、财政皆由地方政府支出，这就决定"立足地方，服务地方"成为地方高校的立校之本。其次，地方高校的教学、科研重点是培养地方型人才，在地方特色学科建设、专业建设方面自成特色，如郑州大学"殷商文化研究所"；山东师大"齐鲁文化研究中心"，黑龙江大学"满族语言文化研究中心"；山西师大"晋学研究中心"……可以说大部分地方高校都有地方特色的学科建设与专业建设，在研究区域文化方面起到越来越重要的作用，因此建立地方文献资源信息，势所必然。从这两方面来说，地方高校加强地方文献建设与提供是十分必要的，是高校服务社会的需要，是文献信息服务及其发展的需要，是科研成果社会化的需要，从而也是地方高校生存发展的需要。再次，地方高校学科门类齐全，人才队伍结构渐趋合理，拥有先进的现代化（网络化）信息服务技术和设备，许多高校图书馆逐渐形成具有地方特色的典藏，这是许多地方公共图书馆所无以比拟的专业优势，为地方高校加强地方文献建设与提供奠定了基础和可行性。

总之，依托人才、学科优势，积极参与地方创建体系构建，建设地方文献，不断深化服务内涵，提升服务层次。有效地服务地方经济、文化、社会发展的能力，不仅是地方高校服务社会功能的重要体现，也是建设高水平、有特色大学的内在要求。

2 地方高校加强地方文献共建共享的两个层面

由地方高校牵头，对本地方图书文献资源进行整合，建立本地虚拟图书馆、实体图书馆的文献信息共享体系，是十分必要而且切实可行的。但这种整合是多系统的、多层面的。这是由于承担区域文化研究的单位的系统、层面的多重性决定的。根据区域文化研究的复杂性，地方高校建立地方文献共享、共建系统，最少必然考虑两个系统与层面的问题：

(1)地方高校要建立地方文献共享体系，首先必须联合地方公共图书馆、博物馆、档案馆、史志办、社会科学研究所、多行业文化研究协会等其他文化单位，成立本区域地方文献资源共享传输平台，实现地方文献的区域共建共享，打造地域性的文化品牌，形成全方位、多功能、立体式、动态式的地方文献提供服务体系。这个体系以地方高校为中心，是由于高校的独特优越性所决定的；而联系众多文化单位，也是由各文化单位的职能范围所决定的。公共图书馆等文化单位拥有丰富的地方文献，而地方高校的研究人员需要开发和利用这笔文献，从而推出更多的地方文化研究成果，而成为地方文化单位的收集对象，因此地方高校与其他文化单位之间形成共生共荣的关系，这是他们合作的根本基础。其他文化单位有丰富的地方文献资源，而地方高校有先进的技术条件与研究力量，这是他们互补的基本条件。

(2)与更大区域高校图书馆实施共建共享。由于同一个文化区域内存在着许多高校，而各高校根据学科特色、科研力量和地方特色，承担本区域文化研究的各个分支研究工作，因此一个更大区域内各高校之间，也存在着共建共享的问题。这种情况下，可以考虑两种途径：一种是在同一省内，可以考虑由省教育厅出面，本省地方高校图书馆通过统一协调、资源优势互补、分工合作的方式，在区域内建立起网络环境下的地方文献资源共建、共享体系；另一种是涉及多个省份的，可以考虑由多个省厅，或者由几个著名地方高校出面，或者通过全国地方高校协作会组织等，联合相关省地方高校实施地方文献资源的共建与共享。

无论哪一种系统与层面，实施地方文献共建与共享的目的，就是减少资源的重复建设，提升地方文献资源建设的整体水平，从而实现合作互信多赢、利于区域文化研究的局面。

3 地方高校实现地方文献共建共享的途径

地方高校实现地方文献共建共享尚存在一些问题，有的地方高校卓有成效，许多地方还处在起步阶段，还有相当部分高校没有引起重视。根据部分地区取得的经验，借鉴外国相关经验，我认为地方高校要实现地方文献共建共享，至少必须考虑以下几个步骤方法：

(1)共建共享、互惠互利是取得地方文献共建多方共识的前提。1994 年美国召开了“存取、拥有与资源共享”的专题学术会议，会议提出了“资源共享 = 存取 + 拥有”的公式 2。共建共享已经成为全世界和平与发展的一种趋势。中国也不例外，地方文献建设也概莫能外。在这种共识前提下，如果把地方文献建设当做一个网络的话，那么各个地方高校图书馆都将是这个网络的一个节点，谁都不可能单独地、封闭地选择“拥有”还是“存取”，“海纳百川、有容乃大”才能更强大地促进区域文化研究乃至区域政治、经济的发展。就是对每一个地方高校图书馆而言,将“拥有”和“获取”置于共建共享的环境中,找准自己的正确定位,才能以避免重复建设,以最少的投入,获得最大的效益。地方高校与地方文化单位、更大区域的其他高校要达成共识,增强共建意识,处理好共建与共享的关系、地方高校与地方文化单位之间的关系、地方高校内部之间的关系,收集与提供、技术开发与普及使用新技术等方面协调发展的关系。

(2)分工协作、合理配置资源是做好地方文献共建合理布局的关键。在与地方其他文化单位、更大区域的地方高校达成共识的前提下,坚持“统一规划、统一平台、统一标准、合理布局、分工协作”的原则,制订出共建共享的总体目标、远期目标与近期目标、实施步骤,逐步建立职责明确、有效管理、利益共享的组织保障体系、组织协调体系和利益分配体系是十分必要的。在这基础上,各馆制定本馆建设规划,明确各馆作用与地位,确定收集与建设的定位重点,从而建立地方文献协作网络,实现与地方其他文化单位、更大区域的地方高校之间的联机检索、联机编目、联机借阅等功能,启动地方文献数据库建设,合理配置地方文献资源。利用内部互换、有偿交换、馆际互借、载体转换、联合编目等手段,通过科学的知识集合形成系统化地方文献建设与协作网络,建立、健全地方文献资源共建共享体系。

(3)集成管理、集成服务是地方高校实现地方文献共建共享的两大重要环节。建立信息化背景下地方文献建设的集成管理与集成服务模式,体现了21世纪高校地方文化建设最优化管理服务与创新管理服务的思想与方法。随着信息化社会的到来,计算机网络技术、多媒体技术与现代通讯技术不断介入,地方文献集成管理应运而生。地方文献的集成化管理是数据的集合、信息的集合、技术的集合、多学科的集合,它适应了时代的发展要求。地方文献集成管理是信息的集成、任何组织的集成、技术的集成和多学科的集成,因此它本质上是一种项目管理、系统管理和网络管理。它既是地方文献人力资源集成管理,又是一种信息服务集成管理。而地方文献的集成化服务,就是对区域各相关文化教育单位的地方文献资源进行统一整合,实现区域地方文献资源的集成,向用户提供集成信息发布、信息检索、信息推送、个性化、数据库等地方文献信息服务。

为了对地方文献共建共享资源进行高效地管理,提供高质量的信息服务与决策支持,地方文献资源的集成管理和服务是一个必然趋势。地方文献信息集成管理、集成服务是一种基于网络的复杂服务功能的集成,是指将分散的资源和服务按照一定的规则链接成一个整体,从而灵活配置所需的信息系统或信息服务流程,它要求建立一个能够集成各种类型的数字资源的统一的检索平台,实现地方文献信息资源的共享。要实现地方文献资源服务集成管理、集成服务,必须更新观念,充分利用现代科学技术,提高地方文献建设人员的综合素质,才能付诸实现。

参考文献

[1]刘延明.地方文献的特点与社会功能.黑龙江社会科学,1999(2):76-77

[2]董向荣,曲蕴宏,张蕊.存取、拥有与文献资源共建共享.大学图书情报学刊,2003(4):27-28

对县级公共图书馆文献资源共享与共建的探讨

王吉丰(吉林省辽源市东丰县图书馆)

1 县级公共图书馆文献资源共享共建面临的问题

长期以来,公共图书馆作为一种公益事业,对所有居民免费开放,并且一直把免费为读者提供他们所需要的服务当做图书馆服务的基本原则。但是由于城镇经济文化建设较为滞后,经费缺乏,硬件设施落后,文献信息短缺,服务手段落后,服务人员素质不高等突出并广泛存在的问题造成了县级图书馆读者减少,发展滞后。在经济高速发展的今天,城镇公共图书馆文献资源建设的滞后性与大众对文化知识的需求的矛盾日益突出。

1.1 经费短缺

我国公共图书馆的经费来源主要依靠国家和地方政府的财政补贴,虽然我国政府在公共教育这一方面的人力物力投入日益加大,但是对于大众对知识文化日益增长的需求,略显不足。

县级图书馆普遍存在着经费不足的问题,特别是欠发达地区的图书馆来说,这个问题尤为突出。任何一项工作的开展,经费是前提。没有经费,便无法补充资源;没有资源,公共图书馆就形不成服力能力;没有服务能力,就吸引不来读者;没有读者,图书馆在社会发展和文明进步中发挥不了作用。因为城镇的经济基础很薄弱,设施、设备、馆藏等硬件条件落后。因此,经费短缺的问题是欠发达地区城镇图书馆面临的最大难题之一。由于经费的缺乏,许多需要购买的设施、设备无法购买,导致缺乏现代化设备设施,服务跟不上,影响到图书馆职能的发挥;对图书馆管理员的培训不全面,影响员工素质的提高。

1.2 藏书数量和藏书质量的问题

我们全县人口 41.6 万,城区人口 10 万,县图书馆成立于 1976 年 3 月,现有馆舍面积 1080 平方米,藏书 8.6 万册,发放借书证 3050 张,阅览室座位 100 个,图书资料年入藏量 3000 册,现有工作人员 14 人。县级图书馆现在实际人均册数 0.86 册,与评估指标相差较大。但由于经费问题,公共图书馆只能根据实际情况,采取一些相应措施,比如增加副本数,购买不是很畅销的图书来完成数量的达标。但又影响馆藏图书结构和馆藏质量,因此,引出一系列问题:经费短缺造成了购书数量急剧减少。藏书增长缓慢,馆藏的连续性遭到破坏,因看不到新书,读者到馆率急剧下降。藏书结构单一,以武打、言情图书占居多数,科技类图书缺乏。

2 县级图书馆文献资源建设共建共享的必要性

2.1 减少重复建设，节约大量经费

目前我国县级图书馆缺乏馆际交流，基本属于“各自为政”的状态。县级图书馆与下级图书馆、与同级图书馆、与上级图书馆基本止步于业务上的指导和帮助，缺乏在文献和信息上深入的、实际性的沟通。进行馆际合作，实现文献资源的共建共享，可以减少文献资源的重复购置。合理地配置不同学科、不同类型的文献资源的比例，从而促进图书馆事业与经济社会的全面、协调、持续发展。

2.2 人才及队伍建设可以优势互补

对于县级图书馆而言，图书情报专业的人才还很缺乏。随着图书馆不断地向科技化转型，图书馆工作人员的素质的提高已经成为当务之急。在网络环境下，传统的信息管理和服务方式已经逐渐式微，面对信息的发展，迫切需要观念、能力、知识结构和技术水平上与之相适的专业人才，而这些对图书馆工作人员而言只有通过继续教育才能实现。采取联合方式后，人才和队伍建设方面就可以相互补充，这里不能解决的那里能够帮助解决，这里没有的专业人员，那里又可以补充，这样就可以达到人才队伍的优势互补。

3 实现馆际文献资源共享共建的对策和措施

文献资源共享共建的形式包括：合作采集和提供检索，发放通用的借书证、文献资源网络化，开展馆际互借和咨询。通过文献资源网络化，大众可以足不出户，就可以享受到文献差别化服务。开展馆际互借，不仅节省了资源，也提高了图书的利用率。

实现馆际文献资源共享共建，首先要我们公共图书馆的服务人员树立现代图书馆的服务理念，更好地为大众服务。服务理念渗透在图书馆建设的每一个环节，比如对图书馆不计划购买的资源，要考虑图书馆能否提供馆际互借等无缝链接服务来保证用户方便地获取最终文献。

其次，我们要重视网络资源共建，充分利用网络免费资源，拓展文献信息的传递渠道。Google 提出的 Google Book 提供多达5000 万已经进入公共领域的图书（版权保护期已过）全文浏览服务。在国内，百度也推出了类似的服务——百度文库，由用户自己上传文献，进行文献共享。

最后，图书馆文献资源作为公益性和非营利性的公关文化事业，实现资源共享共建需要一定的先期资金投入，这样就需要政府的大力支持，实现文献资源共享不仅可以从根本上解决资源不足和长期以来，公共图书馆面对的经费紧张的问题，也可以带来巨大的社会和经济效益。

参考文献

[1]长荣，张素敏. 当图书馆遇上 Google. 中国文化报，2007 - 12 - 05(04)

[2]焦青. 转型期图书馆馆藏资源建设的思考. 科技情报开发与经济，2006(19)：69 - 70

发挥地区中心馆资源优势、加快社区图书馆资源建设

——以北京西城区社区图书馆馆藏资源建设为例

王　璇(北京市西城区图书馆)

一、《北京市图书馆条例》的颁布与实施,为图书馆资源建设提供了保障

《北京市图书馆条例》(以下简称《条例》)自2002年11月1日起颁布实施,是我国第一部综合性图书馆法规。《条例》颁布实施后,各级政府加大了对图书馆建设的投入力度。北京西城区财政拨款2006年只有460万元,2010年已经上升为890万元。藏书也从2006年的49.5万册增长到2010年的59.3万册,不断增长的数字为图书馆资源建设提供了强有力的保障。除了这些纸质图书,作为地区中心馆,我们还拥有大量的数字资源,如中国大百科全书网络版、文渊阁《四库全书》数据库、方正Apabi电子书、库客数字音乐图书馆;同时我们还免费享有首都图书馆为我们提供的中国学术期刊、人大报刊复印资料、全国报刊索引及龙源电子期刊等数字资源,丰富的文献信息资源是图书馆开展工作的物质基础。

二、《北京市图书馆条例》的颁布与实施,为社区图书馆的可持续发展提供了法律依据

1. 成立图书配送中心　形成新型运行机制

《条例》的颁布与实施,加快了北京市公共图书馆计算机信息服务网络建设的步伐,2002年12月由北京市文化局负责承办的、北京市政府承诺的作为"北京市2002年在直接关系群众生活方面拟办的重要实事"之一的"北京市公共图书馆计算机信息服务网络"正式开通。西城区作为国际化大都市的中心城区,区委、区政府对区域文化资源建设高度重视,2002年6月投资近70余万元在区图书馆、区青少年儿童图书馆和西城区6个街道级图书馆统一安装了"智慧2000数字图书馆系统",实现了与首都图书馆的网络联通,为广大市民获取图书信息提供了联合检索、网上借阅、方便快捷的服务,实现各级各类图书馆的资源共享搭建了技术平台。

为了充分利用好这一网络系统,区委区政府将工作重心下移,在广泛调研、实地考察、现场办公的基础上,提出了《关于加强街道社区图书馆(室)建设的实施意见》,本着立足当前、着眼发展、创新机制的原则,2002年年底率先在北京市成立首家图书配送中心,由区财政每年拨专项资金向街道图书馆配送图书,形成区、街共建共办社区图书馆的新型运行机制,为社区图书馆的可持续发展提供了精神动力与智力支持。配送中心成立后,西城区图书馆按照《北京市图书馆条例》第五章第三十五条的规定,每年为辖区6个社区图书馆分别配送图书1000册,这样既减少了资金的重复投人,又可以保证社区图书馆的图书形成可持续积累、周转与更新,确实将传播先进的科学文化知识落到实处、落实到群众身边,实现图书资源的社会共享。

2. 落实“文化兴区”战略　完善“1121”设施建设

为把西城区建成体现中国特色、首都气派、历史与现代有机融合的国际化大都市中心城区,2004 年西城区委、区政府在第九次党代会上提出实施“经济强区”、“文化兴区”和“环境优区”的三区战略。为更好地落实“文化兴区”战略,2006 年西城区文化委员会提出了“1121”基层文化设施工程,即每个街道应建有达到相应标准的 1 个文化站、1 个社区教育学校、2 个街道图书馆和 1 个数字电影院。“1121”工程提出至今 4 年过去了,西城区完成了(2010 年 5 月西城区、宣武区合并为新西城区)7 个街道 14 个社区图书馆(均为西城区图书馆分馆)建设。西城区社区图书配送中心已为 14 个分馆配送图书 17.48 万册。

西城区图书配送中心的成立及“1121”基层文化设施工程建设的提出均在北京市公共图书馆系统开创了先河,为推进图书馆事业不断发展起到了示范与先导作用。居民足不出社区就能遨游书海,既开阔了眼界,又增长了知识;既丰富了他们的业余文化生活,又提高了他们的综合素质;网络时代把图书馆带回家由梦想变成了现实,创造了超时空信息服务的新境界。

三、丰富的社区图书馆馆藏资源极大方便了居民的阅读需求

从 1997 年西城区首个社区图书馆建成后,经过十几年的努力,合并前(2010 年 5 月西城区、宣武区已合并为新西城区)的西城区共有 7 个街道,已建成街道级图书馆 14 家,总面积近 1500 平方米,共有藏书近 20 万册,全部实行文献统采统编和统一配送,并纳入北京市公共图书馆信息服务网络的成员馆,实行“一卡通”的服务工作规范。14 个社区图书馆都与西城区图书馆在“总馆—分馆”制模式下开展联网服务工作。联网以来,年接待读者近 10 万人次,流通图书 40 万册次,目前市、区、街道图书馆之间已经实现“通借通还”,读者可以使用“一卡通”借阅卡在我区各联网街道馆进行借阅。地区中心馆还积极利用全国文化信息资源共享工程的资源,定期为各分馆接收点配送电子资料,进一步充实了各分馆的馆藏资源。在享受借阅纸制图书的同时,只要持有一张“一卡通”借阅卡,就可以享有方正 Apabi 电子书、库客数字音乐图书馆、中国学术期刊、人大报刊复印资料、全国报刊索引及龙源电子期刊等丰富的电子资源,这不仅加快了社区图书馆资源建设步伐,更重要的是真正做到了方便读者。

四、目前社区图书馆资源利用存在的问题

(1)受馆舍面积制约,地区中心馆定期配送图书,使得建的较早的部分社区图书馆已经趋于饱和状态,图书上架困难。

(2)由于对社区图书馆的工作人员没有直接的人事管理权,地区中心馆对社区图书馆的人员管理力不从心,无法具体规范和要求社区图书馆的服务标准,由此产生了一些消极影响:

1)由于社区图书馆工作人员的流动性较大,造成地区中心馆的培训压力较大,而且社区图书馆的服务水平很容易受工作人员的频繁流动影响,各社区馆的服务质量参差不齐。

2)法定节假日社区馆的开馆时间得不到保障。由于涉及多倍工资的问题,很多社区馆在法定节假日不开放,而地区中心馆又无法强制要求社区馆必须开放。

3)利用馆藏资源组织开展有意义的读者活动有一定困难。这有两方面原因,一是目前有

的社区图书馆归街道服务中心管理，有的归街道社区建设办公室管理，管理体制不一样，各街道重视程度也不同，但无论是归谁领导几乎是没有活动经费。二是因为社区图书馆管理人员都是临时聘用人员，大部分工作人员只满足于做好借阅工作就行了，社区馆主管领导对组织开展活动没有特殊要求。

4）社区图书馆无法为读者提供深层次服务。尽管社区图书馆馆藏资源日益丰富，但由于社区馆工作人员大多数对图书馆专业知识知之甚少，经过培训后只能提供常规的借阅服务，类似于参考咨询及代检索课题这样的服务无法胜任。

五、充分利用社区图书馆馆藏资源措施

（1）加快区域图书馆三级网络建设，即地区中心馆—社区图书馆—居委会图书室，以解决由于社区图书馆馆舍面积小，新书更新较快，图书无法上架的难题。几年的实践与摸索我们感到由于受多种因素制约，三级网络建设有一定的难度，这需要各级领导加大对社区文化设施建设的重视程度，制订切实可行的奖励制度，以促进公共图书馆事业顺利发展。

（2）加大对社区图书馆宣传力度，充分发挥社区图书馆资源利用。虽然社区图书馆都建在了离居民家很近的地方，但宣传力度不够，这就需要社区图书馆要通过举办一系列的读者活动加大宣传力度，让更多的居民认识社区图书馆，从而更好地利用社区图书馆。

（3）保证开放时间，特别是节假日更应保证开放，这就需要社区图书馆上级主管单位制定相应政策，从经费上给予保障。

（4）加大对社区图书馆管理人员的培训力度。目前在社区图书馆从事工作的大部分人员，几乎没有受过专业培训，作为地区中心馆应做好对他们的专业技能培训，定期让他们加强继续教育学习，同时地区中心馆也要有专业人员下到社区图书馆指导工作，发现问题及时解决。

总之，公共图书馆与社区图书馆的互利互荣、协调和谐、持续发展是图书馆共同发展的目标。社区居民能在自己小区的图书馆借阅到公共图书馆的藏书，并有效利用图书馆丰富的馆藏资源，提高自身的综合素质，是我们共同的追求。我们相信，社区图书馆因其独特的职能作用，在不久的将来，将会成为城市文明建设一道亮丽的风景线。

高校图书馆参考咨询质量评价研究

张　迈　梁智年（国家图书馆）

1　高校图书馆参考咨询质量评价的发展现状

笔者特从华禹教育网（原中国高校网）所公布的“211 工程”名单中[①]选取了部分高校，加上其他一些部属、省属院校，采取问卷调查和实地访谈为主、网站调查为辅的方式，对其参考咨询

---

① http：//www. china - school. net/211. htm，华禹教育网的另一个域名为：http：//www. huaue. com。

的质量评价进行了系统研究,归纳出我国高校图书馆参考咨询质量评价的如下特点。

1.1 大部分图书馆有定期评价制度,表明参考咨询质量评价在图书馆已经起步

在所调查的24个图书馆中,有15个有定期评价制度,占62.5%,即大多数。至于评价频率则各馆不一,一般是一月一次、半年一次和一年一次,可以说还是很有规律。但也有9个图书馆尚未设立这样的定期制度,可能对参考咨询质量评价只是偶然性、间或性的行为。

1.2 在具体评价措施方面,各馆情况各异,呈现参差不齐的状况

在对传统参考咨询进行质量评价时,在"物理咨询台设有'咨询登记表',通过记录每天问答人次来计算工作量;通过本馆制定的规章制度或相关文件来打分;进行定期的参考咨询工作量统计,如制成统计报表等;进行定期的读者调查,包括读者的需求倾向/满意度等方面"这四项常见措施中,有2个图书馆有其中一项,约占8.33%;5个图书馆有其中两项,约占20.83%;6个图书馆有其中三项,占25%;剩下的11个图书馆全部都有,约占45.83%。当然有可能图书馆还采取了除此以外的评价方式。从大体上看,各图书馆在传统参考咨询评价方面或多或少采取了一定的措施,但因为各馆实情不一,开展的内容、程度随之各异。

在对网络参考咨询进行质量评价时,在"系统设有调查表格和用户反馈表,可以在服务结束后马上予以反馈;系统可进行参考咨询流量的自动统计、分析等;设有本馆的相关评价标准、规范等,如电子资源制作情况、实时咨询问答情况等方面;设有对参考馆员的硬件评价指标,定期进行评价"这四项常见措施中,有4个图书馆有其中一项,约占19.05%;有7个图书馆有其中两项,约占33.33%;有2个图书馆有其中三项,约占9.52%;有2个图书馆四项都有,约占9.52%;还有9个图书馆没有任何一项,约占42.86%。较之传统参考咨询,其差异情况较大:对网络参考咨询的评价已经开始,但由于这种方式本身尚待发展,所以对其评价自然也具有很大的变动性和不稳定性;图书馆一般采取常用而简单的方式加以评价;而且,对于没有开展网络参考咨询质量评价的图书馆而言,大多数网络参考咨询本身都尚未完全开展,所以对其评价更无从谈起。当然,不可否认可能存在这样的例外,即某些图书馆的网络参考咨询已经开展且发展较好,但由于发展思路、政策取向、观念意识等原因,其评价未能同步进行。

1.3 在评价系统方面,大多数图书馆尚未具备相应的评价系统

必须指出的是,这里的评价系统并非通常所说的评价体系,主要是指目前国际上已经开发或正在开发的计算机系统,强调技术层面,也包括一些软性指标。从研究结果上看,16个图书馆尚无这样的评价系统,约占76.19%;"正在引进或建设"的图书馆有6个,约占28.57%;有2个图书馆已经有,约占9.52%。可见这方面是一个普遍的薄弱点,而国际上的相关研究也刚起步不久。在已经具有此类系统的图书馆中,有的是自身研制的;在"正在引进或建设"的图书馆中,有的是合作研发的,有的是自身研制的,也处于刚起步、欠成熟的阶段。

1.4 在参考咨询负责人员方面,大多数图书馆是兼职进行,只有极少数由专门人员从事

在24个图书馆中,有10个尚无人员负责评价工作,约占41.67%;有7个由其他相关人员兼职,约占33.33%;剩下的7个则已经有专人负责此项工作,约占33.33%。由此可见,当前参考咨询质量评价方面还缺乏相应的人员配备,但有人兼职以及专职从事这一现象本身,或多或

少反映出一种良好的发展趋势，表明这一工作正逐步引起重视。

1.5 在评价体系方面，从各馆现状可管窥我国参考咨询评价体系之一斑

评价体系指一个图书馆是否制度化、系统化、稳定化地开展了参考咨询质量评价。在24个图书馆中，有11个图书馆还没有这样的体系，约占45.83%；有11个图书馆正在逐步形成，约占45.83%；有2个图书馆已经形成体系，约占9.52%。从中可以看出，没有形成体系和正在形成体系的比例相当，反映出当前存在一种“两极分化”的局面；同时已经形成体系的图书馆也只有极少数，可见从宏观层面上来看，参考咨询质量评价还需进一步发展。

需要说明的是，本研究的目的旨在对以高校图书馆为代表的参考咨询发展现状有一个宏观上的大致了解，加之样本选择、抽样误差等方面的局限性，因此不具备完全翔实的数据统计意义。但从整体上而言，的确可看出我国高校图书馆参考咨询在巩固和改进传统参考咨询的同时，正朝着网络化、数字化的方向发展，质量评价也顺势而动，呈现出很大的上升与发展空间。

2 我国参考咨询质量评价的发展对策

在图书馆参考咨询的发展历程中，其服务质量的评价一直是一个薄弱环节。虽然也有一些服务绩效、服务质量方面的评价，但常常流于表面化、单一化、零散化，尚未形成完备体系和规范模式，由此阻碍了其效能的有效发挥。为使我国参考咨询质量评价步入正轨，笔者建议从以下几方面着手。

2.1 更新发展思路，将参考咨询质量评价纳入图书馆发展规划中

现阶段参考咨询的发展得益于图书馆发展思路由以往对编目、流通等基本业务部门的重视向读者服务、参考咨询的倾斜，那么，制定参考咨询的发展规划时，应将质量评价视为关键环节纳入其中。笔者在实地访谈过程中，通过与参考咨询人员的交流，深切感受到政策的制定、上级的重视、规划的重构乃发展之源。结合我国具体国情，对于公益性服务机构的图书馆而言，唯有自上而下的政策引导、规划实施才能使参考咨询质量评价真正步入实际操作的轨道。

2.2 建立严格机制，使参考咨询质量评价成为图书馆工作一部分

图书馆的科学管理已经日益受到业内各方的广泛关注，其是确保图书馆各项工作健康有序进行的坚实保证，参考咨询也不例外。对于尚未成熟成型的质量评价尤为如此。只有在严格规范的管理机制下，质量评价才不会沦为偶然性、临时性、松散性、无序化的活动，才能逐步渗入参考咨询的日常工作之中，成为图书馆动态体系的有机组成部分。

2.3 制定标准规范，使参考咨询质量评价物化成制度化的行为

有法可依、有章可循是我国建设法治社会的根本要求，也是行业标准化的现实需要。图书馆主管部门、行业协会及研究机构等应在思想统一的前提下将参考咨询质量评价从图书馆评估中单列、细化出来，或者在综合评估时将其作为独立部分加以评价。在这一点上，国外已为我们提供了很好的参照。现在国内不少高校、科研机构、学术协会等也纷纷开始着手进行这方

面的研究，专门针对参考咨询的指南、规范等正逐步出台。此外，各图书馆应结合自身实际，制定出操作性强的条文制度，对质量评价的切实运作加以规范，这一方面上海交通大学图书馆做出了很好的表率①。

2.4 加强人员培训，为参考咨询质量评价输送不竭的人力资源

参考咨询人员是图书馆参考咨询的施动者和主动者，在对参考咨询进行评价时，必然考虑到这一因素。从图书馆理论和实践的发展史来看，一直对"人员"这一要素给予了高度重视。在图书馆学鼻祖阮冈纳赞的"三要素说"、刘国钧的"四要素说"等诸多理论中，人员要素始终处于重要的地位。随着现代企业人力资源管理理论向图书馆的引入，构建图书馆人力资源管理评价体系成为亟待解决的一大问题。与现代企业人力资源管理基本相似②，图书馆人力资源管理活动通常由人力资源计划、招聘和选才、人事信息管理、绩效管理、薪酬福利、培训发展活动等相互联系和连续的环节组成。而对这一系统进行评价时，则可以从协调、效率、效果三个维度，从适应性、执行性、有效性三方面进行评价。协调维度评价的是图书馆人力资源管理系统的内外部协调情况，即适应性评价；效率维度评价的是图书馆各项人力资源管理职能的执行情况，即执行性评价；效果维度评价的是人力资源管理对图书馆目标实现的贡献情况，即有效性评价。值得注意的是，在建立图书馆人力资源管理评价体系时，应充分结合人力资源管理同素异构、能位匹配、动态优势、奖惩强化等基本原理，设计出一套符合图书馆实际的评价指标体系。

同时，可以继续完善业已设立的"学科馆员"岗位制度的做法，结合各馆实际，考虑设置专门的质量评价人员；在条件不成熟的情况下，可以采取先由有相关经验的人员兼职的方式作为过渡。

2.5 构建评价体系，将参考咨询质量评价整合为有机联系的整体

这一方面是最具实效性和可行性的一环，但通过笔者研究，却发现又是目前尚欠缺的一方面。从宏观层面来说，一个评价体系涉及各方面，包括政策、措施、人员、管理等诸多内容；从中观层面来说，包括一个机构中与之相关的诸多因素；从微观层面来说，即所涉及对象本身。就我国目前现状而言，全国范围内的图书馆评估体系正逐步形成；但就单个图书馆而言，在参考咨询质量评价方面拥有完整体系的并不多，大多只是零散行为和被动举措。因此，应在充分考虑不同高校图书馆之间参考咨询同质性与异质性的基础上，分阶段、分层次地构建起一套兼具通用性和灵活性的评价体系，使质量评价真正成为切实可行的行动。

结语

社会信息化、标准化、法治化进程的不断推进使图书馆参考咨询质量评价日益引起广泛关注并逐步付诸实践，成为图书馆事业发展过程中方兴未艾的一大焦点和热点，高校图书馆在这

---

① 其于2004年9月制定了详细可行的《参考咨询台岗位职责规范》。

② 当前人力资源管理正呈现出管理理念、管理认识、管理导向、管理思路、管理重点、管理手段、管理范围、管理领域、管理人员能力等诸多方面的变化。

一方面已取得很大成果,但尚存在不少缺陷与不足,若不予以重视并切实解决,势必阻碍图书馆服务功能的有效实现。而本研究为这一问题提供了一定的实证基础和建议对策,以期为我国图书馆参考咨询质量评价的发展起到若干促进作用。

参考文献

[1]彭斐章.信息资源管理培养人才研究.武汉:武汉大学出版社,2002

[2]左雪梅.数字参考咨询服务评估研究.情报理论与实践,2007(1)

[3]赵秀君.虚拟参考咨询服务质量评价的障碍.图书馆杂志,2006

[4]詹德优.信息咨询理论与方法.武汉:武汉大学出版社,2004

[5]Barbara Howell, Martyn Roberts. The reliability of peer reviews of papers on information systems. Journal of Information Science,2004(1):2-11

[6]Louise Kloss,Yin Zhang. An evaluative case study of real-time online reference service. The Electronic Library, 2003(6):565-575

[7]http://oi.uchicago.edu/OI/IRAQ/mela/melairaq.html

高校图书馆文献传递服务的实践与思考

——以山东理工大学图书馆为例

夏晓慧(山东理工大学科技信息研究所)

网络信息量的激增与书刊价格的不断上涨,使得任何一个图书馆都无法仅依靠本馆馆藏来满足用户所有的信息需求。因此为了更好为读者服务,实现真正意义上的资源共享,国内外图书馆和文献提供机构之间纷纷开展广泛的文献传递业务。在信息技术广泛运用的今天,文献传递具备了快速、简便、用户共享与符合图书馆实际情况的特点。这些诸多优点共同促进了近年来全球文献传递服务的蓬勃发展。主要原因在于它是实现图书馆文献资源的共建共享,履行图书馆学术信息揭示与传递功能的重要方式,是一种个性化的文献提供服务,能满足用户多元化、层次化的文献信息需求;文献传递机构的日益介入推动了文献传递服务市场化,从而也带动了图书馆传递服务的整体发展。笔者以山东理工大学为例,对高校图书馆电子文献传递业务具体服务方式与存在的问题进行交流和探讨,以期对图书馆文献传递工作的不断发展有所参考。

1 我校图书馆文献传递服务的实践活动与统计分析

1.1 开展文献传递工作前期的准备

我们馆是2008年下半年按照山东省图工委的统一安排开始文献传递工作。首先图书馆选送馆际互借员参加了山东省图工委的统一上岗培训。与山东大学分中心进行业务上的联系。与CALIS、CASHL签订文献传递协议。熟悉文献传递业务知识,完成与文献传递中心联系的各项事宜,制定图书馆文献传递工作规章制度,起草图书馆开展文献传递工作的通知,为开展文献传递工作做好准备。

1.2　文献传递服务的宣传举措

目前,理工大图书馆的文献传递服务对象主要还是限于本校的师生及其科研人员。(1)积极开展文献传递的宣传工作。走访各个学院,向每个学院的主管业务领导介绍图书馆文献传递的意义与内涵。请学院利用每周开例会之际向广大教师员工介绍此项服务工作。(2)网络宣传:在图书馆主页上发布文献传递用户指南,利用图书馆主页、校园办公系统及时发布CALIS、CASHL文献传递免费活动的通知,扩大文献传递的影响。(3)口头宣传:利用新生入馆教育、本科生、研究生上文献检索课的机会,向学生宣传与介绍文献传递工作。利用每周四下午的数字资源检索与利用讲座进行宣传。(4)邮件宣传:对熟悉的教师、学生校内邮箱群发邮件,因为登录邮箱、收发邮件已几乎成为网络时代广大师生每日的"必修课"。另外,印制文献传递宣传页,分发给各个学院;把宣传页放在图书馆一楼大厅的总咨询台,因为这里是广大读者频繁出入之地。这些宣传活动的开展,使更多的师生了解该项服务,以从中挖掘潜在用户。

1.3　根据不同层次的用户进行相关服务

了解各个院系教师用户的构成情况,再推荐相应的服务。以CASHL宣传为例。由于CASHL是为高校哲学社会科学教学和研究建设的文献保障服务体系。主要引进和国外人文社会科学文献资源。因此,我们掌握各个学院教师人员的构成,考虑教师的外语水平,重点向教授与博士、研究生推荐文献传递服务工作,打电话通知本人,发E-mail;亲自上有关管理部门去推荐宣传,让他们认识文献传递的重要意义与作用。其次,从用户的心理需求出发。重点强调CASHL收录资料的唯一性、全面性;突出CASHL服务是由全国17家重点高校和中国社会科学院图书馆组成,收藏的文献类型涉及所有人文社会科学研究领域等内容;强调获取方式的便捷,"网上注册、邮箱获取";尤其在CASHL搞免费活动时,凸显免费服务。因为收费与否是读者最关切的问题,"免费"无疑是吸引众多用户尤其体验CASHL文献传递服务的重要因素。不断扩大文献传递服务机构,还与厦门大学建立了文献传递协作关系。以下为文科学院教师人员的构成情况。

表1　山东理工大学文科院系工作人员统计表

学院名称	职工人数	教授	副教授	博士	硕士
管理学院	95	7	33	17	50
法学院	101	13	43	15	80
新闻与传播学院	58	9	25	11	26
外国语学院	159	1	38	2	100
经济学院	62	7	22	18	45
体育学院	92	9	22	3	32
美术学院	36	2	14		
音乐学院	42	4	11		

1.4 不断总结宣传经验，探索宣传工作规律

(1)日常宣传要与优惠活动相结合。优惠活动期间的宣传固然重要，但毕竟读者对文献的需求是不间断的，它不会因优惠活动的终止而结束。因此，日常宣传仍不偏废，而且还见缝插针地利用一切与读者接触的机会随时主动进行说明。(2)宣传工作还要与读者学习、科研的阶段性相结合。科研、学习本身有自己的规律，就学生群体而言，开学、撰写开题报告及学位论文期间是他们获取信息最为频繁、学习热情最高的阶段。馆际互借员紧抓这一契机，加大文献传递服务的宣传力度，能收到事半功倍的效果；而对于教师及研究人员而言，他们的科研活动是长期不间断的，对文献的需求甚至会伴随一生，因此遇到这类读者，就认真向他们介绍文献传递服务内容。

1.5 文献传递宣传成效

近三年来，我们用心研究本校读者需求、不断改进宣传工作举措，加大宣传力度，较好地实现了文献资源共建、共享的双赢目标。读者利用文献传递服务数量不断增加，很好地弥补了我馆馆藏无法满足读者需求的缺憾。笔者对 2 年来的工作数据进行了一些简单的统计。

表 2 山东理工大学图书馆文献传递服务情况统计

年份	确认用户数	申请量	满足件数	满足率
2009	22	46	41	89%
2010	80	10	10	100%

2 文献传递服务中存在的问题

2.1 用户在提交申请前没有对本馆资源进行检索

有些教师、科研人员、研究生在提交文献传递申请单时，对申请的文献没有进行馆藏目录、各种联合目录检索。例如，有位教师发出文献传递请求。后经工作人员通过检索图书馆书目数据库，馆里已购买数据库，发现所需三分之二的文献在本馆就能检索到。其原因有二：一是对图书馆资源不熟悉，如图书馆的书目数据库、中外文电子全文期刊数据库。二是存在对图书馆员的过分依赖心理，抱着所申请的文献可能不是馆藏文献信息资源的想法。再者检索能力不强。

2.2 文献传递数量不尽如人意(见表 2)

从上述的统计数据得知，理工大图书馆文献传递申请量明显偏低，这势必对教师的教学和科研带来很大影响。分析原因有二：其一，这与学校的大环境有关系。我们学校是山东省省属普通高校，大部分教师上课时数比较多，没有时间搞研究，有需要撰写论文才检索资料，不需要也就不涉猎。其二，有些学院对文献传递工作不重视。我们热情主动宣传，他们却反应平平。还有许多人员对文献传递活动的了解不够。一些有文献需求的用户为了索取原文，常常到其他院校托熟人帮忙。经过调查得知，很多老师很少关注图书馆主页、校园网上的信息。图书馆

文献传递工作开展已有两年多却知之甚少。

2.3 费用问题

由于我们是用户馆，一般都是以服务馆的收费标准进行收费，目前高校普遍采用的扫描1元/每页、复印0.5元/页的收费标准，众多用户仍觉得难以承受，除那些有科研经费、有收入的用户能够认可这一收费标准外，对于一些在校就读的学生，只能望而却步。

3 对高校文献传递服务工作的思考

在图书馆未来的发展中，文献传递依然会是资源共享合作中最为有效的服务方式，可以为用户及时补充本单位现有资源的不足，更好地为教学和科研服务。上述存在问题反映出本馆文献传递服务的一些实际状况，针对这些问题，笔者有一些想法，以求将服务做得更好。

(1)从文献传递到知识传递 随着科研信息环境的发展和科学研究形态的变化，科研需求已经远远超过传统图书馆所收藏的文献。如何在用户需要时快捷经济地向用户提供所需要的知识，已经成为图书馆员的内在责任。我们不能将用户的需求仅局限在文献传递系统之内，我们应考虑如何帮助用户获得所需要的信息内容。

(2)文献传递越来越像参考咨询，其中发现、选择、处理的程度不断加深，传递本身只是最后的环节。上述扩展意味着服务流程的重组，例如文献传递工具的扩展，把DOAJ等以及各类专业知识环境有机纳入。但最重要的是，文献传递服务本身需要变化，把自己的工作系统与对用户的整体服务有机结合，充分挖掘利用专业学科服务能力，挖掘利用各类文献和非文献内容发现、检索与利用系统。支持不断扩展的信息供应需求。各个学校的信息资源都有自己的特色和优势，因此，还应广泛订立馆际文献传递协议，扩大文献资源保障体系。

(3)定位文献传递服务性质，降低传递费用。文献传递服务应定位于非营利的公益服务，在文献传递工作中，尽可能地做到以人为本，尽可能地对在校的师生采取优惠政策，最大限度地发展用户，减少传递成本，使传递费用不再成为影响用户需求的障碍。说服领导，加大补贴的额度，甚至适当减免，扩大用户群，让更多的本科生也能享受服务，避免数字鸿沟的不断加深。从读者的角度看，对于本馆拥有的馆藏可以免费借阅，而馆际互借文献则收取服务费用，必然会降低其对馆际互借的好评，甚至会有读者认为这是图书馆为了创收而开辟的新服务项目。因此 对于馆际互借这一常规服务项目，各高校图书馆应制定相应的文献传递补贴政策，实行读者易于接受的文献传递收费标准，从书刊采购经费中合理地划拨一部分用于馆际互借文献传递的费用补贴。也可适当地将文献传递服务社会化，进行盈利性服务，将获得的利益再投入到本校服务上，从而将服务本身激活，进入良性循环，也使图书馆从另一途径解决了文献传递的资金投入问题。我们建议CALIS、CASHL管理中心能尝试新的宣传模式，改变现有的全国性免费活动与区域免费活动交替进行的模式，可以采取试行全年全国免费的宣传模式，这样一方面可以缓解各中心馆的服务压力，读者不至于在短期内大量提交申请；另一方面也更符合CASHL的公益性定位及读者的文献需求规律。

(4)倡导图书馆员的终身教育，加强用户检索能力的培养。虽然文献传递已为读者所认识和了解，但网络文献传递不论是对开展这项服务的图书馆，还是作为该服务接受者的读者而言，均是一新生事物，让读者了解其功能与作用掌握其服务的方式及流程，进而熟练地利用有一个过程；过程的长短，熟练的程度，取决于图书馆对读者宣传培训与否以及宣传的力度、培训的效果。因此，图书馆在倡导学科馆员终生学习的同时应将读者培训的工作视为文献传递服务工作的一部分，定期对读者进行文献传递系统的使用方法、OPAC 的检索技巧等内容的培训。

总之，新技术给文献传递工作带来了巨大影响，但图书馆不能忽略以人为本的基本思想。无论技术如何进步，所有的一切都依赖人的参与。我们作为图书馆员必须以用户需求和图书馆管理为工作基础，认真踏实做好文献传递服务工作，更好地履行高校图书馆的教育职能与信息服务职能。

参考文献

[1]张书晗. 电子文献传递的发展趋势与要解决的若干问题. 现代情报，2007(3)：31－33

[2]张羽. 高校非中心馆使用推广文献传递服务系统影响因素分析. 图书馆建设，2010(7)：84－86，90

[3]高波，林婷. 国外文献传递理论研究进展：2000—2008. 图书情报工作，2010(90)：9－13

[4]张晓林. 从文献传递到知识传递：面向未来的模式转变？——参加 ILDS2009 会议有感. 图书馆杂志，2010(2)：2－5，26

[5]刘泳洁，刘喜球. 图书馆电子文献传递服务的发展及对策. 图书馆，2005(4)：78－80

[6]李家清. 资源共享的实现途径——文献传递服务研究. 图书情报知识，2004(1)：63－65

公共图书馆的文献提供工作研究

郭爱菊(廊坊图书馆)

1 图书馆服务工作模式的改变

1.1 图书外借处改变了过去只外借不设阅览桌的模式，形成借阅一体的服务模式，便于读者的学习研究

过去，一般图书馆要设借书处和图书阅览室两个部门分别为读者提供服务，如果在图书阅览室也放置图书的话，必定造成了图书馆在图书采购方面必须考虑到要多进一到两本，势必造成购书经费的紧张，在进书量上会大打折扣，新书上架率低了，读者很难读到满意、适合的图书。另外，如果，图书阅览室不摆放图书，图书馆在借书量上一般都有限制，这就造成了读者要想静下心来看书，必须两个部门来回跑，浪费了读者的时间和精力，给读者带来了极大的不便。而借阅一体的服务模式恰好弥补了为读者服务上的不足，虽然图书乱架的情况相对严重了，但是只要每一个馆员多点耐心、多辛苦一点，相信读者也会慢慢地遵守规定，主动把图书归位，毕竟与人方便，自己也方便。

1.2 设立电子阅览室与多媒体阅览室，使读者能够在图书馆体验到数字化图书馆的文献服务，充分利用网络资源进行研究学习

由于网络的广泛应用，电子文献的增多，读者获取文献的途径已经不仅仅局限于纸质文

献,有时候也要从网络上查询所需的资料。现在由于全国的共享工程的开展以及数字化图书馆的建设,为网络资源的利用提供了极大的方便,公共图书馆设立电子阅览室和多媒体阅览室,使读者进入图书馆可以从馆藏图书和网络上获取双重知识,为其研究学习提供帮助。

1.3 设立专门的文献提供部门,整合信息资源,掌握最新信息,做好文献的开发和二次加工

在知识经济和网络环境的双重作用下,图书馆的用户需求也呈现出多元性、专业性、价值性和社会性等特点,他们对于某一方面的信息不可能只局限于肤浅的了解,而是要尽可能系统地、详细地、全面的了解,如果单靠读者来检索,势必会造成读者时间和金钱的浪费。如果图书馆设立专门的文献提供部门,配备专业能力较强的人员,尤其是图书馆学专业的大学毕业生,充分利用他们的专业优势,这不仅可以最大限度地满足读者的需要,还可以做到图书馆内部人尽其才,达到双重的效果。图书馆工作人员在文献提供服务过程中,利用自己的文献检索能力,尽最大的努力为读者提供国内外相关的信息,并将信息进行整合加工,为读者提供全面而有价值的信息,为读者提供满意的服务。同时文献提供部门的工作人员还可以充分利用本馆馆藏的各种高质量数据库资源和海量的馆藏资源,以 Web 浏览、Email 推送等现代方法相结合的载体形式,为政府及广大企事业提供产品多样化、服务个性化的便捷的资讯服务,为图书馆增加一定的经济收入,摆脱图书馆的经济困窘。

1.4 设立独立的专题研究室或个人研究小间

为了方便那些从事专题研究的人员较好地在图书馆进行研究学习,图书馆可以设立空间较为独立的专题研究室或个人研究小间,为读者提供一个良好、安静的研究空间,让其享受在图书馆的每时每刻,为研究工作的顺利进行充分发挥图书馆的作用。另外研究室内配备电脑网线并可以免费使用,这些读者可以自带书籍和笔记本电脑入内,这样既可以利用该馆的丰富馆藏也可以上网查阅相关资料,同时还处于一个相对安静的环境,便于其进行研究学习。

1.5 制定相应的规定,减免一定的服务收费

在文献提供过程中,难免要产生扫描、复印、装订、邮寄和网络使用等费用,作为公益性图书馆,虽不以盈利为目的,但考虑到实际的支出费用非常巨大,图书馆也不可能做到完全免费,所以这些费用必须要读者自行支付。图书馆馆可以制定合理的收费规定,按照实际消耗来进行收费,尽量为读者减免在服务过程中产生的费用,让读者真正体会到图书馆对他们的关心和爱护。

2 图书馆文献提供人员的素质

图书馆文献提供人员是图书馆服务工作的主体,大多数到图书馆的求知者在获取信息的过程中,无论是信息资源的收集、整理,还是文献资料的检索指导,都需要有图书馆的工作人员来帮助完成,所以,图书馆能否在文献提供过程中起到积极作用,与图书馆文献提供人员的素质密不可分。随着读者整体素质的提高以及阅读需求的不断增加,对于整合信息的需求日趋迫切,图书馆文献提供工作人员的知识结构和能力结构都应该进一步调整和提高。为了更好地为读者提供服务,图书馆的工作人员至少应提高以下几个方面的素质和能力:

2.1 思想道德素质

作为社会性教育机构，图书馆工作人员应始终坚持“读者第一，服务至上”的原则，牢固树立“以人为本”的服务宗旨。文献提供人员应该熟悉馆藏，了解读者，虚心听取读者对图书馆工作意见，对待读者主动热情、耐心周到，为求知者热情地投入一份深刻的感情和关怀，把读者的需求当做自己的需求，设身处地为读者着想，尊重读者并使读者信赖你，进而尊重你，实现人与人的和谐相处，为建立和谐社会做出贡献。

2.2 科学文化素质

作为一名图书馆文献提供人员必须掌握图书馆情报学专业基础知识，目前电子出版物还未能完全取代印刷型出版物，无论是人工还是利用计算机进行编目、检索、咨询都离不开专业基础知识，只有熟练地掌握这些知识，才能积极主动、快捷地为读者提供快速有质量的有价值文献。随着社会的进步，知识的迅猛发展，图书馆工作人员更应不断更新自身的知识结构，依据需要不断补充自身的知识；不仅要具备提供咨询服务、文献检索的素质，而且应具备对文献进行二次、三次加工以及文献编译的素质。为深化文献提供服务，图书馆的领导应不断地为工作人员提供继续教育的机会，有计划地安排工作人员参加各类培训，例如文献检索能力培训、创新能力培训、图书分类法培训等；不断地从高校引进专业人才，充实图书馆的技术人员，满足读者各方面的需求，把文献提供工作做到更加细化、专业化，彻底消除社会上“图书馆员谁都能干”的偏见，从根本上提高工作人员的整体素质和服务水平。

2.3 信息技术能力

随着现代化先进技术的广泛应用以及网络资源的日趋丰富，声像资料、多媒体数字资料、互联网专业数据库资料都成为馆藏资源的重要组成部分，图书馆的馆藏资源越来越丰富，馆藏种类也越来越多。而且对于读者不仅希望得到本馆的图书信息服务，更渴望得到其他馆甚至国外的图书情报机构的服务，他们需求的不仅是文献检索，更想要的是足不出户获取文献全文服务，这就要求作为提供文献服务的图书馆工作人员，应具备使用网络技术和计算机的能力，充分利用数字图书馆这一强大载体，最大限度地满足实体用户和虚拟用户的需求。同时文献提供人员还要熟悉各种专业阅读设备的使用，例如掌握盲人阅读器及相关软件的使用，并为盲人读者提供免费的电脑培训，提高其获取知识的能力，在全社会努力营造无障碍阅读环境，真正实现全民阅读。

2.4 交流沟通能力

主要包括语言沟通艺术和掌握多种语言的能力。在人与人的交往中，语言的沟通艺术非常重要。语言即是一个人道德素质的显露，也是一个人文化修养、内心活动的反映。俗话说：“良言一句三冬暖，恶语伤人六月寒”。美好的语言，能使对方感受到你的诚恳热情，当你工作应接不暇时，一句“对不起，让您久等了”会化解读者的怨气，消除等待时的不耐烦情绪；当读者出现损坏书刊的行为，耐心的说服教育，讲究说话的分寸，可以使读者对图书馆的处理决定心服口服。作为一名合格的文献提供人员，也要掌握多种语言的简单交流能力，随着我国经济的繁荣发展，对外开放程度不断提高，国际间的交流越来越多，文化的交流领域也越来越广泛，作为图书馆工作人员必须要具备一定的外语知识,不光可以同外国读者进行简单的交流,还要熟练应用外语检索文献信息,而且要想及时获取先进国家的最新信息、资料,也要只有做好这一点,才能在外文信息与读者之间发挥好桥梁的作用。同时手语的简单交流应该在文献提供人员中普及,它可以使馆员在接待聋哑读者时,消除沟通上的障碍,及时准确地了解他们的需求,以便更好地为其提供服务。总之,当馆员与读者交流时,能够利用恰当的语言进行交流,可以在服务过程中减少很多不必要地麻烦和矛盾,使双方在服务过程中都能保持愉悦的心情,无形中也为图书馆树立了良好的社会形象。

随着文化的大发展大繁荣战略目标的逐步实现,给公共图书馆带来了更好的发展机遇和广阔的发展前景,同时也对图书馆提出了更高的要求,公共图书馆应抓住机遇,丰富馆藏,优化藏书结构,全面提高工作人员素质,用全新优质的服务服务于读者,只有这样,公共图书馆在为读者提供文献服务的同时,自身也会在这一过程中得以发展壮大。

参考文献

[1]吴玲等. 助人 自助——基于用户的文献提供服务. 文献信息论坛,2009,(3): 13-15

[2]唐芳红. 提升语言魅力 做好读者服务工作. 素质教育论坛,2009(3): 12

[3]李素敏. 浅论21世纪基层图书馆员的素质、文化建设. http://www.chnlib.com/Zylwj/867.html,2006-05-08/2010-11-02

公共图书馆开展专题文献服务的新阵地

——从朝阳市图书馆建立朝阳地方文化专题文献谈起

边明丽　王　元(辽宁省朝阳市图书馆)

1　关于朝阳地方文化

"凤凰鸣矣,于彼高岗;梧桐生矣,于彼朝阳。"名源《诗经》的辽宁省朝阳市是一座历史悠久的文化名城,以震惊世界的牛河梁红山文化、神奇的化石文化、神秘的佛教文化和古老的三燕文化而闻名于世。在漫长的历史发展过程中,自然遗产和历史文化的积淀为朝阳地方文化产业的发展提供了雄厚的资源条件。自2000年开始,朝阳市政府提出"文化兴市"战略,倾力打造"文明圣地"、"化石王国"、"东方佛都" 和"三燕故都" 四大文化品牌。朝阳市图书馆为了配合市政府更好地为地方文化、经济建设服务,在地方文献资源建设上也把这四大品牌作为重点,到目前为止,我馆已开辟了"牛河梁红山文化"、"化石文化"、"佛教文化"、"三燕文化"地方文化专题系列,充分发挥了文献资源的战略保障作用。

2　建立地方文化专题文献的必要性

2.1　引导群众热爱祖国热爱家乡的需要

伟大的民主革命先行者孙中山曾说:"国者,乡之积也,爱国者,亦必爱乡。"尽管朝阳历史色彩斑斓，文化源远流长，但很多市民并没有真正了解自己家乡的这些灿烂悠久的历史文化。公共图书馆作为公益性文化事业单位，担负着弘扬地方文化、服务地方经济的使命。我馆自建馆之初，经过近半个世纪的努力，收藏地方文献近万册，是整个朝阳地区政治、经济、文化发展的缩影，要让广大群众通过图书馆丰富的馆藏了解祖国的文化瑰宝，增强民族自豪感，引导广大群众特别是青年一代热爱自己的家乡，积极投身到家乡的现代化建设中来，促进地方文化的弘扬与光大。

2.2 保护地方文化遗产的需要

图书馆作为民族历史与文化的忠实记录者，拥有海量的知识信息资源和成熟的知识管理技术，肩负着传承民族智慧的使命。1975年国际图联在法国里昂召开的图书馆职能科学讨论会上，一致认为保存人类文化遗产是图书馆最主要的社会职能。一个图书馆的地方文献是对当地文化的真实反映，无论是对传统文化的继承，还是对现代文明的传播，地方文献都是一个重要的载体，是独一无二的特色资源，它不仅记录了地方的自然环境，社会政治、经济、生产等方面的实践活动，也记载民俗、艺术、文教事业等地方文化的方方面面，与地方文化有着天然的紧密联系。正是因为有了图书馆这一机构，人类的社会实践所取得的经验、文化、知识才得以系统地保存并流传下来，成为今天人类宝贵的文化遗产和精神财富。

2.3 研究朝阳历史文化的需要

在漫长的历史进程中，朝阳的历史文化形成了独特优势。尤其是朝阳的文物古迹，不但以源流长、分布广、类型多、价值高成为本地悠久历史的标志，而且为中华民族源流及其文明史的研究提供了极为重要的依据。图书馆不仅担负着公众文献信息服务、社会教育、文化交流、图书馆业务协作等多项职责，还是专家学者进行学术研究的根据地。我馆积累了丰富的、经过专业人员加工的、有较高社会价值的地方文献，是最具备特色地方文化的代表，自红山文化和化石文化发现以来，每年都有国内外专家学者来朝阳考察研究。在2009年9月举办的朝阳首届国际化石节和10月举行的牛河梁红山文化考古遗址公园启动仪式上，世界各地专家学者云集朝阳，我馆为他们提供了包括中央电视台《探索与发现》等栏目制作的介绍朝阳四大文化的专题片及其他权威、翔实的资料，成为专家学者进行学术研究的基地。

2.4 提升图书馆社会地位的需要

地方文化专题文献地域、文化色彩浓厚，既是地方文化的代表，又是图书馆文化的重要组成部分。我馆聘请专家、学者举办地方文化讲座；开展“爱我家乡——我所知道的朝阳历史文化”有奖征文活动，组织征文获奖读者参观红山文化博物馆、北塔博物馆、朝阳地质公园等地方文化景点，让市民亲身感受朝阳历史文化的深远、厚重、精彩、博大。这些举措在市民中引起极大的反响，也引起了市领导的重视，正因为这些年所做的工作得到了领导和社会的好评，市政府也加大了对图书馆的扶持，有了领导的支持，图书馆的社会地位得到了提高，开展工作也就得心应手，从而走上良性循环的轨道。

3 建立地方文化专题文献的途径

3.1 找准目标，一经确立，常抓不懈

开辟专题文献的首先条件是文献内容要有特色、利用率高、有价值，一经确立，就应坚持下去，不能半途而废，以保证其连续性、系统性、完整性。我馆的牛河梁红山文化、化石文化、佛教文化、三燕文化专题文献自2000年开辟以来，经过10年的积累，形成了“实体”（如传统的纸质文献、磁带、光盘等）和“虚拟”（网络信息）兼备的复合型馆藏。文献资源的广度及深度是其他任何机构都无法与其竞争的，不但有数量众多、种类齐全的一次文献，还组织专家编写了《朝阳地方文化专题研究文摘》《朝阳地方文化研究综述》等二次、三次文献。

3.2 加大文献资料的征集力度

3.2.1 建立呈缴本制度

随着经济的发展，出版物的种类日益繁多，一些相关单位的地方出版物呈缴意识淡薄，尽管图书馆有专人负责地方出版物征集工作，但是由于地方出版物的零散、杂乱，肯定会有所疏漏。在地方文献收藏工作中，除了采购、征集和捐赠三个渠道，最有效的方法是实行出版物呈缴本制度。呈缴本制度对于保存本地区文化遗产，完整地收藏本地区的出版物，起到了积极的作用。在2010年《中华人民共和国图书馆法（草案）》中对呈缴本制度也有了明确规定，期望《图书馆法》尽快颁布实施，从根本上保证呈缴本制度的执行，以确保地方出版物征集的全面性。

3.2.2 动员地方有关人士尤其是从事地方文化研究的人员捐赠或出让

加大宣传力度，让社会各界都来了解和关心地方文化资料对地方文化建设的重要性，踊跃捐赠，确保收集到的资料更为全面系统。在朝阳有一大批文化人士研究朝阳历史文化，如朝阳市原文化局局长、现牛河梁红山文化研究院副院长孟昭凯陆续地向我馆捐赠了《五千年前的文明——牛河梁遗址》《朝阳旅游》等14种100多册他个人出版的有关朝阳历史文化的书籍；朝阳师专党委书记雷广臻，是辽宁省“红山文化研究”重点建设学科学术带头人，主编、编著了《古玉今蕴》《朝阳化石》《走近牛河梁》等多部著作，我馆也全部收藏。

3.2.3 在图书馆内部制定激励机制，鼓励全馆工作人员主动搜集地方文献

我馆从2007年开始，把地方文献征集工作与职工年终考核挂钩，规定每人每收集5种以前馆藏中没有的地方文献，年终考核加1分，5分为上限，此项举措极大地调动了馆员的积极性，一些高质量的地方出版物如《朝阳历史文化导读》《朝阳佛教史》《慕容燕国春秋》等文献丰富了我馆地方文献的入藏量，取得了较好的效果。

3.3 纵横合作，互通有无，资源共享

纵向合作是指图书馆系统内的合作，朝阳市图书馆上联省馆，下接各县区馆，可以令省馆和各县区馆的有关文献为我所用。朝阳师范专科学校图书馆在为朝阳地方文化服务方面也做了大量的工作，不但收藏了辽金佛教文化、慕容鲜卑文化、红山文化等众多资料，还收藏了很多古生物化石资料及实物，虽然我馆也收藏了大量化石方面的资料，但是由于受到资金及馆舍条件的限制，没有收藏化石实物样品，在2009年9月朝阳举办的首届国际化石节中，我馆与师专

图书馆合作,举办了“化石宣传周”活动,展示了很多古生物化石的资料及实物,为群众播放有关化石的专题片,通过化石名片,向世界展示朝阳独具特色的发展优势和巨大的发展潜力,展示朝阳特有的文化魅力。

横向合作是指同博物馆、档案馆、史志办、牛河梁红山文化研究院等机构密切联系,以购买、交换、复印、翻录等方式广泛收集有关地方文化的资料。由朝阳市档案馆牵头、各相关部门组成的朝阳“城市记忆”开发工程,是以城市发展为脉络,全面收集反映城市发展的文字、录音、照片、录像和实物等档案资料,利用数字化手段,建立相应的目录数据库和重要资料的全文数据库,分门别类建立专题档案,构筑一个集文字、图片及多媒体技术等于一体,全面反映朝阳城市风貌档案信息资源系统。此工程对于传承历史文脉,发掘地域文化,特别是“四大文化”,提升朝阳发展内涵具有重要意义。朝阳市图书馆作为地域文化抢救联动单位,积极参与其中,通过交换,复印、翻录等方式与档案馆互通有无,实现资源共享。此外,很多新闻媒体如中央电视台《探索与发现》《走近科学》《科技博览》等栏目多次以专题节目形式报道朝阳四大文化。通过辽宁电视台《揭秘》栏目采制播出了反映“三燕文化”和“寻访慕容”活动的电视专题片和佛教文化专题片;中央电视台《走遍中国》栏目拍摄了三集推介牛河梁红山文化、古生物化石文化、佛教文化的《龙出辽河》《长羽毛的恐龙》《舍利现身龙城》专题节目,这些视听资料图书馆都应收集齐全,以保证读者利用文献的全面性和新颖性。

3.4 重视网络信息资源,建立专题数据库

随着因特网技术在世界范围内的广泛普及和应用,社会公众将从网上获取越来越多的信息,网络信息资源也成为图书馆的“虚拟馆藏”。为了方便相关人员和读者的研究、查阅及交流,图书馆应当充分发挥网络优势,网上搜集有关朝阳地方文化的信息,实现实体馆藏和虚拟馆藏相结合,以保证信息畅通,资源共享。

建立地方文化专题数据库。我馆在2010下半年迁入新馆后,数据库建设工作将全面展开,配以现代化的检索技术和管理手段,实现多种文献类型资料网络检索浏览和利用,满足用户对专题文献资料的深层需求。

参考文献

[1]中共朝阳市委党校. 朝阳历史文化导读. 北京:教育科学出版社,2009:43-155

[2]朝阳市社会科学界联合会. 朝阳市民手册. 北京:中国社会出版社,2003:2-6

[3]丛莉鸿. 深入开展地方文献工作 增进图书馆服务职能——关于建立“旅顺近代史文献资料中心”的思考与实践. 图书馆学刊,2008(5):108-110

[4]管莉萌,黄亚男. 关于市级图书馆地方文献工作的思考. 图书馆学刊,2007(6):69-70

[5]孙玉梅. 发挥图书馆资源优势 服务城市文化建设. 图书馆学刊,2008(3):40-42

[6]利用四大文化资源优势倾力打造四大文化品牌. [2008-04-16]. http://www.cyly.gov.cn/news/News_View.asp?NewsID=451

[7]程水龙. 浦东图书馆专题文献建设探研. 图书馆建设,2010(3):25-28

公共图书馆文献传递工作探讨

——以天津图书馆为例

常　虹(天津图书馆)

一、公共图书馆文献传递的内容和意义

1. 广义文献传递

公共图书馆联合区县馆,建立协作关系,为地方读者服务。通过社区图书馆、流动图书馆、家庭图书馆等方式,全方位提供文献需求服务。图书馆的公共责任是利用公共图书馆的资源,实现文献资源共享,满足读者的个性化信息需求。公共图书馆共有资源资源通过一定的传输方式传递给有需要的用户或读者。

2. 狭义文献传递

文献传递是图书馆之间或图书馆与其他文献情报机构建立协作关系,相互利用对方文献信息资源来满足需求的一种资源共享方式,即从异地获取用户所需的文提供给用户的服务。具体是指读者需要某本书或某份文献而本馆没有该馆藏时,本馆通过文献传递方式向其他图书馆请求复印传递该文献的服务。

3. 文献传递的意义

首先是图书馆业务向深层次和个性化服务的拓展,满足读者全方位的文献需求。不再片面强调一馆的馆藏,而是将根据读者需要,通过各种途径获得并传递到读者手中的信息资料,一并视为馆藏的一部分。其次解决图书馆购书经费紧张的问题。随着科技的迅猛发展,文献需求量的急剧增加,文献价格的不断上涨,图书馆文献信息资源的收藏率呈下降趋势,读者的大量需求,文献资源不足与读者需求之间的矛盾日益凸显。因此,文献传递就成了缓解公共图书馆经费困难,补救文献资源匮乏的有效途径。特别是对于一些馆藏规模较小,资源匮乏的中小图书馆来说,开展文献传递服务无疑是一个扩大馆藏、提高文献保障水平的有效举措。

二、天津图书馆文献传递的现状

1. 广义文献传递

天津图书馆与区县馆联合,并建成56个社区分馆、84个行业分馆和"家庭虚拟图书馆"系统,延伸服务得到推广。天津市图书馆和区县馆的图书通借通还,并定期和区县馆做文献资源调剂。天津市图书馆的"汽车流动图书馆",多年来为开展全民阅读活动,先后配备了两辆流动图书服务车,定期服务的单位有天津滨海国际机场、北方人力资源公司、达仁堂制药二厂、民族

职专、天津警备区通讯连、港北监狱、双口劳教所等单位。流动服务点已增加到36个。读者预约的图书,走遍天津地区的每个角落。

其次共建行业性分馆,天津市图书馆为了填补各行各业专业性图书的空缺,首创了行业图书馆。最早的行业图书馆雏形,是2005年天津市公安局和天津市图书馆合办的34家公安分馆,并在一些偏远地区的派出所设立了阅览室,在天津图书馆内设立了"公安干警专用图书资料室",为全市公安干警发放了24 000个通用图书借阅证。天津市图书馆又与武警天津总队合建了16个武警分馆,与市工商局合作建立了"工商分馆",与市残联合作建立了"残联分馆",并在西青区、宝坻区、静海县建立了农业科技图书分馆。单是一所在西青区辛口镇农民科技图书馆的建筑面积就达到了480平方米,可以同时满足200多名读者借阅书刊、上网查询。

2. 狭义文献传递,开展"按需传递服务"

充分利用互联网技术,只要在网上申请"一码通"就可以浏览市馆的数据库,有中国知网CNKI数据库、龙源电子期刊、Apabi电子图书、方正数字报纸、中国法律数字图书馆、网上报告厅、KUKE音乐数字图书馆、Emerald、新东方多媒体学习库、中华连环画数字阅览室、点点电子漫画书库、EBSCO等。网上找书,天津馆有专门的人在网上帮助读者搜索书目。读者只要在家里,就可以看到自己想要看的书,不用专门跑到图书馆来。还可以在网上预约图书,非常方便。天津市图书馆现有计算机500余台,从前完全靠人工完成的新书分类,现在已经完全实行全国联网数据化。每一位拥有市图书馆读者IC卡的网络用户,可以通过市馆主页免费浏览国内8000多种学术期刊、1000多种报纸、60 000余种电子图书、300多家高校的博硕士学术论文。新书全国联网读者可下订单。读者可以提出自己需要看的书目,馆藏没有的,我们会考虑购买。尤其是对于特别专业的种类,比如前段时间有一位搞有色金属研究的教授提出来,天津市缺少一套这样的专业书籍,我们就派专人去买回来,提供给他们看。市馆还和经委合作,采取专家购书的方式,聘请重点工业技术中心指派专家做我们的联络员,这些专家可以直接在网上选书,我们的采购人员看到后,会尽快购买。

3. 参考咨询服务工作

天津馆开展参考咨询、数字资源、代查代检、文献传递等信息。文献传递的类型包括期刊论文、会议录文献、学位论文等,传递方式包括Ariel、E-mail、传真、快件或普通邮寄等。费用主要是对方的费用。当文献传递"邂逅"内容发现,文献传递馆员与专业学科馆员的"联姻"就成为"天作之合"。文献传递中出现的从基于馆藏正式出版物扩大到可以从网络空间获取的各类文献的转变,意味着文献传递在资源内容上和传递渠道上的"频谱扩展"。应对这种扩展,需要将文献传递的工作重心逐步从馆藏传递转移到供应渠道管理,逐步把发现与传递有机结合。

三、公共图书馆开展文献传递工作设想

1. 完善书目信息库的建设,提高书目数据库建设质量

标准化、规范化的馆藏书目数据是实现联机书目检索、开展馆际互借与文献传递服务的先决条件。完善的联合目录数据系统对文献馆藏地点的快速准确定位起着决定性的作用,是提高文献保障率的关键所在。不断扩展文献来源渠道。

2. 区域性公共图书馆资源整合，共享整合资源，协调本地区文献共享和传递工作

建立馆与馆之间的双边合作系统；双边合作系统往往集中指向某些拥有特殊资源或专门渠道的服务者，按需传递服务则是在接收到请求、但没有现成馆际互借机制的情况下，通过各种工具发现资源、建立服务联系、获取资源、支付必需费用等，多数依靠世界各地图书馆的图书馆员之间通过电子邮件互相支持，相当多情况下（由于这类请求仅涉及个别内容）可以免费提供。

3. 加大培训力度，提高文献传递服务人员的业务能力

把文献传递工作作为文献资源建设的一个重要手段加以重视，设立专职人员，提供必要的设备，确保文献传递服务的正常开展。提高工作人员素质和业务水平。要做好这项工作，就要求馆员必须熟悉各种信息源，了解各类数据库的特点，具备较好的外语水平以及熟练检索国内外各种数据库的能力，学会充分利用网络资源，掌握各类文献类型的检索方法等。既要有强烈的敬业精神，在工作中想读者所想，急读者所急，千方百计满足读者的各种信息需求，真正实现读者至上的宗旨，同时，还要具备一定的创新意识，不断创新文献传递服务模式，拓展文献传递服务内容。因此把专业学科馆员与"内容传递"服务有机结合，恐怕是必不可少的。

4. 与高校馆联合

许多文献提供机构的资源都有自己的特色和优势。特别是地方高校图书馆馆藏规模远远大于地方公共图书馆，包括丰富的不断更新的电子馆藏，同时配有各种先进的信息检索，以及CASHL、CALIS 以及 NSTL 等信息服务机构作为后盾，充分利用各自的资源优势，互通有无，最大限度地满足学校教学和科研的信息需求为适应教学发展的需要。总而言之，地方高校图书馆相比地方公共图书馆具有人才、技术的优势。由地方政府出面，组建跨系统的图书馆技术协作系统，可以避免由于技术力量不均衡、条块分割而产生的信息资源富有馆和贫乏馆之间的分化，确保在资源共享建设中，信息技术能得到广泛传播和最大限度的共享。高校图书馆与公共图书馆应充分发挥各自优势，从文献信息、设施、人才、读者等资源的全面整合入手进行优势互补，实现双方资源利用的最大化，服务范围的相互渗透和延伸，构建起面向全社会的图书馆服务网络。通过构建一个资源共享平台，为高校图书馆与公共图书馆服务体系的信息资源整合和共建共享提供了一个数字化基础，同时也为高校图书馆与公共图书馆服务体系的联合共建的顺利进行提供了保障。

参考文献

[1]http：//www. tjl. tj. cn/

[2]http：//www. sdll. cn/plus/view. php？ aid = 2025

[3]http：//www. tjl. tj. cn/jsp/fgglzx/library_sqfg. html

[4]苏洁，张利国. 馆际互借文献传递服务的研究. 图书馆学刊，2009(12)：79 - 80

[5]陆虹. 高校图书馆文献传递服务思考. 江西图书馆学刊，2010(2)63 - 65

[6]赵丽萍. 高校图书馆文献传递服务工作之探讨. 兰台世界，2010(8)：72 - 73

[7]张晓林. 从文献传递到知识传递：面向未来的模式转变？——参加 ILDS2009 会议有感. 图书馆杂志，2010

(2)：2－5
[8]张文晶.数字时代提高图书馆文献传递满足率与服务质量的探讨.林区教学,2009(11)：122－123
[9]杨薇.区域性文献传递网服务模式探讨.大学图书馆学报,2010(3)：91－93
[10]刘家雷,邹宇瑞.小型图书馆独立开展文献传递可行性之研究.贵图学刊,2009(4)：33－34

国家图书馆保存本阅览室的民国文献提供情况

任　震　王燕亭(国家图书馆)

本文针对国家图书馆保存本阅览室,在2010年3月至2011年2月一年中,民国文献流通和使用情况,进行一些分析和研究,旨在揭示读者对民国文献的迫切需求,强化对民国文献的保护意识,促进民国文献保存保护工作的进程。

1　保存本阅览室民国文献概况

截止到2009年年底,我馆保存本文献总量达到281.2万册,文献类型包括图书、期刊和报纸等。保存本阅览室辅助书库藏书近270万册(不包括报纸,报纸保存本则专由报纸阅览室收藏),占全馆保存本文献总量的96%。保存本阅览室辅助书库主要收藏我馆所有中文普通图书的第一复本、2003年起入藏的少数民族语文图书、2008年起入藏的部分西文和日俄文图书以及大部分的馆藏民国文献。

目前保存本阅览室共收藏民国文献30余万册。其中,中图法分类的图书121 421册,刘国钧分类法分类的图书123 300册,官书10 580册,旧号工具书3867册,期刊45 000册,共计304 168册。按照2010年我馆《国家图书馆保存本文献保存保护调研报告》,对民国文献纸张构成抽样调查的比例估算,30万册民国文献纸张构成情况大致如下：手工纸26 220册,白报纸202 590册,书刊纸66 240册,铜版纸4950册。也就是说民国时期出版行业大量使用白报纸印刷,其次是书刊纸、手工纸和铜版纸。由于大量使用白报纸,纸张耐久性差,因此导致目前大量民国文献纸张变色严重,机械强度低,老化破损严重。

目前民国时期出版的期刊与报纸保存在地下库房,温度可以恒定在18—21℃,湿度基本恒定在40%—55%范围内。照明也全部采用人工光源,文献存放在密集架上有效防止灰尘与文献的接触,保存环境相对比较理想。而民国图书仍保存在物理环境不是很理想的楼层,在温湿度控制、光线控制、防尘能力方面都有待于提高。在我们调查的825个民国文献样本中①,破损率接近100%,其中书脊、装订破损的有154本,有残破、掉页、不当标记的310本,其他破损情况严重的361本。基本上所有民国图书都存在不同程度的破损,民国图书的抢救工作已经刻不容缓。

---

①　统计数据源自《国家图书馆保存本文献保存保护调研报告》。

2 保存本阅览室民国文献流通情况

我馆对保存本书刊的阅览是有条件限制的，同一种文献的保存本，仅限馆藏没有外借本、阅览本、基藏本、缩微文献和其他电子资源的情况下提供闭架阅览；在我馆对保存本文献的缩微与数字化的保护措施完成之前，有条件地限制使用保存本文献，使其不过度流通，减少损毁程度，延长其使用寿命是很有必要的。

我们对保存本文献每天的流通情况，包括读者人数、读者类型、读者阅读书刊的类型及数量等情况做了比较详细的统计。从下表统计中可以看到，虽然我馆对阅读保存本文献制定了一些保护性措施，尽量减少保存本文献的流通数量，但保存本阅览室每天平均接待读者 66 人次，保存本文献每天的流通量仍达到了 107 册以上。

2010 年 3 月至 2011 年 2 月，保存本阅览室接待读者17 224人次，文献流通总数量是28 012册，其中民国文献 7893 册，1950—1973 年出版（采用刘国钧分类法分类）的中文图书 5995 册，1974 年至今出版（采用中图法分类）的中文图书11 843册，建国后内地出版的中文期刊 214 册（合订本），台港澳出版的中文期刊 1341 册（合订本），其他 726 册（包括外文保存本，少数民族语文图书，提取保存本文献用于数字化加工而补充其他服务网点的馆藏，由于修改数据和破损不宜提取的文献等 ）如图 1。

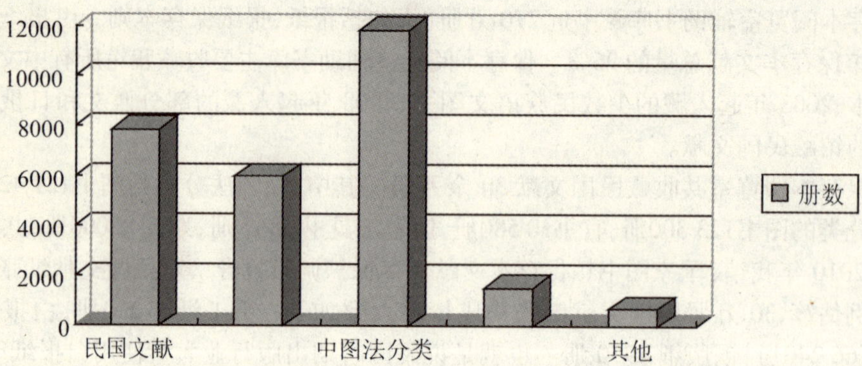

图 1 2010 年 3 月至 2011 年 2 月保存本阅览室文献流通情况

从表 1 中我们看到，保存本阅览室文献流通量最高的是 1974 年以后的中文图书，其次为民国图书，再次为 1950—1973 年出版的中文图书，然后是普通中文期刊。但通过流通率的考察我们可以看出，保存本文献流通率为 1.17%，民国文献流通率为 2.63%，1950—1973 年出版的中文图书流通率为 0.25%，1974 年以后的中文图书流通率为 0.50%。解放后中文图书流通量大是由于其基数较大，所以借阅的绝对数量要多于民国图书，而民国图书的流通率要远远高于解放后的中文图书。一年中民国文献的流通数量占保存本文献流通总数的 28.18%，如图 2。

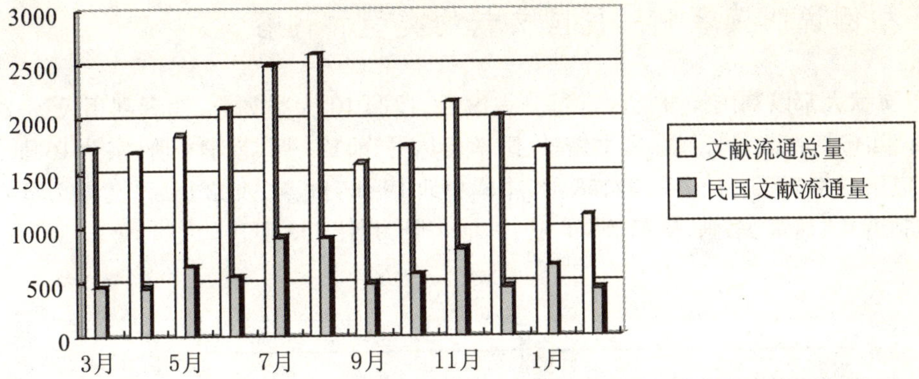

图2　2010年3月至2011年2月保存本阅览室民国文献流通情况

统计数据表明，保存本文献的年流通量、日均流通量比较大；民国文献的流通情况更与其目前的老化程度形成了比较明显的反差，民国文献的流通量大，说明读者对于这部分文献的需求量大，民国文献的缩微数字化程度还不够，短期内尚无法退出纸制的民国文献流通。但文献在流通中的过量损耗势必加速文献老化，不利于这部分文献的长期保存。

3　保存本阅览室民国文献使用情况

为延长保存本的使用寿命，保存本文献一般不提供复印服务，根据文献保存情况，通常民国时期的文献采用非接触式数码拍照方式提供复制，建国后出版的书刊一般采用冷光源扫描方式提供复制。

2010年3月至2011年2月，保存本阅览室文献被读者利用（拍照刻盘、扫描打印）总数量是1364次，其中民国文献被读者利用的数量是428次，涉及442册书刊，占总数量的31.38%。如图3，我们看到，民国文献的复制率还是很高的，大都集中在第三、四季度。

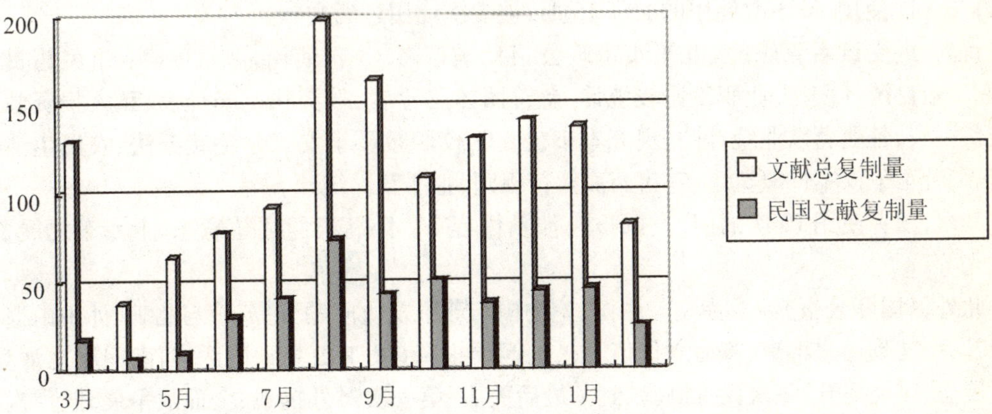

图3　2010年3月至2011年2月保存本阅览室民国文献利用情况

4 举例说明读者利用民国文献的类型和内容

民国文献大都以刘国钧分类法进行分类编目，按照 10 大类划分，读者利用民国文献情况如下：总部（包括特藏、目录学、图书馆学、国学及丛书等）131 册，哲学 4 册，宗教 16 册，自然科学 7 册，应用科学 26 册，社会科学 158 册，中国史地 19 册，世界史地 2 册，语文与文学 47 册，美术部（包括音乐、建筑、书画、摄影等）28 册，其他 4 册，共计 442 册。如图 4。

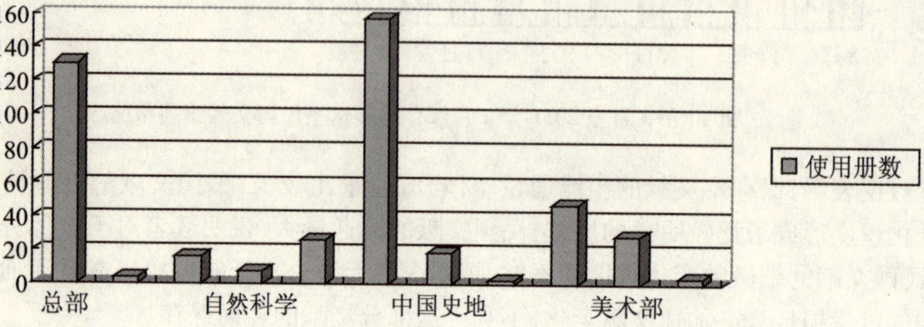

图 4 读者利用保存本阅览室民国文献的类型

从图中我们清楚地看到，2010 年 3 月至 2011 年 2 月一年中，保存本阅览室被读者使用的民国文献无论其属于哪个分类体系，都覆盖到了各自所有的类目。按照读者使用的文献数量统计，依次为社会科学、总部、语言与文学、自然与应用科学、美术部、历史与地理、哲学与宗教。

我们翻阅了 2010 年 3 月至 2011 年 2 月一年读者复制申请单，感到读者的阅读趋向和需求，对我们正在进行的民国文献开发与保护工作有很大的启发和帮助作用。在被读者复制（采用非接触式数码拍照方式提供的复制）的 442 册民国书刊中，《北平市市政公报》被 13 次使用，《良友画报》被 10 次使用，《教育公报》被 5 次使用，《妇女杂志》《小朋友》《女声》和《中华农学会报》被 4 次使用，被 3 次使用的文献 15 册，被 2 次使用过的文献达 52 册。

首先，最受读者青睐的《北平市市政公报》，被读者 13 次使用，涉及内容：市民籍贯统计表、职工数目统计表、失业职工比较统计、慈善团体名称表、救济状况统计表、私人捐资救济事业褒奖一表、各业营歇业统计图、现充本市公立学校职教员子女入学免费办法、农民生活概况调查表、劳工争议案件概览表、零售药商暂行规则、犯罪案件统计表等。

其次，读者使用 10 次的《良友画报》，涉及内容有：卧薪尝胆之德意志、上海车之展览、故都风光等。

此外，《国际公报》涉及赤化与中国、论中国与苏俄友仇问题、论苏俄与北满、孙中山遗嘱真伪问题、中国政局之将来、革命之价值等；《国闻周报》涉及李山草堂诗话、西南问题之清算、时局之展望、绥局揭开、一次民意测验、到了最后关头、第一次对外抗战、全面战争展开、卢沟桥事件与近卫内阁、远东危局之展开、国际正义与远东烽火、战时的地方工作等；《外交评论》涉及非常时期下之马场财政、我们对于时局的感想和意见、比利时内政外交之新趋势、中意邦交之展望、中国与各国之经济关系等；《女声》涉及阮玲玉自杀之透视、合肥乡间的妇女、由女人到人、希特勒赐予德国妇女的“圣恩”、北平育婴堂参观记、日本妇女与远东和平等；《小朋友》涉及儿童节和新儿童、山野和景物、空军战歌、可爱的河水、我们是中华的国民；山顶上的眺望、华丽表演、电话游戏、小朋友的赞美诗—卢沟桥、胜利的微笑、爱自由的鸟、谁是英雄将、狡诈的女郎、月光和池塘、恶作剧的北风、自作自受、偷懒冒险、夏天过去了；飞去又飞来、野菊的小屋、初次的拜访、国庆日前夜的梦、井底蛙的见识、八百孤军、外婆杀倭寇、冬天的太阳光、两个都不要、空中御辱等；《医界春秋》涉及广蒙叟氏驳余岩中医不能列入医科议、近代学者对于中医之言论、中国医学源流论、论中国医药不振之原因、中西医学立脚点之比较、中医怎样才不落伍、中西医之比较等；《中华农学会报》涉及关于“二次乙二氧化物”之分解云杉林与天然木素组成之研究、木材制糖工业（即木材制造食粮）、中国十四省油桐种子之分析、重庆木材干馏试验、桐油抽提试验（二）抽提装置与抽提手续等；《中华医学杂志》涉及医学教育之进化、论两级制医校、中华医学会上海分会成立大会记事、全国各医学校沿革概况、卫生署乡村卫生工作报告、医界消息、中国医学教育、拉西曼博士抵平、卫生部改署之经过等。

总之，目前保存本文献流通量整体较高，复制也较为频繁。民国文献年复制量达到保存本书刊复制总量的四分之一以上，读者对民国文献的需求是迫切的。

5 相关建议

针对上述调研所得出的结论，我们在保存本民国文献的保护、揭示与利用方面提出如下建议。

（1）建立完整的、方便检索的民国文献目录。

（2）逐步丰富民国文献书目数据揭示内容，形成适合保存本民国文献特点的数据体系；

民国文献属于历史文献，在书目数据的揭示上应当充分考虑其历史特征。目前我馆书目数据基本上能够揭示出文献的一般信息，但是相对于历史文献的特点而言还有待增补和完善。首先，民国图书中很多图书当年即再版若干次，出版时间只著录到年，导致版本关系不清楚；其次，对馆藏源流没有明确著录。民国图书的馆藏源流相对比较复杂。除了一般的呈缴与购买之外，还包括了赠与、调拨、交换等方式。目前的民国图书中有相当部分都是承续于私人或者机构的旧藏，这其中特别包括了陈垣、巴金等名家捐赠的旧藏。这些信息目前没有在系统中著录出来，以至于无法确切了解个人或者机构旧藏在我馆的收藏情况；第三，没有将图书中的题赠、批校等信息加以著录。馆藏民国图书中有不少签名本、批校本。这些附加信息使得文献具有独一无二的重要价值。但是，目前的著录都没有加以揭示；

（3）除了加强对民国文献原生态的保护措施外，应重点实现民国文献的再生态保护，将原本民国文献流通与复制控制在最小范围。就民国文献而言，读者需求与文献老化形成了非常明显的矛盾。民国文献频繁的流通与复制势必加速民国文献的老化与破损。由此，我们建议加大民国文献缩微及数字化建设，逐步缩小原本文献的流通和复制。除了必要的需求之外，应当逐步停止已有副本的原本文献的流通与复制；

（4）在保护好保存本文献的物理实体外，还要充分挖掘其文献内容与文化内涵，满足读者的文化需求。通过缩微拍照、数字化等方式制作复本文献，逐步取代对原本文献的流通与复制，便于民国文献为更多读者所使用。目前，民国图书的缩微拍摄工作已经完成过半。需要进一步加快缩微文献进入流通环节的速度。在数字化方面，建议进一步加快我馆已有的民国文献数字资源库的建设，进一步优化资源库的使用友好性，进一步加大推广力度。

(5)建议展开民国文献目次数据库的建设。可以先从资料性文献相对集中的政治、经济、文化教育等方面开始着手建设。目次数据库可以本着边建设边服务的原则展开。

(6)网络环境下，传统的书目仍是揭示文献的有效手段。根据馆藏和读者的需要，编制规模不等的专题书目。例如，编制《国家图书馆藏民国时期政府出版物目录》、《馆藏民国清末民初平精装图书目录》、《馆藏民国时期各出版社出版物目录》系列目录、《馆藏民国期刊专题目录索引》、《馆藏民国报纸专题目录索引》等。

(7)对管理保存本文献的员工开展文献保护意识和保护知识的教育。使他们充分认识民国文献的历史价值，认识文献的完整内涵(即除了文字、图片属于文献组成部分外，其装帧，用纸，书衣，广告页、版权页等附属页都是文献的组成部分)同样需要保护，训练他们掌握一般的保护手段。

国外图书情报类文献提供机构服务简介

曹树华　马新蕾(国家图书馆)

1　英国图书馆文献提供中心

英国图书馆文献提供中心(the British Library Document Supply Center, BLDSC)是1973年由英国国会艺术图书馆与国家科技借阅图书馆合并成立的，最初名为英国图书馆借阅部，1985年更名为现在的英国图书馆文献提供中心，BLDSC以文献资料丰富、服务周到、配送及时而闻名。

1.1　依托资源和服务对象

BLDSC的收藏宗旨是力求各学科文献的完备与周全。目前，BLDSC拥有1.5亿条、400种文字的文献资源，时间跨度为18世纪至今，几乎覆盖人文、社科和科技类的所有学科范畴及期刊、图书、会议文献、缩微资料、报纸、政府出版物、专利文献、科技报告、学位论文、乐谱、影像资料以及未通过正常渠道出版的灰色文献等所有文献类型，其中系列会议文献和年代久远书刊的收藏是其馆藏特点。

海量馆藏使其成为英国文献提供的最后出借者，也是目前世界上最大的文献提供中心：英国所有的208家公共图书馆和148所大学，以及数百所国外大学都使用该中心的文献借阅服务，超过80%的英国高消费研发公司利用BLDSC的商业服务，有高达50%的用户来自国外，该中心每年通过受理文献提供服务的收入有2000多万英镑之多。

1.2　服务内容、传递方式和传递模式

BLDSC提供多种服务形式，如一般复制服务、支付版权税的复制服务、租借服务、文献导航服务、站内Web服务等。BLDSC的传递方式有电子传递(安全PDF)、邮件、快递、E-mail、Ariel、

SED、传真等形式。急件可利用 Urgent Action Service（接到电话或传真申请两小时内处理）或 Easy Order Service-LIXICON（无需注册，可以信用卡或开发票方式付费）。BLDSC 网上文献传递服务系统的传递方式有 Ariel 和 SED 两种。

BLDSC 是集中式文献传递模式的典范，它以 BLDSC 为枢纽，协调全英国的馆际合作事务，地区图书馆的馆际互借系统作为馆际互借的辅助系统，主要负责地区性资料的搜集与提供，对于英国国家图书馆未收藏的文献，通过国内联机网络检索，再由该中心向其他图书馆借阅。同时，由该中心负责所有馆际合作的统计资料、管理同各系统的馆际合作业务。该中心还定期发行业务报告以及地区图书馆系统的汇总报告。英国的馆际互借属于收费制，由申请的图书馆负责支付。目前法国、德国、加拿大等国家都采用 BLDSC 的集中式文献传递的模式。

1.3 服务特色

BLDSC 有比较完善的网上联合目录库和文献库，检索便捷、途径多，并且有详细的说明。该中心用户支付方式多样化，注册的用户可以通过个人账户（最小的存款额为 100 英镑）或订单付款，也可以使用信用卡；对于没有注册的用户只能通过信用卡，欧罗卡或万事达信用卡等。

BLDSC 工作效率高，服务质量好，申请满足率可达到 90% 以上，在专利文献需求方面，满足率可达 98%。

BLDSC 的网上文献传递服务系统与大英图书馆的搜索引擎和期刊集成检索系统（British Library Direct）实现了集成，对于检索到的文献，点击请求按钮即可进入请求单填写页面，此时文献信息会自动转入申请页面的对应框。这样不仅确保了用户使用方便，而且提高了文献请求的保障率。在申请提交之后，系统会自动生成一个申请成功的页面，显示用户申请的时间，账号、申请号、文献信息、传递方式等信息，可以方便地打印存档。

BLDSC 收费合理，价格因服务的类型、需求的紧迫程度和传递的方式差异而变动，对订购多本文献的用户实行优惠或免费发送，对不满意的回复可以不收费。如果可以通过本馆馆藏满足用户的需求，BLDSC 只收服务费；若不能满足，BLDSC 将向协作馆发出请求，如果找到所需要的文献，用户不仅向 BLDSC 交服务费，还有向互借馆交一定的借阅费；没有找到所需要的文献，则只需要向互借馆交一定的手续费；如果用户直接向互借馆发出请求，无论需求是否得到满足都必须向互借馆交纳一定的费用。

1.4 存在的问题及发展展望

BLDSC 的服务优势突出，美中不足之处就是其自动申请传递系统（Automated Request Transmission，ART）没有用户跟踪查询服务，用户对文献的处理过程不能及时掌握。为了弥补这一缺陷，BLDSC 推出了“ARTEmail Replies Intray”服务，用户可以发邮件免费开通这一服务，这样就能每天收到一封报导最近一次申请处理进展的邮件。

BLDSC 文献提供的高峰期是在 2001 年左右，每年受理大约有 400 万件申请，然而到 2007 年仅为 160 万件。造成这种快速变化的根本性原因有：信息环境中，联合购买数据库，按浏览次数付费的服务，大部分出版者对文件进行备份，开放存取出版物的壮大，价格和邮寄费用的压力等。据调查，1995 年之前 100% 的被请求书刊都是从图书馆的书架上获取的，目前有 15% 的书刊是以电子形式获取，其中 15% 可以从网上免费获取，这些免费获取的文献中有 2/3 来自开放存取文献。BLDSC 目前的生存策略就是与合作者联合，增强现有服务的多渠道的供应链。

2 美国联机计算机图书馆中心第一检索服务系统

美国联机计算机图书馆中心(OCLC)是世界上最大的图书馆自动化联机网络中心,也是世界上较大的文献信息服务机构。OCLC 自 1979 年开展馆际互借服务以来,已联合了 84 个国家的50 540家图书馆和教育科研机构,馆际互借满足率高达 95%,成为一家具有全球意义的文献传递中心,大有赶上 BLDSC 的趋势。

FirstSearch 是专为图书馆用户设计的联机信息服务,主要向用户提供数据库检索服务和原文传递服务。目前通过该系统可检索 70 多个数据库,涉及 13 个主题范畴,覆盖了各个领域和学科,其中 30 多个库可检索到全文,总计包括11 600多种期刊的联机全文和 4500 多种期刊的联机电子镜像,达 1000 多万篇全文文章。这些数据库中最有影响力的数据库就是由 9000 多家图书馆参与联合编目的世界书目 WorldCat 数据库,WorldCat 包含世界上 400 余种语言文字的、超过 6100 万条记录,而且还在以平均每 10 秒钟增加 1 条新记录的速度递增,WorldCat 每 4 秒钟发生一次馆际互借。FirstSearch 实现了和 OCLC 的联机电子出版物数据库 ECO 的完全整合,增强了联合编目数据库 WorldCat 的馆藏信息,实现了各库间的联机全文共享。

FirstSearch 建立了统一的终端用户界面,读者只需简单几步就能完成联机查询过程。FirstSearch 系统以多种方式提供全文:①联机显示 ASCII 全文。OCLC FirstSearch 系统有两百万篇文献的 ASCII 全文,可联机查阅,如果用按次检索的方式付款,每次联机阅读一篇 ASCII 全文文献的费用相当于五次检索。用户能将全文文献送至自己的电子邮箱,或用打印机打印出来,无需另外付费。用户也可按年度订购全文数据库,每查阅一篇 ASCII 全文,费用是 4 美元,每个月结账一次。②通过 FirstSearch 向文献供应商订购全文。每一篇文献,如有供应商,第一检索服务显示出一个或多个供应商的名称以及递送的方式和价格,如航空邮递或传真,联机显示的价格包括版权费。③通过 OCLC 资源共享服务(OCLC Resource Sharing service)的馆际互借功能,向数千个参加 OCLC 资源共享的图书馆提供原文。

目前已有 10000 所图书馆加入 FirstSearch,其中包括了 BLDSC、美国国会图书馆等知名馆,国家图书馆于 2010 年正式成为其中一员。OCLC 各个参与馆的借阅政策各不相同,价格也有差异,借阅时需要注意。OCLC 通过馆际互借结算管理机制来管理借出及借入者的所有数据,包括追踪出借状况及价格的统计,由 OCLC 统筹寄发图书馆账单。OCLC 馆际互借服务的工作流程:①系统通过 FirstSearch 检索文献资料是否存在;②通过馆藏目录显示找到出借者;③用户自行选取或者根据 Custom Holdings 的提示选取 5 个潜在出借者,也可以 5 个都选成同一家图书馆;④在联机馆际互借工作状态下创建一个馆际互借申请,系统会自动在申请中插入用户选定的出借对象;⑤把用户的馆际互借请求传达给每个潜在的出借者。系统通过一个联机信息文档追踪用户的馆际互借申请,并进行"ILL 循环";OCLC 馆际互借系统会自动以 4 天(或一个规定的时间)向用户选定的几家图书馆一一发出互借申请。第一家图书馆接受申请后,其馆际互借工作人员会把同意出借的答复输入到 OCLC 馆际互借系统中。同时,这家图书馆还会提出自己的馆际互借政策。如果用户接受,"ILL 循环"就结束了。如果第一家图书馆无法满足申请,则 OCLC 馆际互借系统就会将申请转给下一家图书馆。不论是否能借到用户申请的文献资料,OCLC 馆际互借的工作人员都会把结果以电话或电子邮件的方式通知用户,而 OCLC 馆际互借系统会自动取消此次馆际互借申请记录。

3 美国国会图书馆

美国国会图书馆(Library of Congress,LC)建于1800年,距今已有200余年的历史,是美国4个官方国家图书馆之一,也是全球最重要的图书馆之一。美国国会图书馆以1.28亿万册的馆藏量成为图书馆历史上的巨无霸,图书馆书架的总长超过800公里,这些馆藏中超过2/3的书籍是以多媒体形式存放,其中包括很多稀有图书、特色收藏、世界上最大的地图、电影胶片和电视片等(除农业技术和临床医学方面的信息分别由国家农业图书馆和国家医学图书馆收藏外,其他信息均被国会图书馆收藏)。

LC的馆际互借与文献传递服务属于馆藏获取、借阅与管理部门(Collections Access, Loan&Management Division,CALM Division)管辖。CALM在处理来自全世界的馆际互借申请的同时,还受理来自白宫、外交领域和法院方面的借阅申请。对于美国国内的图书馆,LC可以给他们提供在当地无法获取的文献,这些图书馆必须加入一个馆际互借系统才有资格提交申请,如必须是美国较大的书目网络的成员(如OCLC或SHARES),或者在美国图书馆目录或美国专业图书馆(Bowker)和信息中心目录(Gale)中登记才行。LC不接受国内图书馆的邮件和传真申请,美国国内的图书馆可以通过以下三种方式申请文献。

(1)OCLC:LC的馆藏在OCLC联合目录中的标志是"DLC",申请者可以通过点击"DLC"来申请LC的文献。

(2)LC ILLiad馆际互借系统:首次使用LC ILLiad的图书馆必须先注册,LC收到注册信息后,会为该图书馆设置一个账号,并通过E-mail把用户名和密码发给该图书馆,图书馆就可以登陆LC ILLiad申请文献。但这一服务只限美国本国的图书馆用户。

(3)通过符合ISO馆际互借标准的系统申请:LC也接受来自其他ISO认定的馆际互借系统的申请。

美国以外的图书馆如果通过OCLC申请文献,首先要支付该种文献有可能支付的最大限额。如果是借阅,需要支付24美元,如果是复制,需要支付16美元,余款会退回。如果在申请过程中没有正确付费,申请则不予处理。

尽管CALM主要接受美国以外的OCLC或者SHARES书目网络成员馆的申请,但是如果申请方能够通过普通邮寄(而非传真)发送申请,并支付相应的IFLA Voucher(国际互借中一种可以代替货币支付的可重复利用的塑料卡片),CALM也会受理。CALM目前也开始接受国外图书馆的E-mail申请,但要等收到IFLA Voucher后才传送文献。LC借出一本图书一般收费为3个Full Voucher,提供一篇文献一般收取2个Full Voucher。使用IFLA Voucher可以避开银行手续费,也不会因汇率的变化而使其面值受损。IFLA Voucher可通过IFLA HQ购买,如果某一图书馆有多余的Voucher,多出的部分可以退还给IFLA HQ以兑换欧元。文献请求方需要填写IFLA提供的纸质馆际互借请求单,把文献申请号、文献信息、请求方详细地址、文献传递方式详细地填写到请求单上,LC收到付款后才提供文献,这种申请方式使得文献提供周期变长。

4 德国教育科研部

Subito是德国、奥地利、瑞士研究图书馆文献传递服务的商标,是德国教育科研部为了加快文献资料提供速度而建立起来的国际性的图书馆文献传递服务系统，现有德国、奥地利、瑞士等国的37个图书馆参加，总部设在德国首都柏林。Subito依赖于37个成员馆的几百万种期刊及图书，这些文献形成了一个为科学、经济、社会等所有领域提供信息的重要基地，它直接面向用户提供文献传递服务，服务对象主要为德国、奥地利、瑞士和列支敦士登等国家的非商业性用户，用户在享受文献传递服务前必须先注册成为系统合法用户。

Subito提供两种文献传递服务方式：Subito文章传递和Subito图书传递。前者通过Subito的联合目录可为用户提供成员馆馆藏期刊、连续出版物、丛书及图书中的章节等网上文献传递服务。Subito的联合目录包含大约100万种印刷型的各个领域各种语言的期刊和350万种来自成员馆的参考书目，其文献传递使用的文件格式有两种：PDF文档和MTIFF文档，文献传递的方式有三种：(1)E-mail；(2)FTP Active，论文存放在用户指定的服务器上；(3)FTP Passive，论文存放在提供者的服务器上并通过E-mail通知用户下载。Subito图书传递主要提供成员馆的图书外借服务，用户通过Subito的联合目录可以在线检索和预定，并直接由提供馆将文献寄至用户工作地点，但用户须在4周内返还。Subito的文献传递服务受到了国家的部分资助，比其他的文献传递服务便宜。

Subito根据用户的居住地、服务对象、用户职业、是否商业组织等把用户细分为8组，每组用户的服务范围、传递方式和收费标准都有一定的差别。Subito各成员馆成立了一个中心办事处，该办事处负责管理账务，包括生成账单，监督支付情况，发出催缴通知，为各成员馆结算账务。对用户来说，这种做法的优势是显而易见的，用户每个月只收到一张标有所有文献传递信息的账单，用户对账单有疑问时只需和一方联系即可。用户在Subito检索文献信息尤其是期刊文献时，必须精确到年，以便系统罗列拥有该文献的成员图书馆，用户可任选一家图书馆申请，申请成功后，系统会显示Subito给该文献分配的申请号，文献提供方的图书馆名称，申请时间等信息。后续的文献提供服务就由该成员馆承担，如有问题也由用户和该成员馆联系。

Subito的文献提供服务费用低廉，传递速度快，是期刊文献传递的首选机构。其文献传递服务基本上能在一个工作日内完成。Subito提供文献请求跟踪服务，这种服务非常周到，它方便用户追踪近期的文献申请情况，了解账目信息，及时掌握某一申请的完成情况。

Subito的不足之处在于：首先，Subito不接收预付款和IFLA Voucher，它会定期给用户邮寄一个账单，标明付款总费用、每次申请的时间、申请号、提供馆、单笔申请费用等信息，用户必须在指定时间内通过邮局、银行转账、信用卡支付或者支票的方式付费，这样无疑会增加成本；其次，其文献收藏量不够丰富，而且Subito大多数成员馆原则上不向国外提供返还型文献，给国外用户带来诸多不便。这种情况下可以向相应成员馆发电子邮件申请，少数成员馆也会提供，但不以Subito成员的名义提供。

结语

国内的文献提供机构最近十年发展迅速，自动化程度和联合目录的水平有了很大的提高，协作意识逐渐增强。跟国外这些著名的文献提供机构相比，我们还存在一定的差距，主要表现在以下几个方面：①主要满足系统内的文献保障，区域性的辐射范围较小；②各自为政、重复建设；③联合目录揭示不准确、不完备，亟须全国性的联合目录；④付费系统单一、滞后。对比国外文献提供机构，国家图书馆文献提供中心今后的努力方向是：①联合国内文献提供机构和图书馆共建全国联合目录;②文献提供系统和联合目录无缝链接;③开拓信用卡支付、银行转账、手机支付等多种支付方式;④缩短服务响应时间,建立文献提供服务监督机制;⑤规范文献提供流程,提高文献提供效率。

参考文献

[1]赵光林. Internet上的文献传递资源. 上海高校图书情报学刊,2002(4):58-61

[2]British Library Remote Services customer statistics. [2009-01-10]. http://www.bl.uk/reshelp/atyourdesk/docsupply/about/ourcustomers/index.html

[3]钱道立,印永清. 网络时代馆际互借模式之研究. 东南大学学报(哲学社会科学版),2002,4(1A):42-45,48

[4]张燕. BLDSC对我国馆际互借工作的启示. 图书馆杂志,2002(12):58-60

[5]Pfleger M. The British Library - the Changing Face of Document Supply. Interlending and Document Supply, 2007,36(3)

[6]吕青. 介绍国外权威文献传递服务机构. 图书馆建设,2006(6):55-57

[7]赵冬梅. 高校馆际互借文献传递的实践与思考. 晋图学刊,2008(2):8-11,20

[8]欧阳少春. OCLC成功的三大要素. 图书情报工作,2004(7):23-26

[9]杨锐. 网络时代馆际互借的成功范例——OCLC ILL. 图书馆杂志,2001(1):37-38

湖南省高校图书馆文献传递的现状分析与对策研究

陈 英(湖南商学院图书馆)

1 湖南省高校图书馆文献传递的现状分析

湖南省现有近百所高校(含民办院校),但目前我省的文献传递服务范围仅限于省属本科高校(占湖南省高校的27%,其中包括两所民办高校)。湖南省省属本科院校分布在全省境内13个地级市,其中经济实力较强的长沙市、湘潭市、岳阳市、株洲市共计有17所,占60.7%。具体见表1。

表1 湖南高校分布情况表

学校类型 / 所在区域	综合大学	理工院校	林业院校	农林院校	医药院校	师范院校	财经院校	语文院校	合计(总数及所占百分比)
长沙市	1	2	1	1	2	2	2	1	12(42.9%)
湘潭市	1	2							3(10.7%)
株洲市		1							1(3.6%)

续表

学校 类型 所在 区域	综合 大学	理工 院校	林业 院校	农林 院校	医药 院校	师范 院校	财经 院校	语文 院校	合计 (总数及所占 百分比)
岳阳市		1							1(3.6%)
吉首市	1								1(3.6%)
衡阳市	1	1				1			3(10.7%)
郴州市	1								1(3.6%)
常德市	1								1(3.6%)
怀化市	1								1(3.6%)
永州市		1							1(3.6%)
邵阳市	1								1(3.6%)
娄底市	1								1(3.6%)
益阳市	1								1(3.6%)

1.1 文献传递的服务面过窄

湖南高校文献传递的服务面过窄体现在横向和纵向两个方面。从横向来看，开展文献传递的学校和地区不多。通过对表 1 高校的走访和图书馆主页调研发现，28 所高校中有 8 所高校开展了文献传递服务，仅占 28.6%，这个比例相对于其他省份显然过低，而且从 9 所高校所处区域来看只分布在长沙市、湘潭市、吉首市、衡阳市和邵阳市五处，而其他地区建有高校但是却没有推开文献传递服务，无疑普及程度远远不够。具体见表 2。

表 2 湖南高校文献传递分布表

所在区域 传递类型	长沙市	湘潭市	吉首市	邵阳市
CALIS	长沙理工大学，湖南师范大学，农业大学，湖南第一师范学院，湖南商学院	湘潭大学	吉首大学	
CASHL	农业大学，湖南第一师范学院，湖南商学院	湘潭大学		邵阳学院
NSTL	农业大学		吉首大学	

再从纵向来看，从表中我们还可以看到目前我省高校只参与了 CALIS、CASHL、NSTL、LCAS、CSDL 和中国国家图书馆等全国文献传递中心的其中三个，即 CALIS、CASHL 和 NSTL，其中又以 CALIS 为主。这说明湖南文献传递服务跟全国的服务进度存在一定的差距。

1.2 文献传递的传递数量偏低

湖南省的文献传递服务起步很晚。经过几年的发展，传递的数量呈明显上升势头，但就其总量来看，相对于其他省份的发展还略显不足。以我馆为例，我馆是 2007 年开展文献传递服务的，后续两年数量逐步攀升，今年数量呈下降态势。就其总量来看，跟学校的申硕发展以及过万的教师学生人数是不匹配的。

表 3 湖南商学院文献传递数量统计表

传递中心 / 年份	CALIS	CASHL
2007	189	52
2008	264	89
2009	325	110
2010（截至 11 月）	107	50

从表 3 可以看到，我馆是 2007 年开展文献传递服务，初期进行了大量文献传递方面的宣传，而且图书馆对传递费用是全额补贴的，学校师生在开始三年里对此项新鲜事物乐于接受，愿意尝试，体现在数量上有一定的攀升，但含有一些不合理因素。三年后，新鲜尝试的不合理因素被排除，在 2010 年内体现的才是比较真实的需求，从数量上看，这是不太理想的，与我校的科研发展是脱节的。

1.3 文献传递的资源浪费严重

在全国资源共享、共建的大环境下，湖南省的文献传递存在严重的资源浪费现象，具体表现在以下几个方面：首先，参与了多个文献传递系统，而多个文献系统间存在资源重复建设。如 CALIS 中包含广泛的人文社科文献，与 CASHL 有重复；NSTL 与 CSDL 中科技文献有交叉重复。从表 2 我们可以发现除长沙理工大学、湖南师范大学、邵阳学院外，其他几所开展了文献传递的图书馆都参加了两个或两个以上的文献传递中心。其次，对省内各个图书馆来说，自建资源与所参与使用的文献传递系统中的资源重复建设。例如，湖南商学院图书馆，用户提交的文献传递申请，其中 30.22% 的请求在本馆馆藏中可以得到满足的。再次，系统传递回来的文献不能被二次利用。这主要是针对中介式传递模式来说的，传递回来的信息（某种程度上已购买了）除为文献请求者单独使用外，多数图书馆未对其进行二次开发，使其成为不能流动的死资源，不能为更多的用户所使用，造成严重的资源浪费。这种现象对非中介传递模式来说，更是无法避免。最后，文献传递请求重复。由于用户自身原因或传递系统故障，用户重复提交请求信息而造成重复传递。

1.4 文献传递的服务质量缺乏绩效评价

绩效评价结果是检阅、促进和改善一项服务工作的依据。文献传递服务作为一项新型服务项目更加迫切需要建立一套完善的指标体系来进行全面的评价指导。当然缺乏绩效评价并不是湖南省独有的问题,而是我国整个文献传递领域存在的一个难题。我省文献传递服务绩效评价的缺失导致很多用户提交的传递申请或不了了之,或到达时间不及时,或到达文献质量差,而且没有一个有效地反馈机制,这会逐步消退用户的积极性,最终必然导致文献传递工作的萎缩。

2 促进湖南省文献传递服务发展的政策建议

由于地区信息自动化建设的差异、资源保障率的差异、制度保障的差异、宣传程度的差异、开展服务机构管理层观念的差异、文献传递成本或费用的差异、用户文献传递需求的差异等一系列的不同导致了我省文献传递服务存在很大程度的区域不均衡,针对这种现状本文提出了一些建议,以期对提升我省的文献传递服务建言献策。

2.1 在数字资源共建共享基础上建设湖南省高校图书馆文献传递服务系统

分布在我省各地的高校图书馆,由于没有统一的协调组织而使各个图书馆相对独立、分散,存在缺乏大规模的联合目录系统、缺少规范的传递服务标准等问题。这些都迫切需要一个机构站在我省全局的角度,统一规划各个高校图书馆的馆藏建设,进而达成共建共享,然后通过文献传递系统完成全省范围的学术资源均衡利用。

当然,共建共享在我省已取得了很多成就,如湖南省高校数字图书馆就是基于共建共享建设起来的,目前的工作开展主要集中在数字资源的联合采购、统一检索等方面。数字图书馆在一定程度上对我省各高校图书馆的数字资源进行了整合,对各成员馆的数字资源进行了统一揭示,也有文献传递链接,但是后台还无人管理,导致链接不能响应,这跟各图书馆的专员配备、经费、制度等一系列问题相关,要解决还需相当长的一段时间。本文认为在资源整合的基础上应该尽快建设本省的文献传递服务系统。文献传递是一项十分繁琐的工作,它包括接受用户申请、工作人员查证书目、确定馆藏地点、与各协作馆、出版商联系、发出文献请求、接收协作馆发送的文献、通知用户取文献及各种费用的结算等过程。其中任何环节出现问题,都将会影响文献传递的质量和效率。本文认为结合文献传递的作业流程,建立的文献传递系统应该包括文献传递管理子系统、文献传递支撑子系统、文献传递运行子系统、文献传递财务子系统四个子系统。

2.2 建立区域文献传递服务联盟

在我省,也不缺资金雄厚馆藏资源丰富的综合性大学图书馆,从表 1 中可以统计出,我省共有 10 所综合性大学,这类综合性大学,在图书馆建设和发展过程中,资源建设覆盖了各个学科,各类文献资源相当丰富。此外,农业大学、湖南师范大学等非综合性高校,其图书馆馆藏都相当丰富,自动化和现代化水平也相当高,特别是湖南农业大学,图书馆自动化和现代化水平在全国图书馆界都是数一数二的。如果以这些实力很强的高校为中心,兼容理工类、医药类、农林业类等其他类型的高校，建立区域文献传递服务联盟，并向周边馆进行辐射，这不但可以降低湖南各高校的文献传递成本，还可以拉动文献传递事业的蓬勃发展。一个具体的案例：我馆属于财经类院校，文献资源建设集中在人文社科方面，CNKI 我馆也只购买了人文社科类数据库，从成本效益分析这是合理的，但是我们还是会忽略一部分师生的需求，如一个老师研究绩效工资的问题，需要收集各个领域关于绩效工资的改革动向，当他在我馆 CNKI 中进行题名含"绩效工资"的检索时就发现很多关于医院绩效工资改革方面的文章是打不开的，来咨询才明白这类文章发表在医药类期刊，我馆并没有购买，通过 CALIS 文献传递后，三个工作日就传递过来了，这位老师的需求得到了满足。其实在我校周边就有医学院，如果区域联盟成立，相信不管从时间还是经费上都会得到很大的节省。

2.3 湖南各高校图书馆应抓好自身工作，避免资源浪费

资源浪费在整个文献传递服务领域都是一个不可避免的现象，这有全国文献传递中心自身的原因，也有各个成员馆自身的问题。姑且不分析文献传递中心存在的问题，单从我省高校各个图书馆看，很多资源浪费现象是可以避免的。目前，我省主要的文献传递系统，不管是 CALIS 还是 CASHL，只要注册经过确认以后，用户就可以直接在文献传递系统中提交申请，然后申请被接受、处理，最终产生费用，在这个过程中产生的资源浪费可以从以下几个方面来避免：

首先，提高用户的信息素养。图书馆可利用自身的信息资源优势，根据用户需求采取培训、讲座等形式，将本馆自有资源、文献检索、获取免费资源以及辨别文献信息的方法和技巧传授给用户，以提高用户的检索意识和自行获取原文的能力，确保用户提交的文献信息准确、完整。

其次，建立健全文献传递服务管理制度。应根据各馆实际情况制订出有利于本馆发展的文献传递服务管理制度。如对文献传递实行合理的补贴政策，起到既能鼓励读者多利用文献传递服务，又能避免资源的浪费。例如我馆的文献传递服务服务，由于实行的是图书馆全额补贴，导致了提交的文献需求有一部分是可以在本馆内获取的，降低了本馆自有资源的使用率，现在文献传递业务已在学校全面推广开来，是时候实施一定的收费，以避免资源的浪费，确保本馆自有资源最大化利用。

然后，对于已经申请并得到满足的文献，各个图书馆应该加以利用，进行再次加工，形成特色数据库，随着文献数量的累计，可以成为图书馆已有资源的有力补充，从而避免二次传递。

2.4 尽快制定针对文献传递服务的绩效评价体系

为规范文献传递服务工作，进一步提高文献传递质量，我省应尽快制定文献传递服务的绩效评价体系。结合文献传递服务工作的实际，根据文献传递服务中经常遇到的问题，本文认为，可以设定由基础条件设施、信息资源建设、服务覆盖面、服务人员素质和服务效果 5 个变量层，网络及服务设施、知识水平、服务态度、传递时效等 16 个指标要素层组成评价指标体系。并用层次分析法与德尔法相结合的方法来确定指标体系的权重，对文献传递服务进行综合评价。同时，还可以制定文献传递服务质量考核表，要求文献传递员按文献传递规范规定的时间处理文献传递请求，根据用户提交文献传递请求到馆后延期的天数进行扣分。年终进行汇总，进行一定的奖罚处理。

基层公共服务全民均等化的尝试

——以温岭市文献信息共享平台建设为例

陈海量(温岭市图书馆)

1 背景

温岭地处东南沿海,改革开放以来一直是经济比较发达的地区之一,随着人们生活水平的提高,对于精神文化生活的需求也在稳步攀升,节假日时图书馆与新华书店往往是人满为患。且由于市政府人才引进方案的稳步开展,越来越多的优秀大学毕业生、中高端科学技术人才在温岭安家落户,参考咨询服务中读者学术类文献的传递请求也在不断增加。

1.1 历史状况

在20世纪80年代,温岭市的区级文化站、工人文化宫(新河、松门、泽国、大溪等)内都建有图书阅览室,内有大量的图书报刊供读者阅览,也经常看到一些展览、活动,满足农民的知识需求。但时至今日,电视、网络的普及极大地丰富群众的精神文化生活的同时,也使得知识的获得渠道日益多样化,乡镇文化站的功能逐渐衰落。公共知识服务的缺失,导致文化市场产业化服务蓬勃生长。截至2009年12月,温岭市共有文化产业经营场所968家,其中网吧185家,音像店76家,书店119家。以营利为目的文化产业的繁荣尽管从数量的层次上满足了群众需求,但盲目追求利润也给社会也带来了许多负面的影响。

1.2 面临的问题

(1)公共文化服务设施严重缺位。公共文化基础设施落后,覆盖面窄,质量参差不齐;公共文化投入没有保障;仅有的公共文化机构运转不良,很多成为形式化的摆设。据调查,温岭全市16个乡镇建有图书馆并正常开放的只有箬横、石桥头两家,而全市800多个村级图书阅览室中能坚持对群众开放的不到10家。

(2)城市与农村之间在公共文化产品和服务的提供上的差距不断扩大。在基础设施建设、文化产品和服务的规模、质量等方面,城乡存在着很大的差距。这在很大程度上导致农村群众的文化权益无法得到保障,而且文化的缺乏将进一步扩大城乡之间人才和创新能力的差距。

(3)文化产业发展缺乏引导。知识服务的产业化,反映了群众对知识服务的需求。优质公共文化的缺位使得寻求感官刺激和享受的庸俗文化、低级文化有了生存和发展的空间和市场,不少村镇封建迷信开始抬头。

2 平台资源建设

2.1 数字资源建设

(1)引进网络数据库。2002年温岭图书馆开省内县级图书馆之先河,首家引进清华同方知网数据库,并在馆内电子阅览室开通公共账号供读者登录该数据库查找下载论文。2008年9月开始,温岭图书馆大胆实践,以温岭市文献信息共享平台建设为契机,首创在区域范围内免费开放中国学术期刊全文数据库下载权限,实现全市资源共享,减少医疗、卫生、教育系统等重复购买同一数据库现象,并取得了明显的成效;2009年逐步开放了万方数据等多家数据库的全市下载权限,数据显示,2009年全年,温岭地区读者通过文献信息共享平台免费下载的论文数已超过40万篇。

(2)建立电子图书阅读平台。2003年初,温岭图书馆在省内县级图书馆中首家引进Apabi电子图书,并于2004年12月正式开放在互联网上。至今已有电子图书60 399种,91 158册;注册读者账号达到5000余个。

(3)共享工程支平台建设。在省共享工程分中心的数据支持下,建成浙江文化信息共享工程温岭支中心网站(http://gxgc.wllib.cn),建有电影欣赏、名家讲坛、农业技术、京剧精品等11个项目800多G的音频影像资料,并对内容不断加以更新。

2.2 乡镇图书分馆平台建设

(1)箬横图书分馆,采用以冠名权形式引企业家进行捐助,筹资30万建成并开放图书分馆,统一条形码、统一借阅系统、可以在免费查询市馆数字资源,并实行与市馆的通借通还。

(2)石桥头图书分馆,市慈善总会首次投入15万元,以后以每年定额补助的形式加以投入;镇与文广新局各自投资5万元兴建,为台州首家与市馆实行通借通还的乡镇图书馆。

分馆工作人员均以镇街道自聘为主,此外温岭市图书馆在乡镇分馆筹备阶段提供全程业务辅导,从馆内布局、操作系统、人事培训以及数字资源的安装等方面提供全方位服务,从而保证了乡镇分馆各项业务的正常开展。在开放中,市图书馆进一步加强对各乡镇分馆的业务指导,共享市馆各项资源,将数字资源、参考咨询等各项服务延伸至各家分馆,同时结合每年送书下乡工作,重点向几家分馆倾斜。同时,市政府,市文广新局,也对建有乡镇图书分馆的镇街道采用考核加分的政策加以鼓励。

3 平台建设过程

(1)申报科技计划项目,为平台建设提供物质基础。2010年初,温岭市图书馆依据上级有关要求,申报“温岭市公益性信息资源服务体系建设”项目并获得立项,为温岭市文献信息共享平台的建设提供了政策和资金的双重支持。

(2)以开设温岭图书馆QQ咨询群为手段,引导广大科技工作者了解和使用文献信息共享平台。鉴于多数读者工作繁忙、路途较远且图书馆开放时间与其工作时间存在一定程度的冲突,图书馆开设温岭图书馆QQ咨询群,为读者提供网络信息查询下载服务。同时,图书馆还开设了温岭图书馆520咨询群和QQ两会咨询群,为有特殊需要的群体提供信息服务。收到了良好的社会效果。

(3)以建立温岭地方特色资源库为契机,吸引普通市民了解和使用文献信息共享平台。温岭市是百万人口的大市,素有纂修家谱的传统,民间现存家谱数量尤其可观。图书馆将入藏的1000余册家谱数字化,通过知识服务平台为全体市民提供免费的浏览服务,并结合政府信息公开工作,使得广大市民能够并且便捷地获取自己感兴趣的信息,从而提高知识平台在广大市民的影响力。

(4)以送书下乡活动为手段,以图书馆基层流通点、乡镇分馆建设为契机,举办数字资源农村行活动,引导广大农民了解和使用知识服务平台。通过为各个乡镇街道社区和村配备了电子图书阅览账号,使村民们在村部文化活动中心的活动休闲之余访问平台中的方正电子图书数据库、家谱数据库等,从而增强基层农民对平台的熟悉和喜爱。

(5)以未成年人读书节为契机,开展文献平台在学校的使用推广,引导广大师生了解和使用知识服务平台。落实专人前往多家中小学校推广文献信息共享平台,开展数字资源应用讲座,收效良好。并结合市“领雁工程”的开展,对农村优秀教师开展数字资源应用培训,收到良好的效果。

4 平台应用效果分析

4.1 网络数据库使用状况

2009年全年,温岭地区读者通过图书馆知识服务平台免费下载的论文数超过40万篇。以知网为例,2009年1月份文献下载量达46 041篇,温岭市图书馆因此创下中国期刊全文数据库全国区县级图书馆文献下载量新高,获中国知识资源总库授予的“全国公图应用排行十强”称号,而且温岭图书馆是其中唯一一家获得此项殊荣的县级图书馆,并以此获得首届浙江省基层公共文化服务创新奖。

4.2 乡镇图书分馆通借通还开展状况

2010年6月石桥头分馆成立,图书馆正式开始实行城乡通借通还。截至10月份,两家乡镇分馆累计办理借书证462张,接待读者3108人次,借阅册次超过11 965册,其中馆际通借通还流通册次达到2833册,极大地方便了城乡读者的借还需求。

5 关于平台建设的几点思考

5.1 建立以合作为基础的信息服务模式

信息共享平台建设是一项系统工程,以图书馆仅有的人力和财力不足以独立完成此项工作任务,因此项目无论是从规划还是具体的实施都需要各个机构部门协调与合作,只有通过利用图书馆在文献资源、人才结构和技术设备等方面的资源优势,建立一个以市图书馆总馆为中心,各个企事业单位、乡镇文化站阅览室为节点的知识服务网络,才能有效地保障平台的稳定运作,才能真正满足各种不同类型群众的信息需求。

5.2 重视区域特色资源数据库建设

区域特色库包括特色经济信息资源库和地方文献信息资源库两方面。地方特色经济信息资源库着眼于为现时经济服务，以地方特色经济为中心；地方文献信息资源包括地方报刊、重要文件、地方史志、地方统计年鉴、大事记、地方人著述的文献及其研究作品等。相对而言，地方产业库对于区域科技信息需求具有较强的针对性，使用频率较高；地方文献库能较好地引起普通读者的阅读兴趣，增加读者对平台的好感程度，从而扩大平台的美誉程度。

5.3 加强平台宣传推广力度

公共图书馆界历来并不十分重视自我宣传与推广，普通群众对公共图书馆的功能、使用方法、发展程度等知之甚少；大部分图书馆只重视被动宣传与推广，仅是对常来公共图书馆的读者进行宣传与推广，对尚未进馆的社会公众和广大有潜在需求的读者不能发挥作用。而文献信息共享平台建设的目的正是为了满足不同群众的求知需求，填平因信息分配不均造成的城乡的数字鸿沟，为此图书馆必须突破惯性思维，采取积极主动的宣传方式，制订完善的宣传推广策略，将宣传推广作为一项长期的任务贯彻落实，加强对公众的信息推送能力，使广大群众能够通过多种渠道接触和了解平台的各项服务内容。

图书馆作为文献信息整合、流通的主渠道，担负着公共文献信息服务均等化的时代重任，在推进城乡基本公共服务均等化，促进占我国总人口70%的农民的信息权利实现，加速中国现代化的发展方面，具有重要的战略性作用。为此，图书馆理应重视公共知识服务平台的建设，以其浅显易懂的服务模式，扩大科学信息覆盖范围，消除信息获取障碍，填平城乡数字鸿沟，推动信息资源均等化服务跃上新台阶。

参考文献

[1]温岭年鉴编委会. 温岭年鉴(2009). 北京：中国文史出版社，2009

[2]那艳. 浅论公共图书馆的宣传与推广工作. 河北科技图苑，2008(6)

[3]宋惠兰，曾文. 推进城乡基本公共服务均等化下的公共图书馆服务创新研究. 图书馆，2009(3)

Web 3.0 背景下的馆际互借与文献传递服务研究

柯欢玲(广州少年儿童图书馆)

Web 1.0 仅仅是一个可供读者浏览的网页，网页的内容是网页创建者自己提供的，用户一般不参与内容提供。而 Web 2.0 除了网页外，还加上很多通过 Web 分享的其他用户提供的内容。免费的网络信息服务为网络用户共建、共享和个性化定制网络信息提供了基础，使 Web 2.0 更像一个应用程序而非一个仅供浏览的“网页”。Web 3.0 则在 2.0 的基础上进一步凸显出自由、开放与个性，以微博为代表的极具个性与开放的表现方式为 Web 3.0 的典型代表。图书馆的理念也必将从注重资源的拥有到着眼资源的使用乃至提出资源的共同拥有和使用及读者的自主参与建设，在 Web 3.0 网络环境下，图书馆的馆际互借及文献传递已显现出一些新的发展趋势和方向，主要体现为资源获取与使用的方便快捷性和智能化、文献传递的非单一性、反馈与交流的无缝隙性等特征。

1 馆际互借与文献传递个案介绍与比较

基于经济、空间及其他现实条件的限制，任何一个图书馆均无法满足所有读者的所有文献资源的需求，且随着知识更替速率的加快，进一步加剧了供给和需求之间的矛盾。为缓和这一矛盾，提出了馆际之间的区域性、全国性乃至全球性的资源共享，馆际互借和文献传递便是馆际之间资源共享的实现方式。

目前国内全国性的较为成功的信息资源共享的有教育部 1999 年启动的中国高等教育文献保障系统（China Academic Library& Information System，CALIS）、教育部于 2004 年 3 月正式启动的"哲学社会科学繁荣计划"重点项目之一的"中国高校人文社会科学文献中心"（China Academic Social Sciences and Humanities Library，CASHL）、广东省中山图书馆倡议建立的联合参考咨询与文献传递网系统（United Combined Digital Reference Services，UCDRS）等。

作为对比，本文选取了香港的"港书网"、台湾的 NDDS、美国的 OCLC 3 个内地以外的信息资源共享个案作以简单介绍。

1.1 内地以外馆际互借及文献传递个案

香港大学图书馆馆长联席会（以下简称联席会）成立于 1967 年，宗旨是讨论并协调 8 所高等院校图书馆的资源共享及服务合作事项，现时联席会之下分设 9 个工作小组，包括流通服务、编目、合作采购、多媒体、参考服务、版权、JURA、统计及系统小组。从小范围的馆际互借到覆盖全港 8 所高校的馆际互借，从由馆员一周 1 次处理互借到一周 5 次处理互借书刊，从馆员自身处理到快递公司运送，从各自一套的馆际互借系统到同一的互借系统，以读者为主导的馆际互借系统"港书网"的诞生不仅扩大了互借使用者的范围而且提高了服务速度和质量。

台湾"全国文献传递服务系统"（Nationwide Document Delivery Service，NDDS），即覆盖全台湾各类型图书馆的大型馆际互借服务网络，由台湾"国家实验研究院"下设的"科技政策研究与信息中心"（以下简称科技政策中心）建立。目前使用该系统的图书馆及相关单位有 477 个。NDDS 系统以会员制方式运行，各成员馆都担负着借入和借出图书馆的双重角色，面向全台湾用户提供图书借阅和文献复印（即文献传递）服务。经所属图书馆核准系统账号后，用户可以直接向台湾各个图书馆提出馆际互借申请，也可以委托所属图书馆申请香港、内地及国外图书馆的资料。传递方式有邮寄、传真、Ariel 等。Ariel 是由美国研究图书馆集团（Research Libraries Group，RLG）开发的一种馆际合作系统软件。通过该软件，使用者可将纸质文献扫描成电子文件后传递到其他 Ariel 工作站，对方接收后打印即可，不需传真和电话费支出，较邮寄、传真传输更快，批量任务处理效率更高。

OCLC（Online Computer Library Center）是一个非常具有代表性的"书目利用共同体（Bibliographic Utility）"它是由美国图书馆协作体发展而来，由各个成员馆共同组成和参与所支撑的。它以图书馆联合目录数据库为基础，逐渐发展馆际互借的信息系统和文献检索系统、电子文献传送系统和文献传送的物流系统。这个网络组织具有很强的书目信息的存取功能和馆际利用功能，其中馆际互借系统和区域性合作结构，可以提供世界上 6600 个图书馆的联机自动化互借服务。馆际互借系统由以下几部分组成：OCLC 馆际互借转交；OCLC 馆际互借费用管理；OCLC 地址名录；OCLC 馆际互借文献提供处理；OCLC 馆际互借应用统计报告；OCLC 定制馆际互借图书馆馆藏；OCLC 定制馆际互借图书馆馆藏联合目录。

1.2 内地和内地外馆际互借与文献传递比较分析

通过比较后可以发现，内地与港台、美国在馆际互借与文献传递方面存在一定的距离，具体表现为：

第一，内地的服务对象狭窄。无论是 CALIS、CASHL、UCDRS，其服务对象一般均限制为会员单位与会员单位部分人员，甚至只限会员单位使用，而香港的高校馆际互借使用者可以是全部学生与教师，OCLC 的服务范围则更广，可为全美国公民甚至更多国家的人服务。

第二，内地的服务措施较为滞后。不管是硬件方面的建设还是软件的设置，均与港台和美国有一定差距。

第三，内地缺乏统一的协调性组织机构。美国有美国图书馆协会（American Library Association，ALA），香港有香港大学图书馆馆长联席会，内地条块分割的管理体制严重制约了馆际互借与文献传递等资源共享的开展。

第四，管理考核机制滞后。在传统的条块分割的管理机制下，各个馆的考核管理无一体现出资源共享的指标，均是各自为政、求大求全，以致千馆一面的现象层出不穷。资源严重重复浪费，且利用率较低。

第五，管理人员与软件系统的差距。图书管理人员往往欠缺积极的服务意识，尤其是共享服务意识，常常对借出馆的请求置之不理或滞后延迟；而各个馆的系统基本上是各不相通的，有的购买不同公司的商业软件，有的自身开发软件，甚至连编目也未有统一，导致共享产生了实质上的障碍。

2 Web 3.0 背景下的挑战与变革

索尼斯从广义的范围对 Web 3.0 进行了界定：“Web 3.0 这一术语结合了不同思想来描述互联网的功能及其影响将沿着几个不同的方向进化；这些进化方向包括网络将转变成一个数据库，各种非浏览器应用程序可以获得网络内容，使网络朝着人工智能技术、语义网、地理空间或 3D 空间等方向发展。”吴汉华，王子舟认为：“Web 3.0 的关键之处，就是实现计算机智能化这一无数专家学者孜孜以求的目标，即将现有网页看做是数据库中的数据元素，让各种应用程序自动阅读，而不是只是基于浏览器人工阅读——将现有网页看作是一个个文件。其通常做法是在现有网页顶部增加一层意义，使现有网页内容更少，更易于计算机读取。”尽管对 Web 3.0 有不同的理解，但是核心含义却是统一认可的，那便是 Web 3.0 是在 Web2.0 基础上更进一步发展的高度智能化、个性化和高兼容性的一种网络服务状态。在 Web 3.0 背景下的图书馆被称之为图书馆 3.0，主要特征表现为“个性化聚合服务，智能检索服务，信息共享以及虚拟图书馆”四个方面。

2.1 Web 3.0 背景下的挑战

Web 3.0 背景下,馆际互借与文献传递服务面临了新的挑战。信息需求者或者说使用者要求发生了很大的改变,主要表现为:

首先,要求信息资源获取与使用的方便快捷性和智能化。传统的向借入馆申请、借入馆向信息资源拥有馆申请、信息资源拥有馆反馈借出、借入馆从借出馆取入、借入馆通知需求者、需求者自取的有中介六步式,或者是无中介的省去借入馆向信息资源拥有馆申请及借入馆从借出馆取入两步的四步式均较为烦琐冗长,遑论自主参与和智能化了。

其次,要求文献传递的非单一性。所谓文献传递的非单一性,就是指作为文献传递部门,不单单是负责文献传递,更要提供参考咨询意见,一方面提高文献的利用率,另一方面提高文献需求者的满足度。应根据需求者的特定阶段的特定信息需求提供个性化的引导和服务,而这对当前馆员的挑战也较大。

再次,反馈与交流的无缝隙性。所谓反馈与交流的无缝隙性,就是指交流与反馈在时间、空间方面不存在任何障碍,可随时、随地反馈与交流,可自由、自主参与讨论与建议。

2.2 Web 3.0 背景下的变革

为面对 Web 3.0 的挑战,国内馆际互借与文献传递等的信息资源共享工作亟须有质的改变和提升,下面几个方面的工作显得尤为重要:

(1)成立相应的行业管理组织机构。文献信息资源的工作不仅涉及高校图书馆,也涉及公共图书馆,还有研究机构图书馆室;不仅涉及教育管理部门,也有科技管理部门,还有文化管理部门;不仅涉及作者,也涉及出版商,还有使用者或者说读者。若没有相关的、专业的组织管理结构进行组织管理,很难有实质上的、全面的、有成效的共享与协作。

(2)规范编目、查询、统计等核心标准及相应的软件系统设置,避免各自为政,人为创设共享障碍。

(3)充分利用网络。无论是付费也好,免费也好,充分利用方便快捷的网络资源,力争通过门户网站一站式完成馆际互借及文献传递等共享的申请、交费(或免费)、使用、归还等流程。

(4)参考咨询渗入馆际互借与文献传递服务,变被动参考咨询为主动参考咨询,提供个性化、智能化服务。

结语

Web 3.0 背景下的馆际互借与文献传递服务,任重而道远。不仅仅需要打破馆间的隔阂,更要打破行业的藩篱,还需破除部门的阻隔,从而共同为信息资源服务的进一步发展作出应有的贡献。馆际互借与文献传递是时势发展的必然要求,共建、共知、共享是信息服务工作的题中之意。Web 3.0 背景下完全的个性化、智能化与高度兼容性的馆际互借及文献传递等信息服务更多的还是理论构想而国内目前未有现实的实践,但是却是当前发展的趋势与导向,体现了人性化与智能化的核心要件。

参考文献

[1]范并思,胡小菁.图书馆2.0:构建新的图书馆服务.大学图书馆学报,2006(1)

[2]Xie Hong,Bowser A M. Examining Online Help Features. Online,2009(1)

[3]许丽丽.台湾地区馆际互借的发展及其启示.图书馆建设,2010(4)

[4]中国科学院国家科学图书馆.[2009-10-26]. http://www.las.ac.cn/Webdb/Web DB_bySubject.jsp

[5]尼玛格桑.从美国图书馆馆际互借服务谈起.西藏科技,2009(11)

[6]马启花.基于Web 3.0的高校图书馆图书采访智能化决策设想.现代情报,2009(4)

[7]吴汉华,王子舟.从"Web 3.0"到"图书馆3.0".图书馆建设,2008(4)

[8]王枫.Web 3.0时代的图书馆.西南民族大学学报(人文社会科学版),2010(2)

浅论馆际合作构想

——地方高校图书馆客家文献资源建设

张雪梅(福建省龙岩学院图书馆)

客家的先民,从中原一路南迁到了闽、粤、赣三省交界地区,复播于国内18个省、区和海外80多个国家和地区,形成独具特色的民系——客家民系,它是汉民族八大民系中的一个优秀支脉。他们继承中原文化精髓,汲取途经地文化精华,融合了当地先进文化,形成有独具特色的客家文化。客家文献是记录客家文化的重要载体,它是中华民族文化宝库的重要组成部分。目前,客家研究——客家学(Hakkaology)已形成一道亮丽的风景,备受世人瞩目。客家文献信息资源建设是一项历史重任,客家文献资源建设馆际合作是十分重要的创新课题。

1 客家文献信息资源综述及客家文献信息资源建设的现状

客家文献的内容涉及客家地区、客家先民及当今客家人的历史、现状、自然科学、人文科学等各个方面。从载体形式来分,主要包括传统的纸质文献资源与现代非纸质文献资源。从著述形式上分为:客家史志、谱牒(家谱和族谱)、论著、档案、报刊、丛书、年鉴、百科全书、客家人士文集、笔记、日记、信札、客家人事碑志、客家图录、客家音像资料、客家文献书目,还有科技报告、专利文献、学位论文、光盘数据库、网上资源等新成员。

早在1994年,广东省立中山图书馆联合梅县剑英图书馆、兴宁市图书馆编辑出版《客家文献综录(图书部分)》,收录1993年以前出版的有关广东客家政治、经济、文化、科技以及民风民俗等方面的图书资料1703种,而且它们分别被收藏在以上三家图书馆。客家族谱在研究客家民系形成中有着非常重要的地位和作用。福建客家族谱收藏最具代表的是上杭县客家族谱馆。从20世纪80年代至今,上杭客家族谱馆累计收藏闽、粤、赣客家地区117个姓氏、1600多部2万多余册客家族谱,成为全国公共图书馆收藏客家族谱之最。上杭客家族谱研究人员还先后发表《闽台客家血缘关系》《客家族谱研究》两部专著,得到了客属乡亲、专家学者的高度评价。

目前，可利用的虚拟资源主要有客家风情网（http：//www. hakkaonline. com）、世界客家资讯国际互联网（http：//www. worldhaka. org）、叶剑英纪念馆（http：//yjy. chinaspirit. net. cn/）、广东省梅州市剑英图书馆的客家文献库（http：//dlib. zslib. com. cn：7777/search/kjwx. htm）、大埔姓氏网（http：//www. dabuxs. cn/）、梅州视窗（http：//mz. gd. vnet. cn/）、环球客家网（http：//www. 86hakka. com/）、客家世界网（http：//www. hakkaworld. com. tw/）、嘉应学院图书馆客家资料文摘数据库（http：//lib. jyu. edu. cn/kjzlwz/search. htm）、世界客都梅州网（http：//www. kedumz. com/）、台湾省"国立中央大学"客家资料联合目录系统（http：//ccs. lib. ncu. edu. tw/hakka/index. htm）、台湾省客家数位图书馆（http：//memory. ncl. edu. tw/hakka/）等。

2 客家文献资源建设馆际合作构想

近年来，业界相当重视图书馆联盟的开展，通过加入联盟可以降低成本，扩充资源量，拓展服务空间。客家文献信息资源建设是一项十分复杂的系统工程。它不是由单一的图书馆或者其他什么单位所能独立完成的项目，它需要确立客家文献资源建设的合作机构，制定合作建设的总体规划和格局，协调各级文献情报部门，根据人力及经费等条件，选择合适的主题，系统地收集、整理、开发各种有价值的客家文献，及时对现有客家文献资源和数据库进行调查核实、统计并通报，并对文献信息资源建设进行协调管理，要持久、深入地开展此项工作。客家文献信息资源服务也应考虑联盟，本着优势互补、平等互利、共建共享的原则，加强馆际协调协作，才能有力量、成规模、出效应，建立客家文献信息资源保障体系，为地方经济建设为世界客家学研究提供更加有力的信息资源保障和技术支撑。

地方高校图书馆只有通过跨系统的横向联系、横向挖掘、相互协调地共同建设客家文献资源体系，并利用现代网络技术，形成开放式的客家文献信息资源网络化结构，才能真正实现客家文献资源共享，才能实现服务地方经济、服务世界客家研究。协调协作，共建共享，一方面可以避免重复、交叉收藏现象，保证重点，突出特色；另一方面还可以使有限的分散的客家文献资源在广大读者中得到最有效的利用，实现图书馆、信息服务中心及学校机构之间的客家信息资源共享，从而推动图书馆服务社会化的开展。再者，各协作部门可以节省有限的资金，开发客家文献资源深层次服务。

2.1 客家文献信息资源建设的具体内容

2.1.1 确定客家文献信息资源收集的内容

客家文献信息资源的形式主要包括图书、报纸、杂志、谱牒、图片、画册、文告、手稿、声像视频资料等。其内容主要包括：①客家各县市府志、县志、年鉴和乡土读物等。客家地方志的编纂历史悠久，早在宋代，就有苏辙撰《龙川别志》、赵汝厦撰《程乡志》。②客家民系各姓氏的族谱、年谱以及记载庙宇与宗祠、堂联与对联、碑文与堂号、名胜与文物等的相关文献资料。③客籍人士著作文集、专著、诗词、信札、游记等，国内外非客籍人士关于客家民系和客家学研讨会的各种论文或者专辑等。另外，还有历代对客家民系考察、研究的奏章、论著、文章，古今海内外客家人在各地创办的报纸、刊物和文学艺术作品、资料、各地会馆的期刊和纪念特刊等。如清代革新派诗人宋湘《红杏山房集》，爱国诗人丘逢甲《岭云海日楼诗抄》等，黄遵宪《人境庐诗草》等,开国元勋叶剑英元帅《叶剑英选集》《叶剑英诗词选集》等。客家学研究有关的重要论著如罗香林《客家研究导论》《客家源流考》、王东《客家学导论》、张卫东《客家文化》、谭元亨《客家圣典》与《客家新探》、谢重光《客家源流新探》《客家形成发展史纲》、吴永章《客家传统文化概述》等。主要的音像资料如广东汉乐代表人物、南派筝王罗九香的筝独奏《出水莲》等。电影电视《叱咤香洲叶剑英》《客家女》《走出围龙屋》及大型电视纪实专栏节目《客家人》等。还有地方出版物,如《河源日报》《闽西日报》等,这些也是研究客家文化弥足珍贵的资料。

2.1.2 明确客家文献信息资源收集的主要途径

客家文献具有地方性、原始性(非正式出版的第一手料)、广泛性(文献内容涉及面广)和无序性(文献收藏地域分散)等特点,多数分散在各地图书馆收藏、民间客家研究机构、客家联谊会以及个人,加之历时久远,收集尤为困难。客家文献的采集工作可是一项十分艰辛且细致的工作,各高校图书馆应面向社会,多渠道、多途径地广泛采集,可以通过征订、复制、交换、接收、呈缴、索取、受赠、代征、析出等传统途径,采集国内外有关客家的历史文化文献、客家学研究论著、客属恳亲联谊会刊、各地客家会馆纪念刊物、客家土楼民居资料、客家山歌与歌谣的录音带、客家民俗风情节日庆典资料及录像带、客家画册与客家题材美术作品等。客家文献信息资源的采集除了以上谈到的主要实体资源采集外,还包括虚拟资源的采集。在网络环境下,数字化方式成为方便、快捷的客家信息获取手段。图书馆还可以利用数据库光盘、录音资料、传真、电话、E-mail 等多种途径获取客家文献信息资源,还可以通过 Internet 下载地方网站的相关信息。例如,海西文化信息网(http://www.fjwh.net/)、江西客家网 http://www.jx.xinhuanet.com/jxkj/)、三明客家网(http://www.smhakka.com)、大埔姓氏网(http://www.dabuxs.cn/)、梅州视窗(http://mz.gd.vnet.cn/)等。

2.2 客家文献资源数字化与客家文献数据库管理系统

随着信息技术的发展,网络资源无界限,虚拟馆藏的概念应运而生。为了实现资源的共建共享,更加便利于客家学研究,客家文献信息资源的数字化是必不可少的。客家文献信息资源建设首先要确立统一、完善的规范化体系,如统一著录格式、标引方法、技术标准等,如著录统一依据《GB 3792 文献著录总则》和《中国文献著录规则》;标引建议采用《中国图书分类法》(第四版)、《汉语主题词表》、《中国图书分类主题词表》、《GB 3860—1995 文献叙词标引规则》和《文献分类标引规则》,格式参照文化部部颁标准 CNMARC《中国机读目录格式(中文图书专用)》和 UNIMARC(外文图书专用),并以最新版本为依据。其次,研制与用户要求相匹配的系统,以确保文献信息资源的建设能在统一的数字化平台上合作完成,建成科学、合理、系统的客家文献资源保障体系。只有符合公认的统一标准,数字化的客家文献信息才能在不同的计算机系统之间交换数据,才能实现用户和系统、系统与系统之间的有效沟通,才能实现最终目标——共建共享。

书目数据库是文献资源数据库系统的基础,是对原始信息资源在形式和基础信息上进行控制,能满足用户短时间内查询文献书目信息的需求。文献数据库管理系统要求通过 Internet 及内部局域网实现数据存储、管理、检索、查询、信息发布,为用户提供信息服务。图书馆根据自身的条件,可选择先编制图书馆馆藏客家文献总目、专题书目、区域联合目录和新书通报等数据库,随着图书馆的发展再进一步深化,如建立客家文献全文数据库、文摘数据库、索引数据库等。地处"世界客都"梅州市的嘉应学院图书馆一直很重视客家文献的搜集、整理和研究,并卓有成效,他们建立了校内“客家资料文摘数据库”,并和客家研究所联合建立了“客家书目数据库”

2.3 客家文献特色数据库建设与二、三次文献数据库建设

客家文献特色数据库的建设与利用可以让更多人快速了解客家人、客家文化、客家精神。各地方高校图书馆可以根据该区域客家文化的特色,选择合适的角度进行特色数据库建设。(1)可以建设地方史志数据库、族谱数据库,例如上杭族谱馆的“客家族谱数据库”;客家文化数据库,如河源职业技术学院图书馆网站开通的“客家文化特色数据库”;客家学论著数据库、客属作家作品数据库、客家人物志数据库等。(2)将客家地区矿藏与特产、地方名人、风土民情、旅游景观等文献资料进行整理并进行深加工,建立客家地方名优产品数据库、风土民情数据库、旅游资料数据库、客家视频数据库等。这些数据库的建立,既可以为校内读者及客家研究所开展各项客属专题研究服务,也可以为社会各界客家文化爱好者提供内容丰富、形式多样、远程传输、网络互联的客家文献信息资源服务。

多层次、多系统、多方位、多载体地建设客家文献资源数据库是现代图书馆地方文献信息资源保障系统的一个重要内容,也是现代图书馆地方文献信息资源深层次开发的有效途径。客家文献信息资源二、三次文献数据库建设主要从以下几个方面来开展。第一,以编制客家文献资源馆藏目录、联合目录为起点,再延伸到编制各类型索引如篇名、人名、主题等的索引,为用户整理专业的有参考价值的二、三次文献信息资源,为用户节省人力、物力与财力。例如客家文献目录数据库的建设便于读者对客家文献收藏状态的查询。第二,图书馆应对客家文献内容进行深层揭示,编制客家文献提要、文摘、综述报告等。第三,信息的深层次开发是图书馆的优势,图书馆应该充分利用现代技术,广泛采用激光照排、影视、计算机网络通讯、缩微、多媒体等现代技术,将散于不同文献的客家信息分析出来,并予以整合、储存,向读者提供有价值的客家学信息产品。

2.4 开发利用网络信息资源,促进客家文献虚拟馆藏建设

网络环境给客家文献信息资源建设带来了深远的影响,它使客家文献的载体由过去单一的以印刷型文献为主发展到当今的电子图书、网络数据库、光盘数据库及音像制品等多样化的形式。电子资源在检索特定信息单元时显示出明显优势,即共享性和时效性强。因此,图书馆在客家文献资源的收藏与开发时,应与时俱进,调整馆藏策略,使馆藏从原来单一的实体馆藏向实体馆藏与虚拟馆藏并存过渡。网络环境下的图书馆可以通过购买、租用等方式获得虚拟网络资源的使用权,收集、比较、筛选出网络上的免费资源,共享其他图书馆或信息机构的资源等。地方各级图书馆的客家文献信息资源建设应该适应时代发展的步伐,实现实体馆藏与虚拟馆藏并存,最大限度地满足读者对客家文献信息资源的需求,提高图书馆的服务品质。

虚拟馆藏建设的主要途径有:独立或者联合建立的馆藏数据库、购买现成的电子资源库、建立客家文化特色网站的导航;收集、甄别网上相关文献信息,去伪存真,建立网络客家文献专题数据库;整合网上地方客家文献信息资源,建立客家文献网络门户。目前,图书馆通过购买获得使用的电子资源,其资源主体是网络数据库、电子书刊、书目库、特色数字资源库、视频数据库、WEB 网站等。虚拟信息资源提供者主要有图书馆、数据开发商与提供商,还有其他信息服务中心、学术机构等。这些信息资源的采集强调购买使用权,而不是实际资源的购买和占

有。虚拟资源存放地多，图书馆可根据需要选择本地服务器、本地镜像站提供服务，也可通过许可入口访问。鉴于上述虚拟信息资源的特点，海西图书馆应着手构建一个虚拟客家信息资源服务体系，这一体系有利于网络环境下客家信息资源和服务机制的重组和创新，有利于树立海西图书馆的时代新形象。

参考文献

[1]赵阳. 海西客家文献资源建设浅论. 图书馆工作与研究，2010(4)：68－70

[2]欧阳瑜玉. 论客家研究与客家文献. 图书馆学研究，2005(5)：95－97

[3]余云珠. 略论客家文化对"客商"的影响. 嘉应学院学报，2008(1)：15－17

[4]杨彦辉. 客家文献数据库管理系统建设探讨. 图书馆论坛，2007(3)：67－69

[5]罗碧文. 客家文献数据库建设探讨. 图书馆论坛，2006(5)：117－119

论城乡图书馆资源一体化建设

——以大连市城乡图书馆建设为例

程宪宇(大连图书馆)

1 城乡图书馆资源一体化建设的基本内涵

(1)统筹规划城乡公共图书馆体系建设，构筑以城带乡的图书馆发展新格局。一个区域中的各个公共图书馆要充分发挥作用，不能仅看其个体的作用发挥，而是要看其总体效能的发挥。针对城乡图书馆之间的差距，城乡图书馆资源一体化建设就是要改变原有的条块分割、各自为政的局面，通过统筹规划城乡公共图书馆体系建设，构筑以城带乡的图书馆发展新格局。要加强以市(区)图书馆为龙头、镇(街道)图书馆为纽带、村(社区)图书室和文化示范户为基础的城乡三级公共图书馆体系建设，充分发挥市(区)图书馆对农村图书馆(室)的带动和辐射作用，从而达到资源共享。

(2)统筹规划城乡图书馆设施建设，提高公共文化的服务功能文化基础设施是建立公共文献资源服务体系的重要基础。针对城乡图书馆建设规模和服务能力的不均衡状态，统一制定各级图书馆的建设标准，并通过一定的调控机制，如采取立法、评估等手段，推进城乡图书馆公共文化服务设施均衡发展，才能充分发挥其整体功能。

(3)统筹组织城乡图书馆活动载体，形成文化资源的整合效应拓展城乡文化互动载体，有效整合城乡图书馆资源，建立城乡文化帮扶对子，帮助农村壮大本土的图书馆读者队伍；积极开展城乡各种形式的图书阅读活动，从而形成浓厚的社会阅读氛围。

(4)统筹建设城乡图书馆队伍，促进城乡图书馆事业的可持续发展。高素质的图书馆人才队伍是保证城乡图书馆事业可持续发展的关键。针对农村图书馆人才队伍素质不高等问题，要统筹城乡图书馆人才开发，一方面通过完善政策，积极引导城市图书馆专业人才向农村有序转移；另一方面要重视现有农村图书馆人才的培训，通过举办各种类型培训班的方式，重点培养一批图书馆带头人,才能使之发挥农村文化生力军的作用。

2 城乡图书馆资源一体化建设的重要意义

2.1 构建城乡经济社会发展一体化新格局的需要

文化事业是社会主义建设事业的一项重要内容,它能为经济发展提供动力。我国新农村建设的基本方针是"生产发展、生活宽裕、乡风文明、村容整洁、管理民主",这涵盖了农村政治、经济、文化建设多个方面的内容。因此,没有城乡文化的协调发展,城乡经济社会发展一体化的新格局就无法真正建立。图书馆是文化事业的重要组成部分,它担负着文化教育和信息传递的重要职能,在社会主义和谐社会的建设中,起着十分重要的作用。农村地区如果不重视图书馆(室)等农村文化建设和发展,农村经济社会的发展就缺乏有效的精神动力、智力支持和文化条件,城乡经济社会发展一体化新格局就不可能顺利实现。

2.2 加速农村图书馆建设,缩小城乡差距的快速途径

城乡图书馆资源一体化建设,是加速农村图书馆建设,缩小城乡差距的快速途径。通过对农村图书馆设施建设、图书馆活动载体和图书馆人才队伍的统一筹划、组织和专业化的指导,可以加快农村图书馆建设步伐。

3 大连市城乡图书馆资源一体化建设的措施

3.1 关于大连市图书馆服务网络建设方案

3.1.1 建设目标

在市、县(区)、乡镇三级行政管理体制下,建立以大连图书馆为总馆,区、县图书馆为一级分馆,乡、镇图书馆为二级分馆,农村图书馆(室)为三级分馆的四级公共图书馆总分馆服务网络,拓展大连市公共图书馆一卡通系统整体服务功能及覆盖面,搭建市内与农村地区城乡一体化的公共图书馆服务平台。将"农家书屋"建设纳入体系,进行总体规划和建设。通过一体化网络建设,使县、乡、村三级的公共图书资源合理流动,农民读者可查阅各成员馆的所有馆藏书目信息,并可持"一证通"到就近图书馆进行图书借还。

3.1.2 运行模式

(1)建设模式。A. 以共享工程基层站点为依托,建立乡镇图书馆分馆。目前我市在乡镇建有115个共享工程基层站点,这些站点有一定的设施和人员配备,在此基础上可由市、区、乡镇三级财政投入,建立图书馆分馆,增加图书服务功能。其中,一次性投入由区、乡镇财政负责设施建设(房屋场地、书架书桌等),由市财政负责图书资源的配置(每个乡镇分馆1000册图书,由市图书馆统一采购、编目、配送);持续性投入由区、乡镇两级财政负责,每年投入一定资金为乡镇图书馆购置图书资源(每个乡镇分馆400册/年,村图书室100册/年),由区图书馆统一采编、配送。B. 以"农家书屋"为依托,建立农村图书室。目前我市在农村建有"农家书屋",在此基础上可建立农村图书馆室,做法同建立乡镇图书馆分馆相似,规模相对较小。

(2)管理模式。建立县市、区负责镇乡,镇乡街道负责村的管理体系。一个县区范围内图书资料统一管理,统一采编,统一流通。借还等管理操作通过VPN与互联网连至中心图书馆。

在已建立图书室的村,形成与镇乡相连的公共图书服务网络,对已经具备相应条件的村图书室,可成为城乡一体化图书馆网络组织成员,经过系统的数据的导入与培训,开通大流通服务。各农村基层点的图书馆文献只在所属区、县范围内流通,不能跨区县借还。各农村基层服务点的图书物流工作由其所属区县馆完成。

(3)技术手段与业务培训。各基层农村图书市要求通过 vpn 访问互联网络,通过 VPN 互联网拨号实现与其他地区基层点的文献实现流通借还。客户端要求安装网络杀病毒软件、防木马黑客软件和统一自动化管理系统。终端配置为 CPU 2.0G 以上,内存 1G,以保证系统正常运行。由区县馆承担起组织各基层农村图书馆的技能操作,各区县分馆要根据基层点工作需求给予具体的业务培训,协助基层点开展各项业务工作。

3.2　大连市城乡一体化进程中图书馆建设与资源整合实践与探索

大连是一个开放的国际型城市,为了适应日新月异的科学技术和文化发展的需要,为了促进经济建设的突飞猛进,其中成绩最突出也是最受各界称赞的就是建立了图书馆的分馆和多座图书流通站,以方便广大市民充分利用图书馆,发挥图书馆文献优势,给市民学习创造条件,做到人人成为学习之人。这一做法,不仅延伸了图书馆的服务领域,也为大连市城乡一体化建设起到了促进作用。

从“九五”末期开始,大连图书馆经过调查研究,在全市城乡选择有代表性的单位、街道和社区进行了建立分馆和流通站的试验,通过设点实验,逐渐摸索出依靠社会各方面的力量,实行“总馆 + 分馆”的分馆、流通站发展模式。多年的实践证明这是一条既符合我市建设学习型城市的需要,又能促使图书馆事业迅猛发展,方便读者就近读书,又不需要投入很多场地、资金的有效的办馆之路。大连图书馆相继在我市多个街道社区、乡镇、机关及驻军部队,建立了各类分馆和图书流通站,迄今为止我馆已在全市七个区市县的乡镇、社区及机关、企事业单位建分馆(流通站)110 个,流通图书 5 万余册。

3.2.1　实施资源“共享工程”,构建图书馆建设新格局

2002 年初,由国家财政部、文化部组织实施的“全国文化共享工程”启动,年底,大连图书馆即作为分中心率先加入共享工程,设立专门机构和人员,开始担负起全市基层中心的建设与推广任务。2007 年成立了以市文化局局长为组长,主管局领导为副组长的领导小组,进一步明确了责任和工作内容,从组织上保证了共享工程工作开展。目前,已完成 99 个乡镇基层点和 1345 个村基层服务点的建设任务。

共享工程开展以来,大连市委、市政府在经费上给予大力支持,累计投入经费 1235 万余元,按共享工程标准配置了服务器、网络安全设备、软件、专网等软、硬件。完成 100 兆电信独享光纤互联网接入、卫星网、11 067个终端电视网、12 条光纤链路专网、光盘,移动硬盘等多种辅助传送资源建设。在资源建设上,支中心以“贴近实际、贴近生活、贴近群众”为指导思想,从具有地方特色资源建设入手,建成了 7TB 数据库,2008 年完成上传省分中心资源 416G 上缴任务。接收国家中心、辽宁省分中心配送的数字资源 11.205TB。辅导基层支中心、基层点 35 次。完成技术培训 6 次,469 人次。为基层图书馆、社区、学校、农村、军营开展服务 61 次,受众逾万人。完成大连党员干部远程教育中心基础设施、组织管理资源、网络资源共建共享,建设共享基层点 349 个。开设共享工程市支中心专门网站,年点击人数 11 万人次。在 2008 年全国文明城市评比中,大连图书馆作为文化共享工程市支中心,是评比的重点,我们以出色的工作、

优异的成绩顺利通过检查,为城市精神文明建设和城乡一体化建设作出了应有的贡献。

目前,在大连市的10个涉农乡镇和村建设了以大连图书馆为总馆,区图书馆为一级分馆,街道图书馆为二级分馆,农村图书馆(室)为三级分馆的四级公共图书馆服务网络,构筑了市内与农村地区城乡一体化服务平台,拓展了大连市公共图书馆服务功能及覆盖面。

3.2.2 建设"一卡通"城乡一体化服务体系,积极进行了有益的探索

在过去较长的时间里,广大农村的乡镇村图书馆(室)只是乡镇村文化活动中心的一个组成部分,得不到公共财政的有效支持,缺少经费、资源匮乏、人员不稳,无法有效地承载农村公共图书馆的服务职能。尽管近年来国家和地方政府加大了对农村公共文化的支持力度,但仍然无法有效地解决乡镇村图书馆(室)可持续发展的保障问题,这就导致了城乡居民在享受公共图书馆服务方面存在着严重的不均衡。大连地区的城市和乡村之间的公共图书馆服务水平也同样存在着明显的差距,根本无法满足广大农民的阅读需要。

为改变这种状况,几年来,大连图书馆积极探索"政府主导、多级投入、集中管理、资源共享"的模式,目的是想打破城乡间的藩篱,实现城乡图书馆服务的普遍均等,以便能较好地解决农村居民"读书难、借书难"的问题。为此,2009年大连图书馆在金州区七顶山街道拉树山村、大魏家街道小莲泡村、三十里堡街道北乐村、向应街道苏屯村、亮甲店街道石磊村等10个基层图书馆(室)进行了"一卡通"试点,为建立农村公共文化服务体系建设,不断消除城乡文化差异,统筹城乡文化发展而进行实际探索。

目前,从大连图书馆已建的10个"一卡通"分馆来看,基本上达到了向农村地区提供均等、免费、无障碍服务,让广大农村群众享受到与城市居民基本一致的阅读待遇的目的。但是,建立区域城乡一体化建设是一项复杂的工程,在金州区建的10个分馆只是一种探索。我们相信,通过上级领导的重视及各图书馆间通力协作,我们一定能够建成一个以市图书馆为龙头、区(县)馆为中心、乡镇馆为骨干、村屯分馆为基础的四级资源共享网络,为大连市的三个文明建设作出应有的贡献。

城乡图书馆事业发展一体化不仅是图书馆自身的发展,更要与农村教育、科学普及等各种文化活动有机地结合起来,形成通畅的城乡文化交流通道。在城市繁荣的同时,促进、带动农村社会全面进步,全面推进和谐社会建设。

参考文献

[1]赵金城.全国政协委员建议加快农业信息化建设与应用.中国信息产业网,2005-03-04

[2]我国农业信息化建设进入快速发展期.农民日报,2005-05-09

[3]中国农村文化建设调查报告.[2006-07-30].http://www1 cultureren1Com/gb/news/news 91htm

[4]刘昆雄.论我国21世纪图书馆"两极"发展.中国图书馆学报,2002(3):25-28

[5]陈德芳.建立区域复合图书馆实现信息资源成本效益最大化.中国信息导报,2006(12):27-29

论网络环境下文献提供人员的素质提升

李燕英(云南省委党校图书馆)

1 网络环境对文献提供人员的影响

1.1 用户需求的多样化对文献提供人员提出了更高的标准

网络环境下人们的信息意识不断增强,各行各业都深刻认识到了信息的重要性,对信息的需求也日益迫切。从需求主体来看,社会各领域、各阶层的人员都成为知识和信息的需求对象,信息用户群空前膨胀;从需求内容来看,用户需求的信息不但涉及面越来越广,而且由原始文献需求逐渐转向二、三次文献等深层次信息需求;从需求方式来看,获取信息的方式由传统印刷型载体逐步转向多媒体文献信息为主,而且对文献提供的时效性要求也越来越高。显然那种"我有什么你就用什么"的服务模式已经无法满足用户的多样化需求,文献提供人员只有不断提升自身素质,提供全方位、多渠道、个性化的服务,使文献传递服务具有更丰富的展现形式。

1.2 信息技术的发展对文献提供人员提出了更严的要求

信息技术是影响文献提供最重要的环境因素。高密度的信息存储技术、高速度的信息传递技术、高效率的信息查询技术等,使文献提供服务的机制、结构以及手段、方式等都发生了巨大的变化。文献提供服务从传统手工操作模式发展为基于网络环境下的运作模式,如文献提供由最初的邮政、传真等传统方式发展为形式多样的网络形式。在信息技术不断变化、发展的过程中,不同信息技术对文献传递服务可能有不同的影响,这就要求文献提供人员及时适应信息时代文献传递发展的需要,全面掌握最新信息技术,大力提升信息运作能力,最大限度地实现最新技术与文献传递的有效结合,不断提高文献提供效率,更快、更好、更全面地为用户提供文献服务。

1.3 信息资源的多中心化对文献提供人员提出了更大的挑战

信息技术的发展为图书馆提供了可依托的网络信息环境和可利用的现代化技术手段,给图书馆的变革和发展带来了新的契机。然而因特网构成的巨大信息网络也在不知不觉中逐渐取代了图书馆的部分功能,图书馆作为信息首要提供者的传统地位受到了前所未有的挑战。随着 Google 等强大的网络搜索引擎的出现,人们使用图书馆的总频率开始下降,图书馆对于信息用户已经不再是首要的或唯一的选择。顺应网络时代的需求,图书馆的文献提供服务要具有更强的竞争力,就必然要求文献提供人员提高专业能力,快速、高效地完成文献检索与传递,凸显图书馆的整体资源与整体服务优势及专业优势,为读者提供方便、快捷、高品质的服务。

2 网络环境下文献提供人员应具备的基本素质

2.1 较强的服务理念

网络环境打破了图书馆服务的时空局限,文献提供人员也应当从服务理念上进行根本转变,逐步从有限的馆内服务转变为无限的馆际服务,从传统的被动服务转变为主动服务,从根本上改变坐等读者上门、仅限于馆藏文献进行服务的被动局面。通过读者提交的信息申请,准确判断其信息需求,有针对性地提供文献信息服务,着力增强文献提供的全面性、准确性,有效节省读者查找文献信息的时间、精力,充分满足读者的信息需求。面对网络环境对图书馆传统的冲击,文献提供人员必须增强服务,在日常的工作中勤于思考,积极开拓适应用户需求的服务方式,不断提升服务水平。

2.2 精深的业务知识

美国图书馆学家谢拉指出:“最精锐最有实力的图书馆员,是那些带着广博知识或某一门专业知识背景而进入图书馆行业的人。”文献提供人员除了要具备图书情报专业知识以完成文献信息的采集、加工等业务工作之外,更重要的是具有扎实的专业学科知识。而且相对于广博的知识体系而言,精深的学科知识在文献提供人员的素质要求中显得尤为重要。学科知识是文献提供人员理解和分析用户信息需求的基础,只有文献提供人员较好地掌握了某一学科知识,具备了进行学术研究的能力,才能从大量的专业信息资源中筛选出用户需要的文献,满足用户更具针对性、更深层次的信息需求。

2.3 精湛的服务技能

知识必须通过技能来实现其价值,文献提供人员的角色和优势更要通过其服务技能来体现。网络环境下,文献提供工作越来越多地依赖于计算机和网络技术的支持。因此,文献提供人员必须熟练掌握计算机操作、网络检索、数据库技术、多媒体技术、网络信息导航等操作技能,为用户提供优质、高效、深层次的增值服务。另外,外语技能也日益成为文献提供人员的必备条件。具有娴熟外语技能的文献提供人员不仅有利于熟练掌握网络技术,而且有助于提高外文文献信息的查询和评价能力,为读者选择和提供更多有用的信息资源,在相当程度上也反映了图书馆文献信息资源开发利用的程度。

2.4 敏锐的信息意识

信息意识是指文献提供人员在信息活动中敏锐的心理反应,包括对信息正确的认识和对信息需要的准确度把握。文献提供人员只有具备强烈的信息意识,具有较强的信息应用能力及其评价、鉴定能力,才能主动遵循信息传播和信息使用的有关法律和法规,自觉抵制各种有害信息,在庞杂的信息资源里分析、判断、识别和处理信息,并将其转化、整合为知识情报,为用户传递有用信息,转变文献提供人员的“保管员”角色,真正成为信息的集散者、整合者与创新者,全面提高信息的有用效能。

3　网络环境下文献提供人员素质提升的路径

3.1　岗位设置专门化

科学合理的岗位设置是有效工作的前提，否则再优秀的人才也很难体现其价值。在不同时期、不同环境下图书馆有着不同的定位与功能，其工作性质和特点也有所不同。随着网络技术与信息技术的迅猛发展，图书馆的新岗位层出不穷，比如电子阅览室、数据库管理等。不同的岗位对工作人员的业务素质、职业技能有着不同的要求，因而图书馆也应该适时调整原有的组织结构，进一步拓展其服务功能。网络环境下图书馆文献提供工作不能长期停留在兼职岗位上，只有专职化、专业化的文献提供岗位才是提供深层次文献信息服务的有力保障。实践中，图书馆应当致力于配备专门的文献提供人员，完善相关岗位设置，充分调动工作人员的积极性和创造性。专业岗位的设置有利于文献提供人员培养专业的价值理念、掌握科学的知识体系及有效的方法技巧，从而使文献提供工作具有更高的专业化水平和较好的品质。

3.2　职业规划理性化

职业规划是一个促进和帮助文献提供人员不断的自我认识、自我反思、自我调整、自我总结、自我更新的过程。职业规划中有远大的理想固然是好的，它可以推动图书馆员通过自我努力、自我提高来实现理想，但规划的可实施性也是一个不得不考虑的重要问题，因为任何一个阶段的职业目标都应有一定的物质、知识、技能及环境的基础作保证。图书馆作为一个组织，不可避免地要承担起对文献提供人员的职业规划进行协调和引导的职责和任务。一个组织可以通过对工作者生涯的管理和指导实现其自身的更新、转变和在新方向上的成长。帮助文献提供人员弄清自己想干什么、能干什么、如何去干，从而尽力去找能发挥优势的工作机会，充分发挥其才能，并能长期地保持高效率地工作。作为个人，文献提供人员应该在既定的工作环境下进行准确实际的个人定位，充分考虑自身所处的职业不同发展阶段，有目的、有步骤、有计划地调整和安排各个不同阶段的职业规划，最大限度地挖掘个人潜能。

3.3　自主学习常态化

学习是人类生存和发展的重要手段，终身学习是自身发展和适应职业的必由之路。无论是信息技术的发展，还是文献工作的转型都无一例外地要求文献提供人员不断学习，更新知识，依靠自身努力来提升个人素质。美国心理学家罗杰斯认为：“人的学习应以自主学习的潜能发挥为基础。”网络环境下，自主学习能力的高低对文献提供人员的素质提升起着越来越重要的作用。首先要转变传统的学习观念，培养自主学习、终身学习的意识，把自发的、主动的、持续的学习过程贯穿于整个职业过程，乃至整个人生；其次，根据自己的知识水平、学习风格、个性特征等准确找到学习的起点，选择适合自己的学习工具、学习方式和学习途径。以当前工作和个人发展的需要为基础，对学习过程、学习内容等进行详细计划。在学习的过程中不断总结经验，根据实际情况进行适时调整，积极探索适合自己的、最佳的自主学习模式。通过自主学习时刻掌握行业动态，不断更新自己的知识结构，提高自己的综合能力和素质，担当好知识和信息导航员的角色。

3.4 业务培训规范化

文献提供人员的业务素质要全面、持久的发展,一方面需要在工作中刻苦钻研和深入探索,另一方面还需要有计划、有组织的规范化培训。目前,文献提供人员的岗位培训大多集中在临时性实务培训,或分散到部门由资深馆员进行简单的言传身教。长远来看,这种缺乏针对性、连续性的岗位培训难以有效提升文献提供人员的业务素质。每个文献提供人员的具体情况各不相同,图书馆要根据受训者的专业、学历、年龄、兴趣、技能、发展方向等量身定做培训计划,真正做到因人施教。培训方式可以灵活多样,有馆外培训、馆内培训,在职培训、脱产培训等;培训内容视个人情况,可以有信息技术、外语、专业学科或相关操作技能实务培训等;如果有可能,还应鼓励专业技术骨干进行硕士、博士研究生学历进修,提高文献提供的人才层次。通过岗位培训,既提高了文献提供人员的整体业务素质,又切实考虑了文献提供人员个人的职业发展需求,有利于图书馆人力资源的开发。

参考文献

[1]徐洁. 图书馆的人力资源管理. 图书馆论坛,2003(2)
[2]侯志瑾等. 职业生涯发展与规划. 北京: 高等教育出版社,2005

浅谈文献传递工作基本技能

石 巍 许玉梅(国家图书馆)

目前,国内开展文献传递服务的图书馆很多,但是业务比较活跃且富有成效的图书馆仍然寥寥可数。大多数图书馆文献传递服务业务量不大,有的甚至是空白。文献传递工作包含了纷繁复杂的工作内容,在业务的开展过程中,专业人员的技能水平和知识水平直接影响服务的品质。笔者基于多年文献传递工作经验,对这项工作有自己的见解和深切的体会,在此呈与同行探讨,期望能为提高文献传递的服务质量有所帮助。

1 文献传递基本流程

文献传递工作依靠专业人员来完成,是专业人员对原始文献的获取并传递到读者手中的文献流转的过程,它的范畴主要局限于原文的传递。文献传递基本的工作流程如下:

(1)读者提交请求。其途径: 馆际互借与文献传递系统、E-mail、电话、传真、到馆等。

(2)检索。检索的范围: 本馆、外馆、网上、国外(国际互借)。

(3)下载或复制原文。复制后的原文载体通常为: 电子版、纸质等。

(4)将原文传递至读者。传递的方式: 馆际互借与文献传递系统、Ariel、E-mail、传真、快件或普通邮寄、自取等。

(5)结算。读者支付的手段: 现金、邮汇、转账、支票、网银等。

从流程上看，文献的查询和对具体篇章的获取成为关键的技术性环节，其他为辅助性工作，文献查询又是其中的核心技术。

2 文献传递工作人员应具备的基本技能

2.1 专题检索技能

专题咨询对馆员的基本素质要求较高，比如一般要求硕士以上学历、较高的外语水平、相应的知识背景等，专题检索只是其中一项基本内容，除了对专题内容的把握，专业人员还应具备基本的图书馆学基础知识及检索技术，尤其是对分类法和主题词应有较为深刻的理解和准确的运用。

专题咨询的核心技术是专题检索，我们所依据的工具主要是分类法与主题词表，分类与主题词能够规范地反映文献的内容，在文献加工过程中由专业人员进行标引，准确的标引是我们检索过程中查全率和查准率的重要前提。文献的分类和主题标引由专业人员来做，检索人员的工作是将经过标引的文献按照用户的需要使用分类或主题词作为检索字段，集中检索符合条件的文献。

编目人员依据分类法做分类标引，检索人员要据此进行分类检索，这时对于检索人员来说，对分类的理解应尽量达到相当于做分类标引的水准，否则做分类检索则是很难保证质量。专题检索的另一个重要手段是使用主题词进行检索，主题词是经过规范化的自然词汇，其与分类表相互对应，一个用类目表示，一个用词汇表示，都是反映文献的内部特征，检索人员对于主题词的应用应首先做到对受控词与非控词有深刻的理解，了解检索系统的相关功能，并能很好地加以运用。做到以上两点，查全率与查准率将会大大提高。文献传递专业人员虽然基本不做专题咨询，但是专题检索还是时常会用到。

2.2 原始文献检索技能

原始文献检索与专题咨询其技能的要求是不同的，检索教程中所讲述的检索语言分为分类语言和主题语言，通常都是为专题检索所使用的工具与方法。分类与主题都属于文献的内部特征，与之相对应的是做文献条目的检索时则需要根据文献的外部特征即文献的出处来查找原文，当信息不全或不准确时还要使用文摘（二次文献）数据库一类的工具进行确认或寻找线索，这种方法类似于文献查证的方法，但不如文献查证要求的那么严谨。

文献传递工作的核心技术是文献的检索，其他为辅助性技能，工作内容包括原始文献的检索、获取和传递。做文献条目的检索与专题检索的思路和方法差别较大，做条目检索的人员虽然对其基础知识及知识背景的要求不像做专题咨询的人员那么高，但是，如果要想做好这项工作，或者说要想达到一定的水准，其所应掌握的相关理论知识和方法、经验反而更加复杂和多样化。做这种工作纯粹的理论作用不大，更实际的是技术理论；在理论指导下的实践活动是更高层次的工作，理论与实践相结合所产生的实践经验，也更具有实际意义。过硬的技术需要扎实的技术理论知识做支撑，多学习有关的知识，了解相关的标准规则，对原始文献的检索会有极大的帮助。

3 文献传递人员必备专业知识

3.1 与检索有关的出版方面的知识

读者提交的文献请求有的来自文摘,有的来自文后参考文献,这些都直接来自出版物,二次文献的有关著录格式和参考文献的格式及其相关著录标准,我们都应该了解,因为这些信息能给我们提供文献来源的线索。来自文摘的款目格式相对规范,易于辨识,但是文摘款目并没有统一的标准,而是根据专业特点各自形成自己的规范。作为普通的读者只了解与自己专业及行业相关的主要文摘的格式就足以应对,专业的检索人员应对此有较为全面的了解和认识。来自文后参考文献的条目款目相对复杂,更不规范也不太容易识别。文后参考文献的格式虽有国际标准,但各国还有本国的标准,具体到各个国家乃至出版物,对于执行的标准差异就更大,尤其文后参考文献的款目由作者自己著录,所以出现不规范的概率就更高,对于参考文献的使用者来说,困难就更多一些。我们应对这些问题的主要办法就是,文献的款目一定是能够反映不同类型文献的基本特征,也就是包含基本的著录项目。款目著录的项目、符号、格式等都借鉴了《国际标准书目著录(ISBD)》和《英美编目条例(AACRII)》的规范。基本的项目差别不大,主要是细节上有一些差异,比如符号的使用等。作为专业人员应主要掌握不同类型的文献其特有的外部特征是什么,也就知道了有哪些基本著录项目。

3.2 与检索有关的编目知识

了解编目知识尤其是与检索有关的编目知识,比如各种文献类型的编目著录的规则以及MARC 格式,对于检索来说就不至于是摸着石头过河,而是有径可循。

并不是只有编目著录人员需要掌握编目规则,检索人员同样需要了解有关知识。编目人员和检索人员对同一部标准规则关注的侧重点是不同的,编目人员需要精确掌握依据某一标准的某一种类型文献的编目规则,他们需要掌握的是怎样做;而检索人员则需要宏观地了解依据各种标准制作的全部类型的文献款目。直接检索馆藏是一种获取原文的重要途径,只有了解了文献加工人员是如何对文献进行加工的,才能懂得如何从馆藏目录中检索所需文献资料。检索馆藏文献应符合馆藏文献的编目规则,所以应学习和了解一些各种类型文献的编目知识,比如文献的标引,包括分类标引、主题标引,著录规则,MARC 格式等,尤其应了解一些与检索有关的规则,特别是与二次文献及文后参考文献的款目规定不一致的规则。这些细微之处可以帮助我们解决一些难题,有些文献没有查到,不一定就没有馆藏,而是不符合文献的编目规则。

3.3 了解和掌握检索系统

每个检索系统都有自己的特点和一些特殊的设置,尽管所有的检索系统其基本设计原理都是一样的。做检索工作很重要的一个方面是应了解各种不同的检索工具的性能,其所具有的功能,并掌握其使用方法。这些检索工具包括:不同图书馆使用的 OPAC 检索系统,各种搜索引擎,各种数据库以及各种联合目录等。以国图的 Web OPAC 检索系统为例,我们要长期使用,必须研究它的特性、功能,并且要了解哪一种功能可以解决什么问题。

检索是一门应用技术,研发人员开发出的产品我们应能够较熟练地使用,检索人员需要的绝不仅仅是只限于了解有哪些工具可用,它能做什么,文献覆盖面有多大,有哪些功能,检索人员除了应了解这些检索工具的基本情况外,最主要的是掌握它们的使用方法,下工夫学习和研究它们。要掌握更多的功能并将它们发挥到极致,达到各种方法手段融会贯通,检索技术炉火纯青,更需要加倍努力,通过大量的实践积累经验。由于不断推出新的检索工具,检索界面不断变化,功能不断更新,检索人员要想掌握它们必须时时跟踪这些变化并不断挖掘出新的工具。

结语

当今社会,由于网络和计算机技术的快速发展,可供我们学习和工作用的工具层出不穷,文献传递人员除了应具备文献检索的核心技能外,其他的辅助性技能也是必备的。文献传递人员应不断地了解各种工具的使用,各种资源的积累,不断挖掘和发现新的工具,不断跟踪新的变化以提高个人的基本素质和工作的技能;不断补充和学习有关知识,不断提高网络和计算机的应用水平,提高工作效率,以全面提升文献传递服务水平。

浅谈文献提供服务在我国的发展过程及其未来展望

宋晓莉(沈阳市图书馆)

1 文献提供的含义

目前,我国学界对文献提供的内涵还没有统一的认知,但其含义无外乎有以下两种,一种是:“文献提供是国际上常用的一种表述,是指广义上利用各种资源,以任何形式满足用户的文献需求。‘任何形式’包括文本、图片、音视频、印本或者这些形式的组合,‘各种资源’既包括图书馆,也包括情报所、商业出版者、贸易或者专业协会、政府机构、全文数据库、商业文献传递公司、信息经纪人、公司和个体研究者等。”[1]这是将文献提供作为一个大的概念进行表述,在这一表述中,图书馆的所有业务服务都包含其中。而另一种文献提供则是我国图书馆界常用的“馆际互借”、“文献传递”和“馆际互借和文献传递服务”等多种表述方法。在这里,文献提供指的是图书馆利用自身的馆藏资源优势向非本馆读者提供文献资料,并收取一定费用的文献服务业务。实际上,在我们图书馆人的眼中,所谓的文献提供就是馆际互借和文献传递服务。

从我国图书馆的发展历史来看,传统的图书馆服务一直是我们图书馆工作的主流,文献提供业务只是在少数图书馆得到了开展,而且只占其所有业务比例中的很小一部分。只是在近些年,由于计算机网络技术的日益发展,才使馆际互借和文献传递在技术上有了快速发展的基础。然而,从我国图书馆在文献提供的历史来看,技术的发展不代表全部,还有诸多问题阻碍着它的发展,这些问题如果不能得到切实的解决,文献提供得到更大的发展并非易事。

2 我国图书馆文献提供的简略回顾

我国的文献提供的历史始于20世纪50年代。1957年，中华人民共和国国务院批准实施了《全国图书协调方案》批准建立全国和地方两个全国性的中心图书馆委员会，同时批准编制全国书刊联合目录两项计划。由此，北京、上海两个全国性的中心图书馆委员会和九个地区性中心图书馆委员会成立。从此开始了图书馆馆际互借工作。尽管如此，由于当时受通讯不畅、缺少揭示馆藏的联合目录等各方面条件所限，馆际互借仅能在本地区有协作关系的图书馆之间进行，而且每年发生的馆际互借的量也是屈指可数。

1987年3月，中共中央宣传部、文化部、国家教委、中国科学院共同签发了“关于改进和加强图书馆工作的报告”，该报告谈到目前图书馆事业现状存在的主要问题时，认为“全国图书馆事业缺乏统筹安排和全面规划，既未建立起文献资源的保障体系，又存在着文献资源缺漏和不合理的重复现象，不能做到资源共享”，是急待图书馆工作进行改革的问题之一。于是图书馆界开始寻求实行馆际协作，开辟资源共享的途径，并不断探索资源共享的目标。1988年北京图书馆（现称“国家图书馆”）开展国内馆际互借和国际互借业务。北京以外地区的读者可委托所在省、市、自治区图书馆，高等院校图书馆进行馆际借书。[2]1997年中国国家图书馆文献提供中心成立，作为国家图书馆的信息服务窗口，承担检索、咨询、传播知识信息等职能。该中心依靠丰富的馆藏资源和训练有素的咨询人员，为国家重点服务对象及一般用户提供定题或专题的文献研究和咨询服务。

随着多媒体、网络技术的日益成熟，知识的载体已不再是纸张一统天下，磁、光介质已大量应用，机读图书、光盘等电子出版物的出版量越来越多，传统的馆际互借服务已远远不能满足读者对图书馆在时空上和数量上的要求，于是图书馆在馆际互借的基础上又发展了文献传递服务。2003年上海图书馆创立的文献提供网页的访问量，从初期的每天1000多人，已发展到目前的每天6000多人。2007年9月，上海图书馆从物理空间的一卡通，发展到网络空间的e卡通，在互联网上为广大读者提供2万种中外文图书、6400种中外文期刊的全文传递服务。[3]实践证明，e卡通系统提升了图书馆的服务能力，显著提高了电子资源的利用率，同时并为读者的网络家庭书房提供了丰富的资源保障。[4]

2007年11月，我国文献提供协作网成立，它是根据“全国文献传递与馆际互借研讨会”上达成共识并全体通过的倡议书，由国家图书馆发起成立的网站。其宗旨是通过“文献提供协作网”，搭建信息沟通与交流的平台，建立馆际互借与文献传递业务交流的长效机制，加强技术交流与协作，促进人员联合培训，进一步推进资源的共知共建共享，形成优势互补，实现联合服务，积极发展馆际间的协作与联盟，达到文献信息资源共建共享的目的。[5]在我国网络技术、数字化技术、计算机技术逐步成熟的条件下，馆际互借文献传递、网络资源的导航、获取以及各种开放存取方式等，体现图书馆网络环境下文献提供能力的服务已在我国逐步展开，这些服务活动为保障公民平等、高效地获取文献信息进行了积极而有益的尝试。

3 我国文献提供工作存在的问题

首先，在体制上，我国图书馆系统主要由公共图书馆、高校图书馆和专业图书馆三大部分组成。它们之间各自为政、缺乏统一领导,没有资源共享的整体规划,尽管大家也有协作的意愿,但在实际工作中这种意愿却很难得到落实。这种没有整体规范导致的结果是图书馆文献资源建设上平行分散、重复建设浪费严重、缺乏特色。而文献提供工作最基本的要求就是协作,而协作一定是建立在整体规划的基础之上的。

其次,在思想上,从图书馆员到读者对文献提供工作的意识都很淡薄,图书馆员只习惯利用本馆资源,对其他馆可利用资源不很了解也不很关心,不能为读者提供有价值的参考意见。因此,当读者在查阅文献遇到困难时,不知到哪里求得帮助。

再次,文献提供工作的进展极度不平衡。在文献提供工作上,进展最好的当属地处北京的国家图书馆,上海、深圳等经济文化较发达地区的图书馆这项工作开展得也较好,而在许多不发达地区的图书馆,甚至一些较大城市的图书馆,这项工作也没有什么进展。基本上处于图书馆员不太关心,读者不甚清楚的状态。

最后,在人员素质上,目前科学技术的发展日新月异,计算机网络等已在图书馆得到了广泛运用,科技新成果可谓源源不断。与此形成鲜明对比的是,许多图书馆员还停留在仅能为为读者进行原始文献的借阅上,对新技术一知半解或知之甚少。有为读者服务的心,却没有为读者服务的能力。

4 文献提供工作的发展趋势

我国的文献提供工作尽管还存在着诸多问题,但是在近些年还是得到了较快的发展,馆际互借和文献传递服务是实现文献信息资源社会化、集约化、系统化的必由之路,也是当前世界各图书馆实现资源共享所广泛采用的方式。无论是英国的大英图书馆还是我国的国家图书馆,都在这方面取得较好的成效和可供借鉴的经验。

如果我们能够理想顺图书馆的管理机制,加之日新月异的科技新成果在图书馆的广泛运用,将使图书馆的文献提供工作如虎添翼。当前,计算机网络技术的运用,已经使图书馆的文献提供工作有了一个比较扎实的基础。可以设想,当“云计算”、“电子阅读器”、“移动网络”和“三网合一”等新技术在图书馆得到广泛运用之后,馆际互借和文献传递服务等工作将更加便利。图书馆文献提供工作的业务量也将成倍增加。图书馆员将不再拘泥于馆藏,而是要在浩如烟海的网络信息中快速获取有价值的文献资料,以满足读者的需要。当然,这要求图书馆员要具备计算机网络应用能力,要有专业的检索技能和综合判断能力,还要有相当的外语能力,总之对图书馆员提出了更高的要求。加强对现有馆员的培训,以及适当充实高素质馆员,是各图书馆需要做的工作。对于一些规模大的图书馆,当文献提供业务达到一定量时,仅凭馆员个人将很难独立完成任务,成立文献提供的专门机构将是很必要选择,在这方面,英国的大英图书馆文献提供中心已经做出了很好的榜样。

现代计算机技术,特别是全球互联网技术的迅速发展,使分散、孤立、封闭的传统图书馆运行模式发生了根本性的改变,它给人们提供了一种在更大范围内方便地获取文献的手段,为文献资源的共享开辟了一条新的途径。但这并不意味着传统图书馆将要消亡,那些习惯于利用传统图书馆的读者不必担心。图书馆未来的发展一定是虚拟、网络图书馆与传统图书馆并存互补的有机结合体。早在 1995 年,美国克劳福特和戈曼就在《未来图书馆: 梦想、疯狂与现实》一书中指出,“阅读对于个人和社会而言都至为重要,而纸张印刷物是阅读和获取知识的最佳形式”,“未来的图书馆就是保持图书馆发展的连续性,融印本图书馆(或传统图书馆)和电子图书馆为一体的‘兼容性图书馆’”。

参考文献

[1]范丽莉.我国图书馆文献传递服务研究.武汉:武汉大学出版社,2004

[2]卢子博.对中国图书馆事业改革开放进程中三次思想解放的回顾与认识.江苏图书馆学报,1999(1):3-7

[3]王世伟.3A 环境下文献提供发展的理念与实践探索.见:城市图书馆公共文化服务体系论丛.上海:上海社会科学出版社,88-90

[4]金家琴.基于 SSL VPN 技术实现公共图书馆电子资源远程访问——上海图书馆电子资源远程访问服务系统 e 卡通实例.图书馆杂志,2009(3):64-68

[5]http://www.dsscn.cn/about/aboutus/

浅谈文献提供工作人员的素质及培训

郑晓晖(河南科技大学图书馆)

1 文献提供工作人员的素质

1.1 政治思想素质

文献提供工作人员应具备最基本的道德素质,正确处理好与同事、与读者的关系。要以德服人,以诚待人,团结协作,以服务为荣、以服务为乐,这是职业道德的基础。文献提供人员的职业价值是通过读者、用户获取和利用文献来体现的。因此,工作人员必须具有甘为人梯的精神,有淡泊名利、无私奉献的职业操守,以本职业为荣,积极参与到各项活动中去。由于图书馆繁琐、单一、重复的工作性质,既没有可观的经济效益,又没有大的轰动效应,长期工作会逐渐削弱了大家的工作热情和学习兴趣,这就要求工作人员保持学习、进取和创新的精神,有强烈的事业心、责任感、热爱自己的职业,热爱自己的岗位,树立积极向上的人生观,无私奉献的价值观。要树立“读者至上、服务第一”的工作意识,还要根据环境变化,想读者之所想,急读者之所急,拓宽服务领域,增加服务内容。在工作中,良好的群体意识是工作开展的基本保证,个人能力在团队的发挥非常有限,只有精诚合作,团结协作,才能发挥集体的力量,提高工作效率。和同事相处中,要严于律己,宽以待人,营造和谐的工作氛围。

1.2 业务技能素质

(1)要掌握图书情报学专业理论知识和技术。随着时代的发展,文献的类型和载体日新月异,文献传递空间急剧延伸,用户需求个性化,因此服务也要跟上,这离不开专业的参考咨询和分类指导,除了要具有传统的图书情报理论知识,还要掌握信息研究、数据库、检索等信息方面的专业知识。对信息能进行采集、加工、整序、提供并得到有效的利用。

(2)要对信息具有特殊的、敏锐的感受力。能够从大量的、在常人看来毫无价值的一些事务中发现有价值的信息,并且能够迅速地捕捉;在信息量剧增的情况下,能够从中筛选和发掘出反映学科前沿和精华的信息,使无序的信息资源转变为有序的、可传递共享的信息,避免重要信息的大量流失,减少用户在获取信息上所耗费的时间和精力,这就要求具有信息鉴别能力、信息组织能力和综合分析能力。

(3)掌握一定的外语知识,并具有良好的应用能力。随着网络化的发展以及国际互联网的广泛应用,全世界的信息共享已具备条件,英文在网络使用中占有相当大的比例,阅读外文资料是获取信息的基本途径。要想及时获取国外先进的有关图书情报的信息资料,必须突破语言障碍,掌握一门外语尤其是英语是必不可少的。

(4)一定的计算机网络知识以及应用能力。随着网络技术的发展,计算机技术及应用成了图书馆工作的主要手段。作为图书馆中的文献提供人员,与计算机相结合,熟练掌握一定的网络技术,在文献和需求者之间架起一个便捷的传递通道。借助现代技术和方法,应用网络计算机技术,还可以让读者"到馆"或"不到馆"都能获得帮助,这样可以充分发挥图书馆在信息化社会中的作用。因此,在网络环境下,掌握现代信息技术是前提,是提高工作效率的保证。

(5)具有信息评价和导航能力。面对浩如烟海的各种信息源,如何将大量的纸质文献、网络信息等收集起来,加以优化整理,使之有序系统地提供给用户使用,以提高文献传递的准确率。工作人员通过对信息的分析筛选,加上归纳整理,和传统的借还服务相比,提供的文献质量更高,大大地节省了用户的时间和精力,实现了增值服务。信息导航可改变一般性的被动咨询变为主动提供信息的向导和顾问,文献提供人员更应是优秀的信息导航员。

1.3 身体心理素质

图书馆文献提供工作既是脑力劳动又是体力劳动。既要求身体健康,精力充沛,又要有良好的心理素质。工作中,要有高度的事业心,坚忍不拔的意志,强烈的欲望和成就感。由于图书馆工作的性质决定,工作难免枯燥、繁琐,容易产生急躁和厌倦情绪,需要有稳定的心理素质及良好的心理调节能力,这就有一个认识和调整的过程。文献提供需要与人打交道,语言交流十分频繁,在提高语言表达能力的同时,清晰地表达自己的意图,充分理解说话人的意图,都要遵循一定的交际原则和技巧。人们在语言交际中,双方都有一个共同的愿望,大家需相互理解,相互配合。作为文献提供人员,要提供适量的、真实的信息,不宜过少,这样会给人一种冷淡、不热情的感觉,也不必提供题外的信息,会给人感觉啰唆、爱唠叨,还会产生不愉快的结局。因此,工作人员要说话得体,条理清晰,层次分明,重点突出。还要对用户有感情,把他们当成自己的亲人、朋友,注重礼貌称呼,热情有礼,平等待人,互相尊重。有面对困难和挫折的心理承受能力,有乐观向上的生活态度。

2 文献提供人员的培训

2.1 领导重视是培训的基础

文献提供人员是信息网络的直接操纵者,用户是在与工作人员的接触中体验服务的,工作人员素质的高低,成为决定服务质量的主导因素,质量优劣常常在接触服务的瞬间就能感受到。领导要从思想上认识到提高工作人员信息素质的意义,要实施人才培训的系统工程,强化对人员的培养，提高他们整体的文化知识和专业知识水平，要将此项作为图书馆工作的一项重要内容。有目的、有计划地安排工作人员进行培训，并根据实际情况，设定专门的负责人，制定相关的规章制度，有相应的人才培养的长远规划和短期目标，避免盲目性。根据培训对象的层次，方向确定学习的内容，完善晋升制度和岗位培训制度，激励工作人员主动、自觉地学习，提高自身的素质。

2.2 制度健全是培训的保证

人员培训的有效进行，离不开相应规章制度的制定。要做好对培训人员的预测、规划、培训、管理、使用以及考核工作。人员的培养和使用是中心环节，而合理的配置和管理则提高了人力资源的有效利用。人的因素是所有资源中最活跃、能动性最强的。因此要充分发挥人的主观能动性，引入竞争机制和激励机制，严格考核制度，出台相应的奖惩措施，对学有成效的人员给以一定的激励，包括物质、岗位的调整，职务的晋升等。能够学以致用、学有提高、学有热情。通过培训，使工作人员具备胜任工作的能力，使他们在自己的工作岗位上，各就其位，各司其职，充分发挥每个人的聪明才智。

2.3 培训内容丰富实用

由于每个人的文化层次、知识结构各不相同，培训内容也应有所不同。首先要“缺什么，补什么”，有针对性地学习。如刚进入图书馆领域的“新人”和已经工作多年的“老人”对知识的需求肯定有所不同，可根据不同人的缺失方向，结合工作中遇到的理论、技术瓶颈，制订培训内容，避免出现“学非所用，用非所学”，造成浪费。其次，知识的更新日新月异，服务模式、服务手段不断进步，要紧跟时代创新的步伐，随时掌握最前沿的资讯，才能提供一流的服务。还有，用户的文化层次越来越高，对工作人员应具备的文化知识提出了更高的要求，可穿插性地学习一些哲学、文学、心理学以及社会学等方面的知识，工作起来就能得心应手。

2.4 培训方式灵活多样

学习能力的培养非一日之功，需经过长期不懈地努力，成为一种习惯。图书馆工作者如果不善于学习，就难以适应时代发展的需求。平时，可在干中学，制订自学计划，请专业老师列个读书清单，使自学系统有序，这是获得知识、提高技能的重要手段。还有，组织大家撰写论文或者外出参观学习，开阔眼界，拓宽思路。针对大家普遍关心的问题和难点，进行专门的学术讨论或参加高层次的学术研究活动。由业务骨干带头成立多个课题组，每个人可根据自己的兴趣爱好加入，老带新，传帮带，营造学术交流的良好氛围。

通过上述培训，可以较好地提高文献提供工作人员的综合素质，才能更好地为广大读者提供优质服务。

参考文献

[1]刘传标. 复合型图书馆的建设. 北京：北京图书馆出版社，2005

[2]姚新茹，刘迅芳. 现代图书馆读者服务. 北京：海洋出版社，2007

[3]王子舟，吴汉华. 图书馆职业的发展前景. 中国图书馆学报，2008(2)

[4]王晓驷. “合作原则”和“礼貌原则”在读者服务中的应用. 图书馆论坛，2008(4)

[5]丛全滋. 图书馆的本质：收藏、揭示和传递文献. 图书馆杂志,2009(2)

浅谈文献提供工作人员素质及培养

赵　瑾(中共陕西省委党校图书馆)

一、提高文献提供工作人员素质的必要性

1. 资源载体多元化

传统图书馆馆藏资源建设主要是对纸质文献的收藏与保管,文献信息的传递和利用也受馆藏图书所限。如今,图书馆馆藏资源已形成多种载体并存的收藏格局,内容更加丰富、种类更加繁多、图文声色并茂、信息量大、速度快、方便快捷,更易于实现资源共享。对文献提供人员熟悉各种类型资源的内涵、分布状况及使用方法的要求更高了。

2. 服务模式多样化

传统图书馆的服务形式是单一的、被动的,随着信息环境的变化,图书馆的服务内容日益扩大化,文献提供工作手段越来越多元化。服务模式从书刊的借借还还转移到多层次信息提供服务,文献提供人员已经从简单的劳动转向智力型劳动,并以用户为中心,摆脱传统的服务方式,开展信息的深加工,主动为用户提供高质量、深层次的信息共享服务平台。

3. 读者需求个性化

网络环境下读者对信息的需求呈现出明显的个性化趋势,具有多样性、针对性的特点。这就需要文献提供人员运用自身素质,根据读者期望得到的文献信息内容,去搜索、精选、整合,进行文献信息深层次开发,为读者提供综合、集成、高效的知识信息。

4. 服务理念人性化

传统的图书馆服务“重藏轻用”,“以物为本”是图书馆人的主导思想。而如今随着网络技术的不断发展和数字资源的快速增加,数字图书馆建设日新月异,共建共享、联合协作、深化服务、延伸服务群体成为图书馆界下新的理念。如何将图书馆工作重心转向以用为主,怎样利用馆藏资源和网络资源来最大限度地满足读者的各种文献信息需求,将成为图书馆文献提供工作不断创新的重要基础和动力。

二、关于文献提供工作人员素质要求的探讨

1. 要拥有坚实的思想素质修养

思想素质是一个人的灵魂性素质,它决定着每个人的人生目标、人生方向和行为准则,如

果没有正确的思想做指导，就不会有正确的世界观和人生观，也很难有爱岗敬业的思想觉悟，那即使有再高的知识水平和工作能力，也只能是空中楼阁、水中望月。坚实的思想素质，需要我们在日常生活中自觉地加强马克思主义理论的学习，学会用科学的理论武装我们的头脑、指导我们的思想行动，坚定崇高的理想信念，坚守为读者服务宗旨，坚持正确的服务方向。

2. 要拥有良好的道德素质修养

良好的道德素质修养，是文献提供工作人员的必备素质，也是做好文献提供工作的前提。文献提供工作人员在工作中应自觉遵守《中国图书馆员职业道德准则》，主动研究用户需求，了解读者需要，时时以读者为本，处处为着想，以自己的行动来促进知识传播，推进资源共享的美好愿景。作为一名优秀的文献提供工作人员，还必须按照《准则》要求，自觉坚持终身学习，不断增强业务能力和综合素养，积极探索工作创新。

3. 要拥有过硬的专业素质修养

（1）文献提供工作人员必须掌握较为系统的图书馆专业学科知识，对本馆所藏的印刷型文献、联机数据库、网络信息等各类资源的构成与分布情况做到心中有数，熟练掌握现代文献信息的检索手段，了解国内外图书情报界的最新发展动态、成果、热点问题等，具有敏锐的文献信息捕捉能力，及时准确地帮助读者筛选出读者所需要的文献信息资料。这是文献提供工作人员为读者服务的专业素质基础。

（2）作为一名合格的文献提供工作人员，除了图书馆专业学科知识以外，还必须具有其他学科专业理论的功底，了解这些学科的前沿动态，掌握相关研究进展，具有一定的信息分析判断和整合处理能力，才能更好地兑现为读者提供有价值、有水准的文献信息提供服务。

（3）熟练的网络与计算机应用技术水平。网络信息技术在图书馆的广泛普及应用，已经让网络与计算机技术成为对文献提供工作人员的一项基本专业素质要求。在许多情况下，文献提供工作都不可避免地要与计算机与网络打交道，不能熟练操作计算机、不熟悉网络技术应用，就无法胜任如今网络环境下的文献提供工作。

4. 要拥有较强的综合能力素质

（1）学习能力。文献提供工作人员应该具有快速学习新知识、新技术的能力，能在较短时间内掌握某方面知识，并将所学知识转化为行动，进行实际应用。有了较强的学习能力，可以增进文献提供工作的与时俱进效果。

（2）人际交往能力。文献提供工作人员应该具有的较强人际交往能力、能够通过相互沟通，快速准确理解用户需求，保持与协作伙伴的良好沟通合作关系。另外，文献提供工作人员还应该具有很好的团队合作能力，这一点对文献提供工作人员来说也很重要，很多时候需要大家彼此间的协调配合才能完成提供服务。

（3）情绪调控能力。良好的自我调控能力是一个人心理素质和身体素质的综合体现，尤其是拥有良好的心理素质是平衡个人情绪调控能力的一个重要方面。而健康的体魄是拥有健康心理的基础，它能能使人情绪饱满、头脑灵活、精力旺盛，生活有幸福感，工作有责任感，会更加敬业乐业，可以有效地帮助我们增强自我调控能力，在工作中显现出良好的精神面貌。

（4）法律运用能力。由于文献提供工作的特殊性，文献提供工作人员，既要做到最大限度满足用户的文献信息需求，充分发挥馆藏文献资源优势为社会所用，又不能违反相关的知识产权法律法规，人员必须熟悉和掌握与信息服务行业相关的法律、法规，如有关著作权法、知识产权法等等。熟知相关法律知识，灵活规避法律约束，会让我们在工作中游刃有余，做到产权保护、文献提供、信息共享都能实现利益最大化，而不触及产权保护底限，让我们的文献提供服务工作合情合理也合法。

三、文献提供工作人员培养教育途径

建立一支高素质的文献提供工作人员队伍，是图书馆全面开展文献提供工作，提升服务的品质的关键。因此，积极寻求文献提供工作人员的培养途径，有的放矢，才能实现文献提供工作人员素质的持续更新与不断强化。

(1)有目的性地开展在职培训。培训以学历教育的方式来提高馆员的知识层次和学历层次，是最直接、最有效、最具有操作性的教育方式，文献提供工作人员可根据本馆人员进修培训学习计划安排，分期分批进行培训，也可根据下一阶段文献提供工作的具体需要提出申请安排计划进修培训。培训进修可以采用多种形式多种途径进行，只要能够达到学以致用就可安排实施。比如：鼓励中青年人攻读博硕在职研、脱产研、双学位，支持非图书信息专业毕业人员进修图书信息专业课程，同时，也支持图书信息专业人员选择本专业以外专业课的进修，培训时间可长可短，可在职培、脱产培、还可以参加函授学习，培训内容可根据工作需要选择。如果是高校、党校等教学科研单位的人，还可以因地制宜选择本校校内教学资源进行培训进修，更经济便捷。

(2)有针对性地选派人员参加短训学习。短训班培训内容一般比较专一，针对性强，能在几天或几十天内学完相关内容，立竿见影效果快。比较受大家欢迎。比如可以选择参加由各级图书馆学会、信息学会等组织的各种短期培训班。另外，还可以采用以文赴会的方式鼓励大家积极撰写论文参加各级学会等组织举办的学术研讨会议，既锻炼了写作能力，又增添了科研成果，同行济济一堂，交流探讨，开阔思路开阔眼界，提高素质自然不在话下。

(3)请进来，走出去，尽可能利用更多的素质培训机会。①邀请专家来馆讲座。讲座内容可灵活掌握，可以是有关图书情报信息方面的学术讲座，也可以是实际岗位中不同应用对象和范围需要的专业知识或操作技能讲座，还可以是配合贯彻学习党中央相关会议文献精神的专题辅导，礼仪知识专题讲座等。②馆际交流，参加有关单位组织的短期考察学习活动，互派人员进行短期学习和交流活动，通过参观学习、实地考察、同行交流等活动，学习他人在技术、管理、服务等方面的成功经验，开阔视野，创新思维，启发自己的工作灵感、起到取长补短，完善自己，提高素质的效果。③鼓励文献提供工作人员在不影响正常工作的前提下，通过网络论坛、博客和专业群等途径与同行、专家、前辈进行思想交流、业务切磋、学习探讨，自主选修、自学提高。

(4)珍惜利用好工作中的固定学习时间。在图书馆每周五天的固定工作日中，周三上午半天为馆内集体学习时间，图书馆应根据本馆近期的工作学习计划合理安排好、利用好每周三上午的全馆学习时间，组织大家进行政治学习、业务学习、技能讲座等等，根据实际需要灵活安排。

(5)制度化和规范化文献提供工作人员继续教育培训。要有针对性地实施培训计划，在培训内容、培训方法、培训时间等方面要体现不同要求。参照相关行业规定，建立健全文献提供工作人员继续教育制度，制定教育培训检查激励机制，加强文献提供工作人员继续教育培训管理，让人员培训有序进行。

常言道，学无止境。文献提供工作人员的素质修养提高也是没有止境的。因此，我们应该怀着一颗与时俱进的心，在工作实践中不断探求学习文献提供领域的新知识，活到老，学到老。

参考文献

[1]唐晶. 合作 共享 发展——图书馆文献提供服务. 北京：北京图书馆出版社，2009

[2]陈益君. 期刊文献传递与知识产权保护问题. 图书情报工作，2001(10)

[3]何丽娟. 图书馆行业专家馆员职业竞争力探析. 图书馆工作与研究，2010(7)

浅谈我馆的文献提供工作

梁东艳(鄂尔多斯市图书馆)

1 文献提供工作的意义

随着时代的进步和社会的发展，文献提供在用户和图书馆之间的作用越来越重要，网络环境下的用户需求已与传统图书馆的用户需求有很大不同。对于图书馆来说，及时了解、挖掘用户的各种需求变化，进而服务用户，通过文献提供服务工作满足用户的需求，并针对用户需求变化合理配购图书馆的文献信息资源，是衡量图书馆工作的重要标准。合理的文献提供服务，可以有效地提高用户对信息资源的获取与利用，图书馆对文献用户需求的不断变化而做出合理的文献提供已成为目前图书馆发挥图书馆职能的重要手段之一，从而在信息时代体现了文献提供的重要性和如何改进文献提供工作的迫切性。

2 我馆文献提供工作的现状和不足

鄂尔多斯市图书馆地处内蒙古境内黄河南岸，黄土高原北端，由于其自古以来的社会因素和经济条件的制约，我馆的文献提供工作一直停留在传统的纸质文献借还，没有形成一套完整合理的文献提供体系。纸质文献没有一套有效的文献目录，无法满足广大用户的各种需求，而随着信息科技及网络时代的到来，电子文献信息大量进入馆藏已成为现实，由此也形成了图书馆文献信息的新构成：即纸质文献信息和电子文献信息的兼而有之。而电子文献信息的提供与利用就要求我们要建立一套完整的数据库系统，来实现电子文献信息的提供和馆际资源的互借与利用。我馆目前正在积极筹备建立这样的数据库系统并要在极大程度上实现馆际合作和资源共享。

3 如何提高我馆文献提供工作的几点建议

3.1 编制文献目录

3.1.1 按照目录反映文献收藏范围区分

按照目录反映文献收藏范围可编制：①馆藏目录，反映某一文献收藏单位所藏的全部或部分文献的目录，它又可细分为反映收藏单位的全部文献或某一种文献的总目录、借书处目录、阅览室目录等，以及特藏目录。②联合目录，揭示与报道若干个文献收藏单位收藏的文献的一种统一目录。如可以与各旗县图书馆或档案馆等建立联合目录。

3.1.2 按照目录收录文献的内容范围区分

按照目录收录文献的内容范围可编制：①综合目录，以满足多种情报需求为目的，收录的文献内容涉及所有知识门类的目录，以内容的综合性和读者对象的广泛性为特征，如可编制《中文图书综合目录》等。②专题和专科目录，可编制《经济图书专题目录》《西方哲学图书专题目录》等。③个人著述目录，亦称个人著述考，在西方和苏联多称传记书目，是揭示与报道特定人物的全部著作以及有关该人物的文献的目录。它又可细分为个人著述编年目录，如丁景唐、文操合编《瞿秋白著译系年》和个人著述研究目录，如北京图书馆与中国社会科学院文学研究所合编《鲁迅研究资料索引》等。④地方文献目录，揭示与报道有关某地区的政治、经济、文化、科学、艺术、人物、山川、气候、物产、自然资源等方面文献的目录，如编制《鄂尔多斯地方名人录》《鄂尔多斯地方资源录》等。

3.1.3 按照目录反映文献的类型区分

按照目录反映文献的类型可编制：图书目录、期刊目录、报纸目录、丛书目录、地方志目录、档案目录、缩微资料目录、视听资料目录、古籍目录等。

3.1.4 按照目录揭示文献的程度区分

按照目录揭示文献的程度可编制：① 题录，揭示文献题名、著者、出版情况的目录，是一种简明的文献报道形式，常用于报道单篇文献。②提要目录，又称解题目录，是对每一文献撰写有内容提要的目录。③文摘，以简明扼要的文字摘述文献的主要内容和原始数据，向读者报道最新研究成果，传递文献信息，为读者提供决定文献取舍依据的一种检索工具。

3.2 建立完整的数据库系统

随着计算机的发展与普及，文献馆藏信息的网络化成为图书馆信息资源建设的重要内容，这样既便于查寻，提高查全率和查准率，又便于在网上互访，实现文献共享。我们可根据具体情况和用户实际需求，逐步建立文献目录数据库—专题索引数据库—全文资料数据库。

3.2.1 建立文献目录数据库

我们在编制纸质目录的同时，也要在网络上建立文献目录数据库，从而在信息时代更好地服务用户，最大限度地满足用户的需求，首先要对文献资料本身进行原始编目，文献的著录严格按照《中国文献编目规则》《中国机读目录格式》等标准，分类标引依据《中国图书馆分类法》，主题标引依据《汉语主题词表》。其次要对文献馆藏信息进行数字化加工处理，编制成相应的目录，进而根据馆藏特色和用户需求，建立完整而规范的文献目录数据库，方便用户检索，利用现代化的网络手段，实现资源共享。

3.2.2　建立文献专题数据库

为了更好地开发利用文献信息,充分满足广大用户的需求,我们应在文献目录数据库的基础上,构建文献专题数据库。这样便于将分散于各学科,分布于各种载体,分藏于各单位的零散的文献通过建库集中起来,既能弥补馆藏的不足,又可方便读者。如我们可建立《地方文献数据库》《报纸索引数据库》《期刊索引数据库》等。

3.2.3　建立文献全文数据库

为了更好地开发利用这些文献,使用户更加准确地获取文献资源信息,我们需要对专题数据库进行深层次的挖掘,对某些专题进行文摘或提要式录入,对馆藏文献资源中利用率高、有学术价值和参考价值的文献进行全文录入,建立文献全文数据库,将文献全文数据库上网后,用户可随时检索到自己需要的资料内容,最大限度地满足读者需求。

3.3　优化文献提供请求方式

3.3.1　亲自递交

图书馆可以制作纸质的“文献提供请求表”,可以在图书馆用户流通量较大的地方发放,必要的时候也可以在社区、单位发放,请求者可以自己提交所填好的“文献提供服务请求表”,文献提供工作者可以根据此表进行查询,进而更方便快捷地实现用户的目的。

3.3.2　电话方式

图书馆可以设定文献提供服务工作专用电话,用户可以通过电话方式咨询所需文献,文献提供工作者查询确认后再通过电话向用户反映其所请求文献的具体情况。

3.3.3　E-mail 方式

这是一种最简单、最常用的互动方式。网络环境下电子邮件已得到了广泛的应用,图书馆可以在自己的主页上列出可供读者利用的 E-mail 地址,读者可随时向其发送咨询文献情况的问题,馆员通过查询后再通过 E-mail 方式给予解答。

3.3.4　实时在线方式

即在网上实时地“面对面”解答读者的提问。这种方式的最大特点是其即时性与交互性。读者只要在能上网的地方,使用用户名与密码在图书馆主页上进行登录,即可以提交所需要文献的具体情况。在图书馆一方,如果有用户登录,警示系统会通知咨询人员接收信息进行交谈,并传递查询结果。这比 E-mail 互动更直接、更及时。馆员在与读者的交谈中,可以挖掘读者的潜在需求,可以随时就含糊的提问进行澄清,就信息资源的内容及使用方法进行介绍,提供充分个性化的服务。

3.3.5　留言板

用户可以在图书馆的留言板上留下自己的咨询问题和邮箱地址,文献提供工作者将根据用户的留言,把反馈的信息发送到户的邮箱中。在这里必须注意的是,这项服务图书馆应有专人负责,而且信息的回复尽可能做到及时。

这里需要强调的是,以上几种文献提供请求方式,不论采取何种方式,图书馆必须设有专人负责,对用户的请求做到及时处理和反馈,否则,就会降低用户与图书馆交流的积极性。

3.4　增加文献传递方式

在优化文献提供请求方式的基础上,还应增加文献传递的方式,只获取了文献的需求,不能为用户提供实时的服务,当然也不能称其为文献提供,只有将用户所需要的文献提交给用户,满足用户的需求,才能是文献的提供服务工作,文献的传递方式主要可以通过以下几种方式实现:E-mail 方式、快递邮寄、传真、自己提取或者托人提取,需要强调的是不管哪种传递方式都需要有真实有效的证件或证明以及费用等。

3.5 合理采购、加强藏书建设

3.5.1 制作文献信息统计表

文献提供服务请求表可以很直接的反映文献的需求状况,所以各部室每年应进行文献提供统计,制作“文献提供统计表”,总结什么类型的文献需要加强采购,什么类型的图书应该合理减少采购数量,从而在下年度的采购中能够更有针对性地采购图书。

3.5.2 通过用户互动实现图书的合理采购

图书馆也可以通过下面几种方式来实现图书的合理采购:①书目调查。即图书馆将文献的出版征订信息做成文件或网页发布在图书馆主页上,让更多的读者在网上浏览、下载或打印,并选择所需要的图书推荐给采访人员。②读者推荐。图书馆开发专门的推荐模块链接在图书馆主页上,读者上网进入页面,根据提示写上自己的推荐信息,有的还可以给出推荐理由。现在已有不少高校的大学图书馆采用了这种方式,如清华大学图书馆、北方交通大学图书馆等。③利用 E-mail 将征订书目发给用户,让用户来圈选,再发回给采访人员。在处理上述的信息中,采访人员最好是能给出处理意见,通过 E-mail 反馈给读者,这样更能激发读者参与的积极性。

3.5.3 专人采购

设置专人采购,结合用户的需求,全面理解用户需要,既要看到用户的现实需要,又要分析潜在的未来需要,分析所配购的文献信息是否符合各类型用户的长远需要,着力提高读者的满意度。结合本馆藏书结构和发展方向制订出采访原则和标准,选择最有入藏价值的文献。在分析文献信息的潜在利用率时,必须分析该学科在本馆的馆藏设置和发展情况,了解可能利用该文献信息的读者群、借阅趋向等,然后决定采购数量。采访人员还要了解国内外的新书情况,丰富图书馆的外文近现代图书馆藏资源,还要及时了解国内的各个大型书展,

采购高质量、高品质的图书,搞好图书馆藏书建设,提高藏书质量,才能更好地为用户提供文献服务。

3.6 提高文献提供工作人员的素质及培训

建设一支具有良好职业道德的高素质馆员队伍,是搞好文献提供服务工作重要的前提。馆员的素质关系到服务工作的创新落实和图书馆的建设和发展,没有复合型、综合素质高的馆员,就谈不上文献提供工作的创新。随着电子信息技术的广泛普及和应用,图书馆传统手工操作的采编、流通、检索等日常工作已逐步被计算机所代替。因此馆员不仅要具备扎实的图书馆专业知识和很高职业道德操守,还要不断加强计算机、网络信息电子等新技术的学习,才能真正发挥图书馆的应有功能,才能更好更全面地为用户服务。同时外语知识也是馆员必备的工具,在信息时代,能熟练阅读外文资料成为获取信息的基本与重要的途径。总之,图书馆员必须与时俱进,强化自身的学习,勇于接受和挑战新事物,不断充实和完善自己,不断开拓用户服务工作的新方法、新思路和新手段,以扎实高效的工作满足用户多样化需求,真正做好文献提

供服务工作。

3.7 实现馆际合作、资源共享

如果用户所需的文献在本馆馆藏资源中无法查询到，核实本馆确未收藏该文献后，可以和其他图书馆进行馆际合作或建立伙伴关系，如内蒙古图书馆可以和内蒙古大学图书馆、内蒙古师范大学图书馆等大学图书馆，我馆可以和各旗县的图书馆进行馆际互借、资源共享。

馆际合作的范围主要是中、蒙文图书，尤其是科研生产、管理决策所需的书刊数据、标准等信息资料。用户可凭借书证，到本馆参考咨询部换取相关图书馆的馆际互借卡，并持该卡到相关的图书馆借书。读者也可到中文图书外借部或网上填写申请单，提供所借书刊的书刊名、著者、版次、出版地、出版年月等，留下姓名、部门和电话号码等联系方式，由经办人发出馆际互借单，在收到对方馆发来书后及时通知用户取书或告知拒借原因。读者在取走书的规定时间内还到经办人处，由经办人负责发回，否则超期费按借出馆规定由读者承担。

总之，信息时代的文献提供服务，就是以用户为中心，满足各个类型用户的需求，为用户提供满意、周到的服务，在文献资源和文献的有效利用、在图书馆和用户之间架起一座具有全新内涵、和谐畅通的信息桥梁。

参考文献

[1]吴玲等. 助人 自助——基于用户的文献服务. 文献信息论坛,2009(3)

[2]彭玲玲. 如何提高高校图书馆用户服务互动性. 图书馆理论与实践,2005(3)

[3]顾江,陆宏弟. 高校图书馆读者服务新探. 三大类型图书馆事业,2004(1)

[4]莫其强. 网络环境下高校图书馆信息服务的新构想. 图书馆建设,2002(3)

[5]包红梅. 转变服务理念,做好图书馆读者服务工作. 内蒙古农业大学学报(社会科学版),2005(3)

[6]陈传妹. 影响图书馆读者服务工作的因素及其对策. 工作研究,2004(3)

[7]刘静霞. 现代图书馆服务的发展趋向. 科技情报开发与经济,2005(3)

[8]曾荣玉,袁小平. 新时期文献采访工作探索. 图书馆论坛,2005(3)

浅谈我国公共图书馆文献信息传递现状与发展对策

顾乐希　王小全(重庆图书馆)

1　文献传递服务的产生和发展

1.1 文献传递的内涵

国内图书馆界对文献传递和馆际互借的表述观点认为，文献传递服务是传统馆际互借服务在网络环境下的延伸和拓展，通常是指由信息提供者将储存信息的实体传递给使用者的活动；另一种观点认为：文献传递是文献拥有者将用户需要的文献直接传递给用户的一种服务，是提供复制件的非返还式文献外借服务；还有人则从技术角度来看待文献传递，认为文献传递服务是基于互联网环境下现代信息技术的发展，促进了信息服务机构文献申请提交和传递方式的水平提高，使得馆际互借服务转向文献传递，如通过电子邮件、传真、邮寄、联机下载等方式将原始文献传递给用户。综合上述观点，我们认为：馆际互借和文献传递都是图书馆为满足用户对本馆未收藏文献的需求而开展的服务，而文献传递是随着现代信息技术在图书馆的应用，在传统馆际互借基础上发展起来的一种更具广泛意义的高效率文献服务方式。

1.2 文献传递服务产生和发展的原因

现代信息社会发展，导致文献信息数量激增，而图书馆购书经费增长却远低于文献价格上涨的幅度；且由于用户信息需求的不断变化，造就了不同类型的信息用户，形成信息需求主体多元化。面对文献信息复杂多变的需求格局，图书馆难以依靠馆藏自身力量来满足用户文献信息需求，于是引入文献传递服务的方式；而服务理念的变化和现代信息技术为推动文献传递服务的发展空间和延伸服务创造了有利条件。各类书目索引数据库、网络数据库、全文数据库大量涌现，扩大可利用资源的来源，有效地增强了用户和图书馆员查询文献信息能力。基于Internet环境下的图书馆服务方式发生革命性变革，促进文献传递服务技术不断开辟新的服务领域。实践证明，文献传递服务在馆藏资源建设、满足用户需求、提供高效和经济的信息服务方面发挥着不可替代的作用，已经从图书馆的边缘性服务发展成为主流信息服务。

2 联合参考咨询网的服务模式

(1)联合参考咨询网文献传递服务的现状。我国公共图书馆的“联合参考咨询网”(UCDRS)是由广东省立中山图书馆于2005年3月牵头组建，负责承担平台的建设与维护，成员馆只需签订联合参考咨询与文献传递网资源共享协议，即可加入。到目前为止，已集合扩展到近20个省市54家公共图书馆、18所大学图书馆等文献资源。它是以庞大的数字馆藏资源为基础，以互联网丰富的信息资源和搜索技术为依托，面向全国用户提供全文免费传送服务的公益性、分布式联合参考咨询服务系统，其规模国内最大。UCDRS采用实时和非实时交互技术，利用WEB构建一个分布式联合参考咨询平台，主要是通过表单咨询和E-mail传送文献。只要读者注册为该网络联盟正式用户，即可得到联盟内图书馆提供的网上参考咨询和文献远程传递服务。目前图书馆文献传递服务的运作方式是全自动的服务模式。全自动化方式是指用户通过网络对数据库进行检索、提交申请，并通过网络获取全文文献，实现“一站式(One-stop)”服务。目前多数全文数据库、网络版电子期刊和目次数据库都具有这种功能，用户通过网络平台系统检索到文摘索引后，便据其全文的获取方式、来源馆等信息获取全文。

(2)联合参考咨询网的优势。文献传递服务是一种有效资源共享手段，通过整合资源，共建共享。联合参考咨询网整合各图书馆人力、物力资源，资源丰富，基础雄厚，实现了跨地区的资源共享。同时，将参考咨询也嵌入到文献传递服务过程中，深化和延伸文献传递服务的功能与内涵，由原先被动满足读者单一信息需求向主动为读者提供更深层次服务的转变，从满足读者指定的文献需求向提高和培养读者信息素养能力服务的深层次延伸。文献传递服务方式打破参考咨询与文献传递部门间的界限，实现咨询与文献传递服务的有机融合，不同专长的咨询馆员共同参与网络咨询服务，真正实现了专家共享。UCDRS是传统参考咨询服务在网络环境下的继承和发展。

(3)使用方便,免费服务。联合参考咨询网的任何注册用户不受时间与空间限制,实现全天候服务。读者可在平台上自助注册、表单咨询、在线实时咨询、电话咨询、网关咨询等多种渠道和方式来查询和使用文献信息资源。平台提供了详细的帮助说明。每天 8:00—21:00 多位专家在线服务,提供全文文献等,21:00—次日 8:00 时段自动接收咨询。用户是在一个操作简单、共享开放、存取便捷的界面内,完成文献传递服务。联合参考咨询网是不断以读者需求为导向来完善自身的功能。

(4)系统先进,优质高效。UCDRS 是基于网络的联合检索和参考咨询的文献服务平台,并以统一交互的界面提供给咨询馆员和用户,实现信息咨询服务的网上管理。它借助于现代信息技术,使咨询服务突破了时空限制,高效地实现参考服务的网络化、虚拟化和实时化。它是国内开展较早、规模最大的网上咨询平台。采用分布式的架构,系统功能强大,智能化水平较高。UCDRS 设立的网关可接收来自不同异构咨询平台的数据和其他平台的咨询提问,只要在系统中登记过的咨询平台,系统均可以接收来自该系统的读者提问。异构跨库检索平台与网上参考咨询系统实现无缝链接,咨询专家和读者都能够使用该系统进行网上检索、阅读和索取原文,构建了一个真正意义上的网络式参考咨询服务平台,实现了专家、资源和读者的全面共享。UCDRS 将图书馆的网上参考咨询服务提升到一个新的水平,开创了国内合作化数字参考咨询服务的先河,因此成为公共图书馆提高服务水平和质量的一个新的亮点和契机。

(5)文献传递服务在技术的支撑下出现了多样化的服务模式。如数字参考咨询服务(简称 DRS)是一种通过 Internet 向实体图书馆以外的用户提供的帮助或参考资源的网上信息服务方式,是连接用户与专家、专门学科知识之间的提问与解答服务。DRS 有三种服务模式:异步、实时以及合作化。异步是指用户的提问与专家的回答是非即时的,主要采用电子邮件、常见问题、电子表单等几种方式;实时咨询是真正实现数字参考咨询的标志,主要是采用网络聊天、网络白板、视频会议、网络呼叫中心等几种方式的实现,服务内容一般都能够提供电话咨询、电子邮件、万方数据咨询、当面咨询、留言板咨询、查新咨询等常规服务形式和项目;合作化的 DRS 是当前数字参考咨询发展趋势,是通过多个咨询成员合作构成一个分布式的虚拟咨询网络,可提供综合性的专家咨询库检索、问题处理与分配等。联合参考咨询网是网络环境下我国图书馆数字参考咨询服务的著名品牌,现在的各项文献服务活动开展得生机勃勃,必将有越来越大的发展空间。

3 图书馆文献传递服务存在问题及优化措施

3.1 扩大联盟范围,更好地开展服务工作

首先,优化措施,改善服务基础设施,解决服务过程中存在的问题和障碍;发展有条件的公共图书馆成为 UCDRS 的成员馆,逐步完善各种数据库的建设,优化、整合成员馆自建数据库,弥补系统资源的空白与不足。同时,对各成员馆要根据图书馆的类型划分权利与义务,制订合理的激励补偿措施,引导成员馆积极地将馆藏转为共享资源,真正做到资源共建共享,为文献传递服务奠定良好的资源保障体系,使联合参考咨询网在全国乃至世界的影响力不断扩大。目前,相当多的成员馆并未把文献传递活动提升到一种战略性合作的高度来认识,没有把它视为网络环境下共建共享的主要模式而进行资源投入。而仅作为一种传统文献服务的延伸,联

盟内成员馆数字资源未充分开发，数据库资源配置不尽合理的现象比较突出，特别是外文数据库及各地方馆特色数据库的使用较为封闭。如，随着社会的发展，课题资料查询的深入，需求外文资料的用户越来越多。在参考咨询平台工作界面上，我们常常看到外文咨询量长时间滞留咨询列表中，而其他成员馆却有心无力；再如，重庆图书馆有着丰富的数字化民国文献资源，在全国有较大的影响，读者文献需求量也较大，而外地读者索取较困难。究其原因，馆藏特色资源尚未纳入联盟资源范围。在这方面我们可吸取国外成熟的经验，探讨全国馆际互借发展模式，本着自愿的原则，在达成共识的基础上，拟定可操作的数字业务流程和服务规范，签订资源共享协议，推动数字文献无障碍“互借”早日实现。其次，实行合作化大发展，与“全国图书馆信息咨询协作网”、“数字图书馆的参考咨询系统”、“CALIS 的联合虚拟参考咨询”等机构合作，搭建全国图书馆网络信息沟通平台，促进图书馆联盟的合作发展。

3.2 加强知识库的建设

目前，联合参考咨询服务知识库的建设仍停留在咨询历史档案的层面，尚未真正起到咨询服务参考源的作用，如专题检索服务，综合性和研究性检索的高知识含量咨询相对较少，此情况将降低参考咨询服务的价值，所以，知识库的建设必须纳入联合参考咨询服务系统的长远规划。该库包括了显性知识和隐性知识，前者包括用户与专家档案、成员馆档案、咨询历史档案、FAQ 等；后者包括专家的知识和经验、对隐性知识的挖掘和利用。知识库建设可以把源于参考实践的咨询档案经过系统加工、科学整理，形成一个可供利用的参考咨询系统知识库，供各成员馆检索和共享。FAQ 浏览检索是网络参考咨询系统中最基本、最重要的平台。据调研，UCDRS 对于 FAQ 并未进行科学分类，仅简单地设置了读者来信、读者留言、系统应用以及咨询问题四类。且大多数都归为“咨询问题”类。咨询馆员应将诸多大众化的、有代表性的、经常遇到的问题做好详细解答，并根据评价对答案进行分类组织，遵循通俗实用的原则设置动态性类目，便于日后根据新提出的问题再推出新类目。其次，受时间限制，咨询馆员没有宽裕时间检索纸质文献，多数依靠各类数字文献，特别是对一些综合性、专业性咨询回复完整性较差。但是，衡量检索质量的标准是准确性更为重要，其次才是时效性。只有高质量回复咨询，才能使联合参考咨询网富有吸引力和生命力。因此，为使问题得到得到及时的解答或高质量回复，可通过实行智力引进不同学科背景的专家、学者或普通用户参与其中回答，将网络参考咨询逐渐社会化。所以，对于咨询答案的组织和完善则成为关键，而 FAQ 也将充当着用户问题信息交流平台的重要角色。

3.3 咨询馆员的评价体系设计应更合理与客观

目前，联合参考咨询网站上满意度的评价基本合理，特别是新近设计评价系统在科学化与合理化方面有了新的提高。但在局部细节上还应做技术处理。如，用户对参考咨询业务范围不甚了解，或因宣传不够，往往会提出不适宜咨询员回答的问题，如法律意见、求医问药或某一冷僻的技术要求等问题。只要得不到满意回答，都写“不满意”，有时是因系统维护、更新原因而打不开的文献，也被评为“十分不满意”，诸如此类，很难向用户解释清楚。因此，网上参考咨询应定位和明确公示业务范围，界定咨询员职责范围，明确服务对象，这样为网络咨询体系的客观评价统计提供清晰的依据。

3.4 服务形式有待多样化

UCDRS参考咨询服务过程中基本上仅限于读者与图书馆之间的互动模式，咨询服务技术手段和形式较为单一，缺乏较深层次的咨询服务，如读者引导、需求辨析、替代方案等服务的提供尚未真正开展起来。目前，主要是利用QQ在线、表单咨询、电邮等文字型为主的咨询需求，不具备网页推送、同步浏览及提问转发等高级交互功能，缺乏满足较复杂的实时咨询要求的能力。因此，建议增加一些如QQ上的截图、音频、视频、上传文件等功能来增加实时咨询界面的友好性，以图文并茂的生动形式对读者问题进行解答，扩展平台的服务功能。因为有些问题是要通过语言沟通，才可表述清楚和意会。再如，可对咨询服务方式进行整合，增加咨询途径。如远程协助网上实时参考咨询，通过远程控制技术，咨询馆员可以方便、安全地对用户的信息需求进行远程协助，直接指导异地读者解决检索中的疑难问题。远程协助软件工具，放在信息咨询服务系统的服务器上，读者客户端安装即可. 请求协助时，告诉咨询员本机的IP地址及自己设定的密码，问题解决后，用户退出链接并修改密码，安全、便捷。

3.5 加大宣传力度，拓宽推广范围

UCDRS现有宣传几乎限于成员馆网站，宣传一个著名品牌离不开知名度和美誉度，在保质保量的基础上，加大宣传力度，拓宽推广范围，可以通过网络、电台、报刊、广告牌、门户网站等媒体形式的合作，也可在除图书馆主页以外的多个网页都设置直接指向文献传递与咨询服务的链接，注重联合参考咨询与文献传递网品牌与统一标识的宣传，开展一系列大规模宣传活动与攻势，加深读者对该项服务的印象。

3.6 规范和完善文献传递服务质量标准

我们应借鉴国外图书馆文献服务的成功经验，理顺业务流程，规范操作程序，建立服务质量控制机制，使文献提供服务能够有章可循。现阶段，UCDRS设立有图书馆及咨询馆员的排行榜，常见一些咨询馆员为争答题数量，对问题“有问必答”，而有些资料所在馆并未收藏，如地方特色史料、专业数据库、外文文献等，导致用户为了得到所需资料，一个问题重复咨询多个馆的咨询馆员，这种一票否决回复用户的做法，造成系统资源浪费；还有一些咨询馆员，钻系统漏洞，如回复一题时多次保存，有的多达数十次，回复咨询有数量没质量；更有甚者，采取不正当手段自问自答，破坏了联合参考咨询网的严肃性。

3.7 提高队伍整体素质，加强学习交流

人才资源是知识经济时代的第一资源，参考咨询人员的素质高低直接决定了参考咨询服务水平的高低。UCDRS服务属于知识密集、技术含量高的综合性服务，面对多层次高素质读者的各种文献需求，要有一支知识结构合理的专业人才队伍。这必然对咨询员素质水平提出了高要求，包括具备良好的职业道德、团队精神、丰富的专业工作经验与学科知识，较强的电脑应用能力，熟练的检索技术，较高外语水平等。只有具备这些素质和能力，才能在解答咨询中使用最佳的检索策略，保证咨询答案的质量和事实的准确性，为用户提供最准确和最具权威的资料。因此，UCDRS应该制定相应的选拔人才标准计划，培养和选拔出一批优秀人才，定期培训，了解参考资源，熟练掌握数据库和网上检索技巧，通过学习培训使在岗咨询员获得技能和

技巧等方面的提升,提高服务质量和水平,更好地为广大读者服务。一个团队必须充分沟通,才能合作无间。应该建立咨询员交流制度,经常交流沟通,互补长短,必要时将读者的咨询题准确地转给合适的成员馆或咨询员解答,及时妥善解决存在的问题,提高联合参考咨询服务的整体水平。

参考文献

[1]陈力. 数字时代的馆际互借与文献传递. 国家图书馆学刊,2008(3)

[2]张志彬. 网络时代图书馆员的机遇和挑战. 图书馆论坛,2005(4)

[3]许桂菊. 网络环境下的馆际互借研究与展望. 图书馆,2006(2)

[4]谢朝晖. 联合参考咨询与文献传递网服务平台及其效用分析. 新世纪图书馆,2009(3)

[5]李幼蓉,郝欣. UCDRS. CO 与 UCDRS. NET 系统咨询平台比较分析. 图书馆学研究,2009(6)

[6]于丹辉. 联合参考咨询网的实践与思考. 图书馆论坛,2008(3)

浅析图书馆文献传递服务

于珊珊(国家图书馆)

1 文献传递的含义

1.1 文献传递的概念

文献传递是将用户所需的文献复制品以有效的方式和合理的费用,直接或间接传递给用户的一种非返还式的文献提供服务,它具有快速、高效、简便的特点。现代意义的文献传递是在信息技术的支撑下从馆际互借发展而来,但又优于馆际互借的一种服务。开展文献传递服务,不仅缓解了图书馆经费、资源不足与读者日益增长的文献需求之间的矛盾,也对科研学习起到了很好的支撑作用,是实现文献资源共享的最有效的方式之一。

1.2 文献传递服务的主要内容

(1)为读者提供本馆馆藏的文献资料,包括期刊论文、图书、会议论文、硕博论文、专利、标准、科技报告、网上资源、报纸等。

(2)为读者向国内高等院校图书馆或文献提供机构(如北京大学图书馆、清华大学图书馆、国家科技图书文献中心等)申请文献提供传递服务。

(3)为读者向国外高等院校图书馆或文献提供机构(如大英图书馆 BLDSC、美国的 OCLC、德国的 SUBITO、加拿大科技信息所 CISTI 等)申请文献提供传递服务。

2 文献传递人员应具备的素质

2.1 思想道德品质

具有良好的思想道德品质是文献传递人员应具备的首要条件。道德从本质上体现的是文献传递人员的自觉意志和社会责任感,图书馆文献传递工作是为读者服务,保障服务的质量,及时传递正确的文献资料,这就需要较高的服务质量为根本保障。要求文献传递人员树立正确的世界观和职业意识,爱岗敬业、诚实守信、提高技能、强化服务,培养认真、细致、严谨的工作作风。

2.2 较强的专业知识及技能

具有较强的专业知识及技能是文献传递人员应具有的必备条件,文献传递人员拥有较高的专业水平不仅能提高服务层次,还能为各类信息用户提供优质信息服务。提高检索能力,掌握相关的专业知识是能否正确提供专业文献服务的关键,是文献传递人员素质高低的重要体现。现今文献传递已经全球信息化,文献信息国际化已经成为趋势,外文数据越来越多,就需要文献传递人员具备一定的外文知识,这样才能更好地胜任文献检索、识别、整理等工作。随着信息技术的发展,文献传递人员要熟练掌握计算机操作方法和互联网搜索技能,深入了解本馆使用的软件功能、用法及检索途径。

2.3 强烈的服务意识、责任感

服务意识不仅对文献传递的服务质量有直接的影响,而且对图书馆外部形象的树立也有非常重要的影响。文献传递人员要有强烈的责任感,对工作充满热情,尽职尽责,具有敬业精神。在工作中尽自己最大的力量满足读者的需要,不怕麻烦,想读者所想,急读者所急。在日常工作中,文献传递人员会接触到各种类型的读者,这就要求文献传递人员要有良好的沟通协调能力、语言表达能力,对读者要有耐心,诚心待人,用心查资料,真正履行为读者服务的宗旨,文献传递服务才能有更好的发展。

3 国内主要文献传递服务机构介绍

3.1 国家科技图书馆文献中心(NSTL)

NSTL(National Science and Technology Library)是根据国务院批示于2000年6月12日组建的一个虚拟的科技文献信息服务机构,成员单位包括中国科学院文献情报中心、工程技术图书馆(中国科学技术信息研究所、机械工业信息研究院、冶金工业信息标准研究院、中国化工信息中心)、中国农业科学院图书馆、中国医学科学院图书馆。网上共建单位包括中国标准化研究院和中国计量科学研究院。根据国家科技发展需要,按照“统一采购、规范加工、联合上网、资源共享”的原则,实现科技文献信息资源共建共享。该中心在系统内建立了科技文献的网上传递系统,通过网络向国内外用户提供科技文献检索和文献传递服务。目前中心在全国各地已经建成了8个镜像站和33个服务站,构成了辐射全国的网络化的科技文献信息服务体系。

3.2 中国高等教育文献保障系统(CALIS)

CALIS(China Academic Library & Information System)是经国务院批准的我国高等教育"211工程"、"九五"、"十五"总体规划中三个公共服务体系之一,为了更好地再高校开展馆际互借与文献传递工作,更好地为读者提供文献传递服务,CALIS 管理中心建立了"CALIS 馆际互借/文献传递服务网",作为 CALIS 面向全国读者提供馆际互借/文献传递服务的整体服务形象。目前,该系统已经实现了与 OPAC 系统、CCC 西文期刊篇名目次数据库综合服务系统、CALIS 文科外刊检索系统、CALIS 统一检索系统、CALIS 资源调度系统的集成,读者直接通过网上提交馆际互借申请,并且可以实时查询申请处理情况。

3.3 中国高校人文社会科学文献中心(CASHL)

CASHL(China Academic Humanities and Social Sciences Library)是在教育部的统一领导下,本着"共建、共知、共享"的原则,为高校哲学社会科学教育和研究建设的文献保障服务体系,是国家教育部"哲学社会科学繁荣计划"的重点项目之一,为全国高校、哲学社会科学研究机构和工作者提供综合文献信息服务。CASHL 于 2004 年 3 月 15 日正式启动,由项目管理中心和 2 个全国中心、5 个区域中心以及 10 个学科中心组成。其职责为系统收藏资源、有效提供服务。

3.4 中国科学院国家科学图书馆

中国科学院国家图书馆于 2006 年 3 月由中国科学院所属的文献情报中心、资源环境科学信息中心、成都文献情报中心和武汉文献情报中心四个机构整合而成,实行理事会领导下的馆长负责制。国家科学图书馆立足全院、面向全国,主要为科研人员和科技管理和决策工作者,提供自然科学基础学科、边缘交叉科学和高技术领域的科技文献资源保障、学科化信息服务和战略情报研究服务,并开展学术交流与科学文化传播服务。

3.5 北京地区高校图书馆文献资源保障体系(BALIS)

BALIS(Beijing Academic Library & Information System)是北京地区高校图书馆文献资源保障系统的一个子系统,依托成熟的系统平台,充分利用北京高校丰富的馆藏资源和高校间便捷的网络环境,为北京地区高校用户提供服务。BALIS 原文传递管理中心设在中国人民大学图书馆,目前设有四个学科服务中心馆,即中国人民大学图书馆、北京邮电大学图书馆、北京师范大学图书馆、首都师范大学图书馆。截至 2011 年 7 月底,BALIS 原文传递系统已经发展了 79 家成员馆。

4 文献传递服务现状

4.1 文献传递服务人性化

文献传递服务设置在图书馆或是文献机构的主页上比较明显的位置,并附有详细的服务内容、申请办法、收费标准、联系方式等的介绍。不仅方便了读者的使用,而且体现了图书馆对文献传递服务的重视。读者可以通过电话、E-mail、传真、系统申请等方式简单便捷地进行咨询、委托申请,收费方式便利,包括银行转账、邮寄汇款、网上支付等,这样对本地读者及外地读者省去了很多麻烦。并且有些图书馆及文献机构拥有独立的文献传递与馆际互借传递系统，申请、受理、付费全套服务，十分便利，并且程序规范，网络化管理得到了实现。

4.2 文献传递服务多样化、内容广泛

文献传递服务手段多种多样，可以通过多种方式提交申请，例如 E-mail、电话、系统申请、传真、Ariel 等实现了文献传递业务的网络化、电子化。现今文献传递已经突破了纸质范围，提供的内容更加广泛，不仅包括复制及传递图书、期刊论文、硕博论文、会议论文、标准、专利等，还包括图片、多媒体文件等，对读者除了提供馆内的馆藏资料还能提供国内外图书馆的资源，依托网络面向全球用户。

5 文献传递服务未来的发展趋势及建议

5.1 通过文献传递取代部分馆藏

利用文献传递取代部分文献资料的订购，优化馆藏资源，弥补馆藏不足，同经费、人工费、期刊装订费等费用相比，文献传递更加便捷经济。

5.2 文献传递人员定期培训

目前，文献资源已经从纸质文献扩展到电子资源和网络信息资源，趋向综合性发展。这就要求文献传递人员不断提高业务水平，加强检索能力，熟练掌握各个数据库的检索技巧，应加强文献传递人员的继续教育和岗位技能培训，各个图书馆可根据自身情况制订培训计划、方案，可定期组织馆与馆之间的业务交流、学习，或定期召开座谈会、组织学术报告会，及时了解和掌握国内外图书馆事业发展的新动态、新成果。

5.3 建立文献传递信息库

在日常的文献传递服务中会遇到同一份文献资料不同的读者都需要的情况，文献传递机构可以建立自己的检索目录，形成特色的电子数据资源库，有些重要文献资料重复复印对文献的保护也是不利的，建立特色数据库，这样不仅减少文献传递人员重复劳动、避免重复向其他图书馆申请，也可以提高文献的利用率，降低成本。

5.4 建立文献传递服务质量的评价体系

为更好完善文献传递服务，更好地为读者服务，应构建评价模型，规范服务，建立文献传递服务的评价标准、评价指标，可以从文献传递的服务速度、文献传递服务的满足率、准确率、用户满意度等几方面评定，在日常服务中，经常有读者提出他们需要在一定的时间内获得文献，对用户请求反应速度和处理速度的快慢是用户评价服务质量的一个重要标准。收费标准是否合理，具体收费项目有哪些应与所提供的服务成正比。服务满足率是满足用户请求文献总数和所提供文献的比例，文献传递满足率的高低是评价文献传递服务质量的重要因素。

文献传递服务作为一项传统性与现代化并存的合作服务方式，需要在更广阔的领域开拓新的共享途径和服务机制，不断提升为读者服务的品质，才能在信息化、网络化、数字化不断深入的图书馆领域中有更好的发展。

参考文献

[1]姜利华.图书馆文献提供服务的优化策略.图书馆学刊,2011(5)
[2]陈玉凤.我馆文献传递服务的实践与思考.见:福建省社会科学信息学会2006年年会论文集,2006
[3]熊燕.浅谈图书馆文献传递服务工作.黑龙江科技信息,2010(16)
[4]郝伟.提高高校图书馆人员素质探讨.科技信息,2010(25)
[5]唐晶.合作 共享 发展——图书馆文献提供服务.北京:国家图书馆出版社,2009

试论新形势下图书馆文献资源建设的发展走向

郭玉光(海南省昌江黎族自治县图书馆)

1 文献信息资源模式转变对传统图书馆的挑战

1.1 传统文献信息资源滞后跟不上时代发展的步伐

随着计算机技术在图书馆的广泛应用,以及文献信息资源处理社会化程度的不断提高。现代化图书馆将摆脱传统的以“书”为中心的文献资源管理模式,以人为本,围绕人们的阅读需求、信息需求、文化需求和知识需求,有针对性地开展各种各样的服务活动,才能适应时代的发展。但是,传统文献信息资源所固有的局限性已越来越明显地表露出来。首先,传统上拥有文献信息资源优势的图书馆面临着资源老化,时效性不强,损坏和流失,以及没有适当的资金补充新资源的危机已极为突出。其次,传统的文献信息资源保存困难,占用空间太大,没有充分利用现有的网络资源,特别是公共图书馆,由于种种原因的限制都无法在网上浏览,使宝贵的信息资源白白浪费。第三,传统的文献信息资源检索复杂,使用不便利,无法实现资源共用共享,其效率极为低下。第四,传统的文献信息资源收藏范围有限,专业化不强,都是一味强调文献资源本身的文物价值,而很少考虑这些文献资源是否适应广大用户的需求,造成服务手段少,方法也单一。第五,现代图书馆馆员中还有相当一部分人普遍存在未掌握计算机技术和网络技术,特别是网络信息资源处理的管理人才奇缺,使大量的文献信息资源亟待开发。

1.2 传统文献信息资源受到现代信息技术发展的冲击

随着信息环境的改善和信息需求的不断增长,加之互联网的发展壮大,已使图书馆不再是人们获取信息资源的唯一来源,它拓宽了人们利用信息资源的途径与方法、范围与内容。用户可以通过互联网的方式,足不出户就可以对自己所需的信息资源,在网上进行筛选、过滤后基本得到满足。因此,以计算机技术和通信技术为主体的现代信息技术正在把人们带入信息社会。那四通八达的信息高速公路,将改变人们的行为方式和价值取向,人们可以在信息高速公路上随心所欲地进行跨地域、跨时空、多主体的网络式沟通。丰富的网络信息资源、海量的信息存贮、高速的信息传输、开放的信息市场,每时每刻都在推动着信息资源的开发建设,传统信息资源管理模式的变革已成为定局。这样一来，给图书馆传统的文献信息资源开发建设带来了极大的冲击。

由此可见，图书馆在面临社会信息服务业冲击的同时，暴露出不少不能适应网络时代发展需要的弊端。从管理方式来说，图书馆各自为战，古代藏书楼式的封闭状态还没有得到彻底改变，仍然是一种小生产式的管理方式。从服务手段来看，图书馆的技术手段、服务方式还比较落后，许多图书馆仍然是传统的手工服务方式，信息采集和传输手段落后。虽然不少图书馆已建成局域网，但基本上没有实现真正的网络化知识信息服务。因此，笔者认为，现代图书馆要开发信息资源建设，应考虑其开发的着眼点。

基于上述，当今社会，科学技术日新月异，纵横交错，互相渗透，互相交叉，因而导致了信息资源的专业性质很不稳定。据有关资料显示，一个专业的文献发表在专业期刊上的只占50%，而另外50%则发表在与其相关或间接相关，甚至无关的期刊上。就一个专题范围的文献信息来说，大约有1/3登载在题名专题相同的期刊上，还有1/3登载在题名与该题名无关的期刊上。加之目前信息量的剧增，世界上平均每天约有1.3—1.4万篇新的科学论文问世，每小时有近20项新科技新发明出现，每分钟有一本新书出版。因此，广大读者和用户所面临的难题是面对浩繁的信息资源难以检索，面对大量的文献信息没有足够的时间和精力及时消化利用。这就要求图书馆在信息资源开发建设中，必须把重点放在网络信息资源的发展、数字信息资源的转化、多种信息类型的整合上，树立新的信息资源建设观，才能赢得优势，赢得主动权，才能满足广大读者和用户的需求。

2 文献信息资源开发利用模式不断创新

2.1 树立信息资源新理念，适应读者和用户市场的需求

在信息资源环境中，广大读者和用户的信息活动贯穿于社会生活的每一个环节、每一方面，其信息资源需求具有全方位性。因此，笔者认为，图书馆要树立新的信息资源理念，在开发信息资源时，除了发挥传统优势以外，主要还应在信息资源结构的调整与选择上采取“异中求同，同中求异”的做法。异中求同就是在信息资源的发展上，以网络信息资源开发为中心。同时，还要从竞争大小的现实出发，结合各地的人文、地理、物产资源等等。在策略上，尽可能采取“分层竞争的战略”优势，围绕核心竞争力，构建有竞争优势、有地区特色的信息资源网，使决策者们及时、准确、高效地做出决策。

2.2 树立网络建设新观念，加强信息资源共建共享的优势

随着社会经济的发展与信息技术的广泛应用，文献信息资源的开发与利用，将逐步走向数字化、网络化、大众化和商品化，读者和用户对文献信息资源的要求也越来越高。据有关数据显示，省级图书情报部门的文献资源利用率最高不超过30%，高校图书馆为45%，中国科学院为17%，全国平均有70%左右的文献资源无人问津。由此可见，网络环境下，重构图书馆信息资源共享管理模式，实行信息资源的共建共享，是进入信息社会发展的必然要求，也是图书馆界发展战略中的一项重大举措和未来图书馆事业的发展方向。

综上所述，各级图书馆要借助全国公共图书馆文献信息资源共建共享这股东风，争取各级领导的高度重视和支持，在加快网络化建设的同时，有必要重点考虑信息资源共建共享的相关

政策。因为,每个图书馆的资源、资金都是有限的,这就要求必须积极参与图书馆及其他文献信息机构的文献保障体系建设,对信息资源共建共享达成共识,建立数字图书馆网络,利用现代通信技术和计算机网络设备,在分工和合作的前提下共同实现信息资源共享。比如,上海图书馆网站提供与497家报纸的链接,大大方便了习惯网络阅读报纸的读者,就是一个很好范例。所以,各图书馆必须联合起来,走资源共建共享的道路,把分散的信息资源有效地组织起来,形成巨大的社会信息资源库。只有这样,才能带动各种信息资源共建共享的管理模式,才能取得更大的社会和经济效益。

3 加强文献信息资源建设的发展与对策

3.1 加大资金投入力度,进一步完善网络环境建设

在网络环境下,图书馆要努力构建一个完整的文献信息共建共享体系。首先,要合理分配经费,订购最适合读者和用户需要的、有收藏价值的印刷型文献信息资源和电子版与网络版文献信息资源,并使其比例保持合理,最大限度地满足读者和用户的需求。必要时可做一次读者和用户文献信息资源需求方面的分析研究,然后据此对馆藏文献信息资源建设方针进行调整。其次,众所周知,网络时代,文献信息资源的获取,是以相应的设备条件、资金投入为支撑的。因此,在图书馆文献信息资源共建共享体系中,必要的资金投入是不可缺少的。比如,计算机设备,储藏必要的电子出版物等。目前,大多数图书馆都已或正在筹建多媒体电子阅览室。因为,多媒体电子阅览室,它能够最大限度地为读者和用户提供一个利用现代信息技术来获取文献信息资源的场所,是营造网络信息环境,网络信息气氛的重要手段。所以,图书馆的文献信息资源建设经费的比例配置要合理化。既要满足读者和用户文献信息资源的需要,又要适应网络化的发展,考虑文献信息资源共建共享的需要,还要考虑读者和用户对网络信息资源的需要。只有全面考虑,合理配置,才能利用有限的经费购置满足读者和用户需求的文献信息资源。

3.2 加强文献信息资源数字化和馆藏特色化建设体系

图书馆自动化的应用改变了图书馆的传统模式,扩展了图书馆的业务,提高了管理水平。现代图书馆的管理是从图书馆馆藏文献资源和数据库为基础,而数据库的建设是实现图书馆自动化、网络化、数字化的基础工作,没有这一基础,就谈不上真正意义上的文献信息开发与利用。因此,图书馆应加大电子出版物的采集比重。并对传统的馆藏文献资源进行开发利用,使其数字化和规范化。图书馆还应将馆藏文献资源进行数字化的重点放在书目数据库的建立与完善上,不论是对新入藏的文献资源做书目数据,还是对原有的馆藏文献做回溯性书目数据,都应尽可能地使用国家图书馆联合编目中心编制的书目数据。一方面,可以使图书馆在人力、物力上得到节省。另一方面,也是书目数据达到规范化和标准化要求的有利保证。因为,书目数据达到规范化和标准化是图书馆文献资源共建共享的最基本的条件。所以,数字化建设是网络时代图书馆发展的必然趋势。

在加强数字化建设的同时,笔者认为,各图书馆在文献信息资源建设上还要突出其特色化。做到别人没有的我有,别人有的我全、我优,才能在网络化时代里生存,并占有一席之地。还要充分利用各图书馆的自身地理优势、学科特点、现有馆藏的历史文化背景,有计划、有步

骤、有选择地开展特色馆藏的收集、整理、开发文献信息资源工作，确保特色馆藏的系统和连续性。据了解，近几年来，有不少图书馆开始着手根据自身的学科专业或地方特色的优势建立了各种特色馆藏的数据库，并已初见成效。

3.3 强化人才新观念，走人才兴馆之路

据有关资料显示，美国图书馆一项调查表明，在图书馆服务所发挥的作用中，图书馆建筑物占5%，信息资料占20%，而图书馆员占75%。因此，建立以读者需求为调节手段的管理、服务和运行机制，主要依靠具有创新能力的高素质的馆员。

由此可见，图书馆人才资源开发的前提是转变观念。在网络时代的今天，图书馆决策者应该牢固树立人才第一的观念，应将人才资源视为图书馆发展的第一资源。图书馆日常工作开展和今后的发展固然需要资金、技术、设备、馆藏文献信息资源等作为保障，但更需要一支具有真才实学的人才队伍作为保障。同时，还要走人才兴馆之路，确立"以人为本，以人才为中心"的管理观念。加强多学科复合型人才的培养，积极引进高学历图书情报信息专业人才，彻底改变目前图书馆人才结构普遍不合理的现象。注重现有人员的继续学习，采取各种有效措施，尽快改变他们的知识结构和能力水平，从整体上提高图书馆员的综合素质，还要改革人事制度，打破分配中的平均主义，优化人员配置，为人才营造一个脱颖而出的宽松环境，只有这样，才能满足网络时代图书馆服务工作的需要。

总之，信息技术的发展及其在图书馆的广泛应用，已经改变了图书馆传统的、单一的、被动的服务模式，形成了崭新的、多元化的、主动的信息服务模式，使网络信息资源和馆藏文献资源都得到了充分的利用，而且更大范围与更深的程度上实现了信息资源共享。因此，笔者相信，随着信息社会的发展和图书馆网络化进程的推进，图书馆的文献信息资源建设将更上一层楼。

参考文献

[1]吴建中. 公共图书馆发展战略思考. 北京：北京图书馆出版社，2007

[2]邹忠民. 论21世纪图书馆信息研究模式的走向. 图书情工作，1999(10)

[3]石建，李广德. 论大西北地区信息资源开发模式的构建. 图书情报工作，2002(9)

[4]彭前卫. 新世纪图书馆信息服务的发展策略. 图书馆论坛，2003(1)

[5]方翎. 21世纪图书馆情报信息服务模式的构想. 现代图书馆情报技术，2000(年刊)

[6]陆萍. 图书馆信息资源共享管理模式构建. 图书馆论坛，2002(1)

[7]邹荫生. "入世"后图书馆人才资源开发与人才素质要求. 图书馆论坛，2002(5)

试析浅阅读环境下的图书馆二次文献传递服务

樊晓峰（西安外国语大学图书馆）

所谓"浅阅读"，是指一种浅层次的、以简单轻松甚至娱乐性为最高追求的阅读形式。不可否认，"浅阅读"在当今时代有其存在的合理性，可以快速获得信息，扩大知识面。与"浅阅读"

相对应的是深阅读，指的是如科研项目的深入、专业论文的撰写，高难手术方案的制订，都离不开经典，离不开深阅读的支持。否则，科学将会停顿，社会将会倒退。因为阅读决定着一个民族思维的深度和高度，对文化传承、国家发展有着重要的意义，一个浅薄、浮躁的民族是无法强大和发展的。

对于文献传递服务者来说，既要着眼于为深层次的经典阅读提供优质的二次文献传递服务，同时也不能忽视进行"浅阅读"的广大读者对二次文献传递服务的强烈需求，而图书馆作为文化传承和文献传递的核心机构，编制高水平的二次文献以及更高水准的三次文献，为不同阅读层次的读者群提供良好的文献传递服务具有义不容辞的责任。因此，加强对不同阅读环境下二次文献传递服务的理论研究和实践探索是有着非常深远的意义，因为所提供的二次文献及相对应的文献传递服务可以在很大程度上决定读者的阅读心理和阅读兴趣，左右着人们的阅读取向和阅读质量，从长远来说，也深深影响着广大人民群众的文化精神生活的品质。应该认识到，对读者无论是选择"深阅读"还是选择"浅阅读"都应予以充分的理解和尊重，制作二次文献和提供文献传递服务亦应该坚持一视同仁，这就要求图书馆界，在理论上要能够与时俱进，不断创新；在文献传递服务上，要始终将读者放在第一位，永远将读者的需求作为文献传递服务工作的重心和指导方向。

为了更好地发挥图书馆文献传递的重要作用，最大限度地提升文献传递服务质量，笔者在开展文献传递服务，尤其是二次文献传递服务时，图书馆从搜集素材，编制二次文献，到提供文献传递服务时可以采取以下步骤。

1 确定潜在的热点信息

热点趋势的追踪是当今信息社会的热门话题。很多读者会重点追踪与个人或社会有关的热点趋势和未来可能的、潜在的影响力的话题和信息，而且这些趋势追踪者大都是以互联网为中心。图书馆可以以他们为榜样，或者通过他们，以网络来跟踪社会上的热点趋势，包括图书市场的热点，追踪网上的大量信息，做好前期的搜集素材的准备工作，为编制二次文献打好牢固的基础。

2 及时筛选热点信息资源

定期浏览搜集的热点信息，并使之成为图书馆开展二次文献传递业务活动的固定工作日程。要认真研究读者的阅读心理，分析读者对知识与信息的需求方向，全面浏览并且认真过滤所搜集的信息资料，努力发掘和提炼那些最吸引读者的热点信息。

3 搜集信息的重点首先应注重在互联网上

面对网络上浩如烟海的信息资源，图书馆应了解以何种方式登录哪些网站，才能找到读者最需要的相关信息。如以关键词检索的方式在 Twitter 和 Facebook 上进行搜寻，常常会有意外的收获。确实，这些社交网站堪称信息的宝库，很多图书馆也在上面发布信息，何况，这个步骤不用占太长的时间。

4 从热点信息中找出对图书馆二次文献传递的有用部分

这个步骤有相当的难度，因为读者的需求是多种多样的，而图书馆人的素质是参差不齐的。从大量原始文献、一次文献中进行系统、科学、准确的二次文献的筛选和提炼，是一项极其高难度的业务，既不能偏离原始文献的基调，又要保证提炼后的二次文献的可读性。事实上它是一个很有乐趣的部分，也是个集思广益的部分，这项工作对图书馆人的综合知识水平和分类、加工能力有着相当高的要求。

5 整理二次文献

这是非常重要的一步。认真检验和过滤经过提炼的二次文献，大浪淘沙，去伪存真，然后，根据不同读者的需求趋势，对文献信息进行分类、标注并存档，同时确定是否有必要开展三次文献制成和传递业务。三次文献也称三级文献，它通常是围绕某个专题，利用二次文献检索搜集大量相关文献，对其内容进行深度加工而成。是对现有成果加以评论、综述并预测其发展趋势的文献，属于这类文献的有综述、述评、进展、动态等。这样的整理工作对于图书馆来说应坚持固定时间来做，最好每周做一次，同时，由此也可以检视本身前一周的工作：一些想法能否被扩展，图书馆是否通过搜寻这些热点信息而有了新的工作方向。

6 写出正式的报告

针对于对图书馆最有价值的热点趋势或信息，撰写一份总结式的报告，描述图书馆为什么要利用这些热点信息；在编制二次文献或三次文献时有哪些好的经验和应该改进的地方；在开展文献传递业务之前应注意哪方面的问题，做好预测和准备工作等。可一式两份，一份存档，作为以往工作的记录和经验的积累；另一份可交与文献传递控制中心或图书馆馆长，重点是得到他们的认可和支持。需要提醒的是，如果你认为某一类热点信息对图书馆编制二次文献非常有价值，那么就一定要在报告中详细描述，介绍它的可用之处，让馆长和同事们详细了解它。即使一开始被拒绝或不被认可，也不要放弃。真正有价值的信息，对于图书馆和对读者的文献传递服务，都是非常重要的。

7 进行有效的文献传递

在所送交报告得到批准以后，立刻准备开始文献传递工作。关键是应做好两个环节的工作：一个是科学制订出一份文献传递计划，主要是指应对不同读者对文献信息的需求了如指掌，并确定能够以最快捷、最合理的方式将文献传递到读者手中；二是组建好一个工作团队，协调好文献传递过程中各系统部门之间的关系，确保人员和资金到位，努力将计划付诸实践。

改革开放以来，特别是 2000 年以来，我国先后建成了中国高等教育文献保障系统 CALIS 系统，中国科学院的 CSDL 文献传递系统，国家科技文献中心的 NSTL 系统和中国高校人文社会科学文献中心 CASHL 系统，文献传递服务研究已经取得了重大进展，目前已逐步进入成熟阶段。但对于二次文献乃至三次文献的研究，无论从数量和质量来看，其研究能力和水平还远远不能满足形势的发展和我国图书、情报和信息产业的实际需要，而利用二次文献和三次文献研究的成果促进我国科技和文化产业的发展效果也相当有限，我们还缺乏如英国国家图书馆文献供应中心的文献传递服务系统（British Library Document Supply Centre，BLDSC）和加拿大科学技术资料中心（Canada Institute for Scientific and TechnicalInformation，CISTI）的 Intellidoc 系统那样的服务水平和能力，在这方面，还有大量的工作要做，特别是要加强图书馆在网络环境下、浅阅读环境下、数字阅读环境下的二次文献文献传递服务的深入研究。我们要有责任感和使命感，也要有雄心和信心，努力将我国文献传递服务研究能力和服务水平进一步提高，为我国经济和文化的快速发展发挥出更多更大的建设性作用。

试析图书馆数字资源服务的法律保障

张若冰（国家图书馆）

1 图书馆数字资源服务的立法现状

1.1 图书馆数字资源服务的国内立法现状

从 2001 年开始，我国修改著作权法时在相关法律里增加了关于网络的条例部分。在我国制定的著作权法配套法规中，2006 年颁布的《信息网络传播权保护条例》第七条为图书馆数字资源服务提供了部分便利，但第二款严格限制了图书馆提供服务的内容，能够通过信息网络向本馆馆舍内服务对象提供服务的数字化作品，只能是那些已经损毁或濒临损毁、丢失或失窃等极少部分作品。

目前国内的地方性立法中，北京、浙江将拓展虚拟馆藏进行了相关规范，强调图书馆的数字化、网络化、自动化建设必须遵循统一的技术标准。湖北对于建设数字图书馆和资源共享有所规定。然而，对于建设后的数字图书馆如何对外服务却没有明确的规定。

1.2 图书馆数字资源服务的国外立法现状

国外的图书馆法则由于立法较早，对于数字图书馆基本没有涉及，即使近几年由于信息技术的飞速发展，所制定的新法或者修改旧法中，对于数字图书馆服务也并没有具体细致的规定。例如，美国 1998 年制定《数字千年版权法》，规定允许数字资源馆藏数字化，允许规避技术保护措施等，在数字资源建设上有开拓性的立法规定，但对于具体的服务内容并没有细化。韩国《图书馆法》第八章专章阐述消灭数字鸿沟，侧重于对残疾人和弱势群体的方便服务，但对于普通人只是强调了数字图书馆建设，对于服务也没有明确。日本也从 20 世纪 90 年代开始日本国会图书馆就致力于开展数字图书馆工程，目前日本国会图书馆关西馆的数字图书馆已经投入使用，但就数字图书馆相关法律而言仍然不够规范。

2 图书馆数字资源服务涉及的法律问题及建议

2.1 数字文献的在线阅览涉及的法律问题

2.1.1 外购数据库在线阅览

外购数据库是图书馆购买的已经开发建设好的数据资源库,对于外购的数据库所涉及的版权授权是由开发商自己解决。图书馆只需要在签订的购买合同中,最大化自己的权利即可,所出现的版权纠纷一律按合同处理,所拥有的权利即在合同许可的范围内进行使用。

当然,作为信息传播者,图书馆也会涉及连带责任的问题。比如所购买的数据库中存在侵犯著作权的作品,由图书馆放在网络上进行传播,如果图书馆明知该作品是侵权作品,即主观状态为恶意则应当承担连带责任;但如果并不知道作品的权属状态,则接到通知删除即可。

2.1.2 自建数据库在线阅览

自建数据库是图书馆根据一定的主题自己进行开发建设的数据库,作为汇编作品,享有对于汇编作品的著作权,但行使权利时,仍然不得侵犯原作品的著作权。例如:地方志数据库,多媒体光盘及音视频数据库等。

依据我国现有法律法规虽然在一定程度上授予图书馆对本馆馆藏有一定的数字化权利,但是对于数字化所复制的作品范围和传播的物理空间环境有着严格的限制。所以,除部分进入公共领域的作品外,大多数处于版权保护期内的作品的数字化与使用都必须取得著作权人的授权,并不能随意复制和传播。

2.2 虚拟参考咨询中存在的法律问题

虚拟参考咨询是在网络环境下,咨询馆员及时解答读者在利用图书馆资源、网络信息资源、数字图书资源等过程中遇到的问题。咨询过程中,所利用的信息资源有很多种,当利用外购数据库和自建数据库时,所涉及的法律问题类似于上述读者网上浏览利用时的法律问题,在此不再赘述。

在利用网上信息资源时,经常会有已经被人恶意删除权利管理信息或者技术保护措施的作品充斥其中,如果提供服务时未能及时对所用信息仔细甄别,该项服务必将带有严重的法律瑕疵,可能损害权利人权益。鉴于图书馆无权对读者的信息使用行为进行追踪,所以必须保证提供信息的合法性,尽到充分的注意义务。

2.3 数字文献传递中存在的法律问题

数字文献传递是以图书馆馆藏资源和各类数据库为基础,以其他图书馆和各个情报机构为外延,由专业图书馆员帮助读者检索所需要的文献资料,并以复制服务为中间环节,通过网络传递给读者。

图书馆在进行文献传递过程中涉及对文献的复制、扫描、拍照等行为,涉及作品的复制权问题,尤其是对于仍然在权利保护期的作品和未发表的学位论文等,在使用的时候需要极其谨慎。建议在提供文献传递服务时,签订格式委托单,读者电子签名明确承诺对于图书馆所提供的文献只用于个人学习、欣赏和研究,并且将委托单保存一定周期,一旦权利人将图书馆作为共同侵权人告上法庭,也可以作为抗辩证据。

2.4 知识导航服务中存在的法律问题

知识导航服务涉及法律问题的主要链接方式是深度链接，是直接链接网站中的某一页而不是该网站的首页，或者是将别人网页变成自己网页框架内的一个窗口，浏览器地址栏不变。如此一来则侵犯了著作权人的署名权、保护作品完整权和信息网络传播权。

根据我国《信息网络传播权保护条例》十五条规定的处理侵权纠纷的"通知与删除"简便程序，图书馆如果链接到侵权网站，接到版权人的通知后，应立即删除涉嫌侵权的作品或者断开与该作品的链接，否则将构成共同侵权。

2.5 在线展览培训服务中的法律问题

在线展览服务中如果展览作品本身为数字作品，则需要事先取得权利人授权，包括信息网络传播权和展览权，才能将相关作品在线展出；如果本身并不是数字作品，则涉及对本馆所收藏的作品进行数字化加工，则必须事先取得相关作品的复制权、展览权和信息网络传播权。

在线培训服务，可以通过与培训教师、讲座者签订授权书或合同的方式，取得授权。通过对培训、讲座进行拍摄、编辑，通过汇编整合及镜像等方式通过广域网向大众提供服务。当然，一旦发现侵权行为，应及时采取"通知和删除"程序避免侵权扩大化。

3 如何通过法律保障图书馆数字资源服务

3.1 立法保障图书馆数字资源服务

立法方面，图书馆界应关注并积极参与《著作权法》的再次修订调研以及对《信息网络传播权保护条例》可能进行的修订，通过立法增加图书馆在数字资源服务（包括通过国际互联网或者馆域网的服务）中的侵权豁免，为公益性的数字图书馆与服务建设提供立法保障。目前已经开展得如火如荼的《公共图书馆法》和《国家图书馆条例》的立法调研工作是一个很好的开端，也是我们能够努力发出业界声音的平台，通过立法反应图书馆的诉求和发展，保持数字资源传播者、使用者与著作权人权益的平衡起到应有的作用。

3.2 司法和执法保障数字图书馆服务

司法方面，作为一方法律主体应该推动相关的法律法规得到实施和履行。对于一般的违法事件应该批评教育，但对于严重的侵权事件，需要提起相应的司法程序，绝不能姑息养奸；严格依照法律法规享有权利，履行义务。

执法方面，相应的部门和个人都应该配合法律部门或行政部门执行法律，对于数字图书馆服务过程中存在的法律隐患，需要建立相应的防御保障机制，同时注重证据的收集和保存，为顺利执法提供必要条件。

3.3 守法保障图书馆数字资源服务

守法方面，提高图书馆工作人员的守法意识，尤其是在提供各种服务的过程中，对以上提到的法律隐患需要有清醒认识，要严格遵守相关法律法规，加强技术保护措施，避免侵权事件发生；同时也要向图书馆用户进行相关法律法规宣传，提高使用者的守法意识，使他们在使用他人作品时尊重著作权人的各项权利，只有这样，才能真正做到防患于未然。

结语

综上所述，图书馆的数字资源服务具有明显的传播优势，但随之出现的法律隐患比比皆是。作为平衡著作权人和使用者权益的最直接最有效方式——法律保障而言，图书馆界应当呼吁和推动以法律明确图书馆的权利义务，细化数字图书馆服务内容，同时，做到有法可依，有法必依，执法必严，违法必究，人人都以守法为荣，以推动图书馆事业健康发展。

参考文献

[1]江向东.《数字千年版权法》立法实践及其对图书情报工作的影响. 福建师范大学学报，2002(2)
[2]蒋丽静. 浅析网络环境下图书馆信息服务中的知识产权保护问题. 图书馆论坛，2005(2)
[3]张颖君，潘秀霞. 浅谈数字图书馆立法工作的必要性. 图书馆学刊，2002(2)
[4]富平. 数字图书馆与数字资源建设. 图书馆建设，2005(5)
[5]陈希，彭一中. 图书馆网络信息服务和知识产权相关法的冲突与统一. 社会科学论坛，2007(1)
[6]李华伟. 数字时代的图书馆与信息网络传播权. 图书情报工作，2006(7)
[7]汪雪. 数字图书馆之法律问题分析. 上海：复旦大学法学院，2010

数字化进程中高校图书馆信息用户需求特点及服务策略

常培红　赵俊杰　郑晓辉（河南科技大学图书馆）

1　网络环境下信息用户需求特点

作为信息时代的图书馆用户，应具备3个条件：具有识别文字、符号、图形和阅读的能力；怀有获取信息的愿望；从事信息获取活动，有一定的信息行为或阅读行为。具备了上述3个条件才能称为用户。具有获取信息的能力和从事信息活动是所有信息用户的共同本质。网络环境下用户不仅数量增长很快，而且结构呈现出广泛化趋势，其需求有以下特点。

(1)用户信息需求多样而复杂，主要表现在：信息需求的全方位（纸质文献与电子文献并重）；信息需求的数字化；信息需求的社会化（用户对信息的需求逐渐从单一的学术研究扩展到社会生活的各个方面）。

(2)传统图书馆的服务受文献收藏场所的局限，读者必须到图书馆才能获得服务。网络环境下的图书馆，通过采用计算机技术、多媒体技术，使文献资源从原始的手工传递转为电子传递、视听传递等，传播内容从文字扩大到可视听读物。用户使用图书馆的行为也发生了变化。随着社会信息意识水平的普遍提高，用户信息需求逐渐从数量需求向质量需求转变，并表现出一种由低质量需求向高质量需求上升的趋势。随着信息基础设施的进步以及信息资源的迅速增长，用户信息需求从被动满足发展为主动满足，其检索行为由精确式向模糊式转变。在“以人为本”思想的影响下,图书馆信息服务系统更注重模拟用户查找信息的习惯和思维方式进行设计,尤其在网络环境下,用户在查找信息的过程中,他们的需求更多的是在浏览的过程中产生,是一种模糊的信息查找行为,图书馆信息服务的开展也应适应用户这种行为本身的变化。

(3)用户需求最大的一个变化是终身教育的信息需求,许多国家的图书馆工作人员都意识到这个问题,认识到图书馆服务的普及对交流信息以及对人们终生学习的重要性。在这个问题上,相信我校开元校区主体图书馆将发挥作用,有所建树。

在高校,图书馆信息用户主要是在校本(专)科生、研究生和在校教职工。图书馆应积极主动地配合教学、科研,为用户提供先进、深层次的信息服务,如网络信息导航,文献信息传递,信息参考咨询等。用户需求的种种变化都需要图书馆文献信息服务要有所创新。服务创新,是指人与人之间保持特殊互动的活动,管理人员应改变“馆员中心”的观念,将“馆藏”以“藏”为主转变成以“用”为主,这是图书馆与读者相互依赖的具体表现。对于我校图书馆来说,在加强新区图书馆建设的同时,更要加强对研究生院工科强势专业的特色资源建设,以保障特色服务。

2 深化服务

2.1 读者阅读兴趣及心理

随着人的体力、智力的成长和成熟,社会实践的增多,可能形成各种各样的兴趣,而读者的阅读兴趣也是非常复杂的。有的读者具有广泛的阅读兴趣,可以获得更多、更大的知识范围,用以适应现代科学技术综合发展的需要;有的则比较狭窄,而狭窄的阅读兴趣能使读者集中于特定类型或学科的文献阅读,从而对某一方面的知识达到精深的程度。在阅读过程中,最佳状态是将广泛的阅读兴趣与专门的阅读兴趣结合起来,使读者的智力结构得到协调发展。研究读者的阅读兴趣是图书馆读者服务工作的一项重要内容,读者之间的阅读要求和目的,阅读水平、能力和兴趣是有差别的,图书馆必须根据读者的具体情况,分别给予帮助,让读者找到最适合自己的信息资源,以取得事半功倍的效果。

以读者的阅读目的为标准,读者心理可分为如下类型:(1)求知心理类型;(2)欣赏心理类型;(3)研究心理类型。其中,研究心理类型是较有针对性和带有个性的心理类型,值得重点研究和重点服务。

2.2 工作人员角色的转变

在图书馆服务工作的变化中,变化最大的应是服务模式的变化,它突破传统的服务模式,由分割管理转为整体协调式管理,为适应这种变化,图书馆应实现如下转变:

(1)实现从读者走进图书馆到图书馆走进读者的转变。这包括三方面:①网络上的走进。图书馆在校园内开设校园网,使学生和教师感到图书馆就在自己身边。②服务上的走进。实行开架借阅。设立各种新书专架,书目展示等。③管理上的走进。图书馆面向读者的各项规定可重新定位,从读者的角度出发进行文字修改,使用通用表达方式,语言委婉,让读者容易接受;联系其他图书馆,实行馆际互借。这些做法都让图书馆更加贴近读者,也使图书馆的服务充分体现出来。

(2)实现从管理者到服务者的角色转变。在相当程度上,目前图书馆更多的是管理,服务方式较多的是从图书馆的业务流程出发,从图书馆长期形成的业务思维定势出发,其角色没有转变为“服务者”。如果从图书馆内部管理和外部服务一起考虑的话,图书馆应该推行以读者为本的“繁简观”，即上繁下简，内繁外简，前繁后简。所谓上繁下简，即在管理层充分讨论，而到一线服务则易于操作，执行坚决；所谓内繁外简，即在图书馆内部岗位职责应该制定得十分详细具体，准备工作做得十分充分完备，而对读者则易于理解，便于遵守；所谓前繁后简，即为第一次到馆读者提供首次咨询和服务，介绍详细，服务耐心，而对常来的读者，则要为读者节约时间，动作快捷，服务专心。

（3）实现从数量增加型到质量提高型的转变。在我校主体图书馆大规模建设的同时，我们应当高度重视优质服务。在当代信息和知识总量剧增的情况下，广大读者已不满足于传统服务，这就要求图书馆应成为知识的门户，图书馆员成为知识的导航者。我们要加强馆员素质培训，加强课题研究，对读者进行个性化服务，培育标志性信息服务产品，实现从数量增加型到质量提高型的转变。

3　图书馆信息服务评价研究

图书馆评估是图书馆管理极为重要的一个环节，下表是海南省高校图书馆评估指标体系，值得我们借鉴。

<table>
<tr><th>序号</th><th>一级指标</th><th>指标值</th><th>权重</th><th>序号</th><th>二级指标</th><th>备注</th></tr>
<tr><td rowspan="5">A</td><td rowspan="5">办馆条件</td><td rowspan="5">100</td><td rowspan="5">1</td><td>A1</td><td>体制</td><td></td></tr>
<tr><td>A2</td><td>人员</td><td></td></tr>
<tr><td>A3</td><td>经费</td><td></td></tr>
<tr><td>A4</td><td>馆藏</td><td></td></tr>
<tr><td>A5</td><td>馆舍</td><td></td></tr>
<tr><td rowspan="4">B</td><td rowspan="4">文献资源建设</td><td rowspan="15">100</td><td rowspan="4">0.25</td><td>B1</td><td>文献采集</td><td></td></tr>
<tr><td>B1</td><td>文献加工与整序</td><td></td></tr>
<tr><td>B3</td><td>文献保存维护</td><td></td></tr>
<tr><td>B4</td><td>资源共建</td><td></td></tr>
<tr><td rowspan="3">C</td><td rowspan="3">自动化、
网络化、
数字化建设</td><td rowspan="3">0.3</td><td>C1</td><td>硬件</td><td></td></tr>
<tr><td>C2</td><td>系统软件</td><td></td></tr>
<tr><td>C3</td><td>应用软件</td><td></td></tr>
<tr><td rowspan="4">D</td><td rowspan="4">读者服务</td><td rowspan="4">0.35</td><td>D1</td><td>基本服务</td><td></td></tr>
<tr><td>D2</td><td>信息咨询服务</td><td></td></tr>
<tr><td>D3</td><td>信息素质教育</td><td></td></tr>
<tr><td>D4</td><td>读者评价</td><td></td></tr>
<tr><td rowspan="4">E</td><td rowspan="4">科学管理</td><td rowspan="4">0.1</td><td>E1</td><td>行政管理</td><td></td></tr>
<tr><td>E2</td><td>规章制度</td><td></td></tr>
<tr><td>E3</td><td>业务统计</td><td></td></tr>
<tr><td>E4</td><td>学术研究</td><td></td></tr>
</table>

注：在此指标体系之外，海南省高校图书馆协会还增加了“办馆效益”指标。

办馆效益＝办馆水平/办馆条件，即办馆效益＝（B＋C＋D＋E）/A。

该评估方案设立办馆条件、办馆水平、办馆效益三个总体指标，很新颖，属国内首创。在办馆水平的一级指标中，“读者服务”权重最大，这凸显了“用户第一，服务第一”的理念。不仅如此，这一理念还渗透于所有的指标和具体的评分项目中，如办馆条件中的文献拥有量，馆舍面积和阅览座位数，办馆水平中的馆藏数、电子文献数、文献利用、馆际互借、检索微机数、电子阅览室微机数、开放时间、网络服务时间，以及文献加工周期、数据库质量等91项，占全部评分项目的44%。在读者服务的一级指标中，信息咨询服务和信息素质教育值得关注。一般而言，图书馆的信息咨询服务多半是运用图书馆学专业知识和检索技能，借助文献信息资料为用户释疑解惑，而不是直接运用咨询人员自己的经验、智力、技术以及某一学科知识解决用户问题，它所提供的信息一般对决策起间接的支持作用，其功能主要是丰富决策人员内在的信息储备，对决策产生渗透力和影响力。信息咨询服务的内容包括：指导读者利用图书馆，帮助读者解决问题，辅助读者选书，提升图书馆的服务质量。信息素质教育旨在增强大学生的信息道德水平，培养大学生的信息意识，激发并提高大学生的信息能力。对大学生进行信息素质教育是当今信息时代对人才培养提出的新要求，加强对大学生进行信息素质教育已成为世界各国普遍关注的重大理论问题和实践问题，也是教育改革的重点问题之一，各高校要切实加强本科生信息素质课的设立。信息素质课应包括以下内容：文献检索知识，网络及多媒体知识，计算机知识与操作技能，与信息相关的道德、法律和经济、社会问题，信息技术的发展。不言而喻，信息素质教育是一个系统工程，走向信息素质教育，能够使单纯文献检索课跨上一个新台阶。

参考文献

[1]肖希明，黄如花，司莉. 图书馆学研究进展. 武汉：武汉大学出版社，2007：1

[2]谭金祥，党跃武. 信息管理导论. 北京：高等教育出版社，2000：8

[3]李哲汇. 数字化进程中的图书馆. 北京：北京图书馆出版社，2007：5

[4]詹德优. 信息咨询理论与方法. 武汉：武汉大学出版社，2004：7

[5]张树华，王京山，刘绿茵等. 数字时代的图书馆信息服务. 北京：北京图书馆出版社，2005：11

[6]黄长著，周文骏，袁文骏. 中国图书情报网络化研究. 北京：北京图书馆出版社，2002：1

[7]邹志仁. 信息学概论. 南京：南京大学出版社，2007：9

[8]姚新茹，刘迅芳. 现代图书馆读者服务. 北京：海洋出版社，2006：8

[9]朱红，王素荣. 信息资源管理导论. 北京：国防工业出版社，2006：7

[10]杜朝东，张盛超，周丽等. 大学生信息素质教育研究现状调查分析. 情报探索，2010(2)：9－11

[11]薛梅，武斌. 高校大学生的信息素质教育. 滨州职业学院学报，2004(3)：33－35

数字时代军校图书馆资源共享共建的发展研究

李　颖（空军大连通信士官学校图书馆）

图书馆工作的实质，就是转换文献信息，并实现文献的使用价值。随着科学技术的发展，文献信息资源的数字化，图书馆物理空间的虚拟化、网络化都为图书馆成为文献资源的“物流中心”和信息交流的“中转站”打下良好的基础。图书馆文献资源建设逐步向谋求馆际协作、文献信息资源共享、共建的模式转变。图书馆资源的共享与共建问题是我国军队院校教育信息化进程中一个重要的研究内容。近年来军校图书馆资源共建共享工作取得了明显的成效，但目前也面临着许多问题需要解决。

1 军校图书馆信息资源共享、共建中存在的现实问题

（1）馆际间共享共建缺乏统筹规划。目前各军校图书馆在文献分类、著录和计算机网络规划等方面，缺乏统一的馆际互借、联机编目、联合采购等功能。

（2）馆藏特色信息资源不够突出。特色信息资源是提高其信息服务竞争力的重要途径，是网络环境下图书馆信息资源建设的重点。但目前，一些图书馆在特色馆藏资源开发建设方面存在很大的盲目性，低水平重复建设的现象比较普遍。

（3）各馆之间缺乏有效地分工协作。各图书馆没能充分发挥院校协作中心作用；对馆藏文献进行数字化转换时，没能实现馆际之间的协作和共享，造成网上信息的冗余与浪费，同时也加剧了重复建设的成本投入，降低了网络信息资源建设效益。

（4）信息资源采集人员素质有待提高。目前由于人员检索素养的欠缺，导致网络环境下信息资源建设质量的下降。

（5）网络信息资源建设经费投入不足。表现为在购买数字资源及计算机网络硬件设施方面，经费投入还存在明显不足，从一定程度上制约了网络信息资源建设的发展，同时也加剧了文献需求同文献提供之间的矛盾。

2 军校图书馆资源共享与共建的主要发展模式

（1）馆际互借主要是图书馆之间的馆际合作，是资源共享的一种模式。任何一个图书馆都不可能仅仅凭借自己的馆藏满足用户全部文献需求，因此图书馆之间各种资源共享的合作应运而生，其中最受用户欢迎的合作形式——馆际互借，是以其他图书馆的馆藏资源作为本馆馆藏的延伸，更大限度地满足用户的文献需求。馆际互借作为最初的共享形式，是文献返还型的服务，该服务主要是针对图书，因此提供给申请方的文献资料是本馆的原本文献。我们可在同区域、同军种、同专业的图书馆内开展馆际互借及馆藏互调余缺，以实现文献的最大利用率。

（2）在知识经济和网络信息浪潮的双重冲击下，人们对信息的需求更是与日俱增，图书馆为读者服务的重点也从文献“实物的传递”到“信息的传递”，从提供文本信息服务向活化的文献提供服务转移。传统的馆际互借服务已远远不能满足读者对图书馆在时空上和数量上的要求，其服务方式上发生了很大的变化，于是在馆际互借的基础上又发展了文献传递服务。它是在网络环境下的非返还型服务，只将文献的替代品提供给用户，相比返还模式，提供方式多样，扩大了信息资源的共享范围，极大地提高服务效率，满足率高，很受用户欢迎。

随着计算机与网络技术的应用，图书馆可以实现馆藏信息资源的网上传递。各共建成员馆应增强本馆网络系统文献信息载体的转化能力，加速馆藏信息数据化的进程，扩大电子文献的品种与数量，加大开发适应教学和科研工作的各类型的、具有各自特色的文献信息数据库，增加协作网上的信息容量，使各成员馆用户能够通过网络快捷地获取文献信息。笔者从工作实践中也体会到，用户越来越追求的是从内容发现到文献传递的即时获取，最希望的是能够实

现用户自助信息检索和提供一站式的文献资源获取。网络文献传递服务已成为馆际协作、资源共享的一个新的发展趋势。各军校图书馆应建立和拓宽各自的网上信息通道,使各自的信息资源得到充分的挖掘和利用。网上文献信息传递愈多、文献资源共享程度就愈高,为用户高效服务的功能就会愈强。

此外,一方面文献传递数据可为衡量馆藏质量和优化文献资源配置提供评估参考。1993年美国图书馆协会馆藏建设与评估小组年会的报告中强调,文献传递的数据有利于衡量馆藏质量,确定削减期刊种类,有利于馆藏建设与用户需求的紧密结合,优化文献资源配置。

另一方面整合文献传递获取资源还可为完备信息资源保障体系提供有效支持。因为,通过分析文献传递申请数据不难发现,文献传递数据还能够体现出对特色资源建设的针对性,学科发展动态和发展趋势。所以,通过对网络文献传递获取的资源进行有效整合与利用,形成了一个有效的,不需购置经费的,资源节约型的全新学科信息资源数据系统,在学科信息资源保障体系建设方面又创建了一个新的模式。因此,广泛高效地开展网络文献传递服务,是现代图书馆信息服务工作中最重要的工作,在实现真正文献资源共享方面和信息资源保障体系建设方面,结合数字化资源建设,完全可以从根本上提高面向教育与科研活动的信息保障水平。

(3)图书馆还可利用馆际互借和文献传递这两种方式针对重点学科课题立项、课题决策、科研项目、学科带头人等重点对象开展定题服务和跟踪报道等较高层次的服务方式。

3 军校图书馆共享共建的发展对策

3.1 加快馆藏资源数字化转换

馆藏信息资源数字化是现代图书馆基本发展趋势。随着信息网络时代的到来,图书馆要利用计算机技术将馆藏文献中特别有价值的印刷文献转化为扫描版或电子文献,实现文献资源数字化。

3.2 精心打造馆藏特色信息资源

特色化是军校图书馆在网络环境下配置信息资源首先要考虑的重要因素。各军队院校图书馆应充分利用传统馆藏优势,开发网上资源,建立与本馆实体相衔接的特色数据库,为实现网上资源优势互补与资源共享打下基础。要优先开发具有本校特色的数字化馆藏资源,在保证本校重点学科数字化资源需求的前提下,积极建设本校特色专题数据库。

3.3 注重原生文献的建设

原生文献资源是军队院校最具专业特色,使用频率最高的信息资源。原生文献资源数字化建设是军校图书馆建设的基础性工作。加强原生文献资源数字化建设及对策研究,及时构建原生文献数字化服务平台;规范原生文献资源数据库的标准化,实现信息资源共享是当前和今后军校图书馆信息化建设的重要任务。

3.4 实现网络环境下的联机编目

联机编目是网络时代图书馆信息资源共享的一大成果,军校图书馆可以借鉴 WorldCat 和 CALIS 联合编目经验,把全军的文献集中在一个目录系统中。这样的联合编目系统不仅能够保证各馆编目数据的标准化和规范化，也能够为合作馆藏建设和用户集中查询提供便利。

3.5 加强与军内外高校与科研机构的联合

军校图书馆可借鉴并加强与我国5大文献传递网络（CALIS，CASHL，NSTL，国家图书馆和中科院系统）的合作，资源整合、联合互动，拓宽信息来源渠道，以达到资源的充分共享。

目前，全军图书馆已配发《中国军事数字期刊论文总库》《中国军事图书总库》《维普中文科技期刊数据库》等数字资源，充分实现资源共享。2009年5月，由空军指挥学院图书馆自主开发的一款分布式异构数据库的统一检索系统“由你搜”（UniSearch）发布应用，目前，“由你搜”系统正在得到普及应用，下一步，将积极推广其数据接口标准，努力实现覆盖整个军事训练信息网的目标，使其在为读者服务中发挥更大效用。2009年年底，装备指挥技术学院图书馆开展了通用资源的数据汇总及军队院校数字图书馆门户网站的建设工作。2010年启动军队院校图书馆通用数字资源联合保障工作。该项工作是全军院校图书馆共建共享的重点任务之一，对全面提升全军院校的数字化文献信息保障能力意义十分重大。

随着全军军事训练信息网的逐步建成，为全军院校提供了强有力的信息保障，“全军一个馆”的呼声也越来越高，这就为我们指引出了一条信息资源共建共享的新出路，我们要按照“统筹规划、重点突破、统一标准、互联互通、资源共享”的原则，搭建信息沟通与交流的平台，建立馆际互借与文献传递业务交流的长效机制，加强技术交流与协作，进一步推进资源的共知共建共享，才能满足军队院校培养信息化条件下新型军事人才的需要。

参考文献

[1]范丽莉. 我国图书馆文献传递服务研究. 武汉：武汉大学出版社，2004

[2]唐晶. 合作 共享 发展——图书馆文献提供服务. 北京：国家图书馆出版社，2009：10

[3]刘明新，冯红岩. 浅议军校图书馆信息资源共建共享的对策. 科技信息，2010（14）：759－760

[4]赵立杰. 论网络文献传递对信息资源建设的特殊意义. 图书馆工作与研究，2008（6）：49－51

[5]马增军，张丹丹. 教育转型时期军校图书馆信息资源建设与服务. 科技信息，2010（2）：94

[6]赵欣，马晓丽. 网络环境下军队院校图书馆信息资源建设问题研究. 信息系统工程，2010（4）：98－99

图书馆建立新书库并向“藏借阅合一”服务新模式过渡的探讨

张雪贞（闽西职业技术学院图书馆）

1 建立新书库的重要性和必要性

1.1 图书馆购书经费不足，藏书拒借率上升

客观地说任何图书馆均存在经费不足等现象，近年来随着图书价格不断上涨，多数馆购书经费紧缺，为保障购书品种，只好采取减少复本及购买便宜图书等对策，结果造成文献入藏量

减少和藏书系统性、连续性被破坏,这种藏书体系加剧了供求矛盾并提升拒借率。建立新书库正是缓解这个矛盾的有效措施之一。图书价格大幅度上涨,更加抑制了读者购书能力,而知识的需求使他们提高了对图书馆资源利用率,这就加剧了馆藏资源利用的紧张度。

1.2 传统布局方式图书流通速度慢、周转率、利用率低

从传统布局方式看,高校图书馆往往根据读者对象、文献的学科属性、文献的载体形式及文种设立多种类型的阅览室及藏书库,根据其不同特点配置文献。在目前新文献量锐减、生均图书册数下降等情况下,这种资源配置方式势必造成文献的分散,使新书湮没在大量的旧书之中,令读者难以发现和利用。建立新书库以内阅为主,借阅周期短,这就加快了文献周转速度,并提高文献利用率。新书借阅室及时传递文献信息,保障了图书时效性的发挥,强化了情报职能。

1.3 应广大读者的愿望和迫切需求

当前处于"知识大爆炸"时代,新书层出不穷,广大读者迫切想了解当前学术界的新思想、新潮流和学科发展的新动向以及各学科当前最新的研究成果。这就需要建立专门借阅新书的地方(新书库)。建立新书阅览室,醒目、直观地集中陈列新书,节省了读者查阅目录时间,借阅方便快捷。大多数读者喜欢猎奇求新,因此新书阅览室对广大读者具有很强吸引力。求知若渴的读者经常到新书阅览室,充分体现新书的使用价值。新书阅览室以其新、活、快等特点,将最新信息以最快方式传递给读者。由于新书库放的都是新书,读者到那里或多或少都会受到新思想的启发和熏陶,有利于开阔眼界,活跃思维,培养读者的创新精神。

2 新书库的特点、功能和重要管理机制

新书库也可称为新书借阅室。它类似于图书馆现刊阅览室,陈列近几年所购新书,有供阅读新书的阅览桌和供读者查阅新资料的多媒体。不同之处是既可在室内阅读,也可借出。新书库特点包括:(1)要有介绍各学科研究中当前最热门或最前沿问题的书刊,才有利于培养独立思考和创新精神。(2)要注重实用性和实效性,购买新书要考虑到读者的急需。(3)要注意风格的多元化。要有电子版和网络版图书,要采购不同风格的图书。(4)要寓教于乐,利用多媒体实现与读者互动,提高学习主动性与趣味性,营造轻松的阅读环境。(5)借阅灵活方便。可实行有偿借阅,按天支付借阅金,可放宽借阅本数不另收押金。读者丢书后只需照价赔偿或买相同书抵赔即可,不必限定版本和年代。还可将借阅量明显减少的图书折价卖给读者或充入大库中,要不断更新书库新书,所得经费又可购买更新更热门图书,实现良性循环发展。

新书库还可称新书区或新书阅览室。它是保存图书馆最新购置图书的书库。新书尤其是畅销书属于稀缺资源,借阅需求量大供不应求。新书库的建设能缓解图书供不应求的矛盾并提高馆藏文献利用率,它在传递文献的方式、速度、范围等方面具有不可取代的优势和独特功能,其功能包括:(1)缓解图书供需矛盾。通过馆内阅览或者缩短借阅周期等方式加快流通速度,降低拒借率提高利用率。(2)集中推介新书。传统馆藏布局方式根据读者对象、文献主题、载体形式及文种不同等,设立多种类型阅览室和书库,并根据阅览室和书库的不同特点配置文献,新书分别放入各库室很难被读者发现和利用,而新书书库的建立能够实现集中推介新书的

功能,方便读者利用新书,充分发挥其时效性。(3)利于反馈借阅信息。新书书库能快速、集中、直观地反映读者对所购新书的使用情况,为采访部门采购新书提供有效参考。

建立新书借阅室,其原则是以读者为本,充分利用图书馆有限资源为读者服务,借阅一体化,提高服务质量,优化借阅环境,让读者喜欢;其目标是最大限度满足读者需求,充分发挥新书作用,实现多层次多种方式的全开架阅览服务;其任务是培养读者对新知识接受能力,以“新”作为特色,适时更换图书,吸引广大读者接受新知识,提高读者阅读能力,并提供有价值的购书参考信息。新书借阅室的管理可从静态管理措施和动态管理机制来论述,其静态管理措施是:(1)了解读者借阅新书情况,根据读者需求调整购书比例,优化藏书结构。(2)做好新书上架和剔旧工作。保证新书及时更新,让读者先睹为快。(3)做好新书阅览室的图书更新工作。图书更新工作即可提高藏书质量和借阅效率,又可解决书库拥挤现象。只是图书更新周期的确定应结合书籍量和日平均读者人次这两大因素,图书更新速度既要考虑到新书“保鲜度”,又要注意读者“消化功能”,既不能不换,也不可过于频繁。(4)做好新书宣传工作。可通过发放新书目录单,通知和利用网络、报纸、广播等多种传播手段来宣传新书,让更多读者来借阅,由此提高借阅率。(5)建立图书摘要导读系统。这里面包括新书内容提要和新书目录及精彩章节介绍等,方便读者了解馆藏,节约读者时间提高效率。新书阅览室的动态管理机制是:(1)创新研究机制。这是动态管理模式的核心。读者服务工作时刻面临新要求、新变化、新挑战,所以必须把创新精神放在首位,要从“读者至上,服务第一”的宗旨去发现、分析和解决问题。(2)读者反馈机制。这是动态管理模式的基础。读者服务工作是个长期无间断的行为方式,特别在目前服务工作面临的深度调整中,最为重要的是必须让读者的整体合理要求成为调整工作的出发点和决定力量,从而把握好为读者服务的信度和效度。(3)快速调整机制。这是动态管理模式的关键。有了读者意见的收集整理,有了战略调整的决策思路,关键还在实际的运作,否则动态管理就没了意义。图书馆服务工作的快速调整主要体现在两方面:一是改革措施出台,二是改革措施运行后的再调整,前者是决策和协调,后者是控制和纠正。

3 “藏借阅合一”模式的实现及发展

3.1 新书库“藏借阅合一”模式的实现

藏借阅合一是将开架书库和阅览室整合起来,是集收藏、外借、阅览为一体的一种新型服务管理模式。其含义包括:(1)布局合一。由书架和阅览座位构成一个大阅览室,借和阅同在一处,不再分隔。(2)服务功能合一。室内图书能阅览还可外借又兼有保存功能,并开展咨询和导读服务。(3)管理合一。将流通部与阅览部合二为一,统一管理,提高工作效率。其特点是:(1)实现读者与藏书之间的“零距离”接触,降低拒借率,提高文献资源的利用率和流通率。(2)简化借阅程序,提高借阅速度。(3)减轻了工作人员的劳动强度,提高了工作效率。(4)增强了读者与馆员之间的相互关系,为进一步深化服务工作创造了有利条件。其优势是:(1)构建以读者为导向的服务模式。藏借阅合一集多种功能于一体,减少了馆藏地点,极大地方便了读者利用馆藏资源,体现了面向读者的服务理念。(2)修正图书分配与利用的不均衡性。借阅分离模式下图书资源的配置会受主观因素支配而导致不合理,藏借阅合一模式却打破了书库和阅览室的界限,图书统一归置于阅览室,不存在典藏分配问题。借阅分离模式下流通部和阅览部图书不能打通使用,造成图书供求不均衡性,但借阅合一模式能统一配置图书资源,在借与阅的旺季和淡季能有效调节图书供给与读者需求的矛盾,平衡利用馆藏资源。(3)资源集中使用,提高资金和图书的利用效益。借阅分离要增加图书复本才能满足多个库室的需求,而借阅合一能集中使用图书,可适当减少复本量,节省经费,提高资金使用效率。借阅分离下外借周期长外借率高的图书将使许多读者面临长期的拒借,而借阅合一后借期短,充足的阅览座位和开放时间提高了图书利用率周转率降低拒借率。(4)强化人力资源的管理。藏借阅合一减少了阅览室数量,可节省人力资源,提高了工作效率。

3.2 "藏借阅合一"服务模式存在的问题及其健康发展趋势

藏借阅合一服务模式在给读者提供更多利用图书馆自由空间并创造良好借阅氛围的同时,也产生了一些弊端,其存在的主要问题是:(1)图书错乱架现象严重。读者在书库停留时间长,有的不遵守借阅规则随意翻阅,有的出于私心故意藏匿图书,有的不熟悉馆藏不懂文献检索方法和图书分类排架规律等。(2)图书破坏污损现象严重。一方面因流通率利用率大,图书借阅频繁破损率高;另一方面读者人为破损如撕页、挖剪等情况也常有发生,同时有些读者随意在书上画线、圈点等造成污损破坏现象。(3)偷窃图书现象时有发生。少数读者将书扔出窗外或抠掉书内磁条或偷梁换柱等企图偷窃图书。(4)超期图书趁机混回书库。少数读者因怕超期付费就将超期图书偷带回书库,然后声称该书早已还掉,让人误以为是工作人员过失行为造成漏还而取消超期费,加重馆员心理和工作负担。(5)书库环境不容乐观。由于读者在书库打手机、吃零食等不良行为屡禁不止,破坏书库的安静和整洁,加之书库管理不完善,给不良行为以有机可乘等。上述这些问题加重了馆员巡库、理架和图书回库等工作负担,增加了图书查找难度,因此必须采取措施才能使"藏借阅合一"服务模式得到完善和健康发展。

要加强管理以促进"藏借阅合一"服务模式的健康发展,其措施是:(1)要加强对读者入馆教育。尤其要加强新生入馆教育,使他们熟悉馆藏和规章制度等,培养其良好的借阅行为习惯。通过入馆教育增强读者利用图书馆的目的性减少盲目性可谓好处颇多。(2)利用各种途径加强教育宣传严格制度管理。可通过黑板报、宣传栏、校园广播、校园网络、校报、系报及举办报告会、座谈会等形式宣传图书资源和规章制度,使读者充分认识到爱护图书和馆藏资源是尊重他人劳动和自己应尽的义务。在日常管理中发现不良借阅行为应严肃批评教育并张贴警示牌,时刻提醒读者自觉遵守图书馆规章制度。(3)提高馆员综合素质深化书库内部管理。一方面要加强馆员政治思想学习,使他们具有良好的职业道德和强烈的事业心、责任感和无私奉献精神;另一方面要加强馆员业务素质教育,不断提高他们的服务意识和技能,增强他们的信息观念、应变能力和公关意识,严格执行借阅制度,帮助读者解决实际问题。在书库内部管理方面:(1)优化馆藏布局,设置架标。(2)正确利用中转书架。(3)及时修补破旧图书、加补磁条、替换旧的条形码等。(4)及时清架归架。(5)加强信息咨询工作,提高服务质量和水平。(6)加强巡库指导,完善奖罚措施。对违纪行为要给予相应处分,对举报或珍惜图书者给予适当奖励,要弘扬正气抑制歪风,完善以教育为目的以奖励为手段的管理制度,营造良好的借阅环境。(7)优化岗位设置加强制度管理。要实行定岗定编制度,明确工作范围和职责,以调动员工积极性。(8)要加强设备建设,完善服务手段。在购书经费紧张情况下,采购图书只保证品种而裁减复本数,在借阅不能满足读者需求情况下,要保证资料复印和光盘刻录及电子文献资源入藏等设备正常运行,做好文献资源深加工并完善服务手段。(9)其他日常管理方法。比如让学生参与管理,提倡读者监督工作,加强目录辅导工作,完善监控和防盗系统,利用分类法为主以主题法为辅排架图书等。

新书库的建设对整个图书馆的发展起到了促进作用,最重要的是相关领导要高度重视图书馆建设,支持图书馆工作,使图书馆真正体现出既方便读者又调动馆员积极性,实现双赢,才能使"藏借阅合一"服务模式更加完善和发展。

参考文献

[1]杨玫. 浅析高校图书馆中新书库的作用. 甘肃科技,2006(7):203-204

[2]付凯东,段文革,张健. 再谈高校图书馆设立新书阅览室的重要性. 牡丹江师范学院学报(哲社版),2008(3):136-137

[3]严红. 高校图书馆新书借阅室管理方式初探. 贵图学刊,2007(2):57-58

[4]郭启刚. 论图书馆书库的类型、功能和建设规律. 河南图书馆学刊,2008(4):71-73

[5]陈伟红. 高校图书馆"藏借阅一体化"服务模式探析. 河南图书馆学刊,2006(6):76-78

[6]叶勤. 图书借阅藏合一模式的运作与管理. 农业图书情报学刊,2006(11):71-73

图书馆如何满足"数字后代"的信息需求

黎文洪(四川省图书馆)

1 "数字后代"的出现及其性格特征

美国学者 Donald Tapscott 在他所著的《Growing up Digital: The Rise of the Net Generation》一书中将现在 2 岁到 22 岁之间的人们称为网络后代(Net Generation)。国外有些学者也将这一年龄段的人们称之为"数字后代"(Digital Generation)。数字后代的出生、成长时间正处于信息时代网络技术飞速发展和更新的阶段,因此,数字技术造就了这一代人不同于以往任何一辈人的生活环境及生活方式,他们喜欢利用网络搜寻所需信息,通过发手机信息、E-mail 或网上聊天与他人进行工作、生活上的沟通和交流,甚至在各种学习网站上学习专业知识,休闲时则可以选择玩各种在线游戏,可以说这一代人生活的方方面面都已经被打上了数字技术的烙印,称他们是"数字后代"真可谓名副其实。这一代新新人类的特点是:生活节奏大大加快,时间观念更强,思想活跃、积极进取,具有独立性、创新性、包容性和合作意识,喜欢尝试新生事物。数字后代的性格特征决定了他们要求获取信息的方式必须是快速、便捷,获取的内容必须是实用、新颖。

2 "数字后代"的文献需求特点

2.1 "数字后代"的文献需求有明确的目的性

数字后代所处的时代决定了他们要面临更大的社会竞争,这一年龄段正是求知、创业、发展的最佳时段,因此他们的文献需求往往有着明确的目的性,很大程度上是为了满足升学、就业、工作、提升等需求，其最终目的是为了能更好地在激烈竞争的生存环境中博得一席之地，最大限度地实现自我价值。

2.2 “数字后代”的文献阅读方式呈多元化

与老一辈相比，如今的“数字后代”们接触到的文献不再只局限于传统的纸质文献和广播、影视等音像文献，他们有更多机会和时间接触到数字化的文献，特别是以互联网为主的媒体所提供的文献，如 BBS、博客、播客、网络杂志、电子书、电子数据库、户外电视节目等。因此，“数字后代”的信息阅读方式呈现多元化特征，且他们在互联网上的阅读率更是呈上升趋势。据中国出版科学研究所 2008 年的调查数据显示，当年的传统图书阅读率为 34.7%，比 2005 年降低了 14%；与此相反，人们在互联网上的阅读率是 36.5%，比 2005 年提高了 8.7%，这一比率在年轻人中尤为明显。文献载体的变化也就意味着文献的阅读方式多元化。“数字后代”除了到图书馆查找文献直接阅读或观看外，他们还常常通过收听广播、上网浏览、手机阅读、利用先进的数码手段播放光碟（如 DVD、电脑、MP4）等方法来获取信息。

2.3 “数字后代”的文献需求有一定的娱乐性和盲从性

“数字后代”正处于向成人过渡的青春期，年轻的心对世界充满了好奇，还没完全脱离稚气的一面，他们在心理上往往不太成熟，缺乏理性，因此他们的信息需求中也依然包含着娱乐、好奇甚至盲目跟风的成分。

3 数字环境下图书馆所具备的优势

目前，社会上有种偏激的观点，认为网络的流行和书店的普及使图书馆正在走向死亡。其实，只要我们比较一下三者之间的差别，就可以看到，在网络时代，图书馆依然有着极大的优势。

如今已经习惯于利用网络的“数字后代”遇到信息需求时，多数都会使用互联网，诸如谷歌、百度等知名网站上去搜寻。但是，搜索引擎往往只能提供一些粗略的指南，又由于受知识产权的制约，不是所有网站都能得到授权将相关的内容完全展示出来，用户要想获得进一步详细的内容在一定程度上仍然受到制约。同时，网络上的信息来源往往真假并存，良莠不齐，有时可能导致用户获得的信息不及时、不准确。目前，随着出版业的大力发展，到处书店林立，部分青年人喜欢到书店去浏览图书，原因是书店的图书多为新出版的，尤其是流行的新书较多，然而，这类图书往往类似于快餐文化，突出的是阅读的流行趋势，其保存文献的功效、文献内容的全面性显然不能与图书馆相提并论。再有，书店的宗旨是出卖图书营利，它不会向读者提供外借服务，对于一些特殊形式的文献，如音像制品则不可能让读者自由播放，难以满足一些年轻人的学习需求。

与网络和书店相比，图书馆存在许多明显的优势，首先，它所收藏的文献都是国家正规出版机构和各种正规的机构、团体、学会等出版印刷的文献，其文献内容涉及社会科学和自然科学的各大类别，这就保证了信息的可靠性、权威性和全面性；其次，图书馆拥有一批具有专业知识的人员对图书馆将要收藏的文献，包括网络资源在内的各种海量信息进行严格的评价和筛选，去粗取精，去伪存真，这就意味着它所提供的信息质量较高；再次，图书馆还有专门的人员定期收集各种专题的最新信息，随时做好为用户提供专题服务的准备，这就保证了信息的及时性和新颖性。此外，各个图书馆的文献收藏各具特色，可以为用户量身打造，提供个性化服务，满足不同专业用户的特殊需求。

4 图书馆如何满足“数字后代”的文献需求

4.1 对“数字后代”进行使用图书馆的信息素养教育

一些受过高等教育的“数字后代”，多数在大学时就已经或多或少地学习过文献检索知识，但由于每个图书馆的具体文献结构和特点不尽相同，所以还是有必要对他们再次进行信息素养教育。教育的内容应该包括：向他们介绍本馆的文献结构和特点，讲授信息检索的基础知识以及对网络信息资源如何进行筛选和评价；重点讲解网络文献数据库、光盘数据库、电子期刊、电子图书、电子报纸的检索、浏览和下载方法，并结合演示、上机实习等方式，使他们快速掌握各种检索方法。

除了对到馆的年轻读者定期举办文献检索讲座（最好每月一次），还应该走出图书馆，联系社区和一些职场，开免费讲座，培养和增强他们的信息素养，让年青用户们了解图书馆的文献优势，积极引导他们利用图书馆的各种信息服务。

现在国内许多大中型图书馆都已经建立起了数字图书馆，对于一些收费服务项目，可以通过优惠政策、建立优秀读者档案给予鼓励、成立图书馆书友会等方法，吸引鼓励“数字后代”们使用图书馆。

4.2 针对“数字后代”的特定需求，做好参考咨询服务

图书馆参考咨询服务工作中的重点是三个字：快、准、新。即以最快的速度把准确的最新信息传递给用户。在当今社会竞争如此激烈的环境下，“数字后代”们的时间就是金钱，速度就是业绩，对获取信息的时间要求很高。图书馆从事参考咨询的人员必须熟悉本馆的文献结构，掌握并熟练使用各类检索工具，且具备筛选鉴别信息的能力，运用现代的传递方式，如交谈软件、商务软件等网上实时服务（Chat）、E-mail、电话告知、传真等将检索到的正确信息传递到他们手中。目前，有些图书馆还开发出个人数字图书馆平台，使读者在利用图书馆时，依据自己的兴趣和专业，利用图书馆提供的信息资源，选择个性化的模板，取舍需要显示的内容，像博客一样管理个人的主页资源，这种方式深受“数字后代”的青睐。另外，由于数字后代的文化程度普遍提高，知识结构不断更新，这就要求参考咨询人员必须不断地学习新知识，扩充知识面，保持活跃的思维和心态，与具有先进知识结构的“数字后代”保持同步。

4.3 营造时尚温馨的图书馆环境

随着大众生活质量的普遍提高，人们对图书馆的环境要求也在更新，图书馆的学习功能也得到了延伸，它不再仅仅是阅读的场所，同时也是休闲的好去处。人们在这里不一定都是有目的性地学习或查找资料，他们也可以在这里休息，随心所欲地浏览读物或上网，在更多的程度上，他们来这里是为了放松心灵，修身养性。对于中国的“数字后代”而言，他们在家中几乎全是独生子女，备受家人呵护，而他们的年龄决定了他们喜欢娱乐、时尚的东西，因此，图书馆在环境的布局上应该尽可能做到人性化，打破传统图书馆在人们心目中严肃有余、温馨不足的刻

板印象，比如，可以开辟类似“书吧”的阅览室，使用暖调的色彩、配置柔软适度的座位、靠垫、地毯，摆设一些可以净化空气的绿色植物，并提供咖啡、茶点等收费服务，把阅览场所打造得更为舒适合理，让他们感到犹如在家里一样亲切、自然，把传统的“阅读”变为时尚的“悦读”。

4.4 不可忘记图书馆的社会责任感

对于“数字后代”在信息需求中的娱乐倾向，图书馆要本着社会责任感，对其加以适当的引导，培养他们高尚的情趣，崇尚积极健康的娱乐方式，使他们在变化多端的世界中不盲目地随波逐流，自觉地远离低俗、媚谷和庸俗，如：拒绝充斥于网络中的黄色网站、暴力游戏、无聊视频和虚假内容；对于利用网络散播不利于社会和谐的言论不参与、不支持；具有公民的道德观念和法律意识，不利用网络提供或获取侵犯他人名誉和隐私的信息等。

综上所述，我们可以充满信心地说：在信息时代，图书馆只要抓住“数字后代”的特点，积极更新服务理念，与时代保持同步，就可以争取更多的年轻读者，使图书馆成为陪伴“数字后代”们健康成长的良师益友。

参考文献

[1]论数字时代高校图书馆信息素质教育. http://hndxs.com.cn/viewnews-1127.html

[2]Donald Tapscott. Growing Up Digital. McGraw-Hill,1997

[3]马飞. 数字化阅读让阅读更精彩. 新世纪图书馆,2008(4)

[4]王冰. 大众阅读与书评事业的发展. 重庆图情研究,2010(1)

网络环境下的地方高校图书馆的文献提供

袁红霞(内蒙古科技大学图书馆)

我国地方高校图书馆是指一般普通院校图书馆，在网络环境下其读者服务工作的内容、形式和需求都发生了很大的变化。一方面是网络技术和信息通信技术的发展及应用，为地方高校图书馆提供服务实现跨越式发展创造了有利条件；另一方面与传统图书馆相比，作为既有占重要部分的纸质文献信息资源又同时在建设数字电子资源的复合图书馆，地方高校图书馆传统的管理体制与运作方式也面临着严重的挑战。我国图书馆的文献提供(主要包括文献获取、馆际互借和文献传递)虽然起步于20世纪50年代，但是发展缓慢，一般地方用户在21世纪网络时代来临之前体验很少。但随着新世纪和网络时代的到来，公众对信息获取权的认识和信息获取能力也逐渐提高，文献提供也因此随着地方高校图书馆本身的建设和读者需求的日益增长而显得愈加重要。

因为网络客户端的迅速普及，大多数地方高校图书馆都要面对超过其文献保障能力的用户需求。对于用户来讲，21世纪兴起的地方高校图书馆的文献提供既便捷又复杂，不仅是涵盖以前并未充分发展的纸质文献索取原文的各种方式包括文献传递和际互借等，又扩展了形式和内容，如同一份文献现在经常拥有不同的形态：印刷式、电子式、CD-ROM、互联网式以及联机形式，传递方式和付费方式更是多式多样，在不同形式之间做出选择会变得越来越复杂。对于地方高校图书馆来讲，既要满足用户即时需求的同时又要考虑到图书馆长远的可持续发展，文献提供的内涵在目前图书馆业务不断扩展、不断探索阶段，不仅应包括文献传递、馆际互借，也应该包括多种形态文献的获取、馆藏拥有与获取的平衡，以及馆藏信息资源的共建共享等多个方面。

1. 多种形态文献的获取

数字化电子资源正在成为地方高校图书馆重要的馆藏，成长在网络环境下的用户的电子阅读习惯越来越受到重视。甚至有些地方高校图书馆面对海量的数字化信息资源失去判断力，购买的电子资源已经显示出严重的重复建设倾向。对电子资源获取的爆发式需求得益于网络时代的机遇，但是地方高校图书馆作为地区信息中心，也多是复合图书馆，选择馆藏形式的决定要考虑到广大用户的需求和偏好、使用频率、长期保存的需要、用户数量和成本等，对不同形态的文献应适量适宜保存，从而因地制宜保持电子馆藏与纸本馆藏的平衡。

2. 馆藏拥有与获取的平衡

地方高校图书馆的馆藏和经费有限，每年很多图书馆都在做图书馆资源利用率或满意度的调查，结果往往不尽如人意。图书馆的可持续发展可以说很大部分取决于各个图书馆科学配置而又富有特色的馆藏资源和多元化多层次服务。在图书馆馆藏不能一蹴而就地满足所有用户的需求时，在充实馆藏的过程中也应该同时建立多种文献获取和提供途径，既满足用户即时的文献需求，同时也重视图书馆本馆的资源建设的可持续发展。地方高校图书馆应保持馆藏拥有与获取的平衡，而不能偏废任何一方面，避免为满足用户一时集中的需求而跟风地盲目建设。

3. 馆际互借与文献传递

以前地方高校图书馆由于条件有限，很多服务只限于少数读者。当地方高校图书馆有了初步的发展刚开始有能力接待到馆用户，希望图书馆的文献资源得到更为充分的利用时，用户转而更多地希望借助网络直接获取文献资源。地方高校图书馆的馆际互借与文献传递此时的发展因此必须配合图书馆整体资源建设和服务的发展，引导用户熟悉馆藏，首先利用好本馆馆藏情况下选择馆际互借与文献传递作为补充和完善服务的手段。

网络时代用户的信息需求和信息获取的机会已经发生了很大的变化，在以前信息环境不良和信息获取不便的区域，用户放弃和压抑的需求在新的形势下可能被重新激活。地方高校图书馆初步发展成熟后必将逐步向全社会开放服务，用户对文献提供的需求也将呈现越来越高端和个性化，因为一般性需求通过短时间的网络实践后用户即可自助获取，而对于通过网络无法自助获取的文献需求或因信息获取能力不够而求诸图书馆专业人员的服务需求将构成图书馆文献提供需要满足的需求的主要部分。

由于我国地方馆际互借与文献传递的发展和网络技术以及信息通信技术的兴起结合紧密，新技术应用上对地方高校图书馆提出了很大的挑战，也迫使其尽快升级，提高服务效率和水平，逐步向专业化、规范化和国际化迈进。因此须加强在岗职业培训、用户信息素养及信息技术培训等，从而提高图书馆的实际的文献提供能力，最大限度地发挥地方院校图书馆作为地方信息服务中心的作用。

4. 信息资源的共建共享

随着网络信息时代来临，无论资源规模多么大，科技水平多么高，任何单个图书馆都不能独自满足自己用户的需求，信息资源共享和联合服务将成为图书馆文献提供重要形式。地方高校图书馆作为整个图书馆文献提供服务系统的组成部分有着独特和不可取代的作用，体现在地方高校有着开发和利用地方特色文献资源的优势。

地方高校往往具有独特的地域属性，而地方文献是某一特定地区的人类文化的共同遗产，是本地区长期以来社会发展的信息载体，能直接反映本地区的社会发展过程。从文献学角度看，地方文献具有区域性、连续性和广泛性特征。挖掘、开发和利用地方文献资源不仅对研究一个区域的历史文化有着十分重要的价值，从文化传承的角度看，对一个地区乃至全国的现代文化建设也有着不可或缺的基础性作用。从这个意义上来讲，地方高校图书馆加强地方文献信息资源共建共享和联合服务，不仅可以实现地方高校服务于特定地区的社会功能，同时也共同完善了图书馆以及文献提供网络的服务功能和可持续发展的能力。

参考文献

[1]David Spiller. Providing Materials for Users in Hybrid Libraries. 津图学刊，2003(4)

[2]陈力. 数字时代的馆际互借与文献传递. 国家图书馆学刊，2008(3)

[3]唐晶. 合作 共享 发展——图书馆文献提供服务. 北京：国家图书馆出版社，2009

[4]周磊. 网络环境下馆际互借与文献传递服务研究. 北京：中国科学院研究生院(文献情报中心)，2003

[5]郭变桃. 地方高校图书馆如何加强地方文献资源建设. 晋图学刊，2010(4)

[6]孔令玉. 数字时代国外馆际互借和文献传递最佳实践研究. 图书馆学研究，2008(8)

[7]卢振波，姚晓霞，曾丽军. 馆际互借系统发展趋势研究. 大学图书馆学报，2004(2)

网络环境下的公共图书馆文献信息资源建设刍议

沈新银(海南省琼中黎族苗族自治县图书馆)

1　公共图书馆事业的发展现状

进入“十五”计划以来，全国文化设施建设坚持实事求是，量力而行，优先安排，填遗补漏的原则，形成了省、市、县、乡多层次，布局合理、功能先进的文化设施网络。特别是2002年初，《文化部国家计委财政部关于进一步加强基层文化建设的指导意见》(国办发[2002]7号)明确提出要“加快推进基层文化设施建设”，使得图书馆事业进入了一个新的历史发展阶段。几年间，公共图书馆形成了一个建设的高潮，各地先后涌现了一大批现代化的省、市、县级图书馆。截至2006年年底，我国有县以上的公共图书馆就达2778座，图书馆的公用房屋建筑面积达718.9万平方米，总藏书量达50 024.3万册。此外，全国公共图书馆财政拨款总数为319 479.1

万元，其中图书购置费就达66 094.8万元，占总经费的20.7%。

尽管公共图书馆事业建设取得了令人瞩目的成就，但目前，我国公共图书馆事业的发展还极不平衡。首先，存在着明显的地区差异。沿海发达地区"公共图书馆事业发展比较快，国家投入力度大，公共图书馆事业开支缺口比较适应和平衡。中部地区公共图书馆事业发展相对较慢，和发达地区存在着很大的差距，国家投入力度也远远小于发达地区"。西部和少数民族地区"公共图书馆事业起点低，基础非常薄弱"。就以2004年为例，中西部再加上东北地区，占了无购书经费县级图书馆总数的87.6%。其次，财政供给不合理。众所周知，我国公共图书馆资源供给是以地方政府为主，政府分级负责的体制。在我国现行财政体制下，中央政府、地方的公共服务职责与承担能力极不对称。因为，公共图书馆服务的重点在基层，但基层政府却缺乏相应的财政负担能力，所以，县、乡级图书馆的发展步履维艰。据有关资料统计，全国共有720个县级图书馆无购书经费，县级图书馆人均藏书量仅为0.12册，低于全国图书馆人均藏书量0.3册，更远远低于国际图联人均1.5—2册的标准，农村图书室(馆)基本处于空白状态。

在技术人才资源方面。目前，我国大部分县级图书馆计算机技术水平低，没有既懂图书馆专业又懂计算机专业的复合型人才。又无经费着手培养这方面的人才，即使引进了软件系统，其维护和修理也无力完成。同时，还因缺乏技术指导，在计算机自动化建设方面产生了许多盲目性。其专业人才的不足是我国公共图书馆的一大缺陷，抓紧做好人才引进，人才储备、人才培训等方面的相关工作是关键，否则，我国公共图书馆文献信息资源建设只能停留在平衡线上。

2 改革传统观念，提高文献信息资源的竞争力

首先，改革传统观念，是当前公共图书馆文献信息资源建设工作的首要问题。因此，做好文献信息资源保障工作，为科研和新技术跟踪服务，也是深入开发文献信息资源工作的基础。众所周知，公共图书馆在文献资源保证方面，有着优良的传统，很多公共图书馆都拥有颇具专业特色的馆藏。所以，笔者认为，在当今"知识爆炸"和"信息爆炸"的变革时代和信息社会里，作为当代文献信息资源的贮存库和以传递文献信息为主要职能的图书馆，各类型科技、文化、经济信息等都在图书馆里得以集中、整序积累，然后再从中挖掘出来进行加工、整理、综合和分析，最终传递到科研工作者和信息用户手中，用于实践，并转化为生产力，成为物质财富的增殖，从而产生一定的经济效益，促进社会的发展。因此，从理论上讲，工农业的稳定、持续、长足的发展，必须依赖于科技进步，也充分说明了图书馆是一个文献信息资源开发传递中心，而不是人们进行文化消遣的娱乐场所。所以，公共图书馆在做好本职工作的前提下，还要组织专门人员深入到经济部门、科技、信息市场和生产单位进行调查研究。参与一些必要的社会经济活动，力争做到随时掌握市场和经济建设的动态及其对整个图书馆文献信息资源工作的新要求，逐步增强公共图书馆文献信息资源建设的意识。

其次，在改革传统观念的同时，必须增强读者和用户的文献信息资源意识，使读者和用户能在生产科研中积极地掌握和利用文献信息资源，使其信息资源需求能与图书馆连为一体。因为，文献信息资源意识是图书馆事业在人们头脑中反映的总和，是人们对图书馆文献信息资源认识过程和认识反映的能力。所以，在蓬勃兴起的技术革命使工业化社会向信息化社会转化的过程中，公共图书馆必须努力创造一切有利条件，开发全人类共同创造的丰富无比的智力

资源(即图书馆),加强对读者和用户的培训,有针对性地为各类型读者和用户提供实用、便捷的文献信息资源,让读者和用户掌握打开图书馆知识宝库的“金钥匙”。

此外,还要利用新闻媒介,如报刊、广播、电视等现代舆论工具,大力向社会各界进行呼吁,广造舆论,定期或不定期地为本地区新闻单位提供科技经济文献信息和领导决策文献信息,扩大图书馆的社会影响,使读者和用户从中认识到图书馆在经济建设中所处的地位和作用。还要通过不定期地召开读者和用户座谈会,以及举办一些文献信息发布会等各种形式向读者和用户宣传图书馆的各种职能作用,只有这样,才能收到改革传统观念,提高文献信息资源的竞争能力,公共图书馆才能在网络环境下立于不败之地。

3 加强文献信息资源建设的发展思路

3.1 加快文献资源创新力度,促进地方经济建设的发展

众所周知,文献信息资源是知识创新的基础和源泉,开发文献信息资源既是知识传播体系的重要环节,也是知识创新体系的重要环节。既是科学技术和社会实践活动的智慧结晶,又是促进科学进步的动力。人们在进行科学研究、知识创新、科技转换时,均离不开继承、学习、借鉴已有的科技成果和经验,而这种继承、学习、借鉴通常又是通过图书馆文献信息资源的充分开发利用而得以实现的。因此,公共图书馆必须充分利用自身的优势,积极开发二、三次文献,并采取重点服务、定点服务、跟踪服务、流动服务、及时服务等方式,还要结合实际需要开发利用文献信息资源,特别是对国家、省、县级等立项的重大科技项目进行定题和跟踪服务,以减少项目前期劳动,加快科研进程,缩短科技成果转化为生产力的周期,从而推动地方经济的发展。

此外,还要加快文献信息资源的创新力度,充分利用通过互联网获取世界范围内的信息资源,经过图书馆的深加工,可使本地区的读者和用户从中掌握更多具有地区优势的工农业技术。图书馆还可以通过文献资源开发利用所掌握的投资、市场、金融及政策法规等信息,提供给决策者们,为地方吸引外资,扩大开放。同时,还可以通过网络快捷的信息传递方式,为企业管理部门及时了解市场分配、竞争对手、消费者构成等情况,以促进营销或制定新产品开发计划,促使产品结构的进一步优化。图书馆还要通过多渠道的方式,致力于现代经济思想的传播,改变人们的思维方式和经济行为,旨在激发他们自主创业的积极性,只有这样,才能加快地方经济的迅速发展。

3.2 加强特色化信息资源建设,实现资源共享

首先,从传统意义上讲,公共图书馆由于受地域及载体形态因素的限制,决定了它必然会成为某一地域范围内的文献中心,制约了图书馆的纵深发展,成为其致命的弱点。因此,笔者认为,网络信息化的公共图书馆,必须注重个性化、特色化的建设与发展,要在统一规范、统一标准的前提下,发挥各地区、各系统的自身优势,尽快建立一批颇有影响的大型数据库和特色化数据库。比如,广东地区根据市场热点需求而建立的特色化数据库的就有:深圳图书馆的法律数据库、特区文献数据库、广东中山图书馆承建的孙中山全文数据库、中文工具书知识数据库等,从而形成支持社会信息共享的基础设施资源,形成了自己的“特色产品”,以立足于市场经济的大潮之中。

其次,从传统图书馆的技术手段来讲,由于没有先进的通讯设施,人们只能亲历图书馆,用

仅有的几个借书证(卡)借到有限的几本书刊,在有限的时间内阅读完后归还再去借,如此循环往复,耗时耗力也未必能够满足读者和用户的需求。因此,在信息社会和网络社会的今天,已被功能强大、检索快捷、信息存储海量并具有鲜明的网络信息资源所替代,读者和用户即使在家中也能访问到所需的文献信息资源,这样先进的服务方式谁都愿意去享用。所以,公共图书馆加强特色化信息资源数据库的建设,是社会与时代发展的需要,是图书馆文献信息资源共建共享的需要,只有跟上时代发展的步伐,才能拓展公共图书馆事业的发展空间,从而使公共图书馆得到更深层次的发展。

3.3 开发图书馆人才资源,优化文献信息人才队伍结构

在图书馆现代化的发展进程中,最重要的是人的现代化,如果一个图书馆没有人才或者紧缺人才,它将难于提高办馆效益和难于兴旺发达。俗话说:“失人心者失天下,得人心者得天下。”进入知识经济时代的今天,对图书馆来说是得人才、多人才的图书馆必然兴旺;失人才、缺人才的图书馆难兴旺;压人才、无人才的图书馆必衰败!由此可见,开发图书馆的人才资源,重视人才、使用人才、培养人才,提高图书馆从业人员的整体素质,对图书馆全员进行在岗培训和实施不间断的继续教育,将是今后公图书馆队伍建设的一项长期任务。首先,要优化人才队伍结构。就素质而言,一方面要强调群体结构的优化;另一方面要有计划地对现有的工作人员进行培训、进修,使他们尽快地掌握各类专业知识,既懂得现代技术的应用,熟悉互联网上的各项服务功能,善于处理各学科信息、追踪前沿、综合分析、咨询服务,从某种专业数字图书馆中提取信息资源,进行鉴别、选择,然后进行文献信息深加工的能力,又有作出有关目录和电子文摘、数据文件等可视资源的水平,供读者和用户使用。其次,要确立“以人为本,全心全意为读者服务的思想”。列宁曾经说过:“图书馆员是图书馆的灵魂。”作为灵魂人物的图书馆员必须加强自身职业道德修养,对图书馆要充满感情,对读者要倾注热情,还应加强自身文化修养,具备一定知识层次,为读者和用户提供广、快、精的高质量信息服务。只有这样,才能成为一位名副其实的“知识导航员”。

总之,网络环境下,公共图书馆应充分开发利用馆藏文献资源和网络信息资源,不断增强图书馆员的信息化意识,注重图书馆员的知识结构、现代化技术技能的提高,依托图书馆的丰富馆藏和网络技术,积极为读者和用户提供快捷、准确、适用的高质量的文献信息资源服务,只有这样,才能最大限度地满足知识经济时期社会化和网络化的需求。

参考文献

[1]李建国.“十五”期间文化设施成绩显著,“十一五”期间文化设施建设面临机遇与挑战.见:中国文化设施建设与经营管理研究.北京:中国文联出版社,2006

[2]席涛.公共图书馆事业均衡发展研究.中国图书馆学会年会论文集(2008年卷).北京:国家图书馆出版社,2008

[3]辛希孟,丁丁.加强新世纪文献信息服务 促进知识经济发展.图书情报工作,1999(11)

[4]蒋波.图书馆信息资源建设与共享.见:21世纪中国图书馆建设与发展.北京:北京图书馆出版社,2002

[5]谢琼.入世对我国图书馆文献资源建设的影响及对策.图书馆论坛,2002(4)

网络环境下图书馆信息服务的探索与实践

——以中央社会主义学院图书馆信息服务为例

马　利(中央社会主义学院图书馆)

随着信息时代的到来,现代化通信技术和信息网络技术的发展日新月异,对社会生活和人们的交流、工作和学习方式带来了深刻的影响。网络环境的建立,从根本上改变了信息提供和信息获取的方式。信息技术的进步和信息存储与交流的现代化构架,对图书馆的传统运行方式和服务手段提出严峻的挑战,如何利用现代技术手段,在新型的网络环境下,建立图书馆信息服务的新型模式,以满足服务对象更为多样、即时、动态的需求,是图书馆业界积极探讨的新课题。

基于网络环境,在建立图书馆信息服务工作的新模式方面,中央社会主义学院图书馆进行了一些探索,做出了一些努力,主要有以下几个方面。

一、个性化服务

图书馆的服务水平,最终以是否全面、快捷地满足终端用户的需求为衡量标准。利用网络环境平台,针对不同用户实行定向个性化服务,是新的信息技术条件下,图书馆信息服务的方向和今后的趋势。中央社院图书馆个性化服务的主要内容是建立个人数字图书馆。这是依托清华同方的个人数字图书馆服务平台做的个性化服务。在这个平台中,可以依据每位读者的需求,提供以下个性化服务。

(1)主题文献馆,依据个人的研究方向,按照主题检索方式,每日主动推送最近一周新收入CNKI数据库的文献,并提供这些文献的分布情况及影响力分析表。

(2)学科文献馆,按个人研究方向,推送相关学科、边缘学科、交叉学科和由此而衍生的新兴学科的文献。并提供这些文献的分布情况和影响力分析表。

(3)原版文献馆,列出个人感兴趣的期刊、工具书、年鉴、学位论文、报纸和会议文献。

(4)“学者圈动态及影响力评估”栏目,列出了个人关注的专家、学术组织的最新学术动态和学者们的BBS等。

(5)专题资源服务,依据个人的兴趣,推送一些CNKI的专题数据库,还可以提供“学术趋势搜索”等服务。

总之,这是以CNKI数据库为基础,全方位提供文献服务的全新的服务平台。进入个人数字图书馆后,可以在校园网外远程访问CNKI数据库。正是看到了这个特点,当初在CNKI推出这个服务平台时,我们立即引入到我馆的咨询服务中。图书馆咨询人员逐一走访了我院所有的教学科研人员,为每位读者“量身定做”了个人数字图书馆。读者们第一次“走进”自己的“个人馆”时,都会感到巨大的惊喜,他们的满意和嘉许,是对我们参考咨询工作的最好的回报。

个人数字图书馆在日常咨询工作中发挥了巨大的作用。“个人馆”中的所有内容都可以依据读者日常工作重点随时变动。图书馆咨询人员利用“个人馆”的服务工作,主要集中于一些年纪较大的读者,或者日常工作繁忙的领导、学科带头人等。这些读者会把近期的文献需求重点告诉咨询人员,我们据此在个人馆的“主题文献馆”和“学科文献馆”中为读者修改主题词和检索策略,读者在远程即可接收 CNKI 推送的海量文献,从而可享受到我们的服务。

二、为重点课题构建机构数字图书馆

为重点课题提供专门化服务,亦是高校图书馆在网络环境下,提供图书馆信息特色化服务的重要内容之一。重点课题对于文献信息的需求,涉及的范围和学科往往更为宽泛,并要求主体信息与课题有较高的相关度,同时需要前沿信息的动态化等服务。充分利用网络环境和信息技术平台,发挥和扩大图书馆信息服务的功能,为重点课题提供专项服务,也是我们探索的工作之一。

为重点课题构建机构数字图书馆,是依托清华同方的机构数字图书馆服务平台做的一项专题服务。这是将我院的重点课题做成专题数字图书馆,向课题组成员推送文献,也帮助相关读者对我院重点课题有一个较全面的了解和认识。机构数字图书馆仅限于校园网内使用,提供以下内容。

(1)主题文献馆。依据课题内容按主题检索方式,推送近一周的相关文献和文献影响力价值分析表。

(2)学科学术热点。推送课题所属学科的热点主题、主要知识点、热度值、主要文献数、相关国家课题数、主要研究人数、主要研究机构数等。

(3)国家级科研项目跟踪服务。推送本课题所属学科中都有哪些相关的国家课题,以及这些课题的项目名称、项目来源、承担单位、负责人、资助发文数、核心期刊论文数、科技成果数等信息。

(4)学术交流区。提供本课题相关领域的学术论坛。

(5)其他服务,包括学术趋势搜索、会议信息等。

三、馆藏图书全部电子化

随着信息化时代的到来和图书馆网络环境的建立,图书馆馆藏文献中的电子文献逐渐增多,但所占比例仍然较低。图书馆的馆藏文献,依然以纸质印刷文献为主,其馆藏结构,远远不适应网络环境中图书馆信息服务的新型方式。为了使全部馆藏资源进入网络化信息服务平台,我们付出了很大的努力,将馆藏图书全部电子化,铺平了馆藏图书进入网络环境的通道,极大提高了馆藏信息资源的利用率和提供能力。中央社院图书馆目前已将全部馆藏图书电子化,即读者在本馆主页的“公共检索”栏目中查到的每一条记录,都可以直接打开电子书的界面,立即阅读。读者可以依据自己的喜好,决定是来图书馆借纸质书,还是下载电子版。电子版图书不仅方便了读者使用,在我们的日常咨询中,也会利用电子书做一些文献的摘抄。在做专题文献题录时,也经常使用电子书。近期学校为重点读者配发了汉王电子书阅读器,更提高了电子书的利用率。

四、建立特色库

我们针对本院教学科研的主要学科范围，以知识化的组织模式，对文献信息资源进行采集、分析、加工、重组，开发建设了图书馆信息特色库。特色库是依据我院重点教学科研内容，在图书馆主页上设立的专题文献全文数据库，内容来自本馆订购的全部数据库和互联网上资源以及本馆特藏文献。与机构数字图书馆相比，虽然“机构馆”的内容是动态的日更新，而我们的特色库是静态的年更新，但特色数据库的内容比较单一，专指性强，切合读者的日常需求，更具本馆特色；特色库比建立在 CNKI 平台上的机构数字图书馆的内容来源更广泛。目前在本馆主页上常设的特色库有 6 个：《统战专题文献汇编》《政党政治专题库》《校友文库》《阶级阶层关系研究数据》《学员论文数据库》《中央社院科研成果库》。建立特色库也是本馆工作人员日常主要工作之一。

五、充分利用互联网上丰富的资源

中央社院图书馆订购的各种数据库，都受其侧重的专业领域和时效性的限制，往往在应急的时候还会觉不够用，而这时互联网的优势就会立即浮现出来。在日常咨询工作中，我们经常利用 Google 和百度等搜索引擎，直接查找所需的文献。在日常咨询中，主要有以下几种情况下，经常会利用这种渠道进行检索：（1）读者拿着刚上架的报刊，要求要电子版；（2）采集有些知名学者通过专业网站发表的新观点论文；（3）采集正处于萌芽期的一些新的学术观点；（4）读者提供的要求不是很明确或者要求太宽范时，以此加以修正；（5）读者提供的文献出处有误时，用此方法给予规范；（6）利用网上丰富的电子书资源，弥补馆藏的不足。

六、其他多种形式的服务

现代化网络技术的发展为读者服务提供了多种服务平台，服务手段也丰富多样。除专业服务平台，如“个人数字图书馆”和“机构数字图书馆”外，电话、E-mail、短信、博客，甚至微博等都已经成为了图书馆信息咨询常用的服务渠道。在服务中我们就遇到过读者从国外发来一个请求，我们通过短信发送了一个链接地址，得到了读者“你的来信价值千金”的回复。可见，网络环境下的读者服务，具有不受时空限制，服务形式多样、及时、方便、快捷、成本低的特点。

七、专题文献服务

相对于以上的服务方式，专题文献检索，是一种比较传统的常规的咨询服务。图书馆日常咨询工作，大部分都可以归纳为专题文献服务。这主要是依据读者的要求，先在数据库中查找题录提供给读者，再依据读者的反馈意见，调整检索策略、提供原文服务。现代网络技术为这项服务提供了方便、快捷的手段，使我们的查准率、查全率都大大提升，也缩短了每次文献的服务周期。在我们的日常咨询中，经常会遇到，读者近期接到一个紧急任务，忙不过来，请求我们帮忙。这时，读者对文献的要求往往是要求精，而不要求量大，但这时要求查找的文献，指向明确,很多都比较难找。这时的文献服务,咨询人员就会挖掘一切可用资源,以最快的方式,尽量最大化地满足读者需求。提供原文的方式也多种多样,我们可依据读者要求提供图书或论文、电子版或纸质文献、通过 E-mail、QQ 传递,或读者过来自己拷贝等。

网络环境对图书馆的信息服务工作提出了更高的要求,并且随着科技的进步,信息技术更新和知识更新的步伐愈益加快,图书馆的信息服务工作必须不断提改进、提升,才能与时俱进。这其中所面临的诸多新课题,既是挑战,也是动力,需要我们认真面对,积极探索,在实践中加以解决。

网络环境下地方文献开发利用的几点思考

方立波(望奎县图书馆)

1 网络环境对地方文献资源开发和利用的影响

1.1 网络环境的形成增强了图书馆地方文献资源建设者的信息意识

随着社会的发展,网络环境对图书馆人最深刻的影响就是信息意识、数字意识的觉醒。地方文献数量与日俱增,内容丰富多样,其含义也在不断延伸。现在的地方文献除了包含图书、报纸、杂志、图片、照片、手稿等内容外,光盘版、电子版、网络版的地方文献日益增多。许多长期被忽视的地方文献被挖掘出来并先后上网,网上地方信息资源以几何级数增长,这种意识反映在地方文献资源的建设上就是馆藏资源数字化。在进行地方文献采集时,不仅要采集纸本文献,而且要采集电子文献、网络文献。文献载体的数字化,使地方文献增加了采集途径,丰富了图书馆文献资源形式。

1.2 网络环境的形成增强了图书馆地方文献资源建设者的联合意识

目前,我国地方文献资源分布存在条块分割、各自为政现象。有限的地方文献资源,分布在地方公共图书馆、博物馆、档案馆、方志馆和地方信息中心等单位。网络环境的出现,较好地解决了长期以来困扰各单位特藏文献独家占有问题,促进了特色文献上网,加强了各地图书馆间的交流与联合,使文献资源共建、共享成为现实,进而消除了各图书馆孤立、封闭状态。

1.3 网络环境的形成增强了图书馆地方文献资源建设者的创新服务意识

以往图书馆对读者的服务,主要局限于到馆服务、信函服务、电话服务等。网络技术的出现,为图书馆读者服务工作提供了新途径,使图书馆的读者服务工作更加方便快捷,促使地方文献工作者在进行信息咨询时,不断学习新知识、掌握新技术、应用新手段,全方位开展服务工作。

2 网络环境下地方文献资源的开发与利用

2.1 特色数据库的建设

特色数据库是根据特色文献资源开发的具有独特内容的数据库。地方文献数据库为其中之一种,它将本地区的社会政治、经济发展、文化环境和历史渊源等方面的资料集成于一库,为用户提供咨询服务。此数据库的建设过程,我馆大致可分为三个阶段:一是原始的手工操作阶段。从1995年开始,将地方文献单独设立专藏库,并将其中的专题资料搜集起来,编制了一套卡片式索引,这是地方文献工作的原始阶段。此阶段从搜集资料、分类编目、制作卡片到检索服务,全部用手工操作,不仅费时费力,且检索手段单一,查找不便,因此资料的利用率极其有限。二是自动化阶段。2003年,图书馆采用ILAS系统实现了自动化管理,随即在此系统中建立了地方文献数据库。由于计算机的应用,数据的存储量迅速增长,检索也变得极其方便灵活,检索效率大大提高,较充分地发挥了地方文献资料的作用。但由于人力、物力各方面条件的限制,采集到的地方文献资料还不够全面完整,开发整理的范围也不够宽,难以满足用户的要求;此外,因数据库是题录式的,只能提供资料线索,用户仍须查找一次文献,有时查到原文又发现并不是相关资料,检索过程仍嫌繁琐,这些都制约了数据库的建设。三是网络化阶段。在上述两个阶段中,建库所利用的信息资源都来自本馆馆藏。而进入网络化时代后,随着网上信息的日益丰富,人们发现,此时如果仍埋头于有限的馆藏中,采用传统的方式建库,那么所建数据库必将落后于时代的要求。目前,ILAS系统即将推出网络化的建库软件,并增加了处理全文数据、多媒体数据等功能,这无疑给自建数据库提供了一个出色的操作平台。但是,要建成高质量的数据库,最重要的是充实数据库的内容,因此,建库必须更充分地开发和利用各种信息资源,特别是网络信息资源。

2.2 网络信息资源的开发

怎样从浩如烟海的网络资源中,将有关本地的各种信息发掘出来,这是利用网络信息建库的第一步,需要摸索和积累经验,建立一套便捷的获取信息的方式。首先,应根据特色数据库的搜集方向,选择一批有参考价值的网站和信息源,定期浏览,并根据需要设立相关主题词、关键词,从中检索、筛选出有价值的信息。搜索结果表明,地方信息资料可以有多方面的来源,首选信息源是本地网站,包括各级政府和机构的网站,其中收录了各种地方性政策法规、灰色文献等;网络版报刊是地方信息最重要的来源,需每日按时浏览;同时还有各种网上论坛,经常发表对本土建设的评论和建议等等,这些都是必须重点关注的网站。第二个来源是各种数据库,如各类型图书馆的馆藏书目、网上新书书目 、期刊论文等,从中可检索到数量可观的本地文献资料,包括各专业领域的文献。第三个来源是各种研究机构和学术团体的网站,其中不乏最新研究成果、国内外研究动态、独家收集的资料等。此外,由于网上信息更新很快,新网站不断涌现,可借助搜索引擎或网络机器人自动搜索,密切关注,以便发现最新信息。

2.3 多元化阵地服务与网络服务并行

在网络环境下,图书馆所服务的对象将是能够上网的所有用户。怎样让读者在网络环境下适应新的角色定位,充分利用网络资源获取自己所需的地方文献资源,针对特定地域、特定读者群开展地方服务，在检索方式上：一是采用了全文检索的数据库形式；二是采用HTML网页的格式，使数据库生动、直观地呈现在查询者面前。两种浏览方式之间相互作了链接，可互相转换。在搞好网络服务的同时，还必须加强多元化的阵地服务方式。一是编制方便实用的目录、索引，便于读者查阅和馆际之间的资源共享。二是举办地方文献展览和地方文献数据库展示活动，为读者提供直观的地方文献信息。三是举办地方文献研讨会和有关本地区人文知识竞赛，加大地方文献的宣传力度。四是有目的编制地方文献专题书目、文献汇编进行跟踪服务。五是利用一些老照片分专题制作光盘等，使地方文献资源发挥更大的社会效益和经济效益。

2.4 网络信息的二次加工

从网上获取的信息往往杂乱无序，标引方式各不相同，多数只有关键词检索，且缺乏质量控制，这样，很容易造成误检。要将这些信息纳入自建数据库成为一统，必须对它们重新加工，使之规范化、标准化，在这方面，图书馆充分发挥了自己的业务优势：

(1)对检索获得的各类信息分别处理。对一次文献需要编制与之配套的题录与文摘，对二次文献则要求重新进行规范化著录，缺少分类和主题标引的，应按《中国图书馆分类法》和《汉语主题词表》对其进行标引，然后按CNMARC标准格式编目。

(2)突出信息的地域性特征。为了突出地方特色，必须标引出详细的地名和地方人物名，对地方重大事件采用统一的主题词，并力求标引出更多的信息点，这样可减少误检和漏检。

(3)多媒体信息的标引。对全文文本信息、图像、声音、视频等多媒体信息，都应根据统一的规则进行著录，组织成一个完整的有机整体，并与馆藏体系联系起来。

3 网络环境下开发利用地方文献的问题与对策

3.1 网络资源馆藏化

网络资源纳入自建数据库后，增强了它的稳定性和安全性，但有时因为停电或技术故障等问题而影响其使用，而且缺乏纸质文献，也给阅读和复制带来不便。因此，对于较重要的资料，都应该复制成纸本文件，转化为现实馆藏，这样，不但使用方便，也利于长期保存；另外，对网上检索到的书目和题录，有些是本馆缺藏而且难于购到的，可与对方联系，争取得到全文数据或复印件，以充实馆藏。

3.2 馆藏资源网络化

在利用网络资源的同时，也要重视馆藏资源的利用，特色馆藏经过长期的积累和整理工作，已形成相当完备的体系，其资料的历史性和独特性都是从别处无法获得的，应尽快将其中的珍贵文献数字化，以全文形式纳入数据库，一般文献则采用题录或文摘形式录入，并加紧回溯建库。

3.3 尊重版权

在利用网络信息时，必须尊重版权。对于受到版权保护的信息，应与对方联系，通过购买等方式取得使用权，对不能取得使用权的可在自建数据库中建立题录，标示网络地址(URL)，然后建立超文本链接，为用户提供网络导航。

3.4 资源共建与共享

开发利用地方网络信息资源是一项较大的工程，靠一馆之力很难完成，还需要在本地区实现跨行业、跨部门的广泛协作，发挥各种优势，共同建设本地区的资料宝库，使之成为地方信息资源的集成服务点，满足本地区的信息需求。总之，利用地方网络资源的意义在于，它是将用户—网络—图书馆联系起来的桥梁，它把网络信息集中化、有序化，为用户提供优质的全方位服务；它使馆藏资源通过网络扩大使用范围，产生前所未有的效益；与此同时，图书馆自身也获得了在网络环境下生存和竞争的能力。

参考文献

[1]刘文锋. 浅谈地方文献的搜集与利用. 图书情报论坛，2000(4)

[2]陈小敦. 网络环境下地方文献资源的开发与利用. 高校图书馆工作，2001(6)

[3]谢水顺. 论地方文献资源体系建设. 图书馆工作与研究，2002(3)

[4]孙延蘅. 网络信息资源的有效开发. 情报资料工作，2004(3)

[5]林平忠. 论图书馆信息资源的深层开发. 中国图书馆学报，2000(1)

网络环境下电子资源的储备与利用

——以沈阳市图书馆为例

陈泰云(沈阳市图书馆)

一、图书馆电子资源建设的意义

所谓电子资源是指将文本、图像、声音、视频等多种形式的信息以数字化方式存储在光磁等载体中，并由计算机终端设备通过查询、检索和阅读到各类数字化信息资源。电子资源的建设是社会信息化发展的必然要求，也是图书馆数字化建设的核心和根本。世界发达国家的信息资源数字化随着网络建设同步发展，形成了空前丰富的因特网信息海洋。而我国图书馆数字化建设起步较晚，网上电子资源非常有限，尤其是一些图书馆局域网建成后，资源数字化建设明显滞后，形成网上“有车无货或缺货”的局面，使网络设施成为无米之炊，无法充分发挥网络基础设施的效益和价值。因此，着眼电子资源储备，加速电子资源建设，不仅是社会信息化发展的需求，也是图书馆网络化、数字化建设的当务之急，是提升图书馆数字化服务品位的迫切之需。

二、我馆电子资源建设情况

沈阳市图书馆，作为一座具有百年悠久历史的传统公共图书馆，面对网络数字时代信息发展的新特点，以及国内外数字图书建设的新形式，及时制订了我馆网络建设以及电子资源建设的策略，投入了大量的资金和人力，并积极投身于网络建设和电子资源建设的实践之中。随着新馆的落成，沈阳图书馆新版网站出现在互联网上，同时也建立起了一定规模的数字化信息资源系统。

1. 书刊目录数字化资源

我馆采用ILAS系统对馆藏书刊进行数字化加工与管理，该系统可实现书目数据采访、分编、典藏、流通、查询一体化管理，使图书馆的基础业务从纸质作业转化为数字在线作业。它建立起的强大的数字化书刊目录信息资源特别方便图书馆工作人员和读者查询海量的书刊信息。读者可在我馆多媒体阅览室的任何一台PC机或异地的任何一台上网计算机任何时间上网点击沈阳图书馆网站的主页，都可通过网络轻松地进“馆”里去坐坐，进行馆藏书目查询，馆藏期刊查询、电子出版物查询、读者信息查询等；并可通过友情链接进入其他图书馆网站进行跨馆查阅，实现图书馆数字化信息的共享。

2. 自建数据库资源

自建数据库是图书馆根据本馆的地域特点、文化特征以及馆藏文献特色，确定合适的专题，深入挖掘馆藏，选取文献，利用计算机设备、扫描设备对纸质文献进行加工处理使之转变成数字化信号，然后再对数字化信号进行文献分析，选取主题词、分类号、著者、出处等字段进行有序化整合，使之成为可供检索的数字化信息资源。我馆近年来自建的数据库有：东北文学大系全文数据库、沈阳图典数据库、家庭装修图文数据库、沈阳人物数据库等。这些自建数据库均采用TRS数据库管理系统，该系统提供了定义数据库结构、CEL标引审校、装库、信息分类导航以及检索查询全文的功能，使我馆的自建数据库真正成为可利用的馆藏特色数字化信息资源。

读者可通过上网进入沈阳图书馆网站主页，进入我馆各自建数据库的检索查询平台，该检索平台用户界面友好，具有清淅的分类导航系统以及图形界面与字界面的智能检索系统，用户可从不同字段、不同途径进行检索和阅览。

3. 外购网络版全文数据库资源

近年来，我馆加大数字化资源建设的力度，还表现在争取资金外购国内著名信息机构出品的网络版全文数据库系统。如中国知网CNKI网络版全文数据库检索系统、万方数据库、龙源期刊数据库、慧科新闻媒体数据库。网络版全文数据库资源信息含量大，信息覆盖面广，包括科研、生产、教学、企业、市场诸多方面，这些数据库均具有超强的智能检索系统和良好的用户界面，非常方便读者和用户获取广、快、精、准、新的现代化信息。

读者可通过本馆的账号和密码进入不同的网络版全文数据库电子检索阅读平台，通过选择分类号、著者、篇名、主题词、关键词等多个途径进行检索，快速获取文献出处或全文，并可通过下载或发送电子邮件获取所得文献信息，实现数字化信息的远程化服务。

4. Apabi 电子图书资源

我馆电子书平台是整合多种数字资源，实现书目数据和电子图书数据资源共享，构建的全天候数字图书馆。读者只要登录沈阳图书馆网站(http://www.sylib.net)就能阅读内容丰富的正版电子图书。目前我馆开通的电子书平台，采用方正 Apabi 电子资源管理系统，收藏来自3000 多家出版社的正版电子图书 2 万余册，它使广大读者方便地找到自己所需的电子图书，同时可对重点章节内容进行复制、重新编排、制作电子读书笔记等。充分享受“足不出户、博览群书”的时尚与乐趣。体现了我馆为读者和用户提供 24 小时的全天候时时的文献信息资源的检索及阅读服务。

5. 外购光盘资源

近几年来，作为网络化信息资源的重要组成光盘数据库资源异军突起，以光盘为介质的电子信息资源得到了空前的发展，国内外许多著名的数据库都有光盘介质的数据库。我馆也十分重视光盘介质数据资源的建设，购买了清华大学出品的中国期刊全文数据库光盘版、维普科技期刊篇名数据库光盘版。同时外购了 VCD、DVD 光盘，内容包括多方面学习软件和欣赏娱乐内容等；另外我馆还收藏大量随书光盘，供读者利用计算机设备检索和阅读电子文献信息。

三、对我馆电子资源建设的思考

1. 制订可持续发展的规划

我馆电子化、数字化资源建设是地方文化事业建设的重要组成部分，同时也是一项系统性工程，应制订可持续发展的总体规划。并实行各阶段的协调管理，分工协作，稳步推进，以保证我馆信息资源建设的系统性、科学性、完整性及其可持续性。

2. 协调馆际资源共享

我馆在进行数字化资源建设中，应根据总体规划，在分工协作的基础上，首先考虑信息资源变化及用户需求的变化。不仅在选择印刷文献时各图书馆之间需要进行协调与共享，而且将馆藏特色文献转为数字化资源时更需要进行协调，使各馆上网信息各具特色，互惠互补，避免重复建设、重复投入。只有系统化、特色化、专门化的资源，才会有不可替代性，才能避免网站上信息的冗余与浪费，保证网上文献信息资源的全面，充足与系统，发挥资源服务的整体效应和资源共享的积极性。

3. 网上数字化信息馆藏化

网上信息馆藏化是指图书馆员利用自身的专业优势，在充分熟悉网上资源分布状况的基础上，掌握并获取网络信息资源的方法。我馆应开发馆员的潜能，在网上浩瀚的信息中通过搜索引擎或 BT 资源站对网上免费资源进行分辨、筛选、下载、收集和整合，建立适合我馆的虚拟馆藏，为读者充当网络信息导航员，使读者如同利用实体馆藏一样方便地利用网上信息，这是对现有实体馆藏不足补充的好方法。

4. 实现电子资源的深层次开发

信息分析就是通过辨认知识类型，解释和破译信息、选择相关信息，摒弃不相关信息，抽象新知识，从而增强信息的针对性、有效性的工作过程。我馆信息服务人员应该利用自已的隐含经验性知识对电子资源进行提炼抽象，并在此基础上形成新知识组成深层次电子资源。实现对电子资源进行深层次的开发利用，对网络信息资源进行分析、重组、整合，从提供参考性信息线索转向具体内容和直接获取信息，为政府、企业、个人提供决策咨询。

5. 注重特色数据库建设

建设具有自身特色的馆藏数据库，是图书馆数字化的关键。我馆应结合本馆特色，结合沈阳重工业城市的特点，充分掌握特色信息在全球分布的状况，挖掘因特网上的特色信息资源，根据用户的需要，设置虚拟资源导航站，有目的、有重点地挖掘国内外相关领域的数字化特色网络信息资源，然后分门别类加以归纳、整理，用专业语言标识后，以超文本方式给用户提供链接点，帮助用户无限制和无阻碍地检索信息，提供高效、优质的现代化服务。

综上所述，电子资源的建设，是现代图书馆数字化服务的基础和前提。数字互联时代的到来，不仅为图书馆提出了挑战，同时也给图书馆带来了机遇，图书馆人应抓住机遇，锐意进取，开发智力，拓展研究、勇于实践。积极做好电子资源的储备与开发工作，这样才能提升图书馆服务的品位，使图书馆的服务在激烈的信息服务竞争之中立于不败之地。

参考文献

[1]覃沫. 图书馆网上参考咨询服务的深度开发. 上海高校图书馆情报学刊，2005(1)：21－22
[2]初景利. 网络环境下文献信息服务的若干创新点. 图书情报工作，2006(2)：82－85
[3]陈顺忠. 虚拟参考咨询运行模式研究. 图书馆杂志，2003(5)：25－27
[4]王其敏，邢宝凤，李秋实. 网络环境下的图书馆参考咨询工作. 图书馆工作与研究，2003(3)：37－38
[5]高景祥，蔡雅云. 论中小型高校图书馆馆藏电子资源的建设策略. 图书馆工作与研究，2004(3)：41－42

网络环境下图书馆员文献传递能力素质探析

胡晓梅（陕西省图书馆）

随着现代科学技术和信息技术的迅速发展，传统的文献概念、加工手段、使用方法正经历着一场技术上、观念上的深刻革命。文献载体的多样、丰富、更新快、电子化，加工管理的自动化以及检索文献网络化等已成为文献工作发展的必然趋势，因而图书馆员提高为读者提供文献信息能力就越来越迫在眉睫。新时期一名合格的图书馆员不仅仅要做好传统图书馆馆员应该具有的基本素质，更应该具有高水平的智能和各种能力。

一、当前图书馆的发展特点

随着计算机网络技术的发展，数字化图书馆应运而生。当前全世界正掀起数字化图书馆建设高潮，数字化图书馆已成为国际高科技竞争中新的制高点和评价一个国家信息基础水平的重要标志，也是新时期图书馆的发展方向。我国政府与其他发达国家一样，把加快我国数字化图书馆建设和研究，加速中国信息化进程作为社会经济发展及提升国家核心竞争力的基本出发点。随着数字化图书馆的建设和发展,新时期的图书馆将摆脱地理环境的制约形成一个"世界大图书馆",每个图书馆将成为这个大家族中不可分割的一部分,每个用户读者将成为这个世界大图书馆的公共用户读者,全球的信息资源可以及时、准确、方便地为公众所利用。新时期的图书馆将是数字化、网络化的图书馆,其馆藏文献的开发与利用具有如下特点。

1. 信息利用共享化

数字图书馆的最大特点是信息资源的共享,这种共享不仅体现为不同地域的用户对信息资源的共享,也体现为不同地域图书馆对数字化、网络化资源的共建共享,这种共享把传统的分离割裂的图书馆推向全球一体化、网络化的新境地。图书馆的服务对象也不再是为某一单位、部门、地区、国家提供信息服务,而是服务于全球的任何用户和读者。信息资源的共享将推动信息资源向图书馆联盟的共建共享模式发展。

2. 信息传递网络化

因特网将世界各国的图书馆和成千上万台计算机联为一体,从而打破了传统图书馆的信息传递方式,用户可以方便地共享大量的和分散在不同储存处的书目数据、数值数据、电子文本数据、视频音频数据等,传统的信息传递方式逐渐被打破,全面实行跨时空的网络化信息传递。

3. 信息管理多元化

数字图书馆是实体图书馆与虚拟图书馆的结合体,它是一个面向全球的大型信息管理系统,其信息资源来自于社会各界、各行业、各地区、各部门,因而其管理系统也将是大规模的信息组织工程、软件工程、网络工程、计算机工程等系统工程的有机组合,因而其管理方式也应是多元化的,其管理工作不能由任何一个图书馆单独完成,必须由整个社会共同来构建与管理这个巨大的信息资源网。

4. 信息资源数字化

信息资源是图书馆服务的基础,数字化图书馆是建立在信息资源数字化基础之上的,其实质是利用现代信息技术和网络通讯技术将各类传统介质的文献进行压缩处理并转化为数字信息。其主要工作包括:将各类传统介质的馆藏文献转化为数字信息;出版发行大量电子出版物;大力开发网上数字资源等,总之是将文献储存形式主要以印刷在纸张上的文字转换成光磁性介质形式,即使数字成为信息的载体,信息依附于数字而存在。

5. 信息提供智能化

传统图书馆是将现有的馆藏文献资料进行有序化的组织加工整理,提供给用户,而数字图书馆是将图书、期刊、图片、声像资料、数据库、网页、多媒体资料等各类信息载体与信息资来源在知识单元的基础上有机地组织并链接起来,并借助智能导航工具,以动态分布式的方式提供给用户,并将大量有关信息加以智能处理,从中提炼出有用的知识单元,从而一次性地为用户提供所需要的主题目录、论文和著作的全文,以及图片、图像、声音等各种知识信息。

二、当前图书馆员的能力素质要求

图书馆员的素质包括有思想道德素质、专业素质、文化素质、身体心理素质诸方面。只有具有较高的政治思想觉悟和良好的职业道德，熟练过硬的业务技能，丰富全面的文化知识，健康的心理素质，同时又具有一定的协调管理和开发创新的能力，才能适应新时期图书馆事业发展的要求。

1. 思想道德素质高

真正成为一名信息导航员，它要求具有正确的政治观、世界观、人生观、具有高尚的品行和良好的职业道德，以及强烈的敬业精神。爱岗敬业是做好任何一项工作的思想基础。新时期，图书馆工作人员爱岗敬业的内涵发生了变化，突出体现在具有开拓、创新精神。传统的看门、守摊，借借还还，为读者进行一般性咨询的思想观念已不适应现代化、网络化的需要，当今的图书馆员应从思想上转变观念，积极开动脑筋，进行创造性的工作，变被动服务为主动服务，工作态度在热情的基础上，力求全面周到。只有创造性地工作，才能充分发挥潜力，才能使图书馆工作发生日新月异地变化。面对读者的不断增多及读者对信息量需求的日益增长，图书馆员应深入而确切地了解读者的阅读倾向及阅读需求，充分利用馆藏文献及网上信息资源，根据特定读者群的需要，有针对性地收集、整理、归纳信息，并及时准确地提供给读者，真正成为一名信息导航员。

2. 专业素质扎实

不仅做好“服务员”、“保管员”、“出纳员”的角色，而且以“信息咨询员”、“网络导航员”的身份立足于社会；以“信息专家”、“知识专家”和“网络专家”的形象面向用户，这是图书馆自身发展的需要，也是信息化社会、知识经济和网络时代对图书馆员的要求。

新时期对图书馆员业务素质的要求更高了，具体应为：

（1）具有广博的文化科学知识和不同学科的专业知识

知识经济时代的图书馆员，不但要对图书馆学有全面精深的掌握，而且还需要对相关学科和领域有广泛的涉猎，并不断更新知识，才能为专业人员提供所需的各类文献信息资料，解答各门科学领域的知识性咨询，并提供文献综述、信息代理等高层次的服务，才能在信息服务工作中得心应手。

（2）具有图书情报学专业理论知识

图书情报专业知识是图书馆员开展图书馆工作流程所必需的，其掌握程度对图书馆员信息意识的强弱，捕捉、分析、提炼信息的能力无不具有较大的影响。因此，图书馆工作人员应掌握图书馆学、情报学、分类学、目录学、工具书的使用、文献信息的检索等学科理论基础知识。

（3）掌握一定的高科技技术

新时期图书馆工作内容已从传统作业过渡到现代化、网络化的管理，这就需要一定的技术支持，所以图书馆员必须具备现代化信息设备的使用能力，如对计算机基础知识、网络知识、数据库管理软件的运用以及多媒体等方面的知识应有充分的了解，并能够熟练掌握和运用。

（4）具备一定的外语水平

作为信息工作者，熟练阅读外文资料是获取信息的基本的重要途径，特别是网上信息，中文信息较少，多数是外文特别是英文信息，因此，图书馆员应该掌握1—2门外语，以便有能力完成外文信息的收集、整理，为读者提供准确的信息交流服务。

3. 身体心理素质

包括健康的生理和心理状态。世界卫生组织将健康定义为："健康乃是一种生理、心理和社会适应都日臻完满的状态。"尤其是心理素质，应表现为能有效地了解、控制、整顿、激励自己的情绪，维系良好的心理状态和人际关系。心理素质属于人的非智力系统，但它对人的智力系统有决定性的反作用，最终决定事业成败的不是智力系统而是非智力系统。所以说具有健康的身体心理素质是良好综合素质的必备条件。

参考文献

[1]丁有俊. 知识经济与图书馆. 北京：北京图书馆出版社，2000
[2]李金环. 高校图书馆的发展及馆员素质能力的培养. 图书馆建设，2001(3)
[3]陆继玲，龚怡置. 面对新世纪迎接新挑战，培育新人才. 图书馆建设，2001(4)
[4]郝群. 21世纪图书馆员的教育和培训. 图书馆建设，2001(2)

网络环境下文献提供工作人员素质及教育培训初探

张　萍（广东省珠海市卫生信息中心）

1　网络环境下文献提供服务模式的转变

1.1　文献馆藏的变化

因特网飞速发展，网络信息资源数量急剧上涨，人们获取信息不再单纯依赖传统馆藏（印刷型文献信息资源的图书、连续出版物、特种文献资料）的建设与积累，适合网络传输和网上阅读的电子图书、电子期刊、数据库以及网上大量的免费信息更成为用户青睐的对象。同时，借助他馆资源满足自身需求也成为读者依赖的重要服务方式。越来越多的图书馆将印本文献建设、电子资源数据库建设与网络信息资源建设三者有机地结合起来，文献馆藏形式的变化，使得文献提供方式也发生了变化。

1.2　服务需求的变化

国家科技图书文献中心（National Science and Technology Library，NSTL）通过对中国武汉光谷的企业文献需求及现状调查发现：科技研究人员追求前沿、创新的新技术需要图书馆的帮助，而通过网络和他人代查方式的占了55%和10%—20%……被调查者对于今后文献获得方式的选择结果呈现分散与多样性，被调查者选择自查的占了多数（42%），而选择图书馆代查的也占多数（高达50%）。文献提供也成为图书馆重要的服务内容，较之过去一般性的书刊原件或复印件需求，网络时代读者的需求已发生了很大的变化，他们对信息查询和获取的方便快捷、准确全面以及权威性等都提出了新要求，读者对于图书馆服务的要求，已经不是传统意义上的书刊集散地，而是信息的集散地、知识的发现、组织与传播中心。

1.3 服务内容的变化

过去都是读者到图书馆来获取所需的资料，图书馆员通常只是根据读者的具体需求提供指定的文献，随着网络技术和数字挖掘技术的发展，读者希望借助网络，更方便快捷地获得他们所需要的文献，通过数字技术进行信息挖掘，从而使过去一些专业的、高水平的、复杂的智力服务变得相对简单化。图书馆的文献提供工作也由过去的书刊原件及复印件向多媒体信息及虚拟的数字资源转变。文献提供工作的性质与内容较之过去有了根本性的变化，特别是与参考咨询工作的融合，使得今天的文献提供工作成为图书馆专业性最强的工作之一。

2 文献提供工作人员素质要求

2.1 职业素质

良好的职业素养对从业行为起着重要的制约、导向和决定作用。文献提供工作人员必须增强职业意识，恪守职业道德，积极开拓适应信息迅捷传递的方式，运用多样化的信息化服务手段向用户提供他们所需的文献。

2.2 信息素质（文献检索和文献获取能力）

信息素质是一组能力，它要求个人“认识到什么时候需要信息，并且具有能够定位、评价、有效的使用所需信息”。不仅要求文献提供工作人员具备信息定位，还要评价、分析和利用信息。具有较强的信息意识和信息捕捉能力。

2.3 专业技术素质

2.3.1 相关图书馆学、情报学知识

图书馆学和情报学基础是从事图书信息工作的专业人员同时也是文献提供工作人员必备的知识。系统地学习和掌握图书馆学、情报学、图书情报工作概念、主题标引、现代文献编目、文献信息检索等，组织与管理文献信息的开发和利用等内容，才能在实际工作中充分利用这些知识。在充分掌握文献信息学知识的基础上，才能更好地利用文献资源为用户提供文献服务。

2.3.2 相关计算机应用及网络知识

在各个行业中，计算机已经成为不可或缺的办公用品。当前文献信息的知识含量信息化、存储文献数字化、电子化、传递信息网络化、设备现代化、资源虚拟化、信息交流国际化，文献提供已从手工借还方式向自动化、网络化方向转变，“数字化图书馆”、“虚拟图书馆”应运而生，这就要求文献提供工作人员必须掌握计算机的基本知识和基本操作技能，了解和熟悉网络知识，了解网络检索的路径与语言、联机检索、光盘检索、网络信息存储、馆际互借、远程访问以及信息传递与应用整个过程中所需要的所有技术，具备在网上检索、文件传输、发布信息等技能，保证文献提供工作的有效、高效开展。

2.3.3 所服务领域的专业知识

从一定意义上讲，文献提供属于一种服务行为，其服务的对象往往是某一特定的专业领域。随着学科的整合、裂变和分化，学科处于不断地细化、专化的过程中，如果对该专业没有相当的了解，为其提供服务就无从谈起，这也是我们提倡文献提供工作人员具有渊博知识的原因所在。对于自己服务学科的专业知识，文献提供工作人员应该尽量在广度与宽度上进行细化掌握，只有这样，服务工作才能够做到有针对性，才能向纵深发展。

2.3.4 外语知识

外文文献一直是教学科研的重要信息来源，最新、最前沿的科技动态往往在外文文献中反映出来，特别是计算机网络技术的应用，使外语成为走向世界、利用 Internet 网络资源的重要工具。外语水平的高低，不仅直接影响外文文献资源的利用率，而且在相当大的程度上反映了图书情报工作网络资源开发利用层次的高低。

2.4 人文素质

文献提供工作是一种服务行业，要求文献提供工作人员还必须具备较强的交际能力、沟通能力、协调能力以及理解和学习能力。因此必须加强心理、人文、公关、语言、管理等相关学科的学习。

3 培训内容及主要方式

继续教育和在职培训是提高文献提供工作人员素质的最好途径。目前在职培训的内容主要包括职业道德教育、专门知识教育和现代技术技能教育等内容，形式主要有学历教育、短期进修、岗位专业培训、学术交流、知识讲座、专家学术报告会、参观考察，以及开展国际交流合作等方式。而这些学习受许多条件限制，无法进行系统有效地学习，知识得不到全面的发展。笔者建议由行业权威部门成立专门的培训机构，建立专门的学习网站，使文献提供工作人员随时随地、不受限制地学习，并使之成为“终身教育”，是提高文献提供工作人员素质的有效途径。

3.1 成立权威的培训机构，制定相关的培训制度

培训机构必须是具备学术或专业权威的组织机构，如中国图书馆学会或国家图书馆文献提供中心等。制定相关的培训制度，使得文献提供工作人员的素质教育得到长期稳定地发展。

3.2 建立网上培训学习、知识考试网站

通过收集、制作和购买多种多媒体视频学习课件，建立网上培训学习、知识考试网站，为各级文献提供工作人员搭建一个网络学习平台，集教、学、考、管功能为一体，突破时空限制，实现学习的网络化、自主化、个性化和资源利用最大化。同时，为文献提供工作人员提供一个互相交流的平台。

开放式的网站教学极大地拓展了文献提供工作人员终生学习的路子与方法，大大地扩大了受教育者的比例，缓解了大规划校训与教学资源尤其是师资力量相对短缺的矛盾，使更多的文献提供工作人员得到终生教育的机会。同时，文献提供工作人员可根据个人的兴趣和爱好，结合自己的工作与职业发展方向，独立进行学习的一种方式，由于学习的内容更符合个人兴趣、也更具有针对性，效果也往往更有效。这种方式不受时间、地点的限制。通过网站学习及

知识考试，不仅使文献提供工作人员通过网站的培训或自学，逐步提高业务素质，达到熟练运用现代信息技术来从事文献提供服务、管理和评价，最大限度地满足用户的需求，使文献提供工作人员的素质教育制度化、规范化、长期化、经常化、层次化、多样化、超前化，使得文献提供工作人员的素质由低向高层次发展。

3.3 培训内容

(1)职业道德准则。参考国内外有关文献提供工作的职业道德准则，制定文献提供工作的职业道德准则，在网站上予以公布，相关工作人员学习。

(2)业界动态(包括新技术、新标准)。

(3)图书情报学知识。

(4)相关计算机及网络知识。

(5)数据挖掘与分析。

(6)各种数据资源的介绍及检索技巧。

(7)辅助学科：管理学、经济学、社会学、法律学、信息资源管理、心理学、人文科学、公共关系学、语言学。

3.4 实行学分制管理

通过建立学分制管理系统，采用学分制管理，根据不同的培训内容与学时，并与相关组织联合，授予不同的学分，并与今后文献提供人员继续教育及职称评定挂钩，实现文献提供人员终身的继续教育。

3.5 实行学员注册及会员制制度

网站实行学员注册，实行个人会员制和单位会员制，会费用于网站的运营及多媒体课件的支出。只有这样，文献提供工作人员的素质教育才能长久。

结语

文献提供工作人员的素质教育目前还依附于图书情报学相关专业，还处于一个起步的阶段，但只要认识到文献提供服务已日渐成为图书馆的核心业务，重视文献提供工作人员的素质教育，勇于探索，开拓进取，文献提供工作人员的整体素质必将得到极大地提高。

参考文献

[1]王世伟. 网络环境下文献提供的实践探索. 新世纪图书馆，2004(6)：8－10

[2]赵冬梅. 网络环境中高校图书馆文献提供能力的优化. 晋图学刊，2009(2)：18－21

[3]邓兵，邵荣，钱华等. NSTL 为中国光谷提供文献信息服务的思考. 现代情报，2009(11)：211－214

[4]陈力. 数字时代的馆际互借与文献传递. 国家图书馆学刊，2008(3)：54－58

[5]贺志刚. 从“文献检索与利用”到“信息素质教育”——观念与内容的变化. 山东图书馆季刊，2007(3)：47－50

[6]刘一宁. 论图书情报人员的综合素质教育. 情报学报，2006(25)：321－325

网络时代区域内跨系统图书馆

——馆际合作模式及其合作形式的创新

魏建国(江苏技术师范学院图书馆)

目前,我国图书馆之间的馆际合作还存在不少问题,如体制分割、各自为政现象。究其原因：一是国家尚缺乏协调一致的信息政策,图书馆事业的地位和作用未得到充分重视和肯定;二是对馆际合作重要性和必要性的认识仍局限于定性的分析和研究,缺乏一个能够有效衡量馆际信息合作成果的量化模型。长期以来,图书馆一直处于不断增长的读者需求和不断下降的经费的困扰之中,区域内跨系统馆际合作能较好地解决这一难题。

1 区域内跨系统图书馆馆际合作的主要项目

1.1 区域内跨系统图书馆馆际合作的内涵

区域内跨系统图书馆馆际合作是利用本地区各系统(公共、高校和科研)图书馆在信息资源开发利用上的互补性,通过信息资源的整体化、社会化和全方位配置,实现文献传递和信息服务的整体化组织,以适应跨系统、跨部门的集成信息服务的发展需要。

1.2 馆际合作的主要项目

1.2.1 联合编目

通过各成员图书馆的合作,利用各馆的优势人才,按照同一标准来共同编目。可以节约大量的人力、物力和财力,还可以提高编目的质量,实现目录的标准化。

1.2.2 资源共享

资源共享的方式一般可分为馆际互借、馆际文献复制和馆际互阅等。共享的对象有印刷型资源和电子资源。

1.2.3 公共数据查询

网络环境下的公共数据查询则通过提供各种在线目录及二次文献数据库来实现,公共数据查询是资源共享的基础。

1.2.4 联合采购

在网络环境中,电子资源大量涌现,几乎没有任何一个图书馆能够安全满足读者需要的文献资源,联合采购便扩展到电子资源的采购上。

1.2.5 数据库建设

馆际合作的数据库建设包含两种类型：一种是以各成员馆的馆藏数据为主要内容的地区联盟内部的联合目录数据库建设;另一种是由地区联盟组织的涉及一定学科或某些领域的特色资源数据库,包括一些导航数据库。

1.2.6 技术服务

地区跨系统联盟的优势在于可以充分地利用各成员馆的技术人才,将人才优化配置,解决不少小成员馆无法完成的技术问题。除此之外，图书馆联盟还利用技术优势进行相关技术的研究和开发。

1.2.7 网上咨询

作为在联盟网页上的参考咨询而言，一般由两类构成，一类是解答联盟成员工作中的问题，另一类是解答用户的问题。

2 区域内跨系统图书馆馆际合作模式

2.1 信息资源共享模式

信息资源共享模式是指根据一定的需要，对各个相对独立的、分属于不同系统的图书馆信息资源进行汇聚、融合和重组，以实现资源共享。跨系统的图书馆联合编目、文献传递以及基于资源整合的文献信息共享服务都属于此类型。随着知识服务向深层次的推进，我国很多地区的科技信息机构（如江苏省工程技术文献信息中心、广东省科技图书文献中心、陕西省科技图书文献中心等）都积极开展了图书馆跨系统的区域性合作。例如湖北省科技文献共享平台是湖北省科技信息研究院建设的跨系统资源共享与服务平台，该平台整合高校、中科院、科技信息系统和公共图书馆四大信息系统。该平台在整合区域内信息资源基础上，提供以下的信息服务功能：联合编目、统一检索、文献传递、学科门户导航。

2.2 人才合作模式

人员合作模式是指不同专业背景、不同知识结构、不同服务技能的专业人员通过共享知识来实现跨系统的合作，如跨系统的专家咨询。人员合作模式以不同系统图书馆馆藏资源为基础，以因特网的丰富信息资源和各种信息搜寻技术为依托，突出各行业、系统专家的知识引导和知识交流，发挥图书馆在知识经济社会中为各行业服务的知识导航作用。以上海图书馆网上知识导航站为例。该网上知识导航站在现有来自上海图书馆、上海交通大学图书馆、复旦大学图书馆、华东师范大学图书馆、同济大学图书馆、上海社会科学研究院图书馆、中科院上海文献情报中心的20位中青年参考馆员组成导航专家队伍。专家提供的咨询领域有社会科学、语言文字、宗教、生物医学、农业、计算机管理、工程技术、化学化工、教育与心理学等多方面。绝大多数地区图书馆联盟都设置有专门的培训部门，有的通过聘请外部的专家来对成员馆馆员进行各种培训，大多以定期组织培训班、召开研讨会形式来开展。

2.3 项目合作模式

项目合作模式是不同系统的图书馆之间以项目为中心组织资源、调度人员的一种方式。这种方式对传统服务形式和组织结构不作大的调整，仅在垂直管理机构中增加数条水平管理链和服务链，彼此纵横交叉，其形似矩阵，也称矩阵合作模式。对于图书馆无法独立承担的研究项目、技术或产品开发项目、新技术和方法的试验项目，图书馆地区联盟可以集中人力、物力共同承担；对于一些难度较大的研究开发项目，图书馆联盟还可以集资招标，委托专门的研究机构进行，从而共同促进全体图书馆的发展。在项目开发和小组成员相互交流的过程中，各学科专业人员的专业知识可以得到充分发挥。在图书馆的技术攻关和系统开发过程中，通常会采取项目合作的形式集中各系统图书馆的资源和人才优势进行合作开发。

3 区域内跨系统图书馆馆际合作的推进战略

3.1 加强统一领导,建立保障制度

要使馆际合作工作能够顺利开展,建立一个强有力的领导机制是必需的。这种领导机制应该是多层次的,包括决策机制、参谋机制及监督和约束机制。首先,应建立一个地区内图书馆馆际合作领导小组,对图书馆馆际合作的重大事项进行审议,并在经费、人员、物资等方面给予支持和保障。其次,要强化图书馆合作委员会的领导及参谋职能,调整专业委员会的结构。另外,要成立一个馆际合作监督指导委员会,对馆际合作的各项工作进行监督约束。

3.2 系统规划,合理安排

地区图书馆开展馆际合作必须要有系统的规划,统一协调。区域内文献保障系统的建设是一项庞大的系统工程,需要图书馆的共同参与,任何一个图书馆都难以独当此任。不能照搬现有的模式,而要立足本地实际,分步实施,走特色发展之路,要与其他省份、其他系统的图书馆及合作组织有机协调,避免重复建设。

3.3 引入统一的系统软件和规范技术标准

第一,引入同一种类的信息管理系统。统一管理软件是实现区域内图书馆信息资源充分共享的理想模式。为了解决好各类资源尤其是书目数据库的相互连接,应统一采用同一种类的信息管理系统,进行采访编目的联机作业以及公共数据库的检索。第二,采用统一的数据库建库技术。在特色数据库联合建设上,可统一引进数字化加工制作软件。第三,建立联机信息共享的平台。与此同时,可采用 VPN 等技术构建专用网络,建立共享平台。

3.4 科学地组织信息和人力资源

第一,建立文献资源保障体系。为了克服各馆藏书资源不均衡,应建立现实馆藏和虚拟馆藏、印刷型文献与数字文献、文献检索和原始文献提供相结合的文献资源保障体系。第二,加强数字资源库合作。通过全文、专题特色数据库以及资源导航库等的联合建设,可弥补文献资源的不足。第三,加强人才技术的合作。比如联合参考咨询中,某馆在解决问题时,缺乏信息资源或人力、技术,可向其他馆提出网上请求工作,多馆搜集的信息由原承担馆进行分析整合。

4 区域内跨系统图书馆馆际合作的形式创新

4.1 区域性图书馆讲座联盟

在一定地域、经济、文化相近的区域内的各地城市图书馆讲座,形成“条状型”地域讲座合作态势。本着共同履行“资源共享、优势互补、服务大众、共谋发展”原则,使讲座资源发挥最大效能。如上海图书馆以共同打造长三角城市讲座文化圈为宗旨,于 2004 年 6 月发起组织了“长三角 18 城市图书馆讲座资源共建共享协议”签约仪式。浙江省公共图书馆讲座联盟于 2008 年应运而生,共有 69 个成员馆签署协议书。浙江省公共图书馆讲座联盟举办“弘扬儒学与浙江历史文化精神”主题讲座等,荣获“全省基层宣传思想文化工作‘三贴近’优秀奖”,体现

了区域合作联动效应。通过使用网络直播、网上视频点播及IPTV网上节目回放等先进技术手段,使优秀的讲座资源得到有效的传播和利用。

4.2 科技查新领域内的地区馆际合作

在本地区科技查新领域内的馆际合作方式有以下几种:(1)查新人员的学习合作。对于不具备教育部查新资质的图书馆,不仅要派人员参加教育部举办的科技查新员、审核员资质培训班。为了积累科技查新实践经验,可派人到本校对口专业的教育部科技查新工作站去学习,带着事先准备好的课题,以自己查新中遇到的问题为突破口,重点解决查新点的分析。(2)查新报告的外审合作。对于受过教育部查新培训但不具备教育部查新资质的图书馆,一般采用挂靠的形式,对照其挂靠单位的查新报告要求,出具查新报告,并把写好的报告送去挂靠查新站审核并盖章。(3)信息资源合作。第一,可派查新员到与课题相关的查新站检索;第二,可以把所委托的课题转交给具备该学科资源的查新站;第三,可在网上检索到相关文献的文摘,向同行索取全文。(4)交流培训合作。

4.3 区域馆际合作举办多种展览

厦门图书馆在本地区跨系统图书馆馆际合作的基础上,走出国门,与新加坡图书馆联合举办展览,最终实现了跨国馆际合作。从2006年始,厦门图书馆联合福建省内的福建省图书馆、福建省档案馆等11家图书馆、档案馆,合作查找各单位的藏书目录,共同搜寻相关文献和实物。2008年7月,厦门市图书馆联合新加坡国家图书馆举办的"承前启后 继往开来:陈嘉庚与李光前"展览隆重开幕。展览共展出100多张珍贵旧照片和60多件文物,其中选用中国地区的展品共53件,包括实物复制件13件,照片、文献等40件。通过展览与馆员之间的交流、互访,两馆馆员积累了丰富的合作经验,并发现和拓展了新的合作领域。接下来,两馆将在数据库建设、网上咨询(Network of special)、网路直播(National Grid)等方面探讨合作。

参考文献

[1]朱军.长三角地区公共图书馆讲座资源共建共享与发展.图书馆工作与研究,2010(4):28-29

[2]严慧英.东部沿海地区图书馆城乡馆际合作与信息网络建设的构想.图书馆工作与研究,2009(2):40-42

[3]马仁勇.网络环境下高校图书馆的合作与发展——兼论区域文献信息资源共建与共享.河北科技图苑,2007(2):44-46

[4]罗会群.论高校图书馆文献信息资源的共建共享.图书馆论坛,2004(2):108-110

文献传递对采访工作的影响

林　莉(安徽大学图书馆)

一、文献传递对采访工作的意义

图书采访工作的目的是使图书馆文献资源保障率得到最大化。但是随着历史的前进与科学技术的发展,文献数量和种类都随之急速增长,任何图书馆囿于财力、物力等原因,都只能收集和保存其中的一部分,特别是近年来规模迅速扩大的高校,激增的读者对高校图书馆提出了更多的要求,新的学科也对图书馆提出了要求,与此同时,购书经费的增长却赶不上图书价格的增长,更别提电子资源的储存利用带来的设备购买与维护消耗。读者需求的急剧增长与单个图书馆资源拥有之间的矛盾越来越大,因此,早在19世纪,德国法学家罗伯特·冯·莫尔就提出图书馆之间藏书建设分工的思想。此后英国、美国等科技发达国家相继通过文献传递实现资源共享,将这一思想付诸实践,形成了基本上囊括全国所有公共图书馆和高校图书馆的文献传递体系。

有别于服务大众阅读的公共图书馆,高校图书馆文献资源建设的目的在于保障所属院校的教学、科研工作。因此,高校图书馆的采访工作不仅只针对教学这一"大众"需求,也要关注科研这一"小众"需求。而在高校里,科研领域所需的文献很专业,对于这一类文献,虽然是针对"小众",但数量不小,如果全部购入收藏,等待其极少的潜在读者来利用显然是对图书馆经费、物理空间和人力资源的一种浪费,因此完全可以通过文献传递满足这部分读者的需求。显然,资源共享对于高校图书馆意义更大。

二、文献传递工作的兴起、发展与现状

早期的文献传递服务主要是馆际互借,高校图书馆囿于对校委会负责,最大化满足本校需求的考虑,通常不愿意成为服务馆,即只愿意借入而不肯借出;同时图书馆领导顾虑到不进行馆际互借,读者得不到所需文献,部分可以算是经费的责任,而本馆拥有所需文献,本校读者想利用时却发现出借在外,显然容易受到责难,因此,对馆际互借热情不高,馆际互借在高校图书馆界的普及有限。

伴随数字化、网络化技术的飞速发展与图书馆网络的建设,普及馆际互借有了技术支持,随后"《全国期刊联合目录》、OPAC(Online Public Access Catalogue,联机公共目录查询系统)、CALIS(China Academic Library&Information System,中国高等教育文献保障系统)相关数据库等资源基础平台的相继开通,使馆际传递的文献内容不仅限于电子图书、期刊,还包括科技报告、学位论文、专利文献等数字资源形式除邮寄外,还可以是传真、E-mail、Ariel(以电子档案形式传递复印文件)等形式"。大大降低了信息资源共享的物质成本和时间成本,文献传递成为深受用户欢迎的服务形式,开始在高校图书馆获得普及。

目前比较有影响的有:作为自然科学外文期刊保障系统的NSTL(National Science and Technology Library,国家科技图书文献中心);作为人文科学外文期刊保障系统的CASHL(China Academic Social Sciences and Humanities Library,中国高校人文社会科学文献中心);国内目前对高校教研影响力最大的、拥有百所"211"高校印本资源和联合购买的中英文电子资源的CALIS。除了这三种公益模式的服务机构外,万方和超星独秀是比较具有影响力的商业模式文献传递系统。此外,提供无偿服务的文献资源传递系统中国图书馆参考咨询联盟也开始崭露头角。

三、文献传递兴起对采访规则的影响

古代图书馆对文献的态度是藏重于用，现代图书馆理念则是用重于藏，今天，文献传递系统的普及，让图书馆人又认识到：获取比拥有更重要。因此，采访工作中的三个原则（重点学科收藏有保障；利用率低于一定水平的文献放弃收藏；馆藏资源尽可能网络化、共享化）在文献传递所带来的信息共享环境下有了新的定义。

获取重于拥有并不代表可以忽视拥有，以本校为例，图书馆在开通 CASHL 馆际互借/文献传递服务的基础上，近日又开通了与 NSTL 的全文文献传递服务，但是无论 CASHL、NSTL 或是 CALIS，虽然是非营利组织，但是文献传递服务都是有偿的，通常会由校方对读者的文献传递费用进行补贴。一本书的共享价格会不会不低于书本本身的价格。如果本校文献资源建设不合理，会造成文献传递服务支出过大，反而大于购买代价，不符合经济性原理。英国公共图书馆学家麦考文所提出的“图书选择评分法”就可以用来区分文献是应该被图书馆拥有还是获得：知识价值和社会需求都高的文献毋庸置疑应该选择拥有，对于高校图书馆来说，通常指的是满足师生教学参考的优秀教学性文献和可以扩充学生知识、陶冶性情的拓展性文献；知识价值和社会需求都低的文献应该选择放弃收藏；知识价值高而社会需求低的文献，对于高校图书馆来说，通常是专业研究文献，如果其属于重点学科收藏的特色馆藏，应选择拥有，属于一般学科，应选择获取；知识价值低而社会需求高的文献，应该选择放弃收藏，对于高校图书馆来说，那些受到部分年轻人欢迎的猎奇、媚俗甚至于思想不健康的读物就属此列。同时，越来越严格的知识产权制度和先进的知识产权技术也将限制信息的共享，如文献传递中，同一读者申请同一期刊上的文献不可超过四篇；外文图书原文受版权限定，无法从国外获取。因此，虽然外文图书的价格较高，但是对于科研很重要，还是要尽量保障购买，针对于此，CALLS 对国内外文献提供了协调采购服务，使高校各馆相互交流信息，互通有无，采购经费合理分配使用，书刊品种不重复，使资源得到了最合理的分配，经费得到最有效的利用，我馆就参与了 CALIS 的外文集团采购。

馆藏资源电子化、网络化与共享化是针对特色馆藏来说的。作为特色馆藏，通常与本校重点学科密切联系。重点学科在国际国内处于领先地位，要参考和征引的文献广度大，这些学科历史悠久，文献积累也比较全面，很适于开发特色文献资源数据库，优化馆藏结构，与校外研究者共享资源，充分挖掘出资源的价值，同时也可以降低本馆文献传递费用的压力。如本馆的学位论文数据库、徽学数据库、古籍数据库和正在建设中的安大文库。治文史者尤重古籍，而古籍又是不可再生资源，本馆所藏古籍较丰，建成数据库与国内学学者共享显然是馆藏文献资源建设的一大亮点，而重点收集皖籍、特别是安大校友著述的安大文库，更是得地利人和之便，是本馆文献传递服务的基础。

高校图书馆的采访工作一定要有系统性，能满足本校各个学科建设和发展的需要，保证学科文献建设的完整性以及合理的文献资源结构，保证文献资源自身的连续性、完整性和系统性，注重重点学科文献特色化着重建设。要充分利用文献传递、共享带来的优势，基于本馆馆藏的同时也要站在考虑获取难度的角度去更好地把握采访工作原则。

参考文献

[1]孙茗. 德国图书馆馆际互借的发展. 江苏图书馆学报,2000(5):61-63

[2]胡俊荣,郑永进. 国际文献传递服务研究发展态势. 图书馆理论与实践,2007(4):62-44

[3]唐东羚,吴军,姜小梅. 做好新形势下的馆际互借和文献传递工作. 高等工程教育研究,2006(1):100-101

[4]刘巧英. 新时期我国文献传递服务的发展现状及路向分析. 图书馆建设,2010(5):36-39,42

文献传递与其用户的网络行为优化

王　莲(安徽大学图书馆)

近年来,文献传递在我国图书馆得到普及,相关研究也很多,但是在研究主题上还存在着不平衡现象,有关文献传递理论、技术、实践和国外研究评述较多,而对于用户培训方面却有所缺失,甚至在文献传递系统评价体系的研究中都未将用户培训纳入其中。事实上,任何服务系统,用户因素都很重要,评价一个系统的常用方法之一就是用户满意度,特别是对于使用起来较为复杂的文献传递系统来说,用户培训显然会很大地提高系统的效率与普及。

一、文献传递系统的用户分析

在外文期刊价格上涨,我国纸本外文期刊保障率下降的大环境下,文献传递服务提高了期刊等重要学术资源的利用率和共享水平,得到了用户的认可与欢迎,据各项研究资料显示,文献传递服务的用户主要是院校师生、科研人员和专业用户,即学术型用户。

学术型用户需要不断地探索未知领域或是应用已有知识解决实际中的问题,因此总是需要不断地借助于他人的成果来充实自我,启发自己,需要不断地搜索信息。但是由于学术信息散布在广袤的信息海洋中,与科研人员的有限精力之间形成矛盾,特别是科研信息要求有严格的规范性,使得学术型用户比起在网络上泛泛寻找,更青睐于信息服务部门提供的高质量、可信赖的学术信息,在短时间内迅速地与全世界范围内的同行进行沟通与分享成果,这也是文献传递服务在国内外得到广泛重视的原因。

二、文献传递的服务方式

1. 中介式服务

中介性文献传递服务是指用户、图书馆和文献收藏机构三者共同构成文献供应链的主体,图书馆担任用户与文献供应机构之间的中介,负责向文献收藏机构转发用户提交上来的文献申请,并负责将文献供应机构发送来的文献传递给用户。这也是我国早期的文献传递服务方式,如 CALIS,但是在这种方式下,馆员不但要承担查重、检索、与用户沟通等业务工作,还要承担用户管理、账户管理、物理存储传递结果等事务性工作,人工干预太多,大大降低了文献传递服务的效率，在用户需求越来越多的客观情况下，不但加重了图书馆的人力资源压力，也造成用户的不耐与流失，降低文献传递服务的吸引力。

2. 非中介式服务

非中介性文献传递服务是指图书馆用户无须通过图书馆的文献传递工作人员，直接向图书馆选择的合作文献供应机构发出文献提供请求，文献供应机构直接将文献传递给用户，图书馆只参与服务的后台管理工作，如账号分配、用户验证、经费管理、服务监控、解决问题等。目前我国 CASHL 和 NSTL 在服务上就是直接面向最终用户的。在这种方式下，用户在任何时间、任何地点通过互联网可以直接进入系统，在线提交申请、查看申请情况，提高了获取文献的效率。但是提高效率的前提是用户对系统使用方法的熟悉，不少使用非中介式服务的图书馆都经历过读者不断电话或 E-mail 馆员询问使用方法或委托代查的情况，影响了馆员的正常工作。由于用户不了解馆藏资源，造成重复性申请浪费了图书馆和个人的经费的现象也很普遍。

总之，无论是从方便用户的角度来看，还是从减少图书馆服务压力的角度，或是推广文献传递系统使用的角度来看，非中介传递模式将是文献传递服务的发展方向，但是，其前提也是必要条件是优化用户网络行为。

三、对用户网络行为的优化

用户网络行为主要是指网上检索行为，是指用户通过特定的网上信息检索工具来满足特定信息需求的行为。它主要包括：信息获取途径的选择、检索提问式的编制与重构、布尔操作符的使用、网页浏览与存取技巧、检索问题的解决、检索结果的评价、由任务类型决定的检索时间等。

1. 用户一般网络行为

作为文献传递服务的用户学术型用户的网络行为有以下特点：

(1)具有持续性、时效性信息需要和高质量信息需要。学术型用户不断承接科研项目，在项目的前期，要寻找国内外行业最新资讯、项目价值等信息，避免重复劳动和拓展思路，这时注重的是查全率，在项目进行中需要寻找相关研究进展和问题解决方法，这时注重的是查准率。这种科研活动有着时效性，因此，期待获得快速高效的信息获取，常常会因为一时没有得到答复，而反复向文献传递系统提交重复申请，造成浪费。总体来说，从事某一项目研究的科研人员，通常对这一项目的相关知识领域已有一定的了解，即已有一定的信息积累，这时的信息需求表现多表现为质量需求。

(2)一般只使用简单的检索策略，很少使用布尔逻辑检索、截词检索、短语检索等限制性检索和高级检索功能。因此不能正确表达信息需求的内容，影响查全率和查准率，获得大量无关信息，造成向文献传递系统递交不必要的申请，浪费了组织资源。

(3)习惯于使用某一两种搜索引擎或数据库。目前，网上搜索引擎的数量日益增加，每一种搜索引擎的检索规则与逻辑运算符号都不尽相同，其检索功能和搜索网罗度各不相同。对于图书馆购进的各种数据库一般提供多种检索方式，许多用户只习惯于使用初级、单一的检索方式，不能检索到自己所需的信息，造成向文献传递系统提出重复性申请，浪费资源。在实际工作中,重复性申请已成为开展文献传递服务的各大图书馆的共同困扰。

2. 优化方法手段

从各种网络搜索行为模型的研究总结中,我们可以将影响用户搜索行为的因素可分为三个:搜索主体,即用户自身;搜索客体,即信息系统;环境。因此,下面将针对这三个变量提出优化用户网络行为的方法。

(1)对用户自身的优化

在 Wilson 模型中,影响个体网络行为的因素中属于个体因素的有人口统计因素和心理因素,人口统计因素包括包括性别、年龄、社会和经济地位、教育和工作背景等,心理因素根据心理学基本研究框架和 Kuhlthau 模型,又可分为认知因素和情感个性两部分。

人口统计因素大部分是个体固有的,不为外界所改变的,因此,要优化其人口统计因素只能从教育入手。在图书馆主页登载服务流程和服务说明,使用户了解文献传递服务的一般流程与优点;举办数据库讲座使读者了解馆藏资源的范围、使用方法;向其推荐个性化、针对专业领域的可靠信息源,特别是开放式存取信息源。在学术上初窥门径的用户来说,图书馆还要为他们开设检索课,提高其对检索手段、检索式和相关学科的专业英语的掌握。

在心理因素中,对信息搜索行为有实质性影响的主要是认知因素。学术型用户的网络行为就是一个学习与认知的过程,是一个从搜索体验到用户认知图式改变更新的过程,搜索过程依赖于用户的知识与经验。因此,图书馆不但要向用户传递网络资源及检索工具的使用技能,还要实际教学中以实例逐步教会其判断信息需求,正确评价检索策略,考察信息的有效性和价值,在实际操作中得到深化感性认识并获得经验。

(2)对系统的优化

Saracevic 模型认为信息系统的硬件、软件、信息内容,以及人机交互界面中的导航体系、术语标记、界面布局设计等都是用户搜索的重要影响因素。因此,作为图书馆来说,馆藏资源越是丰富、界面设计越是具有亲和力、反应速度越是快捷,越是能得到用户的青睐,潜移默化地引导用户的网络行为。丰富馆藏资源不仅仅是购买资源,更包括搜集、整理网络可检索资源,特别是网络中可免费利用的资源。整合各类资源,对网络信息进行更多的组织和揭示,充分发挥其网络导航方面的作用,建立统一异构检索平台,提供一个高效率的资源体系,使用户可以迅速查询到分布于各资源库中有关检索主题的各类型资源。

(3)对环境的优化

环境是指影响用户搜索与信息系统的所有环境因素,主要有组织环境、信息服务环境与社会环境。

组织环境通常可以直接影响个人的网络行为,因此,图书馆应该创造好的环境氛围,如供用户免费使用的环境良好、计算机充足、网络稳定的机房与研究室,还可以充当用户网络行为方法、经验交流的良好平台。

图书馆热诚、主动、个性化的服务可以构造良好的信息服务环境,使得用户的网络行为易于获得帮助,用户信任图书馆,乐于使用图书馆,自然可以帮助用户优化其网络行为。

作为社会大环境,国家的信息政策、信息产业发展和信息资源配置都会很大地影响用户的网络搜索行为,现在,我国对资源建设很重视,全国性公益模式的文献保障系统就有 CALIS(China Academic Library&Information System,中国高等教育文献保障系统)、CASHL(China

Academic Social Sciences and Humanities Library，中国高校人文社会科学文献中心）和 NSTL（National Science and Technology Library，国家科技图书文献中心）。作为图书馆个体，可以做的就是积极加入，不仅作为使用馆享受服务，更要根据自身特色作为服务馆提供服务。

四、结论

优化用户网路行为可以提高用户科研工作水平，减轻图书馆的人力资源压力，减少经费浪费，推动文献传递服务的良性发展，是图书馆工作中应长期坚持而效果显著的内容，其工作内容与方式值得我们深入探究。

参考文献

[1]唐东羚，吴军，姜小梅. 做好新形势下的馆际互借和文献传递工作. 高等工程教育研究，2006(1)：100－101

[2]黄晖. 网络环境下文献传递服务模式研究. 情报探索，2008(11)：29－30

[3]魏力更. 高校网络用户信息需求与信息行为研究. 情报资料工作，2005(5)：103－105

[4]甘利人，岑咏华. 科技用户信息搜索行为影响因素研究. 情报理论与实践，2007(2)：156－160

[5]Saracevic T. The Stratified Model of Information Retrieval Interaction：Extension and Applications//Proceeding of the American Society for Information Science，1997(34)：313－327

文献资源的共享与共建

蓝　青（广东省立中山图书馆）

一、文化共享工程在文献资源共建共享中的重要作用及建设成果

（1）技术手段不断创新，服务网络有效拓展，建立了珠江三角洲数字图书馆资源库群，免费为读者提供服务，为实现文献传递及馆际互借提供了有效的途径平台。

文化共享工程初步建立了层次分明、互联互通、多种方式公用的信息传输网络，使基层文化单位的信息化水平和数字资源服务能力得到跨越式提升。至 2009 年底，已建成了文化信息共享工程广东省分中心及广东数字网 1 个，副省级分中心 1 个（深圳），市级分中心 20 个，县、区级分中心和基层中心 300 多个，基层信息网点 1244 个，远程终端19 343个。3.6TB 的资源存储极大地提升了县级图书馆的数字服务能力，一些欠发达地区县级图书馆从信息化设施基本空白、数字资源匮乏的状况一跃迈入信息化、数字化服务时代。省立中山图书馆、广州图书馆、佛山图书馆那、深圳图书馆、东莞图书馆分别建立了技术先进和数字资源丰富的目前国内公共图书馆中规模最大的数字图书馆资源库群，并实现了联网和资源共享。全省电子图书达 120 多万种，仅珠江三角洲地区公共图书馆在线提供服务的中外文商业数据库就有近 60 多种、期刊论文 9953 多万篇、668 万篇硕博士论文、1481 条中外文专利、54 万条中外文标准、多媒体影视节目 5000 多部，广东省共享工程首期实施的 17 个特色数据库已全部建成并为读者提供免

费服务，为实现文献传递及馆际互借提供了有效途径及平台。

(2)全国文化共享工程的品牌服务项目——联合参考咨询与文献传递服务网，免费为读者提供网上文献传递服务，为文献传递及馆际互借提供了有效的平台，加速了文献的传播力度。

2005年以来，在文化部文化信息资源建设管理中心指导下，由广东省立中山图书馆牵头，16个省市的40多个图书馆合作建立的“联合参考咨询网”，积极利用文化共享工程网络和服务平台，大力开展联合参考咨询和文献远程传递服务。由于服务成效显著，2007年荣获文化部颁发的群星奖，已成为全国文化共享工程的品牌服务项目，受到各级领导的充分肯定和图书馆界同行的高度赞赏。2008年，“联合参考咨询网”再次升级为“联合参考咨询与文献传递网”。平台升级后，建立了馆外访问网络，开通远程文献信息服务及网关咨询服务，接受来自“读秀”等搜索门户的咨询，服务人次与传递文献数量大幅提高，可每天24小时接受网上检索和查询，并可提供180万种图书，4000万篇期刊论文，200万篇学位论文，30万篇会议论文的原文传递。省立中山图书馆和南方网合作开展网上读书活动，2010年1至10月广东数字图书馆提供在线阅读图书300多万册次。读者还可以通过联合目录搜素，检索到一句话出现在哪本书的哪一页，同时知道该文献藏在哪个图书馆，通过馆际互借和文献传递等网上图书馆服务形式，在十多分钟内很快就可以免费获得所需要的图书、期刊、报纸、专利等文献，从而加速了文献的共享共建及传播的力度。

(3)广东省文化共享工程建设的重要组成部分——广东流动图书馆，积极利用共享工程网络，免费为读者提供借阅、查询服务，取得了显著的社会效益，有效提升了图书馆的社会文化形象及地位。

广东是一个地区经济发展水平极不均衡的省份。与此相对应的是文化发展水平差异也很大。近年来，广东省各级财政对公共文化服务的经费投入有了一定的增长，但增加的投入大部分集中在珠三角经济发达地区，欠发达的粤北山区、东西两翼地区投入仍然十分有限。“吃饭财政”制约了广东文化传播与发展的速度。据广东省文化厅2001年和2002年对省内欠发达地区基层图书馆的统计显示：大多数公共图书馆的年购书经费在5万元以下、年购书量在1000册以下。2001年，全省130个地县公共图书馆中，新购图书册数为零的有16个，2002年增至19个。最典型的例子是南澳县图书馆，已经20年没有买过1本新书。“跑断腿，磨破嘴，汗水加泪水。”是基层图书馆馆长们争取购书经费的艰辛写照。这些现象与广东总体经济发展战略与和谐社会建设目标是极不相称的，有碍于广东在全国率先步入小康社会的进程。为了改善广东欠发达地区基层群众的文化生活，满足他们精神生活的需求，实现公共文化资源的社会效益最大化，广东省39个县(市、区)建成了“广东流动图书馆”，共配送新书40多万册，电脑60多台、书架600多个、阅览桌椅600多套，接待读者474万人次。流动服务为区域间社会经济文化的均衡发展提供了有力的智力支撑、文献保障和精神力量，大大地提升了图书馆良好的社会文化形象及地位，取得了显著的社会效益。

(4)文化共享工程的新模式——实现公共电子阅览室的免费开放，引导和帮助广大基层群众享受文化共享资源，不断加大文献资源的传播力度，有效地提升了全社会的文化素养。

广东省依据全国文化信息资源共享工程“十二五”规划纲要的要求：以文化共享工程基层服务网络为基础，进一步优化布局，形成结构合理、发展均衡、网络健全的公共数字文化互联网络服务体系格局。在县区支中心、乡镇街道、村和社区基层服务点建立“文化共享网园”。大力推进公益性电子阅览室的免费开放，实现其社会效益的最大化。广东拟在省内选取30个公共图书馆作为试点(其中选取 20 个县级试点),力争在年内实施公共电子阅览室全面向基层公众、特别是青少年和进城务工人员免费开放,通过优秀丰富的数字资源、统一规范的网络管理,引导和帮助广大基层群众学习及普及电脑和网络知识,享受文化共享资源,浏览绿色网站,构建和传播体现社会主义核心价值的先进网络文化。它作为公共文化服务体系的基础,为改善城乡基层群众文化水平,保障基层群众的基础文化权益,缩小城乡"数字鸿沟",有效提升全社会的文化素养发挥了重要的作用。

二、文化共享工程建设中存在的问题分析

1. 对文化共享工程建设发展观未能引起足够重视

一些地方政府及其文化行政管理部门更多的则是关注在整体性的公共服务形象,而没有从文化领域视角进行深入探索,依然按照过去计划经济体制的形式来认识与理解广东的文化建设,停留在"增加财政拨款,多建文化设施",或者"只特别注意馆舍建设和藏书建设"等,而较少考虑文化共享工程建设中资源的合理布局和共享。没能认识到资源的合理布局和共享,对提高国家整体软实力的重要作用。因此,在广东省市县一级政府当中,还没有完全建立起新的文化发展观念,没有将这项工作当做一项系统工程来抓。2008 年全国各地文体广播事业费占地区财政总支出的比重仅为 1.94%,广东的文体广播事业费占总支出比重仅为 1.77%,比其他省份的支出比重偏低。这只能说明,政府在基本公共文化领域的投入严重不足,而之所以忽视投入的重要原因就在于没有将文化建设发展予以足够的重视。

2. 省内经济发展不平衡及基本公共文化事业地区发展不平衡,给文化资源的共建共享与传播建设带来了严峻的挑战

珠江三角洲地区经济社会高速发展,但粤东、粤西发展相对缓慢,粤北山区经济社会发展相对滞后。2006 年,广东省实现生产总值25 968.55 亿元;其中珠江三角洲九市21 458.53亿元,粤东四市 1805.43 亿元,粤西三市 2044.86 亿元,粤北山区五市 1662.89 亿元。与此对应的公共文化发展水平也差异甚大,表现为中西部发展明显滞后于沿海地区,农村文化发展滞后于城市,贫困阶层的文化边缘化等等。由此可以看出地区经济发展的不平衡将制约着基本公共文化事业地区发展,从而影响了文化资源的共建共享建设与传播的进度。

3. 公共文化服务体系不健全,导致文化资源分布不均衡,文化资源增长缓慢,大大阻碍了文化共享工程的建设

1990 年,我国共有公共图书馆 2527 个,2006 年共有 2778 个,2007 年共有 2799 个。18 年仅增加了 272 个,平均每个省份一年建设 0.65 个图书馆(不包括港澳特别行政区)。1989 年广东省共有公共图书馆 102 个,2008 年有 132 个,19 年仅增加了 30 个,平均一年仅增加 1.58 个。综上数据显示,当前我省乃至我国文化资源分布不均等化程度已经十分严重,文化资源增长缓慢。社会精神生活匮乏与文化生态恶化等,如果不尽快开展文化共享工程均等化建设,将会为我国的经济社会发展带来难以估量的风险。

4. 广东省公共文化服务体制不健全，导致了公民参与文化生活的缺位与不均衡并存，大大阻碍了文化共享工程的建设

由于体制的不健全，文化共享建设投入经费少，许多公共文化服务机构不提供免费服务，导致公民的文化参与存在着受教育程度、社会地位、地域等影响的差别，弱势群体如贫困户、农民工的文化权利不能得到充分保障。目前，我国绝大多数农民工的文化生活依然单调乏味，相当数量的农民工很少参加文化活动，农民工文化权利的实现程度较低，政府针对农民工的公共文化服务十分薄弱，一些地方将农民工排斥在公共文化服务体系之外，形成了针对农民工的事实上的文化障碍与文化排斥，导致了公民参与文化生活的缺位与不均衡并存，从而阻碍了文献资源的共建共享建设，影响了共享工程的建设进程。

三、加强文化共享工程建设力度，推进文献资源共建共享的策略建议

显然，这是一项复杂的系统工程，作者并不希望漫无边际地展开空洞的论述，作为一种初步的理论探索，本文从“文献资源的共建共享”作为研究的切入点，通过对广东省文化共享工程建设成果及存在问题进行分析，最终文章将根据研究结果，针对性地提出相关政策建议，以期能够为中国公共文化事务管理的长远发展提供一点拙见。

(1)调整公共财政政策，加大基本公共文化事业的财政投入，拓宽基本公共文化服务渠道，加大文献资源的传播力度，推进文化共享工程的建设进程。社会文化事业主要是政府投入、政府来办，通过建设一个服务优质的公共文化服务体系，将文化成果惠及到每个公民身上。公共财政对基本公共文化事业投入不足是影响当前加大文献资源的传播力度、文化共享工程建设进程的最主要制约因素。因此，作者建议：一是发挥发达地方财政相对雄厚的优势，不断加大文献传播及共建共享建设的财政投入，以带动周边城市的基本公共文化设施建设。基本公共文化财政投入的年均增长速度应不低于地方财政收入的增长速度。文化与传媒支出占全省公共财政总支出的比例应达到3%—4%。二是加强对落后城市的文化财政支持力度，保证落后城市对基本公共文化事业的投入不低于发达城市的支出水平，并建立专项资金，帮助落后城市缩短与发达城市的差距，解决历史遗留问题，逐步加大落后地区的文献传播及共建共享的力度。三是改变政府基本公共文化投入的范围，在保障国有公益性文化机构、项目等的基本投入前提下，每年占文化预算一定比例的公共财政经费，可以适度投向民办非营利文化机构，采取建立基金、政府采购、项目补贴、定向资助、贷款贴息等办法，这样就可以全面拓宽基本公共文化事业的服务渠道，实现基本公共文化事业主体多元化发展，逐步推进文化共享工程的建设进度。四是积极开展合作共建，改革原有单一的文化系统体系，实现公共、高校、科研三大系统的合作共建，从而大大地提高了资源利用率。这对于我国许多缺少经费的市县基层公益性文化机构具有特别重大的现实意义，也是缩小城乡文化差距，推进文化共享工程建设的有效途径。我省自2006年起开始研究三大系统网络的合作共建，并将其列入共享工程建设议程中。

(2)完善文化共享工程建设的规划及加强保障公民基本文化权力的制度、政策法规的建设。近年来，省委、省政府高度重视发展基本公共服务事业，坚持突出民生重点，以“十项民心工程”为载体，大力调整支出结构，大幅增加对基础教育、基本医疗、公共卫生、基本社会保障、公共就业服务和基本住房保障等方面的投入，同时引导和调控社会资源向欠发达地区特别是

农村地区倾斜，推动各项社会事业快速发展。2003 至 2008 年，广东省各级民生投入 7140 亿元，占全省财政一般预算支出比重从 2003 年的 43.63% 提高到 2008 年的 52.65%。在财政的有力保障下，全省基本建立了城乡义务教育经费保障机制、城乡公共卫生和医疗保障体系以及最低生活保障机制，但是由于发展意识、历史遗留问题等原因，在基本公共文化事业发展方面还存在较大不足，尤其是在体制完善方面，还缺乏相关配套的政策法规，公民文化最低保障标准迟迟未见出台，这无疑给文化共享工程建设带来了很大的障碍。因此，作者建议：一是将文化共享工程建设的规划，加强保障公民基本文化权力制度、政策法规的建设列入广东省建设文化大省的总体规划当中，以《中共广东省委、广东省人民政府关于加快建设文化大省的决定》作为基础，把这项工程建设作为重要任务，在战略层面予以总体引导。二是完善相关配套法规，例如加快推出公民文化最低保障标准、专项财政扶持基金政策、落后地区/弱势群体财政转移政策、优秀文化事业人才引进政策、公共文化设施管理法规细则等。

(3)加强公益文化事业服务人才体系建设，不断提高文化共享工程的建设力度。人才队伍建设是实现文化建设及发展的智力保障，它能不断地为文化共享工程建设输入新鲜的血液，提供高质量的公共文化供给，人才是其中的基础性和关键性因素。因此，必须要树立"人才是第一资源"的观念，高度重视人才队伍建设。具体而言，作者建议：一是建设高水平的工作队伍。建立完善的文化共享工程人力资源支持保障体系，培养、建设一支业务熟练、责任心强、工作热情高的工作队伍。大力实施管理型人才、技术型人才、应用型人才的系统培训。按照分级分批的原则，利用标准化、高质量的培训课件，通过集中面授、卫星广播、网络互动、光盘教学、教材自学等形式，由中央财政给予一定补贴，建立持证上岗制度。二是建立长效的激励机制，营造良好的人才生态环境、人才发展环境和文化人才创造环境，优化人才的资源配置。三是积极向外省甚至国外引进优秀文化人才，同时引导优秀人才向落后地区流动，切实提高广东省公共文化领域人才队伍的素质和落后地区公共文化领域人才队伍的素质，为缩小区域差异，城乡差异提供政策性扶持和人才保障。

(4)建立文化共享工程建设的绩效评估机制，定期发布评估报告，不断推进文化共享工程建设。绩效管理是考察公共文化服务社会效果的方式与方法，它在公共文化服务事业发展中占据了重要的位置。只有建立起科学的评估机制，才能对基本公共文化服务的决策与执行情况进行有效的评价，并对服务手段进行全面的总结与改进。因此，作者建议：一是加强领导，明确责任主体。建立评估机制，成立评估小组，按照一定的程序和指标，对广东省的文化建设状况进行定期评价，同时向社会公开。不同年度作适当修正，一般以一年为限，以保证连续性。通过发布年度报告，可以直观的了解各城市当前的差距以及差异性原因，也有利于人大、上级主管部门和社会公众监督地方政府提供基本公共文化服务的行为，确保文化建设的服务效率和服务质量。二是加强资金监管，促使资金落到实处，提高资金的使用效率，进一步加强对基本公共文化财政投入执行的监管，尤其是转移支付给落后地区和落后群体的专项资金的使用，要保证资金的合理和有效使用。

参考文献

[1]广东省基本公共服务均等化规划纲要.[2009-12-15].http://economy.southcn.com/node_173311.htm

[2]广东南方网.http://economy.southcn.com/node_173311.htm

[3]莫少强.建立珠三角数字图书馆联盟实现跨系统文献资源共建共享.图书馆论坛，2009(6)：121-124

[4]莫少强. 将联合参考咨询网建设成为全国文化信息资源共享工程的重要服务窗口和阵地. 图书馆建设,2008(2):106-111
[5]任广伟. 关于保障人民基本文化权益的几点思考. 党校报,2009-11-10
[6]王华巍,宋文新. 更好地保障人民基本文化权益. [2008-03-05]. http://www.china.com.cn/xxsb/txt/2008-03/05/content_11671287.htm
[7]陈威. 公共文化服务体系研究. 深圳:深圳报业集团出版社,2006
[8]李景源等. 中国公共文化服务发展报告(2007). 北京:社会科学文献出版社,2007
[9]深圳市文化局公共文化服务体系研究课题组. 深圳市公共文化服务体系研究. 特区实践与理论,2006(3):18-22
[10]尚东光,陈志刚. 试论我国公共文化教育设施的免费开放. 法制与社会,2008(2):273
[11]刘华兰. 探索农村公共文化服务体系建设的新路子. 理论学刊,2008(2)
[12]蔡卫平. 广州地区文献资源共享存在问题及其原因分析. 图书馆论坛,2008(6):135-139
[13]广东省统计局. 广东省统计年鉴 1990. 北京:中国统计出版社,1990:496
[14]广东省统计局. 广东省统计年鉴 2009. 北京:中国统计出版社,2009:509-510
[15]国家统计局. 中国统计年鉴 2009. 北京:中国统计出版社,2009:268-270
[16]颜燕. 广东文化大省建设思考. 咸宁学院学报,2008(1):14-15
[17]方建宏,刘启宇. 以新的文化发展观指导广东文化建设大发展. 岭南学刊,2009(1):121-124

文献资源共享与县级图书馆延伸服务

吴茂芳(赣榆县图书馆)

1 加快文献资源共享建设

文献资源共享是图书馆一切资源共享的核心,其他方面的资源共享和协作活动都是以文献资源共享为基础开展的。它在解决各馆馆藏不足,互通有无,发挥文献整体效益方面,起着重要作用,资源共享是当今图书馆行业的一个重要课题,也是图书馆的一种工作方式,即图书馆的全部或部分功能为许多图书馆所共享。对于农村来说,文献资源共享是解决图书少的最佳办法,是县级图书馆对村镇图书馆(室)延伸服务的条件,文献资源共享范围的扩大和发展要求开展多种多样的合作与协作。我们的做法是以县级图书馆为中心,整合条件好的乡镇(街道)、村(社区)图书馆(室)资源,在公共检索、馆际互借、协调采购、电子信息资源等方面实现文献资源共享建设和服务,并实现农村村镇图书馆借阅"一卡通"服务,实现了"一馆办证,多馆借书;一馆借书,多馆还书"资源共享、联合服务的格局。充分把蕴藏在文献海洋中的"死"知识激活,重新组配,合成为新的知识形态产品,并运用资源共享形式,服务基层。

1.1 资源共享的内容

从广泛意义上讲,图书馆的各种功能,如采访、加工、参考咨询和流通服务等等都可以实行馆际之间的资源共享。但目前农村图书馆(室)技术条件还不成熟,资源共享主要是文献的资源共享，所以只能从以下三个方面进行。一是馆际互借，这是图书馆资源共享的一种主要方式。所谓馆际互借就是图书馆代表读者，向其他馆免费借入图书资料，同时以互惠方式将本馆的图书资料借给其他图书馆。馆际互借是图书馆之间平等互惠、互通有无的好办法，但也存在着一些实际问题，如：互借速度慢、时间长、各馆互借量及其费用不平衡等。这些都有待更加成熟的技术和形式的出现。二是集体采购，这是一种对资金困难的农村图书馆（室）更为密切的合作方式，也为实现资源共享创造了更好的条件。合作馆之间在图书、期刊和数据库等采购方面既有明确分工，又有密切合作。这样才能较为经济地使用经费，保证书刊的补充与合理的分配，形成各馆藏书的系统性和各合作区域以至全国的收藏系统和利用系统的均衡性，促进图书资源的整体建设。三是文献加工，及时编发信息和专题资料。县级公共图书馆应组织专业力量潜心研究本地经济发展和社会阅读需求，了解农村居民的需要，利用拥有的馆藏优势，通过对文献的二、三次加工，以及编制文摘、索引和专题资料等多种形式，将大众科技信息等编制成具有针对性的“短、平、快”的信息，散发到村镇图书馆（室），形成辐射，只这一项，我馆每年都要编写各类信息 2000 份以上，深受广大农民朋友的欢迎。

1.2 实现文献资源共享的对策

（1）各级领导的重视。没有上级的督促检查，馆际合作可能是一盘散沙，资源共享也就无从谈起。其中加强法制建设，完善政策法规显得尤为重要，所以应该成立专门的协调机构。文献资源共享是一个需要多馆合作的系统工程，为了协调不同馆之间利益和职责，需要政府出面制定相应的政策和法规，规范各个馆的行为，以确保各方的利益不受侵害。

（2）实现文献资源共享，不仅是解决资金不足和经费紧张的有效措施，也可以带来很大的社会效益和经济效益，但是实现资源共享必须以一定的资金投入为前提。首先，图书馆文献资源的共享是公益事业，非营利性公共文化事业，先期的投入需要政府的大力支持，各级领导部门和管理部门要提高认识，从长远利益出发，重视、支持这项事业，投入一定量的经费，用于合作机构的运转、相关标准规范的制定、基础设施的建设和各种文献资源的合理配置等。

（3）必须充分发挥县级图书馆的作用，完成书刊、数据库等采购、交换、集中编目、编制专题书目和联合目录、科学研究与人员培训、馆际互借、文献复制等方面的协作任务。

（4）强调特色资源建设。有特色才能形成优势，各馆应该根据自己的特点，准确定位，集中优势，重点建设特色资源，保证其系统性、新颖性和权威性，形成自己的特色馆藏，以便资源互补。如果合作馆文献收藏上内容雷同，那么，资源共享的交流就毫无意义了。所以合理布局文献资源，建立各具特色的文献收藏体系，在资源共享中显得尤为重要。

（5）提高从业人员技术素质。进入 21 世纪，图书馆基本实现了工作手段的自动化、业务工作的标准化、信息服务网络化。为此，图书馆工作人员仅有图书情报专业知识或仅有计算机网络技术，都无法适应新的工作环境。必须高度重视人才的培养，引进适应新条件下所需要的复合型人才。同时，图书馆人才的复合型意味着人才专业素质应具有知识的广度和技术的深度，必须既是计算机操作员，又是网络管理员；既要掌握广博的专业知识，又要掌握计算机技能。

2 实现文献资源共享，构建村镇图书馆（室）延伸服务网络

近几年来，农村居民文化生活总体情形有所改善，但按照小康社会的要求和推动文化大发

展大繁荣的目标，农村居民文化建设依然存在不足。文化设施相对经济发展是滞后的。不少农村居民在闲暇时间，不是打牌就是搓麻将，文化生活比较单调。随着江苏建设文化强省目标的提出，给村镇图书馆（室）带来了新的生机，也增加了县级图书馆服务的项目。以赣榆县图书馆为例，我馆在2005年1月正式启动了延伸服务项目建设，利用文献资源共享方式，至今已在全县范围内建立服务网点150余个，流通图书10余万册，为读者查询信息1800多条，年接待读者达3万多人次，有效提高图书资源的利用率，健全公共文化服务体系，使我县公共信息资源服务迈上新台阶，更使广大市民从中直接受惠，深得广大群众的赞誉，成为了我县文化建设的一道亮丽风景。

3 探求多种延伸服务方式，充分发挥共享资源

3.1 建立图书馆连锁服务体系

图书馆连锁服务体系是把县级公共图书馆作为中心馆，其行政区域内各农村村镇图书馆（室）合作，共享服务和资源，将区域图书馆资源整合成相对联合的整体，以带动区域图书馆网群的共同发展。

3.2 建立村图书点和农村学校分馆

根据社会的需求，可以在行政村和乡村小学校联合建立县级图书馆的服务网点和分馆，把闲置的资源利用起来。在具体服务过程中，还可采取适当调配的方式，让县级图书馆的图书轮流放置在各个服务点内，既节省了资金，又拓宽了服务面。自2005年开始，我馆建立行政村图书室、农家书屋150余家，与市少儿图书馆联合在县内建立了4家农村小学分馆（少儿流动书库）。

3.3 大力发展农家书屋

农家书屋、农家文化大院，是近几年开始发展的，农村经济的发展，促进了农民学知识用知识的高潮，采取社会捐助、图书馆配送、农民自己筹集等多种形式，为当地生产、科技普及以及乡村文化建设服务。笔者所在图书馆近年来在这一领域取得了一些成果，并发挥了很大的作用。2006年以来，先后在全县范围内建立了50家"农家书屋"。有热爱读书的读者、有致力于发展农村经济的乡村退休教师、有奉献爱心的残疾人，他们在社会各界的帮助和支持下，利用农家院落办起了农家书屋，县图书馆定期为他们更换图书，极大地解决了当地村民看书难的问题，为一方百姓科技致富作出了不可估量的贡献。

4 村镇图书馆（室）资源共享的障碍

（1）在思想观念上，部分业内人士没有从图书馆事业发展的战略高度来认识资源共享的深刻意义，没有把参与和支持资源共享当做自己应有的权利和义务，共享意识薄弱，缺乏全局观念，自给自足的小农意识，封闭自守的本位主义，因循守旧的传统心态，求稳怕乱的惰性思想都严重阻碍了资源共享计划的实施。

（2）在管理上，图书馆资源共享在我国已讲了多年，但纸上谈兵的多，在实践中，缺少一个

明确、合理、科学的“共享模式”,究其原因是协调机构松散,行为缺乏权威性,其协调行为对合作馆之间没有约束力,缺乏政策和法规依据,协作馆之间又无具体协议,因此长期以来馆际合作有名无实,资源共享也就无从谈起。

(3)经费对于农村图书馆(室)来说是至关重要的,没有专用资金的投入,想合作与共享也难以开展,尤其在市场经济条件下,每个馆都非常注重“投入与产出”的效率。如果没有一定的协调资金,各个馆无利可图,那么合作共享只能停留在理论研究的水平上。

(4)现代化技术发展不平衡。利用现代化技术,将馆藏文献资料转换成为数字化文献,通过现代化网络技术在馆际之间,图书馆与读者之间快速方便地进行传递。但是,由于我国的图书馆现代化技术使用发展不平衡,图书馆网络建设还在局部、小范围内进行,遍布全国的网络还没有建立,从而影响农村馆际之间的合作与资源共享交流工作的开展。

在开展延伸服务、文献资源共享的过程中,困难和障碍是肯定的、也是暂时的,随着人们认识水平的提高,工作人员的认真研究、集思广益、坚持不懈地努力,目标是会实现的。总之,图书馆为读者服务是永无止境的,构建一个以读者为中心的图书馆社会服务体系,共享资源,延伸图书馆服务功能,为构建社会主义和谐社会作出贡献。

参考文献

[1]雷树德. 图书馆学论要. 北京: 银河出版社,2005

[2]赵伯纯. 论加强图书馆的为弱势群体服务. 图书馆,2005(3)

[3]艾琳. 新农村建设重富裕也要重文化. 新华网,2006-02-23

[4]吴明. 农民素质在社会主义新农村建设中的重要地位与作用. 中国真理理论网,2006-09-09

[5]郭彦新. 我国图书馆实现资源共享的对策. 中国图书学报,2002(2)

[6]于湖滨,张军. 对新形势下馆际合作若干问题的探究. 图书馆理论与实践,2003(2)

[7]王禹兰. 浅谈馆际协作关系. 图书馆建设,2001(4)

信息服务“长尾”市场中图书馆文献提供发展的战略思考

章鑫尧　高延智(国家图书馆)　宋舸文(秦皇岛市图书馆)

一、图书馆文献提供服务面临的挑战

随着商业网站信息服务的兴起,图书馆实际用户有缩减趋势。作为图书馆信息服务的前沿阵地——文献提供更是受到了直接的冲击:用户通过庞大的资源与服务网络,采取自助与互助的方式免费获得了海量信息,对专业信息机构的收费服务需求相应地减少。

1. 来自用户

用户需求是文献提供服务的出发点和归宿,用户需求行为的改变直接引起了服务提供者的变化。(1)用户信息需求量增大、综合性变强。在学科发展多元化的影响下,用户的文献需求越来越广泛，涉猎的领域也愈加宽泛；同时交叉边缘学科的兴起使得新兴的文献需求具有更大的综合性。(2)用户获取信息渠道多样化。图书馆或情报机构已经不是唯一的信息提供机构，甚至在很多时候不是主要的信息提供者；用户自身的信息获取渠道日益多元化，方便快捷成为最重要的衡量指标。(3)用户自身获取能力提高。在很多学科领域，用户的信息获取能力比图书馆员更高。

2. 来自商业服务竞争者

便利性在信息时代变得尤为突出，商业服务往往比图书馆具有更大的灵活性。(1)商业性电子数据库提供便捷的服务。数据库“打包”销售的特点决定了各个信息单位的电子资源普及率、趋同性较高，电子数据库资源的馆际需求量较小，缩小了文献传递服务的服务空间。[1]同时，在版权控制等的影响下，直接购买使用电子数据库具有方便和易用等特性，部分用户选择直接订购数据库服务挤占了文献传递服务的发展空间。(2)开放获取和网上免费资源的广泛存在。与文献传递相比，无论在节省费用还是等待时间等方面，开放获取资源都具有极大的优势。

3. 来自自身

图书馆文献提供固有的一些特性决定了其在信息服务市场竞争中缺乏竞争力。(1)文献提供效率相对较低，服务成本高。文献传递本质上属于劳动密集型服务，加工过程以人工为主，服务效率不高；其成本包括人工服务费和版权税等，相对较高。(2)文献揭示不够，服务层次浅。由于文献揭示不够，造成很多隐性需求没有得到很好的开发，同时错误的文献标引也容易造成拒绝率提高从而降低满意度。(3)个性化付费方式不认可。由于普遍使用单篇付费的文献提供计量方式，在涉及一些内容查证和深层次文献挖掘的查询时，个性化付费方式往往不被认可。

二、图书馆文献提供服务应对挑战的战略思考

Internet 的发展，正在改变着人们的工作、学习和社会生活习惯。图书馆的地位也悄然地发生着变化：图书馆从一个单纯的 Tool(工具)，已经演变为一个不可或缺的 Medium(中介)，他从单一的 Information Provider(信息提供者)转变为全方位的 Information Associate(信息伙伴)，介入了人们接触、筛选、鉴别、评价到最终利用信息的全过程，与读者之间的交互、共同创造信息的价值成为了信息交流的核心特征。图书馆作为信息传播、处理的前沿阵地，直接面对着读者和庞大的社会信息用户群，担负着信息领航和开发的重大使命。正如路易丝·梅尔佐指出：“不要忘记指导——当信念和知识集中于各自的领域后，我们仍必须找到接近这些领域的途径。这即是人类或技术指导需要介入的地方。[2]”文献提供服务需要转变被动的服务模式，咨询人员需要持续不断的跟踪用户、深入到用户研究过程之中，并根据需求有针对性地对文献进行收集整理、分析研究的全过程的服务。

图书馆文献提供服务要面向海量用户进行服务，既要进行服务方式的更新拓展，更要进行服务模式的变更。服务方式的拓展体现在我们需要把咨询服务推广到全媒体服务，尤其是要实现广电网络、电信网络以及互联网络进行综合传播，最终实现为各类用户提供电视、电脑、手

机等多种终端的融合接收，实现任何人在任何时间、任何地点以任何方式接收咨询服务。而服务模式的变更需要改变以往单纯被动接受请求的根本局面，深入用户学习、科研过程，突出提供个性化图书馆咨询服务。

在信息服务的“长尾”市场中，面对用户多样化的信息需求，差异化战略、个性化需求定制和信息过滤聚合将占据信息服务市场的主导地位。因而图书馆文献提供服务也应相应地调整其服务的策略定位：要吸引更广泛的读者，必须以读者为中心，通过各种手段满足其信息需求，在细分信息需求的专业化服务下，建立纵深的服务和汇聚最多的用户。在集中精力做好“头部”精品服务的同时，充分开发图书馆的特色馆藏，并依此把图书馆的服务真正推向更广大的用户：通过科学的知识组织体系把信息组成一个有机的网络，借助专业的排序技术进行聚类，通过网络的共享及基于内容的搜索使一些较冷门的书籍也会变得容易揭示，并通过文献传递使用户能随时随地阅读全文。

为了扩大服务对象和拓展服务内容，凸现图书馆文献提供服务竞争力，促使其向纵深发展，可以具体从以下方面入手：(1)加强资源深层次揭示，为用户提供更多更丰富的内容：资源建设是开展文献提供服务的基础，协调资金配置、完善资源建设体系、加快回溯文献的编目揭示是一个需要持续关注的问题；加大对各类灰色文献和音视频等文献的开发利用，提供众多没有被数字化的文献资源。(2)进一步提高服务效率。利用现代化技术和先进的管理理念，改进文献提供服务流程，增进效率。(3)拓展新的客户群。建立更加便捷的服务网络，进行主动推送，把文献提供服务向更广范围的个人和企业拓展。(4)借助国内与国际各种文献提供服务网络扩展业务，如参与 IFLA 的 UAP 计划(Universal Availability of Publication，中文含义即世界出版物的利用)[3]和 OCLC 的全球服务网络等。

三、展望

只有资源共享、共同建设，才能紧跟时代发展。图书馆文献提供服务需要更广阔范围的合作，发展促进联合，而只有联合才能发展。为推动文献提供工作的深入发展，必须不断加大文献揭示力度，保障用户的便捷获取，有必要建立统一的注册管理机制，统一检索与服务平台，加快系统建设与新技术应用，提高服务质量和效率，使用户能享受到高效、便捷的“一站式”服务——建立一个以国家政府为坚强后盾的具有战略意义的、开放的、互联的、便捷的跨行业、跨系统的文献传递网络体系。我们要加快与国际接轨的进程，学习与应用先进的技术和理念，推动国际合作的深入发展，促进图书馆事业的全面发展。

参考文献

[1]陈涛，顾红. 国外文献传递研究综述. 国外社会科学，2008(6)：97－103

[2]路易丝·梅尔佐. 时间的检验. 见：张穗华. 媒介的变迁. 北京：中国对外翻译出版社，2002：80

[3]陈清文. 国外电子文献传递立法保护的发展与启示. 情报理论与实践，2009(3)：30－32，18

数字时代馆际互借文献传递的现状与存在的问题

李春新(国家图书馆)

一、馆际互借文献传递初期的形成

随着科学技术的不断发展,新的学科和交叉学科不断产生,读者对信息资源的需求呈现出多样化、复杂化的趋势。任何一所图书馆都不可能将文献信息收集齐全。资源共享、馆际互借是解决文献信息资源不足的重要途径。馆际互借通过图书馆间的资源共享,以较低的成本补充图书馆之间的资源不足,通过优势互补,更好地服务用户;文献传递是在传统的馆际互借服务基础上,随着网络信息技术的发展而形成的一种新的资源共建共享的服务形式,其发挥的作用日益突出。

我国图书馆的网络环境形成于20世纪90年代中期,随着世界信息化进程的加快和互联网的普及,我国公共信息基础设施建设和图书馆自动化、网络化建设得到了迅速的发展,网络环境得以逐步形成。这为开展网络环境下的馆际互借和文献传递提供了必要的技术保障。我国的馆际互借是在此种背景下形成了它的初级阶段。

二、馆际互借和文献传递的现状

我国图书馆自动化网络发展极不均衡,自20世纪90年代中期以来,在外部网络环境逐渐形成的情况下,我国图书馆的馆际互借存在着多种形式并存的局面,既有数字化全文传递服务,又有联机馆际互借和传统形式的馆际互借。以国家图书馆为例,读者申请提交文献途径有:电话、E-mail、到馆等,其中传统形式的馆际互借仍占多数。尽管如此,我国图书馆数字化全文传递服务和联机馆际互借仍取得了一定成效。目前国内做得比较成功的是CALIS(中国高等教育文献保障体系)和NSTL(国家科技图书文献中心)。

在文献传递方面,很多图书馆开始使用数字化文献传递方式,如CALIS自行开发的馆际互借系统中就有文献传递软件,该软件安装在各成员馆可独立运行,也可内嵌在馆际互借事务信息管理系统中运行,支持文献扫描、文献发送、自动接收外馆传来的文献。而更多的图书馆则使用Ariel进行文献的全文传送服务。目前,中科院文献情报中心、北京大学图书馆、清华大学图书馆和国家图书馆等研究型图书馆已经开展了运用Ariel进行数字化文献传递服务。

近30年来,国内馆际互借和文献传递获得了蓬勃发展,仅以馆际互借中的中国人文社会科学保障系统(简称CASHL)规模与需求量为例,目前已拥有300多家成员单位,包括高校图书馆和其他人文社会科学研究机构,个人用户2万多,接受检索请求达千万次,原文传递请求25万多篇。

三、馆际互借文献传递存在的问题

1. 书目和馆藏信息获取不畅通

近几年,我国各信息机构无序开发了多种自动化集成管理系统,系统软件和书目数据的标准化问题逐渐显现,有些系统不仅技术含量低,质量不稳定,而且有些软件不具备书目控制能力和馆际互借功能,用户界面较差,在系统平台上缺乏开放性和互联性。联网后给文献信息的检索、传递带来许多障碍。这种局面导致共享体系种类繁多、数据标准不统一的问题。由于各馆数据库互不兼容,阻碍了联机检索的进行,难以实现数据资源的共建共享。另外,各馆之间不能及时交换馆藏目录,致使需要通过馆际互借来获取文献资料的读者不得不奔波于各个图书馆之间,把时间浪费在文献检索上,严重影响了读者使用馆际互借的积极性。

2. 馆际互借缺乏统一的规章制度

从全国来看,无论是以专业为基础的互借网还是以地区范围内的馆际协作,均存在结构松散、手续繁琐、周期长、拒借率偏高且无章可循等弊病。由于体制与观念上的障碍,近几年来一些地区和机构虽然开始了协调订购和建立了一些馆际互借网,但是缺乏强有力的协调机构和健全的规章制度,各馆对建立互借的目的、服务对象、双方的权利义务、流程手续、服务期限、惩罚办法等没有一个统一的规定,造成馆际互借工作无章可循,出现的问题往往得不到及时解决,导致很多图书馆不敢随便开展馆际互借服务,影响了资源共享的发展,使外借工作人员和用户均感到不满意。

虽然各馆相互借书,但在某种意义上讲,只发挥了馆际间业务联系的作用,还无法起到资源共享的作用。此外,领导重视不够,各馆之间联系少,合作不足,开放程度低,实际工作中很难全面合作。人为障碍突出,对资源共享缺乏积极性和紧迫感,基本上处于维持状态,缺乏生命力,在质量上和数量上都难以满足用户的需求。这种毫无保障的协作关系,很难把资源共享提高到新的水平。

3. 资源与经费上的障碍

由于经费等原因迫使图书馆采取保品种、减复本、压书保刊等措施。一方面,各馆期刊入藏量大幅度减少,另一方面,重复订购的问题更为突出,使整体文献保障受到损害,连续性、完整性遭到破坏,随之而来的是拒借率升高。此外,图书馆馆际互借服务涉及人员设备费用,文献传递费用和馆际交易费用,当为提供馆际互借服务的次数比较少时,每个馆际互借事务所平摊的成本比较高,在图书馆没有专项资金补贴读者的情况下,很少有读者用得起馆际互借服务。

4. 版权问题

在馆际互借文献传递过程中,图书馆不可避免地要进行一定数量的文献复制,这无疑会涉及版权法保护的问题。虽然我国目前法律还没有明确的规定,但著作权法对馆际互借与文献传递过程中涉及的作品复制问题已有了严格限制。因此,馆际互借与文献传递服务中的版权问题,一定程度上限制了馆际互借服务的发展。

四、解决馆际互借文献传递问题的对策

1. 提高认识,树立全局观念

时代在变革,用户需求也在变化,馆际互借工作应强化全社会共享的意识,发挥文献资源的整体效益。解放思想是深化图书馆改革的重要内容。图书馆仅靠本单位有限的经费,补充文献是有限的。只有联合互补,才能满足用户的多种信息需求,互借工作才能具有强大的生命力和广阔的发展空间。因此,尽快改变条块分割和各自为政的管理体制,通过权威领导机构,加强宣传,提高认识,制订出文献资源共享的发展规划,确定统一的服务标准及资源共享的原则,实现全国范围内的文献资源共享。

2. 协调采购,建立各具特色的藏书

各馆要摆脱文献信息供与求的矛盾,就必须实现资源共享。目前我们正处于相互协作的黄金时期,各馆间的合作愿望迫切,协调采购已从小规模发展成为较大规模的局面。有些地区图书馆已由分散订购转为联合采购,这对馆际合作和资源共享具有重要作用。文献无序地分散于各类图书馆影响文献的合理布局,重复收藏更不利于文献资源建设的宏观调控。因此,建立文献协调中心,使文献资源合理配置,密切馆际合作,才能全面实现文献资源的社会价值,才能形成专业齐全、主次有别、配套成龙、方便使用的文献收藏体系,更好地为用户提供服务。

3. 完善计算机联合目录检索是实现资源共享的理想方式

图书馆自动化、网络化是实现文献信息交流的基础。在文献资源网络建设中,应积极开发利用新技术,努力完善文献检索体系和现代化服务手段。建立一个全国统一的科学合理的图书馆文献保藏体系,修改和完善文献检索书刊的著录标准,使各馆能在统一标准下,对各类文献进行加工、整理、存储和传递。用户通过检索不仅可以查询各馆的相关书目,也可以检索到所需文献的馆藏信息。要尽快制订出文献组织管理自动化所必需的多项标准,及早把文献检索工作自动化纳入正确轨道,建立专业图书馆之间的协作网络和相应的服务系统,随时检索和及时交换馆藏目录,为馆际互借的畅通提供保障。

4. 加速地区性及国家中心馆的建设

在完成本系统及本地区内的文献资源共享外,各图书馆还应该加强地区间乃至全国的馆际互借网络建设。建设以国家中心馆为主,以地区中心馆为辅的馆际互借网络结构。地区中心馆负责本地区文献协调和利用,本地区不能完成的任务提交到国家中心馆,在全国范围乃至国际范围内协调完成。由于馆际互借涉及利益的分配,关系到资金、设备等方面的问题,因此非常需要地区中心馆与国家中心馆之间互相协作,加强联合。中心馆要按照自愿互利的原则,全面制定、协调、组织统一的资源共享网络及合理的收费办法,以使得馆际互借在更大范围内,有组织,有规则的进行。

5. 提高馆际互借工作人员的业务能力

在网络环境下,负责馆际互借工作人员的收集、处理、传递信息的能力,很大程度上影响着

图书馆的文献传递的满足率。因此,定期组织培训,提高馆际互借员的服务水平和专业能力,增加竞争力,逐步向知识服务过渡是很有必要的。馆际互借员必须熟悉本馆资源及馆藏情况,对读者提出的馆际互借文献及时作出判断,准确、快速地获取所需的文献资源。而且要熟练掌握各种数据库的检索技巧,能根据读者提出的检索需求帮助其正确选择数据库,设计检索表达式,查找所需的文献。

目前馆际互借与文献传递工作面临着重大的挑战,网络资源的迅猛扩张、用户自我信息组织能力的提升,都对文献提供服务提出了更高的要求,只有资源共享、共建,才能紧跟时代发展,发展促进联合,而只有联合才能发展。资源建设是开展馆际互借与文献传递服务的基础,协调资金配置、完善资源建设体系是一个需要持续关注的问题。要保障用户的便捷获取,就必须建立统一的注册管理机制,统一检索与服务平台,加快系统建设与新技术应用,提高服务质量和效率,使用户能享受到高效、便捷的"一站式"服务。要加快国际化进程,学习与应用先进的技术和理念,推动国际间的合作,使文献信息资源在现代化条件下充分发挥作用,实践证明,也只有网络可以给馆际互借服务带来无限的发展空间。

参考文献

[1]胡伟伟.信息时代图书馆馆际互借之思考.农业图书情报学刊,2010(8)

[2]涂建武.馆际互借服务机制在网络环境下的应用.图书馆论丛,2010(2)

经济开发区图书馆的文献传递与馆际互借服务

李晓林(苏州独墅湖图书馆)

一、概述

随着近年来图书文献资源的价格增长迅速、各类用户对文献信息资源的覆盖面要求越来越全、专业度要求越来越深。经济开发区多处于国家和地区的经济发展前沿,肩负引领高新技术产业发展的重任,因而用户需求多样,产业方向明显,且专业度精深,政策敏感度强。用户需求的文献覆盖广度和深度都高于一般的文献服务单位。国内各开发区最长不过有20几年的历史,因而其文献信息资源基础则更为薄弱。通过馆际互借与文献传递服务来弥补本馆资源不足成为各类经济开发区信息机构服务与发展的必由之路。

位于苏州工业园区南部科教创新区内的苏州独墅湖图书馆成立于2005年6月。面对区域经济社会发展和提升自主创新能力的需求,我们坚持"智慧分享 价值创造"的服务目标,致力于打造服务型、管理型、现代型图书馆。下面以几年来我馆文献传递与馆际互借服务工作的经验和体会为基础,试梳理一下面向经济开发区的文献传递与馆际互借服务的看法与建议。

二、开发区信息服务机构的馆际互借与文献传递服务特点

在大多数图情届同行眼中，馆际互借与文献传递的概念多是几乎同时出现。两者虽然都是通过合作模式获取本馆没有的文献资源，但前者是建立在本馆自有资源丰富及特色鲜明的前提下，后者则更多是利用网络手段付出一定成本的情况下获得资源。因此，经济开发区信息服务机构在文献信息资源基础薄弱、多数自身文献特色不够鲜明的情况下，更多是通过利用其他机构进行文献传递的方式来满足用户的文献需求。同时，开展面向开发区的馆际互借服务也有不同于其他信息服务机构的要求与方式。

1. 现有馆际互借合作同盟中各机构发挥的作用不均衡

近年来大多数开发区图书馆和信息服务机构都参加了一种或多种的区域性馆际互借的合作联盟。但因地域性、专业侧重和重点服务对象的要求，加之发展时间较短，很难有足够的基础来与合作方做对等的交流。以独墅湖图书馆所在的苏州为例，区内已有苏州高校馆际互借服务同盟，它是由苏州大学图书馆结合苏州周边的信息服务机构特别是专业院校图书馆成立的服务共同体。但同盟内的各参与单位实力参差不齐，实际上同盟中实力最强的只有苏州大学一家，别的合作者更多的是使用服务的一方。开发区的信息服务机构参与更高层的国家级和国际级的同盟更是面临这样的尴尬局面。

2. 国内馆际互借同盟内文献建设没有整体规划

因为发展背景差别、文献建设规划脱节，一方面国内馆际互借同盟的各成员馆之间馆藏建设有些严重重复，另一方面一些高端文献需求没有服务方能够提供。我馆 2010 年全年原文传递总量为 4500 多篇（只是人工传递统计，不包含网上自助传递），因区内产业化发展在生物医药、纳米等方向上有很大的专业文献需求。有的高端需求通过我们参加的国内数个馆际现互借与文献平台都很难满足时，只好通过国际互借的方式来完成，产生了很大成本。

3. 高端用户的需求反映了国家层面上文献资源建设环节的薄弱

区内产业发展的重点生物医药和纳米产业急需相关领域的发展规划报告、前沿分析、竞争对手情报等。国内这样的尖端信息较难获取。另外就是会议论文查找等，也是文献传递服务中困难较大的文献种类。

4. 国际文献传递的渠道不是十分畅通

国内文献建设的欠缺要求信息服务机构发掘更多的国际传递方式。但现阶段虽然国际上有如大英图书馆等可提供此类服务，国内也有国家图书馆、上海图书馆、CALIS、NSTL 等提供国际原文传递，但因资源覆盖率和成本的原因，造成实际通过国际途径提供的服务还没有深入人心，还没有一个公认的权威渠道。

5. 文献传递服务的操作没有实现系统化

现有国内外的文献传递服务中有很多实现了内部系统化管理，如 CALIS、NSTL、国家图书

馆、中科院国家科学图书馆等。但这些系统只是在自己馆藏或联盟内实现。对开发区图书馆来讲,没有一个系统能达到在这些系统联动共同来满足用户服务的要求。

三、面向经济开发区的文献传递与馆际互借服务工作建议

(1)开展馆际互借的同盟者的选择采取错位竞争的方式,尽量寻找与自己不同体系、产业和地域的合作伙伴。加强国际交流,发挥自身文化与区域优势来开展效果显著的馆际合作。我馆自建馆之初即与新加坡国家图书馆建立了稳定的合作交流关系,此后双方在资源共建、信息服务、人员培养等多方面开展了合作。这一合作,不但能更好地引进新加坡先进的管理与技术服务于园区的经济发展,而且也能有效地丰富国内有关新加坡主题的信息资源。

(2)做好馆藏建设规划,特别着重本馆特色资源建设。要面向用户的要求,在满足多数用户要求的同时,根据区域特色和发展方向着重发展特色馆藏,把有限的购置经费有计划地用好。独墅湖图书馆紧扣经济科技发展与自主创新的主旋律,选定与知识产权相关服务作为向科技研发企业进行深度服务的敲门砖,六年来通过定期开展知识产权培训等行之有效的方式,很好地配合了地方政府科技管理部门的工作,并在政府和企业用户中产生深远的影响。为此,我们进一步计划实施知识产权专题资源建设,并已做了一些国内外知识产权服务机构的使用调查。事实证明,此专题的资源在专业的服务机构收藏较少,有较大的使用价值。

(3)对用户进行分类管理,不同用户通过不同的保障方式提供服务。我们将自己的用户分成政府、企业、科研教育等不同种类,通过与国家图书馆、国家科技图书文献中心、CALIS 等资源提供方的合作建立地方分支机构、集团购买资源来保障大部分客户的文献需求。通过地方高校合作联盟、嵌入地方企业公共科技服务平台等方式向各类客户推送文献,几年来的发展取得了很大的影响。例如,李公堤是工业园区金鸡湖中唯一的湖中长堤,全长 2.2 公里,原系光绪年间元和县令李超琼所建。在苏州工业园区开发建设前默默无闻,现在李公堤中西合璧,动静相宜,景色宜人,以时尚和古典的双重姿态,成为集餐饮、休闲、娱乐、零售、服务、文化等一体的苏州首席滨水休闲景观商业街区。可能没人想到,我们也为李公堤开发提供了有力协助。为了开发建设李公堤,在 2007 年,园区政府地方志办公室急切寻找李超琼资料。经过我们与国家图书馆古籍特藏室的沟通,为政府提供包括李超琼日记、书稿等资料 100 多条,为加快李公堤建设起了一定作用。

(4)同时提高用户服务人员及用户的信息素养。面向飞速发展的信息时代,信息服务工作人员获取信息的能力直接决定着文献传递服务的成本、速度和服务水平。经过不断的积累,我馆的服务人员会按照本馆、开放获取的网站电子期刊、搜索引擎等顺序来免费获取信息,收费的渠道,我们会按照有合作协议的馆际互借、国家级合作单位、国际馆际互借的顺序来付费传递。与此同时,定期参加学术会议和培训来提高馆员专业素质。对用户的信息素养则是通过每年分专业、按主题、有计划定期进行的用户信息素养培训来实现。

(5)借鉴国内外文献传递服务系统的经验,尽快开发适应中小信息服务机构的自动文献传递服务系统。在参考 NSTL、CALIS 等国内知名文献传递管理系统的同时,提高传递管理的自动化程度,节省人力成本和传递成本。

总之,日新月异的国家科技创新趋势和经济开发区引领国家和区域发展的使命都向经济

开发区的信息服务者提供了充分的发展机遇,也提出了明确的挑战。作为信息服务者,只能有针对性地建设和引进适合用户的资源与技术,加强服务理念,走与开发区发展相适应的创新服务之路。

国外营利性文献提供机构简介

冯京桉　马新蕾　张　悦(国家图书馆)

文献提供机构根据经营的目的,可分为公益性文献提供机构和营利性文献提供机构,前者大都是一些图书情报类文献提供机构,后者根据依托资源又可以分为以下三类:(1)商业性文献提供机构,拥有自己的信息资源,不依赖其他文献信息机构/信息源;(2)数据库出版商,由数据库制作厂商所提供的原文供应服务;(3)信息中介机构,拥有或者没有自建信息资源,依赖于其他文献提供机构/信息源,信息中介机构服务对象多为商业性团体,比起受资源限制的图书馆、数据库出版商来说,信息中介机构的服务项目多,富有弹性,但是价格不菲。这些形形色色的营利性文献提供机构凭借高效率的文献传递速度和优质的服务得以蓬勃发展,在文献提供领域拥有一席之地。学习和借鉴世界知名的营利性文献提供机构的先进理念和经验,对图书馆文献提供工作的开展大有裨益。

1　商业性文献提供机构

1.1　法国科技信息机构

科技信息机构(the Institute of Scientific and Technical Information,INIST)是法国国家科学研究中心 CNRS 下属的一个服务机构,创立于 1988 年,是由 CNRS 的两个文献中心合并而成的。INIST 的使命是收集、分析和传播全世界科学、技术、医药以及人类学、社会学和经济等方面的研究成果。INIST 是一个信息工厂,它接纳新的信息和传播技术,为通过网络获取科技信息的用户提供全方位的服务。INIST 的收藏在法国是独一无二的,而且它覆盖了世界上科技、医药、人类学和社会科学的核心文献,其中,有19 700种期刊、125 000份科技方面的学位论文、115 000份会议录、75 000科技报告、13 000份专著。[1] 出于保存的需要,这些文献同时以纸质和电子版形式保存。

INIST 引领法国科技文献传递市场,在 2006 年就传递了400 000份文献,占法国文献传递市场的 50%。INIST 文献传递的目标是:①一站式传递所有被请求的文献;②保证高效率地传递;③以用户为中心的可信赖的服务;④简单的付费系统。为了达到这些目标,INIST 积极和全世界 200 多家图书馆合作,这种合作确保了 INIST 的文献保障率高达 96%。

INIST 的"一站式"服务更加方便、实惠、快捷(能够在 24—48 个小时内回复)。用户可以通过以下五种方式来检索 INIST 的文献资源。

表 1　INIST 文献资源的检索方式

搜索方式	搜索内容	网址
Google	可搜索到 INIST-CNRS 收藏的15 000 000条记录	http：//www. google. cn
Google Scholar		http：//scholar. google. com
Exalead	搜索网络上各种形式的资源、图表	http：//www. exalead. fr
ARTICLE@ INIST	在线搜索 ARTICLE@ INIST 中的文献资源	http：//article. inist. fr
ArticleSciences	搜索 INIST-CNRS 收藏的期刊资源	http：//articlesciences. inist. fr

用户可以通过以下三种方式来申请文献：

(1)先检索 INIST-CNRS 收藏目录再申请

表 2　INIST 文献申请方式之一：先检索 INIST-CNRS 收藏目录再申请

描述	文献传递方式	网址
通过 Google 或 Google Scholar 搜索到的文献在 CAT. INIST 中申请	第一邮件服务、Ariel、S. E. D. 、快递或者传真	http：//www. google. com http：//scholar. google. com http：//www. exalead. fr
ARTICLE@ INIST	第一邮件服务、Ariel、S. E. D. 、快递或者传真	http：//article. inist. fr
ArticleSciences	第一邮件服务	http：//articlesciences. inist. fr

以 ArticleSciences 网站文献检索、申请过程为例，ArticleSciences 网站有法语、英语、西班牙语、意大利语四种语言，其检索界面简单、友好，用户只需输入一两个检索词和/或著者信息、选择年份就可以搜索了，见图 1。

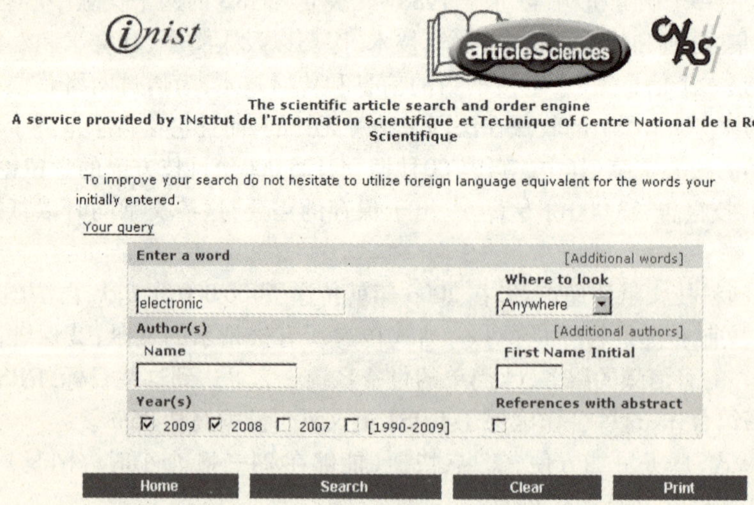

图 1　INIST-ArticleSciences 网站登录界面

ArticleSciences 网站文献订购过程非常简单，具体流程如下：ArticleSciences 中每篇文献费用为 14.59 欧元，用户可以选择以法郎或欧元付费。用户可以用银联卡（Visa）、欧盟银联卡/信用卡（Eurocard/Mastercard）、美国运通卡（American Express）或 Carte Bleue 在网上直接付费，INIST 利用 SSL（Secure Socket Layer）和 SET（Secure Electronic Transaction）来传递文献。

（2）通过电子方式直接订购

表 3　INIST 文献申请方式之二：通过电子方式直接订购

	描述	文献传递方式	链接
FORM@ INIST	输入文献信息在线直接订购	第一邮件服务、快递	http：//services. inist. fr
文件传递	利用 E-mail 或者 FTP 文件发送请求	第一邮件服务、快递	与 INIST 文献传递用户服务处联系
在线信息服务	在书目数据库中检索后申请	第一邮件服务、快递	在这些书目数据库中检索：QUESTEL. ORBIT，QWAM，STN and DATASTAR

（3）通过传真订购

表 4　INIST 文献申请方式之三：通过传真订购

下载传真申请单申请文献	第一邮件服务、快递、传真	+33 (0)3 83 50 46 46

INIST 不同传递方式的区别[2]：

表 5　INIST 不同传递方式的区别

	文献类型	响应时间	服务类型	申请方式选择
第一邮件服务	适用于所有文献类型。 除非特殊说明，文献将传给文献提供网络中的一个图书馆。	2—5 个工作日	标准	适用于所有申请方式
Ariel	任何通过 ARTICLE @ INIST 或 CAT. INIST 申请的文献。 利用 Ariel 软件接受和阅读。	1—2 个工作日	加急	适用于 ARTICLE @ INIST CAT. INIST
S. E. D.	和出版商达成协议的所有文献。 会发到指定邮箱。	1—2 个工作日	加急	适用于 CAT. INIST
快递	INIST 收藏的所有期刊文献。 法国当地时间中午 12 点之前的申请均可在第二次下午 1 点之前满足，这一规定只适合法国大陆。	24 小时	加急	适用于所有申请方式
传真	INIST 收藏的所有期刊文献。 任何在法国当地时间下午 5 点之前的申请均可在 2 小时内满足	2 小时	紧急	适用 CAT. INIST，传真

1.2 加拿大科学技术资料中心

加拿大科学技术资料中心(Canada Institute for Scientific and Technical Information,CISTI)是加拿大国家科学委员会(National Research Council,NRC)所属的提供全世界科学、工程、技术和医学信息的研究机构,服务对象是工业机构、大学、政府的科研人员和一般公众,提供科技信息检索、联机数据库查询、动态通报服务、查新服务、技术竞争情报、战略技术信息分析等信息情报服务。

CISTI 的文献传递服务中心建于 1924 年,是采取商业模式进行文献传递的公司。CISTI 是世界上科学、技术、工程、医药、农业领域的主要信息源之一,该中心的科技信息馆藏量在北美占第一位,也是世界上会议录和技术报告收藏量最多的单位之一。[3] 其服务资源以文献数字资源为主,包括 3 个来源:①CISTI 的馆藏,包括 5 万多种期刊、60 多万种图书、会议录、研究报告等;②加拿大农业图书馆的主要馆藏,包括 3 万种期刊、6 万种图书、会议录和科技研究报告;③伙伴图书馆提供的文献传递服务。

CISTI 文献传递的方式有邮件、快递、E-mail、Ariel、Fax 等。服务周期为 1—4 天。CISTI 文献传递服务系统 Intellidoc 是一种集成的智能的文献传递系统,它与 CISTI 目录检索系统实现了集成,直接面向用户提供文献传递服务。其主要功能有:可接受不同的订购方式、确认用户、知道文献所在位置、把文件转换成用户想要的格式、把文献传递给用户、跟踪文献传递服务处理进程、对文献传递服务进行统计分析等。CISTI 首先是把要传递的文献扫描成 TIFFB 文件格式,然后由 Intellidoc 转换成用户想要的文件格式,根据用户的要求通过 Ariel,安全桌面传递(Secure Desktop Delivery ,SDD),进行网上文献传递。Intellidoc 系统文献传递服务的响应时间一般为 72 小时、24 小时和 2 小时。

SDD 是 Intellidoc 独有的一种加密电子文献传递方式,传递的文献其格式为加密的 PDF 文件,用户获得 SDD 服务,首先必须注册成为 CISTI 用户并选择使用 SDD 进行文献传递,然后下载 SDD 插件并安装,SDD 并不把文献直接传递到用户手中,而是把准备好传递的文献以加密的 PDF 文件格式储存在 CISTI 的 Web 服务器上,同时将其书目信息和 PDF 文档下载超链接通过电子邮件发送至用户的邮箱中,以便用户在接到电子邮件通知后利用它们进行阅读和打印,SDD 90% 在 24 小时内完成,50% 以上在一个工作日内完成。[4]

CISTI 提供了账户管理和文献申请跟踪服务,用户可以查看和管理自己的账户,及时获取文献的处理进展。

1.3 日本科技中介机构

日本科学技术振兴机构(Japan Science and Technology Agency,JST),目前日本最大的文献情报提供机构。占领期结束后,为了促进科技信息交流,日本政府于 1957 年 8 月成立了日本科学技术情报中心(JICST),1961 年 7 月又成立了新技术事业团,1996 年 10 月 1 日,日本政府在原有的日本科学技术情报中心和 El 本新技术事业团的基础上,成立了日本科学技术振兴事业团(特殊法人),隶属于日本科学技术厅。2003 年 10 月,事业团更名为日本科学技术振兴机构(JST),为独立行政法人,隶属于文部科学省。它以实现科技创新立国为目标,是日本最重要的科技信息机构,也是日本资助基础研究、执行国家科技基本计划的主要机构之一。

作为日本国家科学计划的主要实施机构,JST 的主要业务工作包括:①捕捉世界科技信息。JST 收集来自日本国内以及全世界各地的约 1.6 万种期刊、技术报告、会议资料、公共资料和征求意见报告等科学技术文献,并出版科学技术文献快报、资料收藏目录、科学技术翻译伙伴 for Windows 等。②建立必要的数据库。JST 相继建立了旨在支持研究开发的"综合目录数据库(ReaD)"、"研究成果应用综合数据库(J-STORE)"、"研究人才数据库(JREC-IN)"、"研究信息数据库"(http://dbs. jst. go. jp/)等。③向社会各界提供专利、技术信息。包括建设研究成果应用综合数据库、举办新技术说明会、建立失败知识数据库、技术人员 Web 学习系统、研究成果应用广场(RSP)等。④技术转让援助。JST 技术转让窗口在大学、研究机构和企业之间架起桥梁,免费向大学、研究机构、企业等提供有关各省厅实施的技术转让信息咨询和企业推广服务。⑤提供官产学合作信息。为了促进大学、研究机构、企业、技术转移机构等进行官产学合作,JST 建立了官产学合作网站和合作数据库,向社会免费提供官产学合作方面的信息。

JST 的组织框架主要由三个本部和两个中心构成,此外还设有担当科普任务的科学未来馆。三个本部分别为信息事业本部、战略性创造事业本部和产学合作事业本部。两个中心分别为社会技术研究开发中心和研究开发战略中心。

日本科技中介机构的运行模式通常有委托开发和开发斡旋两种方式,这也是 JST 最基本的运行模式。所谓"委托开发",是对于一些事关国计民生的重大战略性基础技术以及产业化较困难的新技术,通过国立中介机构实行委托开发。这种委托主要来自国家计划而非机构本身。国立机构将新技术的开发采用"委托"的形式交给企业或企业群,并提供开发所必需的费用(此费用由国家财政列支)。研究开发的成果归国家所有,参与的企业在获准时享有优先使用权。具体到 JST,是在广泛搜集科研成果的基础上,从中挑选出对国民经济可能产生重要影响并有开发前途,但民间企业又难以单独承担开发费用的科研成果作为应用开发课题,交由新技术审议委员会的专家集体审议确定后,出资委托民间企业进行应用开发。

而"开发斡旋"则是针对开发风险较小、离实用较近的技术,JST 站在技术所有者和实施企业之间,通过契约调整彼此关系的一种中介方式。JST 采用合伙、技术入股和买断等几种形式,从技术所有者手中广泛获得优秀科研成果,然后向海内外企业广泛介绍科技成果,同时为科研成果持有者挑选有意合作开发的企业,协助其签订开发合同并对执行情况进行监督,促使其尽快商业化。该方式转化风险较小,成功率较高,一般适用于中小企业的开业和创新。特别是关于中国,JST 在研究开发战略中心内,设立了一个专门收集中国科学技术政策、科学技术研究开发等动向的机构——中国综合研究中心。该中心对在中国定期发行的刊物(约10 000种)中选定重要杂志 2500 种,通过调查和分析,从中选定比较重要的着手使之数据化。同时,JST 还为该中心协调所需的各种资源,与国内外有关机构合作,收集、整理、分析研究中国科技研究开发的动向等情报,为中国综合研究中心的调查和分析提供必要的基本数据,并试图构筑和有关机构间的网络提供更为快捷的服务和研发。

JST 还有如下三种运行模式:一是独创性研究成果育成事业,二是支援成果专利化,另一特色是建立失败知识数据库。JST 在分析科技各领域的事故和失败案例的基础上,将所得教训纳入数据库,免费供研究人员查询,以帮助研究人员汲取教训,少走弯路。

2 数据库出版商

2.1 UnCover

UnCover隶属于美国东科罗拉多州研究图书馆联盟(Colorado Alliance of Research Libraries,CARL),其业务包括制作Uncover数据库及提供文献传递服务。它拥有当今世界上规模最大、内容更新最快的期刊目次数据库——UnCover数据库,该数据库建于1988年,其宗旨是提供期刊文献资源的各种信息产品,目标是为那些以期刊为手段获得信息的用户提供及时、全面而且效果显著的服务,UnCover的特色功能是利用最新的文献传递和报道获取最新的文献信息。1993年由CARL公司和Blackwell公司合资成立了UnCover公司。此后,UnCover公司先后被Knight Ridder信息公司、MAID公司(后来更名为Dialog公司)、Ward Shaw公司收购。2000年3月,Ingenta(后更名为IngentaConnect)收购了UnCover,成为世界上最大的在线提供检索和传递学术信息资源的平台,自此,Ingenta和UnCover数据库中的资源整合为一体,为用户提供单点获取服务(single－point access),整合后数据库资源规模空前丰富,包括25 000 000多篇论文、图表、报告等,这些文献出自3万多种期刊,其中有4500种出版物来自160家学术和专业期刊出版社。[5]

整合后的IngentaConnect有UnCover Plus数据库和Online articles数据库,UnCover Plus数据库是一个期刊目次数据库,提供期刊目次揭示(Uncover Reveal)、专题检索和文献传递服务。Uncover Reveal是一项电子邮寄期刊目次服务,读者可选择期刊品种及关键词或作者姓名,建立检索策略存在自己的Uncover Profile中,每隔一周,合乎自己要求的新期刊目录便会自动传送至所指定的电子邮件信箱,包括完整的书目资料及订购信息。如欲订购期刊论文,可以回复电子邮件或传真的方式办理,并通过传真或Ariel获取全文;Online articles数据库可以网上获取电子版文献。用户可以按照学科,出版物字母顺序或者出版商名单来浏览这些出版物的目次信息,用户也可以通过题名、著者、出版者、年代、卷期等途径检索单篇文献。UnCover Plus能够在24小时(通常只需几个小时)内通过传真将用户选择的文章传递给用户。费用包括服务费、传真费及版权费。通常每篇文章UnCover Plus收取10美元的服务费,根据不同情况收取版权费,再根据不同国家、不同区域收取传真费。

目前国家科技图书文献中心(NSTL)通过该IngentaConnect订购了11个出版社80多种期刊文献,为国内学术机构提供使用,其成员馆可免费检索。UnCover Plus以优惠价格向CALIS的用户提供原文传递服务,并能够在24小时内通过传真将全文传递给用户。

2.2 ISI

ISI(Institute for Scientific Information)以引文索引最负盛名,ISI提供的文献传递服务原称为The Genuine Article(TGA),供应ISI资料库内约7000种期刊近五年内的论文全文资料,另外也可通过它的Extanded Service查到年代较早的期刊约3500种,甚至可回溯至1800年代。订购原文方式包括邮寄、传真、电话、电子邮件及电子传输等。一般处理时间是24小时,急件可选择30分钟传真或联邦快递服务。在费用方面,ISI将所收版权费转付出版商或版权登记中心,并对大量订购的用户提供会计报表或收费明细,以便管理。1997年ISI推出新的文献传递服务——ISI Document Solution(简称IDS),该项服务仍保留若干TGA的特色,但增加了许多新的服务项目,例如:资料覆盖范围不限 ISI 资料库、涵盖范围包括生物医学、化学物理、农业工程、行为科学、人文科学等,可订购期刊文章、会议资料、技术报告的全文资料,文献数量在 7000 种以上。提供各种文件传递方式,统一计费、集中式版权管理等。可通过网络、传真、电话、E-mail等方式申请,也可以利用 Dialog、DataStar、OCLC、SIN 申请、传递方式有邮件、快递、E-mail、Ariel 等。

2.3 UMI

UMI(University Microfilms Incorporated)最早以珍本图书、缩微资料见长,1985 年被 Bell & Howell 并购,是全球最大的信息存储和发行商之一,也是美国学术界著名的出版商。它通过缩微、书刊、CD-ROM 和在线服务向全球 160 多个国家提供信息服务。从 1980 年起该公司开始电子出版物的发行和制作。目前提供期刊论文、学位论文、报告、政府出版物、会议论文、标准、专利等文献服务。资料包括 2308 种综合性期刊和综合性报纸,其中 1472 中全文刊,100 万种以上的学位论文及其文献,以及全世界 20 万个公司的商业信息。用户可通过网上数据库检索,也可利用光碟全文数据库系统 ProQuest Powet Pages 影印出全文。申请方式包括网络、传真、电话、E-mail 等,也可以利用 OCLC、WilsonDisc、ProQuest Direct 申请,传递方式有邮件、快递、传真、E-mail、Ariel 等,付款方式包括开设预存账户、信用卡转账等。

3 国外信息中介机构

3.1 美国 TDI 图书馆服务公司

TDI 图书馆服务公司(TDI Library Services,Inc)是采用商业模式的文献传递公司,TDI 强调不限于单一馆藏,其合作者是世界上一流的图书馆、出版商、信息入口及内容提供商,拥有分布在世界六大洲的大量的图书馆文献信息,超过 10 万种期刊与 300 万册图书,提供所有学科领域,包括医学、药学、工程、化学、自然科学、社会科学、专利、技术报告、网络资料,文献溯至 1800 年,这使得 TDI 职业的研究队伍能找到顾客需要的任何文献。TDI 将顾客满意度作为企业不断追求的目标,注重发展与顾客持久的联系,对于每一项订购都力争大到顾客最满意,而顾客对其服务的反映也良好。TDI 的文献传递在同行业中速度最快、准确率最高,对文献订购的满足率高达 99.3%。[6]申请方式包括网络、传真、电话、E-mail 等方式,以邮件、快递等方式传递文献。TDI 十分注重对版权的保护,它声明用户使用的 TDI 提供的每一篇文献都是遵守版权费的规定的,保证用户使用其服务时免受侵权的风险。

3.2 美国 Infotrieve 公司

Infotrieve 成立于 1987 年,是一个全服务(Full-service)的商务模式的文献传递公司,即专门从事文献传递服务的公司。Infotrieve 声称可取得各领域已出版的文献的复印件,同时提供期刊目次服务,在保护权利人利益的同时满足顾客的需要。Infotrieve 主要的文献来源于加州大学图书馆,另外还有其他国内外信息资源,申请方式包括网络、传真、电话、E-mail 等,以邮件、快递、E-mail、Ariel 等方式传递文献。

Infotrieve 的服务不限于一个特定的藏书或数据库,它可以提供几乎所有类型论文的符合版权法的复印件。为处理大量的文献请求、版权费用的支付以及跟踪订购和账号信息,

Infotrieve 使用了一个文献资源的所有权参考数据库和所有权软件。Infotrieve 公司已创建了一个非常有效的文献检索网络,使对学术、政府、公共、合作图书馆的检索如同对在线资源和出版商的检索一样方便快捷。Infotrieve 对顾客需求的论文满足率高达 95%。每篇文献传递的基本价格为 12 美元加版权购买费,免费通过一等邮递(限于美国国内地址)或 Ariel 传递、特快请求每篇追加 10 美元,传真传递每页 1 美元,大量订购有折扣。Infotrieve 保证所有复制材料的著作权合法性,大部分的著作权清算由著作权清算中心(Copyright Clearance Center,CCC)处理或通过与出版者的协议处理,或版权购买。如果版权合法性不能得到确定,Infotrieve 将拒绝文献请求。

参考文献

[1]http://www.ifla.org/IV/ifla73/papers/096-Gillet-trans-en.pdf
[2]http://international.inist.fr/article165.html
[3]赵凡. 国外咨询情报机构战略情报分析方法比较研究. 情报杂志,2008(3):132-134,141
[4]李瑞芬,张晓青. 国外网上文献传递服务系统的发展现状及特点. 情报理论与实践,2007(5):715-717,714
[5]http://www2.lib.udel.edu/database/uncover.html
[6]陈传夫,曾明,谢莹. 文献传递的版权风险与规避策略. 四川图书馆学报,2004(1):73-76

对未来我国馆际互借/文献提供体系的几点构想

吴京生　赵晓芳　朱　芳(国家图书馆)

一、我国馆际互借和文献提供(两者以下互通)的现状

我国馆际互借从最初利用纸本联合目录到目前使用各馆的 OPAC,以及网上联合目录来获知文献的收藏地,虽然较之过去在技术手段上有了长足的进步,但是并没有从根本上改变其相对独立、分散又不够完整的缺陷,这些形式使得检索工作显得依然效率低,缺漏多,从业人员顾此失彼,仍感力不从心。与此同时我们也高兴地看到全文数据库,特别是网络型的,以及类似 CALIS 和 NSTL 形式的文献提供系统的不断问世,在一定范围内极大地方便了馆际互借工作。但是随着这些数据库和新系统变得越来越多,从业人员也越来越疲于奔命了。我国地域广阔,图书文献机构众多,领属关系不同,专业特色各异,自建数据库不明。因此目前存在着如何更好地揭示、利用这些'隐性'资源的问题,以便充分挖掘、利用国内已有文献资源,减少国际互借,以免造成时间和金钱的浪费。另外,由于各类体系繁多,随之而来的是结算的麻烦。没有高度集中的结算中心,使得记账、付费倍显杂乱,为整个馆际互借工作雪上加霜。

二、未来我国馆际互借之体系

(1)覆盖单位广泛,类别齐全。除图书馆外,可以涵盖标准、专利甚至档案文献机构。对于

可以公开使用的军口资源如能纳入更好,因为这种文献即已购买应该物尽其用,以免再去国外查找,且此类文献往往是不易获取的。另外,可吸纳出版社加盟。出版社书目数据的加入及展示有利于图书馆对图书的采购和补藏。

(2)文献类别完整、载体形式多样。各类型文献不仅包括专著、期刊、会议录、报纸、标准、专利、档案等。载体形式除传统的纸本形式外,也应包括多媒体、光盘及网络全文数据库等。经过甄别的网上开放存取全文资源可以被随时补充到系统之中。

(3)书目数据小贴士。增设题名缩写和小文种拉丁文拼写检索。文献题名缩写在文献提供日常工作中极为常见,利用缩写直接检索出所需文献可以简化从业人员的操作程序,节约时间,减少漏查。另外,根据我国从业人员的特点,对于某些语种的文献最好具备拉丁文拼写的检索,如俄文,日文等。

(4)便于请求者与提供者沟通。在实际使用中要便于请求者与提供者之间的随时沟通,如电子邮箱,电话应做到使双方一目了然。

(5)便于结算。由于未来的文献提供体系将使参与单位以及文献高度集中,因此自然可以实行集中结算,简化支付过程。

(6)关于费用,对于普通文献可以实行统一价格,对于特种文献也可以由各单位自己决定,但最好做到在提交请求时即可显示出全部费用。

读者渴望尽快获得文献,费用尽量少,馆员渴望尽量便捷地在本馆找到文献,或找到馆外文献提供者。出路在哪里呢? 形势的发展需要确立国家级的文献保障体系,而全国馆际互借系统正是其重要组成部分。这是一个庞大的系统工程,此工程非图书馆或其他文献情报机构力所能及,根据我国国情无疑应该由国家出手,通过国家有关部门精心调研论证,统筹安排,专项资金投入,以便早日实现全国性的文献资源共建共享。

三、结语

在我国馆际互借文献提供作为图书馆的一个部门,长期以来不过是为本馆缺藏的文献打一打“补丁”。但是随着全球性的知识爆炸,以及我国科技和文化事业的发展,对文献需求越来越大,各馆越来越难以满足读者的需求,这个“补丁”也就越来越大。由于我国地域广大,图书情报类机构众多,各自为战,各成体系不利于文献的高效利用,造成使用者和馆员费时,费力,费钱。不论是 CALIS、BALIS、JALIS 以及各图书馆所使用的文献提供系统都应是一种短期的过渡形式。国家需要一个长远的统筹规划,应建立一个符合我国长期发展的文献保障体系。而一个覆盖全国,便于使用的馆际互借文献提供系统是非常必要的。当我们的系统足够大,具有“品牌价值”的时候,它也未尝不可走向世界,吸纳国外的文献资源提供者。

管见所及之文献提供的内涵及意义

任洁玉(西安音乐学院图书馆)

一、文献提供及文献载体的嬗递

1. 文献提供模式的演变

(1)传统模式

文献的本质是信息,信息载体与内容是组成信息的两个相辅相成的部分。图书馆在经过长期积累和发展中,拥有着丰富的资源,是文献资源汇集中心。传统的文献提供构筑在知识信息的物质载体形态之上,也就是存储知识信息的不同类型的物质介质,即所谓的"实藏文献"。这些物质载体可分为纸质和非纸质文献资源。不管是纸质的还是非纸质的馆藏物理实体文献,在文献提供服务过程中,用户必须亲自到馆,根据工作人员参考咨询的引导,进行卡片目录检索获取所需资料。图书馆服务呈被动式,文献提供仅为浅层次的一次文献、二次文献为主,整个服务围绕馆舍展开。

计算机网络技术的应用,使图书馆传统服务走向自动化管理模式。自动化管理系统是基于 Internet 并以信息服务为基础的现代办公和电子商务为一体的现代管理信息系统。图书馆自动化水平主要取决于管理系统软件的水平。高校图书馆服务以馆藏文献为资源,以自动化管理系统软件为依托,进行回溯建库,以目录数据库信息检索为途径提供文献服务,较以前的卡片目录检索具有便捷、全面的优势,但是文献服务从本质上来说没有得到飞跃性的发展,读者必须到馆借阅。

(2)传统与现代网络环境互交模式

随着信息技术的发展,停留在以目录数据库服务的图书馆自动化管理系统已不能完全适应时代发展的需求,必须用整体而系统的信息化思维来谋求图书馆的发展。高校图书馆为给教学和科研提供高层次的信息服务,正在努力提升数字资源和网络资源对用户的服务。采取各种途径开展网络资源建设与服务,并通过校园网进行各种宣传和引导,如:通过图书馆主页发布各类公告信息,及时向读者通告图书馆近期新增的各类服务;通过用户指南、专题讲座、电子咨询等途径引导读者对图书馆新增资源的了解和利用。部分高校图书馆提供科研查新、定题服务、馆际互借等服务。目前,大多数高校图书馆为了提升馆藏资源建设,正致力于搭建数据库网络平台、特色数据库自建、开设在线咨询,建立交互式的服务系统来满足广大读者的网上咨询要求。较传统相比,提供信息资源的范围更臻于全面,载体形式更加广泛。

数字资源建设时高校图书馆追求的共同目标,将馆藏特种资源和特色文献有选择地进行数字化,实现以数字形式替代物品实体,从而自建各种特色数据库;同时进行国际、国内著名数据库资源引进及各类电子资源建设等。这些文献提供服务途径的实施,使图书馆由传统的借阅和自动化检索向全面的数字信息中心覆盖,促进并形成了图书馆文献提供向网络化、数字化、虚拟化发展的态势。但是,由于现实情况,高校图书馆文献提供模式仍以传统形式和网络资源服务模式互交存在。

2. 文献载体类型的演变

图书馆服务以文献为中心进行展开,文献载体因时代的变迁而不断演变转型。传统文献载体主要针对馆藏实物介质分为纸质型和非纸质型两大类,纸质文献资源是指书刊、图谱等印刷型文献;非纸质文献资源主要是指非印刷型文献。这一类资源类型依据不同标准可以有不同的划分: 按其载体形态可分为磁带(录音带、录像带)、磁盘(软盘、硬盘、磁盘阵列)、光盘(CD、VCD、DVD)、缩微胶片等;按其内容特征可分为文本资源(电子文本、源代码等)、音频资源(语音、电影原声、音乐等)、图像资源(图片、照片等)、视频资源(动画、影视剪辑等)、软件(学习软件、模拟平台、应用程序等)、数据库(电子文库、数据资料、数据库备份)等。从资源管理的角度,我们可以将非纸质文献资源按出版形式划分为3种基本类型: 随书附件、非书资料、数据库附赠资源。[1]

随着信息存储与传输技术的发展,促使图书馆以网络信息资源和数字资源建设为目标,信息载体逐渐以电子载体为主,譬如电子图书、数字图书馆以及电子阅读等。文献载体从传统的"物质实体"逐渐发展演变到如今的"虚拟馆藏"。网络信息资源包括文本、声音和视频信息等,网络电子文本又包括两类: 电子线性文本和电子超文本。[2]超文本载体的最大特点是文献信息传递的双向或多向的互交性。数字文献的出现是文献介质继纸的发明后出现的又一次革命 ,而网络化使文献传递在形态、方式、范围上都有了质的突破。[3]今天,当电子文本也许取代传统印刷成为信息沟通的主流工具,电子文本以快速复制与传递、超文本联结、被搜寻三大优势冲击着图书馆文献信息服务领域。[4]

总而言之,各种不同介质的文献载体都是为了保存和传递信息而存在的。但其性能各有不同。虽然文献载体在发展中不断从各种物质实体介质发展演变为电子文本,电子载体和虚拟载体虽然对于传统载体是一个很大的变革,但无论传播媒介或载体如何变化,文献所表达信息的本质永远不会改变。事实上,这种传统物质实体文献与新型的电子文本、虚拟图书馆并存的局面将在一定时期内存在,电子载体和虚拟载体并不可能取代传统载体,而是呈现与传统载体互补的趋势。

二、文献提供现状与前景

1. 拓展更为广泛的用户合作对象

高校图书馆是信息资源中心,是一个知识信息密集的中介场所,拥有丰富的资源和大量而稳定的知识型、研究型读者群,以及专业文献信息技术人才队伍,完全具有为用户提供高质量文献信息服务的强大优势。因此,给本校师生提供义务服务的同时,应该面向社会,树立信息市场观念,广泛拓展信息服务用户伙伴,充分利用馆藏资源和人才优势为企业或其他社会团体提供文献信息服务,提高用户服务率,主动地服务于社会以提高自身的社会地位,得以更快地发展。

2. 广泛开展馆际互借及文献传递

未来图书馆应是一个资源共享网络中的资源节点,对其文献信息服务能力的评价必然会由侧重单个图书馆的馆藏拥有量向文献资源的可获得与可共享性转变。[5]特色馆藏建设是对高校图书馆现有职能的强化与升华,无特色资源就无法构成共享的"节点",也就失去了合作与共享的基础。我国高校图书馆经过多年的发展,拥有一定的资源实力,加之近年来国家对高校教育的投入,使得图书馆拥有了一定的技术设备,各馆有能力将自己馆藏特色资源进行数字化,为实现最大化资源共建共享而努力。事实已经证明馆际间的合作有利于提高图书馆资源的利用率,对促进资源共享和提高用户服务质量具有深远影响。[6]文献资源共享的基本方式是馆际互借与文献传递,共建共享这一发展方向和理念愈来愈被接受认同。无疑,文献资源共建共享必然成为高校图书馆事业发展的主旋律。[7]

正如周文骏先生所说:"图书馆是一种文献和信息资源共享的机制。从另外一个角度说,它也是分享的机制。"[8]可以说,未来图书馆的发展主要突出全球性和共享性,因此,文献提供的前景就是如何达到信息资源全面共享的科学先进的途径和手段。

三、文献提供基本内涵及意义

文献提供的内涵揭示,必须体现在图书馆服务管理、文献载体和用户三者之间的相互联系与交互作用基础之上。图书馆的发展和服务管理效益是离不开文献载体的存在与发展演变,为了满足用户需求,图书馆必须延续不断地管理和改善文献载体,它始终承担着文献载体与用户相联系的中介角色。因此,对文献提供内涵的探究就必须是从三者之间来展开,离开其中的任何一个条件去探讨文献提供内涵是没有意义的。

可以说,文献提供就是一种有层次结构的信息服务模式,是图书馆为广大用户提供信息服务的各种方法手段和途径。为了达到科学、先进、理想而完善的用户服务,图书馆工作人员必须掌握文献提供的概念内涵,并及时了解和熟知文献提供的各种发展动态,随时采用各种有效方法,把先进的文献提供方式融入到自身的具体工作中去,这将有助于图书馆为用户提供高质量的服务而建立各种形式的文献服务平台。对文献提供内涵的理解和把握,也有利于我们更好地将文献信息服务工作提高到一个新的历史阶段,完成特定历史时期社会赋予我们图书馆的光荣使命,把图书馆变为名副其实的学术研究和文献提供服务中心。

参考文献

[1]徐万超. 高校图书馆非纸质文献资源的典藏与管理. 江苏教育学院学报,2008(6)

[2]金嘉毓,陈冬梅. 网络阅读与纸质阅读的行为分析. 图书馆论坛,2006(5):107

[3]李广慧. 数字图书馆历史地位刍议. 津图学刊,2001(2):33

[4]许丞宏,蔡秉羲. 电子书电子文本、电子出版、线上阅. http://www.soft6.com/news/0/2511.html

[5][7]张馨. 试论高校图书馆文献建设——基于馆际互借与文献传递的视角. 图书馆工作研究,2009(10):89

[6]关志英. 印刷型图书的馆际互借新模式介绍与分析. 现代图书情报技术,2005(3):33

[8]周文骏. 什么是图书馆? 怎么研究图书馆学? ——我的学习体会. 大学图书馆学报,2008(5):2